Nomos Universitätsschriften

Recht

Band 1014

Richard Schwens

Vergemeinschaftung von Wohnraum am Beispiel des Berliner Vergesellschaftungsgesetzes

Nomos

Onlineversion
Nomos eLibrary

Die Deutsche Nationalbibliothek verzeichnet diese Publikation in der Deutschen Nationalbibliografie; detaillierte bibliografische Daten sind im Internet über http://dnb.d-nb.de abrufbar.

Zugl.: Marburg, Univ., Diss., 2023

u.d.T.: Vergemeinschaftung von Wohnraum – Eine rechtswissenschaftliche Betrachtung zur Frage der Überführungsfähigkeit von Wohnraum in Gemeineigentum

ISBN 978-3-7560-0561-1 (Print)
ISBN 978-3-7489-3914-6 (ePDF)

1. Auflage 2023

Meinen Eltern und Tascha

Quidquid agis, prudenter agas et respice finem

Vorwort

Die Arbeit wurde am 22.11.2022 vom Fachbereich Rechtswissenschaften der Philipps-Universität Marburg als Dissertation angenommen. Sie entstand während meiner Tätigkeit als Rechtsanwalt und wurde während meiner nunmehrigen Tätigkeit als Staatsanwalt zu Ende geführt. Vor Drucklegung wurde die Arbeit nochmals geringfügig überarbeitet.

Die Anfertigung der Arbeit war ein sehr lehrreicher und intensiver, allerdings auch anstrengender Prozess. Die COVID19-Pandemie verursachte darüber hinaus weitere Schwierigkeiten, da der Zugang zu universitären Bibliotheken lange Zeit beschränkt war. Dennoch denke ich gerne an diese Zeit zurück, da sie mich in jeder Hinsicht geprägt und vorangebracht hat. Herzlich bedanken möchte ich mich bei all denjenigen, die einen Beitrag zum Gelingen der Arbeit geleistet haben. Mein erster Dank gebührt meinem Doktorvater Herrn Prof. Dr. Steffen Detterbeck. Er gab mir die Möglichkeit, mein Dissertationsvorhaben an seinem Lehrstuhl für Öffentliches Recht umzusetzen. Inhaltlich ließ er mir freie Hand, stand für Rückfragen jedoch jederzeit zur Verfügung. Insbesondere seinen vielfältigen Anmerkungen zum Erstentwurf der Arbeit ist es zu verdanken, dass diese schließlich in einer nach seinen Worten „gelungenen" Dissertation mündete. Für seine Anregungen, Verbesserungsvorschläge und Diskussionen sowie die zügige Erstellung des Erstgutachtens möchte ich herzlich „Danke!" sagen. Herrn Prof. Dr. Sebastian Müller-Franken danke ich für das zügige Erstellen des Zweitgutachtens sowie die darin enthaltenen weiterführenden Hinweise.

Weiter bedanke ich mich bei meinem Rechtsreferendariatskollegen Herrn Dr. Felix Stumpf. In unserer Lernzeit für das zweite Staatsexamen übersandte er mir zur Vorbereitung der mündlichen Prüfung einen Zeitungsartikel, der als Initialzündung für die Dissertation fungierte. Danach stand er mir in der Findungsphase der Dissertation mit vielen Ratschlägen zur Seite. Mein Dank gilt weiter Herrn Dr. Vincent Klausmann, der den Kontakt zum Lehrstuhl von Herrn Prof. Dr. Steffen Detterbeck vermittelte.

Zu Dank bin ich auch meinen (damaligen) Kollegen aus dem Buchstabenverbund der Staatsanwaltschaft Frankfurt am Main verpflichtet. Sie übernahmen die Vertretung meines Dezernates, als ich zur Überarbeitung der Dissertation Sonderurlaub nahm.

Ebenfalls danken möchte ich meinen Eltern. Sie haben mich in jeder Lage meines Werdegangs bedingungslos unterstützt. Dies gilt insbesondere für mein Studium, aber auch für die Zeit der Anfertigung meiner Dissertation. Ihre Förderung der Dissertation, sei es redaktioneller Art, sei es durch inhaltliche Diskussionen, hat mir sehr weitergeholfen.

Ganz besonders bedanke ich mich bei meiner langjährigen Lebensgefährtin Frau Dr. Natascha Chorongiewski. Erst ihre Unterstützung in allen Phasen der Dissertation haben diese Arbeit ermöglicht. Dass sie mir auch während ihrer Vorbereitung auf das zweite Staatsexamen als Gesprächspartnerin zur Verfügung stand, geduldig zuhörte und alles kritisch hinterfragte, gab wichtige Impulse für die Dissertation. Ihre Unterstützung reicht jedoch weit darüber hinaus. Seit Beginn unseres gemeinsamen Studiums in Marburg ist sie eine tragende Säule meines beruflichen und persönlichen Seins.

Ihr und meinen Eltern ist diese Arbeit gewidmet.

Inhaltsverzeichnis

Einführung

Die Mieten auf dem Berliner Wohnungsmarkt sind seit 2004 stark angestiegen. Lag der durchschnittliche Quadratmeterpreis 2004 bei etwa 5,14 Euro, stieg er zum ersten Quartal des Jahres 2022 auf etwa 10,75 Euro an.[1] Berlin war 2019 zudem die Stadt mit den am stärksten steigenden Mietpreisen in Deutschland, vor Frankfurt am Main, Hamburg, München oder Stuttgart.[2] Ein Absinken der Mieten ist in kommender Zeit nicht zu erwarten. Auch wenn die Mieten hierzulande im Vergleich mit den europäischen Nachbarländern noch moderat erscheinen,[3] verdrängen sie immer mehr Gering- und Durchschnittsverdiener oder fördern die Aufteilung der städtischen Wohnbevölkerung in Wohnviertel nach wirtschaftlicher Leistungsfähigkeit (*Gentrifizierung*).[4] Berlin ist durch die steigenden Mieten besonders stark betroffen. Dort wohnen ca. 86 % der Einwohner zur Miete.[5]

Aber nicht nur Berlin erlebt steigende Mieten. Auch in anderen Ballungsräumen, attraktiven Mittelzentren oder Hochschulorten wie Marburg (Lahn) erkennt man den Anstieg der Mieten bei Wiedervermietung von Wohnraum.[6] Selbst die seit 2020 herrschende SARS-COVID19-Pandemie hat nicht zum Absinken der Mieten geführt.[7] Gegenteiliges ist der Fall. Die

---

1 Statista, Entwicklung der Angebotsmieten für Wohnraum in Berlin von 2004 bis zum 1. Quartal 2022, zuletzt abgerufen am 06.08.2022 unter https://de.statista.com/statistik/daten/studie/535119/umfrage/mietpreise-auf-dem-wohnungsmarkt-in-berlin/.

2 Handelsblatt, Meldung vom 11.11.2019, zuletzt abgerufen am 14.09.2022 unter https://archiv.handelsblatt.com/dosearch?explicitSearch=true&q=In+diesen+St%C3%A4dten+steigen+die+Immobilienpreise+am+st%C3%A4rksten&x=0&y=0&dbShortcut=%3A5%3A45%3AALLEQUELLEN-1_%3A5%3A45%3AALLEQUELLEN&searchMask=7009&TI%2CUT%2CDZ%2CBT%2COT%2CSL=&KO%2CRU=&AU=&CO%2CC2%2CTA%2CKA%2CVA%2CZ1=&MM%2COW%2CUF%2CMF%2CAO%2CTP%2CVM%2CNN%2CNJ%2CKV%2CZ2=&CT=&CT%2CDE%2CZ4%2CKW=&BR%2CGW%2CN1%2CN2%2CNC%2CND%2CSC%2CWZ%2CZ5%2CAI%2CBC%2CKN%2CTN%2CVN%2CK0%2CB4%2CNW%2CVH=&Z3%2CCN%2CCE%2CKC%2CTC%2CVC=&DT_from=&DT_to=&timeFilterType=selected&timeFilter=NONE.

3 *Gsell*, WuM 2017, 305 (306).

4 *Frank*, Mietpreisbremse, S. 6.

5 *Sodan/Ferlemann*, LKV 2019, 193 (196).

6 *Frank*, Mietpreisbremse, S. 5; *Leuschner*, NJW 2014, 1929 (1929); *Ziebarth*, WuM 2019, 481 (482).

7 Tagesschau, Meldung vom 20.10.2020, zuletzt abgerufen am 14.09.2022 unter https://www.tagesschau.de/wirtschaft/immobilienpreise-corona-101.html; ZDFheute, Meldung

Immobilienpreise haben sich innerhalb der Jahre 2020 und 2021 in manchen Großstädten um mehr als 10 % erhöht.[8] Zugleich stehen in ländlichen Teilen Deutschlands Wohnräume häufiger leer.[9]

Es sind vielfältige Ursachen, die zum Anstieg der Mieten führen. Zum einen der zu geringe Wohnungsneubau.[10] Viele Bauunternehmen sind ausgelastet, die Auftragsbücher voll.[11] Dazu dauern die Baugenehmigungsverfahren oftmals ausgesprochen lang.[12] Zum anderen kaufen Investoren (öffentliche) Wohnungsbestände an und nutzen diese als Anlageobjekt.[13] Als Beispiel kann hierfür Berlin genannt werden, wo zwischen 2000 und 2008 viele kommunale Wohneinheiten zur Haushaltssanierung veräußert wurden.[14] Zugleich zog sich das Land Berlin auf dem Gebiet des sozialen Wohnungsbaus sehr zurück.[15]

Neben dem geringen Angebot an bezahlbaren Wohnraum erhöht insbesondere der Zuzug aus dem Umland den Druck auf den (Berliner)[16] Wohnungsmarkt.[17] Besonders junge Menschen verlassen die ländlich geprägten Gebiete, da Großstädte als besonders attraktiv gelten.[18] Zum Teil wird auch die Migration als mitursächlich für den Wohnungsmangel gehalten,[19] da Migranten mit anderen Bewerbern um bezahlbaren Wohnraum

---

vom 20.10.2020, zuletzt abgerufen am 14.09.2022 unter https://www.zdf.de/nachrichten/wirtschaft/immobilienpreise-entwicklung-corona-100.html.

8 Frankfurter Allgemeine Zeitung, Meldung vom 24.09.2021, zuletzt abgerufen am 27.09.2021 unter https://www.faz.net/aktuell/wirtschaft/immobilienmarkt-preise-steigen-um-ein-zehntel-17553380.html.

9 *Kühling*, NZM 2020, 521 (522).

10 *Schröer/Kummer*, NVwZ 2019, 1577 (1577).

11 Berliner Zeitung, Meldung vom 07.05.2018, zuletzt abgerufen am 14.09.2022 unter https://www.berliner-zeitung.de/berlin/71-prozent-in-sieben-jahren-die-berliner-mieten-steigen-extrem-an-30135292.

12 *zur Nedden*, ZUR 2022, 74 (75).

13 *zur Nedden*, ZUR 2022, 74 (74); Immobilienzeitung, Meldung vom 28.08.2018, zuletzt abgerufen am 14.09.2022 unter https://www.immobilien-zeitung.de/1000055261/berlin-will-spekulanten-kampf-ansagen.

14 Berliner Morgenpost, Meldung vom 31.03.2019, zuletzt abgerufen am 14.09.2022 unter https://www.morgenpost.de/berlin/article216787069/Darum-fuerchten-Berlins-Immobilienkonzerne-diesen+ewq-Mann.html; *Klöpfer*, NJW 2019, 1656 (1660).

15 *Röhmer*, KJ 2020, 16 (19).

16 *Kühling*, NZM 2020, 521 (522); *Ziebarth*, WuM 2019, 481 (483).

17 *Kment*, NJW 2018, 3692 (3692).

18 *Kühling*, NZM 2020, 521 (522).

19 Die Welt, Meldung vom 20.02.2019, zuletzt abgerufen am 14.09.2022 unter https://www.welt.de/finanzen/immobilien/article189134261/Mietspiegel-Index-Experten-sehen-Arbeit-und-Migration-als-Ursache-fuer-steigende-Mieten.html; Frankfur-

konkurrieren. Grundsteuer- und Grunderwerbsteuern sowie Regelungen im Umwelt- und Bauordnungsbereich[20] tragen zugleich zur Verschärfung des Wohnungsmarktes bei,[21] da sie den Neubau verteuern und auf Mieter umgelegt werden.

Bereits in der Vergangenheit wurde versucht, der Gentrifizierung mit verschiedenen Rechtsinstituten entgegenzuwirken. Der Bundesgesetzgeber hat etwa im Rahmen des Mietrechtsnovellierungsgesetzes vom 01.06.2015 die sogenannte Mietpreisbremse in das Bürgerliche Gesetzbuch (§§ 556d ff. BGB) eingeführt.[22] Das Mietrechtsanpassungsgesetz vom 18.12.2018 implementierte zudem Änderungen zur Miethöhe und zum Mietbeginn.[23] Bei Neuvermietung darf die Wohnraummiete nun nur noch 10 % der ortsüblichen Vergleichsmiete übersteigen, sofern die Wohnung in einem Gebiet mit angespanntem Wohnungsmarkt liegt.[24] Von der Mietpreisbremse sind Mieterhöhungen für Neubauten, die nach dem 01.10.2014 erstmals genutzt oder vermietet wurden (§ 556f BGB),[25] sowie umfassend modernisierte Wohnungen ausgenommen.[26] Unter umfassend modernisierten Wohnungen werden dabei solche verstanden, bei denen etwa ein Drittel des Marktwertes zur Sanierung aufgewendet wurden.[27] Zusätzlich dürfen nach § 558 Abs. 3 BGB Mieterhöhungen nicht mehr als 20 % betragen, gemessen an der Vorjahresmiete. Bei besonders angespannter Wohnungsmarktsituation dürfen Mieten nur um maximal 15 % angehoben werden.[28] Nach anfänglichen Zweifeln an der Verfassungsmäßigkeit der Mietpreisbremse[29] hat das Bundesverfassungsgericht 2019[30] diese und die darauf er-

---

ter Allgemeine Zeitung, Meldung vom 30.09.2020, zuletzt abgerufen am 14.09.2022 unter https://www.faz.net/aktuell/finanzen/wohnungspreise-frankfurt-fuer-buerger-kaum-noch-bezahlbar-16978837.html; Frankfurter Allgemeine Zeitung, Meldung vom 29.12.2020, zuletzt abgerufen am 29.12.2020 unter https://www.faz.net/aktuell/finanzen/immobilien-so-veraendert-corona-den-wohnungsmarkt-17121193.html.

20 *Ziebarth*, WuM 2019, 481 (484).

21 Immobilienzeitung, Meldung vom 28.08.2018, zuletzt abgerufen am 14.09.2022 unter https://www.immobilien-zeitung.de/1000055261/berlin-will-spekulanten-kampf-ansagen.

22 *Heusch*, NZM 2020, 357 (361).

23 *Artz*, in: Münchener Kommentar zum BGB, § 556d Rn. 2.

24 *Schneider/Franke*, DÖV 2020, 415 (420); *Lindner*, Wohnraummietrecht, Rn. 263.

25 *Blankenagel/Schröder/Spoerr*, NZM 2015, 1 (3).

26 *Lindner*, Wohnraummietrecht, Rn. 272.

27 *Börstinghaus*, NJW 2018, 665 (668).

28 *Kühling*, DVBl. 2020, 842 (843).

29 So zumindest in Teilen *Schuldt*, Mietpreisbremse, S. 258.

30 BVerfG, Beschluss vom 18.07.2019, – 1 BvL 1/18.

lassenen landesrechtlichen Mietbegrenzungsverordnungen als verfassungskonform bestätigt. Die Wirkung der Mietpreisbremse ist bisher jedoch nicht wie erhofft eingetreten.[31] Inwieweit die 2018 beschlossene Verschärfung der Mietpreisbremse zu einem positiven Ergebnis führt, bleibt abzuwarten.

Einigen gehen die bisherigen Regelungen jedoch nicht weit genug. So galt zwischen Februar 2020 bis zum Beschluss des Bundesverfassungsgerichts vom 25.03.2021[32] in Berlin der sog. „*Mietendeckel*", der die bestehenden Mieten für fünf Jahre einfrieren sollte. Ebenso soll Baukindergeld den Anreiz zum Eigentumserwerb schaffen.[33] Daneben haben Städte und Länder Satzungen oder Rechtsverordnungen gegen Leerstand und Zweckentfremdung erlassen.[34]

Ob und inwieweit die vorgenannten Maßnahmen den Mietenanstieg tatsächlich verhindern, ist ungewiss. Denn die Mieten steigen in Deutschland kontinuierlich weiter.

A. Bürgerinitiative „Deutsche Wohnen & Co. Enteignen"

Da sich bisher keine Trendwende erkennen lässt,[35] verlangen Einige nach weiteren Maßnahmen. Zu diesem Zweck hat sich im Herbst 2018 in Berlin die Bürgerinitiative „*Deutsche Wohnen & Co. Enteignen*" gegründet (die „*Bürgerinitiative*"). Ihr Ziel ist es, gem. Art. 62 der Berliner Verfassung per Volksentscheid den Senat zum Erlass eines Gesetzes zu verpflichten. Dieses soll vorsehen, den Wohnungsbestand von Unternehmen mit mehr als 3.000 Wohneinheiten in Berlin in Gemeineigentum zu überführen.[36] Da viele dieser Unternehmen öffentlichen Wohnungsbestand vom Land Berlin erworben hätten, plane man nun den umgekehrten Fall,[37] eine sog. „*Rekommunalisierung*". Der vormalige Wohnungsverkauf solle somit durch

31 BT-Drucksache 19/4672, 01. Oktober 2018.

32 BVerfG, Beschluss vom 25.03.2021, – 2 BvF 1/20, 2 BvL 4/20, 2 BvL 5/20.

33 *Ziebarth*, WuM 2019, 481 (482).

34 Vgl. Wohnraumschutzgesetz der freien Hansestadt Hamburg.

35 *Röhmer*, KJ 2020, 16 (19).

36 *Wolfers/Opper*, DVBl. 2019, 542 (542).

37 Initiative „Deutsche Wohnen und Co. Enteignen", zuletzt abgerufen am 02.04.2021 unter https://www.dwenteignen.de/2019/04/05/eine-antwort-auf-die-wohnungskrise/.

das Volksbegehren korrigiert werden.[38] Von dem Gesetz verspricht sich die Bürgerinitiative die Überführung von insgesamt ca. 243.000 Wohneinheiten in Gemeineigentum.[39]

Am 23.11.2018 wurde bei der zuständigen Senatsverwaltung der Beschlusstext eingereicht.[40] Die Rechtsgrundlage für das Gesetz enthalte Art. 15 des Grundgesetzes (GG). Dieser berechtige zur Überführung von Grund und Boden in Gemeineigentum, worunter auch Wohnungen gefasst werden könnten. Nach Vorstellung der Bürgerinitiative soll der Wohnungsbestand zur Verwirklichung des Gemeineigentums auf eine neu zu gründende Anstalt öffentlichen Rechts (die *„AöR“*) übertragen werden.[41] Die AöR soll dann durch ein Komitee bestehend aus Wohnungsmietern, Teilen der Stadtgesellschaft sowie Vertretern der Senatsverwaltung verwaltet werden.[42]

Die Überführung durch ein Gesetz nach Art. 15 GG ist jedoch nur möglich, wenn es zugleich Art und Ausmaß der Entschädigung regelt. Diese Entschädigung stellt einen der wesentlichen Streitpunkte zwischen dem Berliner Senat und der Bürgerinitiative dar. Die Bürgerinitiative rechnet mit einer Entschädigung von neun bis etwa 13 Milliarden Euro.[43] Nach deren ursprünglicher Vorstellung hätte das Land Berlin die Entschädigung zu 20 % mittels Eigenkapitaleinlage leisten sollen. Die restlichen 80 % hätte die AöR aus Eigenmitteln aufgebracht, wobei das Land Berlin für diese Kredite Bürgschaften leisten sollte.[44] Die Abschreibung der Kredite war auf 45 Jahre beabsichtigt. Das Verfahren sei auf diese Weise *„haushaltsneutral“*.[45] Im Gegensatz dazu rechnen die betroffenen Unternehmen, Immobilienverbände

---

38 Initiative „Deutsche Wohnen und Co. Enteignen“, zuletzt abgerufen am 19.05.2021 unter https://www.dwenteignen.de/warum-enteignen/.

39 *Sodan/Ferlemann*, LKV 2019, 193 (193).

40 *Wolfers/Opper*, DVBl. 2019, 542 (542).

41 Initiative „Deutsche Wohnen und Co. Enteignen, zuletzt abgerufen am 02.04.2021 unter https://www.dwenteignen.de/2018/10/volksentscheid-vorlaeufiger-beschlusstext/.

42 Initiative „Deutsche Wohnen und Co. Enteignen“, zuletzt abgerufen am 02.04.2021 unter https://www.dwenteignen.de/warum-enteignen/forderungen/.

43 Berliner Tagesspiegel, Meldung vom 08.03.2019, zuletzt abgerufen am 05.09.2022 unter https://www.tagesspiegel.de/berlin/volksbegehren-in-berlin-enteignung-von-immobilienkonzernen-laut-gutachten-rechtlich-moeglich/24082852.html.

44 Initiative „Deutsche Wohnen und Co. Enteignen“, zuletzt abgerufen am 02.04.2021 unter https://www.dwenteignen.de/2018/10/volksentscheid-vorlaeufiger-beschlusstext/.

45 Initiative „Deutsche Wohnen und Co. Enteignen“, zuletzt abgerufen am 02.04.2021 unter https://www.dwenteignen.de/2019/03/29/kostensch%C3%A4tzung/.

sowie der Berliner Senat[46] mit einer Entschädigung von etwa 36 Milliarden Euro.[47]

Das geplante Gesetz würde mindestens zehn Unternehmen betreffen:

Deutsche Wohnen SE (110.000 Wohneinheiten, von Vonovia SE anteilig übernommen);[48]
Vonovia SE (44.000 Wohneinheiten);
Adler Group S. A. (22.200 Wohneinheiten, vormals ADO Properties S. A.);
Covivio (15.700 Wohneinheiten);
Akelius GmbH (14.000 Wohneinheiten);
TAG Immobilien (9.900 Wohneinheiten);
Grand City Prop. S. A. (8.000 Wohneinheiten);
BGP Gruppe (8.000 Wohneinheiten);
Hilfswerk-Siedlung (6.000 Wohneinheiten); und
D.V.I. Deutsche Vermögens- und Immobilienverwaltungs- GmbH (3.800 Wohneinheiten).[49]

Hierbei handelt es sich zum Teil um Unternehmen mit Sitz in Berlin (Deutsche Wohnen SE)[50] oder in anderen deutschen Städten (Vonovia SE mit Sitz in Bochum)[51], zum Teil aber auch mit Sitz im europäischen Ausland (Grand City Prop. S. A., Adler Group S. A.)[52]. Auch die Rechtsformen der Unternehmen sind unterschiedlich. Zum Teil handelt es sich um juristische

46 Berliner-Zeitung, Meldung vom 05.03.2019, zuletzt abgerufen am 03.10.2021 unter https://www.berliner-zeitung.de/mensch-metropole/berlin-kostenschaetzung-des-senats-zur-enteignung-von-deutsche-wohnen-und-co-li.25211.

47 Berliner Tagesspiegel, Meldung vom 08.03.2019, zuletzt abgerufen am 05.09.2022 unter https://www.tagesspiegel.de/berlin/volksbegehren-in-berlin-enteignung-von-immobilienkonzernen-laut-gutachten-rechtlich-moeglich/24082852.html.

48 Homepage Deutsche Wohnen SE, zuletzt abgerufen am 26.10.2020 unter https://www.deutsche-wohnen.com/ueber-uns/unternehmen/immobilien-portfolio/.

49 Tagesspiegel, Meldung vom 15.04.2019, zuletzt abgerufen am 26.10.2020 unter https://www.tagesspiegel.de/berlin/es-geht-um-mehr-als-die-deutsche-wohnen-zehn-unternehmen-droht-in-berlin-die-enteignung/24184054.html; fraglich ist, ob auch Wohnungsbaugenossenschaften darunter zu fassen sind, dafür *Schede/Schuldt*, DVBl. 2022, 284 (284 ff.).

50 Homepage Deutsche Wohnen SE, zuletzt abgerufen am 03.10.2021 unter https://www.deutsche-wohnen.com/footer/impressum.

51 Homepage von Vonovia SE, zuletzt abgerufen am 03.10.2021 unter https://www.vonovia.de/de-de/impressum.

52 Homepage von Grand City Properties S. A. zuletzt abgerufen am 03.10.2021 unter https://www.grandcityproperties.com/contact/.

Personen nach deutschem Recht (Akelius GmbH, D.V.I. GmbH), nach europäischem Recht (Deutsche Wohnen SE, Vonovia SE) oder Gesellschaftsformen anderer Mitgliedstaaten der EU (Grand City Prop. S. A.).

Eine erste Zulässigkeitsvoraussetzung nahm das Volksbegehren im Juni 2019.[53] Die Mitglieder der Bürgerinitiative übergaben dem Berliner Senat eine Liste mit mehr als 77.000 Unterschriften, deren Unterzeichner für das Volksbegehren stimmten. Die Berliner Landesverfassung fordert nach Art. 63 Abs. 1 S. 1 lediglich 20.000 Unterschriften. Der Berliner Senat erklärte am 17.09.2020 das Volksbegehren für zulässig.[54]

Einen weiteren Zwischenschritt nahm das Volksbegehren am 26.09.2021. Zeitgleich mit der Bundestagswahl 2021 und der Wahl zum Berliner Abgeordnetenhaus stimmten die Berliner Bürger gem. Art. 63 Abs. 1 S. 2 der Berliner Landesverfassung über das Volksbegehren ab. Dabei sprachen sich 56,4 % (bzw. 57,6 %)[55] für die Vergesellschaftung der Unternehmen aus,2[56] 39,0 % dagegen.[57] Ein konkreter Gesetzesentwurf stand allerdings nicht zur Abstimmung.[58] Zugleich ist die Abstimmung für den Berliner Senat nicht bindend.[59] Es wurde jedoch von Mitgliedern des Berliner Senates mitge-

53 Initiative „Deutsche Wohnen und Co. Enteignen“, zuletzt abgerufen am 02.04.2021 unter https://www.dwenteignen.de/unterschreiben/.

54 TAZ, Meldung vom 17.09.2020, zuletzt abgerufen am 17.09.2020 unter https://taz.de/Deutsche-Wohnen--Co-enteignen-zulaessig/!5709972/.

55 *Schede/Schuldt*, DVBl. 2022, 284 (284) unter Berufung auf Wahlen-Berlin, Meldung vom 22.02.2022, zuletzt abgerufen am 05.02.2023 unter https://www.wahlen-berlin.de/abstimmungen/ve2021/AFSPRAES/index.html.

56 Deutschlandfunk, Meldung vom 28.09.2021, zuletzt abgerufen am 05.02.2023 unter https://www.deutschlandfunk.de/volksentscheid-berlin-stimmt-fuer-enteignung-groser-100.html.

57 RBB, Meldung vom 27.09.2021, zuletzt abgerufen am 27.09.2021 unter https://www.rbb24.de/politik/wahl/volksentscheid-wohnen/beitraege/volksentscheid-berlin-wahl-deutsche-wohnen-enteignung.html; Initiative „Deutsche Wohnen und Co. Enteignen“, zuletzt abgerufen am 03.10.2021 unter https://www.dwenteignen.de/2021/09/pm-volksentscheid-gewonnen/.

58 Berliner Kurier, Meldung vom 27.09.2021, zuletzt abgerufen am 27.09.2021 unter https://www.berliner-kurier.de/wohnen/volksentscheid-deutsche-wohnen-co-enteignen-so-hat-berlin-abgestimmt-und-das-folgt-jetzt-daraus-li.184769.

59 RBB, Meldung vom 27.09.2021, zuletzt abgerufen am 27.09.2021 unter https://www.rbb24.de/politik/wahl/volksentscheid-wohnen/beitraege/volksentscheid-berlin-deutsche-wohnen-enteignen-info.html.

teilt, dass dieser den Willen der Bürger beachte und ein entsprechendes Gesetz verfassungsrechtlich prüfen wolle.[60]

I. Gesetzesentwurf vom Mai 2021

Im März 2021 arbeitete die Fraktion im Berliner Abgeordnetenhaus der Partei DIE LINKE einen Entwurf des möglichen Vergesellschaftungsgesetzes aus.[61] Am 10.05.2021 veröffentlichte die Bürgerinitiative den Entwurf (das *„Vergesellschaftungsgesetz“*).[62]

Der Entwurf richtet sich gegen solche Unternehmen, die mehr als 3.000 Wohneinheiten halten. Ausweislich des § 1 Abs. 1 soll deren gesamter Wohnungsbestand in Gemeineigentum überführt werden. Zur Bemessung sei auf den Konzernbestand in Berlin abzustellen, nicht nur auf den Bestand einzelner Tochtergesellschaften.[63] Überschreite später ein Unternehmen im Geltungsbereich des Vergesellschaftungsgesetzes den Bestand von 3.000 Wohneinheiten, fällt auch dessen Wohnungsbestand an die AöR. Unternehmen mit einem Bestand von weniger als 3.000 Wohneinheiten sind von dem Vergesellschaftungsgesetz ausgenommen, zumindest derzeit.

Als Wohnungsbestand werden nach § 2 Abs. 1 Nr. 2 Grundstücke verstanden, auf denen Gebäude ausschließlich oder teilweise für Wohnzwecke errichtet sind oder werden. Ebenso sind Wohnungen umfasst, an denen der jeweilige Wohnungskonzern das Eigentum nach Wohnungseigentumsgesetz (WEG) hält, § 2 Abs. 1 Nr. 2. Unbebaute Grundstücke gelten gem. § 2 Abs. 1 Nr. 3 als eine Wohneinheit. Anders als zuvor beabsichtigt, werden zur Entschädigung gem. § 4 Abs. 3 Schuldverschreibungen mit vierzigjähriger Laufzeit ausgegeben. Die Entschädigungshöhe soll sich für Wohnraum nach seinem Reinertragswert auf Grundlage *„leistbarer Mieten“*

---

60 Frankfurter Allgemeine Zeitung, Meldung vom 27.09.2021, zuletzt abgerufen am 27.09.2021 unter https://www.faz.net/aktuell/wirtschaft/berliner-stimmen-enteignung-grosser-wohnungskonzerne-zu-17556999.html.

61 Haufe, Meldung vom 08.03.2021, zuletzt abgerufen am 02.04.2021 unter https://www.haufe.de/immobilien/wirtschaft-politik/berlin-debatte-um-enteignungen-geht-weiter_84342_487722.html.

62 Initiative „Deutsche Wohnen und Co. Enteignen“, zuletzt abgerufen am 19.05.2021 unter https://www.dwenteignen.de/2021/05/pm-dwe-entwurf-vergesellschaftungsgesetz/.

63 Initiative „Deutsche Wohnen und Co. Enteignen“, zuletzt abgerufen am 02.04.2021 unter https://www.dwenteignen.de/2018/11/beschlusstext-fuer-unseren-volksentscheid/.

bemessen. Als „*leistbar*" gilt gem. § 5 Abs. 2 Nr. 1 S. 3 im ersten Jahr eine monatliche Kaltmiete von 4,04 Euro pro Quadratmeter.[64] Hiervon sollen je nach Lage der Wohnung Beträge abgezogen oder aufgeschlagen werden (+/- bis zu 0,64 Euro). Der Maßstab für die Berechnung der Beträge ist an den vormaligen „*Berliner Mietendeckel*" angelehnt, wird jedoch noch weiter modifiziert.[65] Für Gewerbemietraum wird auf den Bodenrichtwert 2013 abgestellt, da ab 2013 das Spekulationsgeschäft stark anstiegen sei.[66]

Zugleich sollen nach § 6 Abs. 2 S. 1 mit Eigentumsübergang alle im Grundbuch eingetragenen Rechte mit Ausnahme der Wohnrechte, der Wege-, Durch- und Zufahrtsrechte sowie der Leitungsrechte vom jeweiligen Grundstück gelöscht werden.[67] Hierunter dürften auch Grundpfandrechte fallen. Zwar sei für die betroffenen Personen eine Entschädigung geplant, die auch für die gelöschten Rechte gezahlt werden soll. Da „*Finanzmarktorientierte Immobilienunternehmen [...] allerdings zu einem Großteil nicht auf grundpfandrechtlich gesicherte Kredite [setzen], ist eine finanzielle Überlastung der Trägerin des Gemeineigentums unwahrscheinlich.*"[68]

II. Zielsetzung der Bürgerinitiative

Mit dem Vergesellschaftungsgesetz bezweckt die Bürgerinitiative vor allem die Sicherstellung von bezahlbarem Wohnraum, insbesondere durch Ver-

64 Initiative „Deutsche Wohnen und Co. Enteignen", zuletzt abgerufen am 19.05.2021 unter https://www.dwenteignen.de/2021/05/pm-dwe-entwurf-vergesellschaftungsgesetz/.

65 Initiative „Deutsche Wohnen und Co. Enteignen", zuletzt abgerufen am 19.05.2021 unter https://www.dwenteignen.de/2021/05/pm-dwe-entwurf-vergesellschaftungsgesetz/.

66 Initiative „Deutsche Wohnen und Co. Enteignen", zuletzt abgerufen am 19.05.2021 unter https://www.dwenteignen.de/2021/05/pm-dwe-entwurf-vergesellschaftungsgesetz/.

67 Initiative „Deutsche Wohnen und Co. Enteignen", zuletzt abgerufen am 19.05.2021 unter https://www.dwenteignen.de/2021/05/pm-dwe-entwurf-vergesellschaftungsgesetz/.

68 Initiative „Deutsche Wohnen und Co. Enteignen", zuletzt abgerufen am 19.05.2021 unter https://www.dwenteignen.de/2021/05/pm-dwe-entwurf-vergesellschaftungsgesetz/.

zicht auf Mietsteigerungen.[69] Vorbild ist das *„rote Wien"*.[70] Gleichzeitig sollen Kleingewerbe, die im Kiez untergebracht sind, durch das Vergesellschaftungsgesetz geschützt werden. Denn durch das Vergesellschaftungsgesetz könnte die AöR (und damit auch die Mieter) bei der Neuvermietung entscheiden, *„welche Gewerbe der Kiez brauche"*.[71] Große Ketten und Franchiseunternehmen könnten so aus den Gebieten ferngehalten werden.[72]

Ferner kann nach Vorstellung der Bürgerinitiative *„ein […] Teil freiwerdender Wohnungen ähnlich wie bei landeseigenen Wohnbaugesellschaften für Härtefälle vorbehalten [*bleiben*], die am Markt zu kurz kämen."*[73] Denn *„vergesellschaftete Wohnungen sollen allen der Berliner Stadtgesellschaft offenstehen"*.[74] Auch soll diskriminierungsfrei entschieden werden, wer eine Wohnung bekomme. Gerade Familien mit Familiennamen aus dem mittleren Osten würden bei der Wohnungsvergabe häufig benachteiligt.[75] Außer-

69 Initiative „Deutsche Wohnen und Co. Enteignen", Vergesellschaftung und Gemeinwirtschaft, eine Lösung für die Berliner Wohnungskrise, S. 9, zuletzt abgerufen am 02.04.2021 unter https://www.dwenteignen.de/2020/01/vergesellschaftung-und-geme inwirtschaft-loesungen-fuer-die-berliner-wohnungskrise/.

70 Initiative „Deutsche Wohnen und Co. Enteignen", Vergesellschaftung und Gemeinwirtschaft, eine Lösung für die Berliner Wohnungskrise, S. 9, zuletzt abgerufen am 02.04.2021 unter https://www.dwenteignen.de/2020/01/vergesellschaftung-und-geme inwirtschaft-loesungen-fuer-die-berliner-wohnungskrise/.

71 Initiative „Deutsche Wohnen und Co. Enteignen", Vergesellschaftung und Gemeinwirtschaft, eine Lösung für die Berliner Wohnungskrise, S. 10, zuletzt abgerufen am 02.04.2021 unter https://www.dwenteignen.de/2020/01/vergesellschaftung-und-geme inwirtschaft-loesungen-fuer-die-berliner-wohnungskrise/.

72 Initiative „Deutsche Wohnen und Co. Enteignen", Vergesellschaftung und Gemeinwirtschaft, eine Lösung für die Berliner Wohnungskrise, S. 11, zuletzt abgerufen am 02.04.2021 unter https://www.dwenteignen.de/2020/01/vergesellschaftung-und-geme inwirtschaft-loesungen-fuer-die-berliner-wohnungskrise/.

73 Initiative „Deutsche Wohnen und Co. Enteignen", zuletzt abgerufen am 02.04.2021 unter https://www.dwenteignen.de/2020/01/vergesellschaftung-und-gemeinwirtschaf t-loesungen-fuer-die-berliner-wohnungskrise/.

74 Initiative „Deutsche Wohnen und Co. Enteignen", Vergesellschaftung und Gemeinwirtschaft, eine Lösung für die Berliner Wohnungskrise, S. 11, zuletzt abgerufen am 02.04.2021 unter https://www.dwenteignen.de/2020/01/vergesellschaftung-und-geme inwirtschaft-loesungen-fuer-die-berliner-wohnungskrise/.

75 Initiative „Deutsche Wohnen und Co. Enteignen", Vergesellschaftung und Gemeinwirtschaft, eine Lösung für die Berliner Wohnungskrise, S. 11, zuletzt abgerufen am 02.04.2021 unter https://www.dwenteignen.de/2020/01/vergesellschaftung-und-geme inwirtschaft-loesungen-fuer-die-berliner-wohnungskrise/.

dem will die Bürgerinitiative durch einen Teil der freiwerdenden Wohnungen Fluchträume für Frauen schaffen, die vor häuslicher Gewalt fliehen.[76]

Das Vergesellschaftungsgesetz soll weiter barrierefreies Wohnen ermöglichen.[77] Auch könne die AöR Zwangsräumungen und drohende Obdachlosigkeit verhindern. Denn ausbleibende Mietzahlungen würden erst dann zur Zwangsräumung führen, wenn kein Kooperationswille zur Vermeidung zukünftiger Mietschulden beim Mieter bestehe. Drohe dagegen Obdachlosigkeit, sei auch die Zwangsräumung unzulässig. In jedem Fall müsse man Ersatzwohnraum in angemessener Entfernung zur alten Wohnung anbieten.[78] Bestehende Obdachlosigkeit könne durch bevorzugte Berücksichtigung von Obdachlosen bei der Vergabe von Wohnungen gelindert werden.[79]

B. Gegenstand der Untersuchung

Das oben skizzierte Vorhaben wird in der Öffentlichkeit kontrovers diskutiert. Die Immobilienwirtschaft wie auch die betroffenen Unternehmen halten das Vorhaben für verfassungswidrig. Teile der Literatur schließen sich dem an.[80] Zu einem anderen Ergebnis kommen die vom Berliner Senat in Auftrag gegebenen Gutachten[81] sowie ein Gutachten von *Wieland* im

76 Initiative „Deutsche Wohnen und Co. Enteignen", Vergesellschaftung und Gemeinwirtschaft, eine Lösung für die Berliner Wohnungskrise, S. 12, zuletzt abgerufen am 02.04.2021 unter https://www.dwenteignen.de/2020/01/vergesellschaftung-und-gemeinwirtschaft-loesungen-fuer-die-berliner-wohnungskrise/.

77 Initiative „Deutsche Wohnen und Co. Enteignen", Vergesellschaftung und Gemeinwirtschaft, eine Lösung für die Berliner Wohnungskrise, S. 12, zuletzt abgerufen am 02.04.2021 unter https://www.dwenteignen.de/2020/01/vergesellschaftung-und-gemeinwirtschaft-loesungen-fuer-die-berliner-wohnungskrise/.

78 Initiative „Deutsche Wohnen und Co. Enteignen", Vergesellschaftung und Gemeinwirtschaft, eine Lösung für die Berliner Wohnungskrise, S. 13, zuletzt abgerufen am 02.04.2021 unter https://www.dwenteignen.de/2020/01/vergesellschaftung-und-gemeinwirtschaft-loesungen-fuer-die-berliner-wohnungskrise/.

79 Initiative „Deutsche Wohnen und Co. Enteignen", Vergesellschaftung und Gemeinwirtschaft, eine Lösung für die Berliner Wohnungskrise, S. 13, zuletzt abgerufen am 02.04.2021 unter https://www.dwenteignen.de/2020/01/vergesellschaftung-und-gemeinwirtschaft-loesungen-fuer-die-berliner-wohnungskrise/.

80 *Sodan/Ferlemann*, LKV 2019, 193 ff.; *Wolfers/Opper*, DVBl. 2019, 542 ff.; *Schede/Schuldt*, ZRP 2019, 78 ff.

81 Homepage des Landes Berlin, zuletzt abgerufen am 03.10.2021 unter https://www.stadtentwicklung.berlin.de/wohnen/wohnraum/vergesellschaftung/.

Auftrag der Fraktion DIE LINKE.[82] DIE LINKE spricht sich klar für das Vergesellschaftungsgesetz aus.[83] Überhaupt erwägt DIE LINKE – als einzige Partei in Deutschland – Art. 15 GG als ernsthafte Handlungsalternative und führt sie im Parteiprogramm 2020 auf.[84] Allerdings stimmten auch Teile von Bündnis90/die Grünen auf dem Oktoberparteitag 2019 für das Vergesellschaftungsgesetz,[85] solange es *ultima ratio* bleibe.[86]

Die SPD sprach sich bis zum Scheitern des Berliner Mietendeckels gegen das Vergesellschaftungsgesetz aus. Nunmehr befürworten Teile der SPD das Vergesellschaftungsgesetz.[87] CDU/CSU, FDP, AfD sowie der bis 2021 regierende Oberbürgermeister von Berlin *Müller* (SPD) lehnen das Vergesellschaftungsgesetz ab.[88]

Diese Arbeit widmet sich daher unter Zugrundelegung der oben dargestellten Gesichtspunkte der Frage, ob und inwieweit das Vergesellschaftungsgesetz verfassungskonform wäre. Dabei wird untersucht, ob

---

82 *Wieland*, Rechtsgutachten für die Bundestagsfraktion DIE LINKE, August 2019, S. 22, zuletzt abgerufen am 08.10.2019 unter https://www.linksfraktion.berlin/gutachten/.

83 *Wolfers/Opper*, DVBl. 2019, 542 (542); Homepage der Partei DIE LINKE, zuletzt abgerufen am 25.11.2020 unter https://dielinke.berlin/nc/start/termine/detail/news/treffen-der-deutsche-wohnen-co-enteignen-kampagnen-ag/.

84 Erfurter Parteiprogramm DIE LINKE, zuletzt abgerufen am 08.11.2020 unter https://www.die-linke.de/partei/grundsatzdokumente/programm/; *Wolfers/Opper*, DVBl. 2019, 542 (544); *Wieland*, in: Dreier, Kommentar zum Grundgesetz, Art. 15 Rn. 18; der Mitinitiator und Gründer der Initiative Taheri ist ehemaliges Mitglied der PDS und mit einem Mitglied der Partei DIE Linke verheiratet, Berliner Morgenpost, Meldung vom 31.03.2019, zuletzt abgerufen am 06.08.2022 unter https://www.morgenpost.de/berlin/article216787069/Darum-fuerchten-Berlins-Immobilienkonzerne-dies en-Mann.html.

85 Spiegel Online, Meldung vom 07.04.2019, zuletzt abgerufen am 14.09.2022 unter https://www.spiegel.de/politik/deutschland/robert-habeck-haelt-enteignung-notfalls-fuer-denkbar-a-1261662.html; Berliner Morgenpost, Meldung vom 15.05.2019, zuletzt abgerufen am 14.09.2022 unter https://www.morgenpost.de/berlin/article217642865/Die-Gruenen-wollen-jetzt-enteignen.html.

86 Frankfurter Allgemeine Zeitung, Meldung vom 04.10.2019, abgerufen am 04.10.2019 unter https://fazarchiv.faz.net/fazSearch/index/searchForm?q=Gr%C3%BCnen+Vorstand+f%C3%BCr+Enteignung+als+letztes+Mittel+&search_in=&timePeriod=timeFilter&timeFilter=&DT_from=&DT_to=&KO%2CSO=&crxdefs=&NN=&CO%2C1E=&CN=&BC=&submitSearch=Suchen&maxHits=&sorting=&toleFilter=&dosearch=new#hitlist.

87 *Klöpfer*, in: NVwZ 2021, 1513 (1513).

88 *Schede/Schuldt*, ZRP 2019, 78 (78).

Art. 15 GG mehr als „*praktische Bedeutungslosigkeit*"[89] und „*rechtspolitische Symbolik*"[90] aufweist.

Hierfür enthält Kapitel 1 einleitend die historischen Grundlagen der dem Gesetz zugrundeliegenden Sozialisierungsforderung. Kapitel 2 untersucht, inwieweit die historische Sozialisierungsforderung durch Art. 15 GG in das Grundgesetz aufgenommen wurde. Anschließend wird auf die Stellung des Art. 15 GG im Verfassungsgefüge und seine Bedeutung hinsichtlich einer Wirtschaftsverfassung eingegangen. Danach folgt eine Abgrenzung zu Art. 14 Abs. 1 S. 1 GG, den Inhalts- und Schrankenbestimmungen nach Art. 14 Abs. 1 S. 2 GG sowie zur Enteignung nach Art. 14 Abs. 3 GG. Abschließend wird in Kapitel 2 die bisherige Rechtsprechung zu Art. 15 GG dargestellt.

Kapitel 3 widmet sich der Frage, warum Art. 15 GG den Zugriff auf die dort genannten Gegenstände zulässt. Anschließend werden die in Art. 15 GG genannten Gegenstände näher untersucht. Umstritten sind dabei der Inhalt und Umfang des Produktionsmittelbegriffs. Hiervon hängt ab, ob Erbbaurechte und Eigentumsrechte nach dem WEG überführt werden können. Sodann werden die Merkmale Gemeinwirtschaft und Gemeineigentum erläutert. Auch wird das Merkmal „*zum Zwecke der Vergesellschaftung*" gegenüber der Gemeinwirtschaft abgegrenzt. Danach werden die mit Art. 15 GG verfolgbaren Ziele und Motive erläutert. Schließlich wird dargestellt, inwieweit Art. 15 GG auch heute noch praktische Anwendung finden kann.

Kapitel 4 zeigt die zur Umsetzung des Vergesellschaftungsgesetzes zu beachtenden Voraussetzungen, namentlich das Verbot der Einzelfallgesetzgebung, das Zitiergebot wie auch die Beachtung des Wesensgehaltes der Grundrechte. Danach werden die inner- und außerhalb des Grundgesetzes liegenden Schranken, Schuldenbremse und Grundfreiheiten der europäischen Union dargestellt. Schließlich wird untersucht, ob die bisherigen Mietverträge bereits qua Gesetz auf die AöR übergehen.

Kapitel 5 stellt den Schwerpunkt der Arbeit dar und widmet sich der Frage, ob der Verhältnismäßigkeitsgrundsatz auf ein Gesetz nach Art. 15 GG Anwendung findet. Denn es wird teilweise vertreten, Art. 15 GG lege das Ergebnis einer Verhältnismäßigkeitsprüfung selbst fest, indem er die Vergesellschaftung als „*legitimen Zweck*" vorgebe. Es sei daher keine weitere Verhältnismäßigkeitsprüfung notwendig.

89 *Durner*, in: Dürig/Herzog/Scholz, Kommentar zum Grundgesetz, Art. 15 Rn. 1.
90 *Durner*, in: Dürig/Herzog/Scholz, Kommentar zum Grundgesetz, Art. 15 Rn. 1.

Nach Art. 15 S. 1 GG ist den Betroffenen eine Entschädigung zu zahlen. Die Entschädigungshöhe bestimmt sich gem. Art. 14 Abs. 3 S. 3 u. 4 GG unter gerechter Abwägung zwischen den Interessen der Allgemeinheit und den Interessen der Betroffenen. Kapitel 6 stellt daher die von der Rechtsprechung entwickelten Entschädigungsvoraussetzungen dar und prüft, wie weit diese auf ein Gesetz nach Art. 15 GG und auf das Vergesellschaftungsgesetz übertragbar sind.

Kapitel 7 behandelt die Frage, ob das Land Berlin zum Erlass eines Gesetzes nach Art. 15 GG berechtigt ist. Denn die Berliner Verfassung sieht im Unterschied zum Grundgesetz dazu gerade keine Möglichkeit vor. Art. 15 GG müsste daher unmittelbar auch für das Land Berlin als Ermächtigungsgrundlage gelten.

Kapitel 8 enthält schließlich ein Gesamtresümee zur Frage der Verfassungsmäßigkeit des Vergesellschaftungsgesetz-Entwurfes und formuliert die zentralen Thesen dieser Arbeit.

C. Stand der Literatur

Art. 15 GG kommt bis heute kaum praktische Relevanz zu.[91] Überhaupt hat sich das Bundesverfassungsgericht bisher nur kurz im Rahmen des „*Investitionshilfeurteils*“[92] und anlässlich der „*Volkswagenprivatisierung*“[93] mit Art. 15 GG auseinandergesetzt. Soweit erkennbar, war das geplante Vergesellschaftungsgesetz bisher nicht Gegenstand anderweitiger Arbeiten. Auch einschlägige Rechtsprechung existiert bisher nicht. In der Kommentarliteratur stieß das Vorhaben vereinzelt auf Resonanz. Nachdem es in der medialen Berichterstattung jedoch an Bedeutung gewann, sind einige Aufsätze zu dem Vorhaben erschienen.

91 *Axer*, in: Epping/Hillgruber, Kommentar zum Grundgesetz, Art. 15 Rn. 1.
92 BVerfGE 4, 17 ff.
93 BVerfGE 12, 354 ff.

Kapitel 1 – Historische Entwicklung zu Art. 15 GG

Dieses Kapitel beschäftigt sich mit der historischen Entwicklung der Sozialisierungsforderung. Auch widmet sich das Kapitel der Entstehungsgeschichte des Art. 15 GG im Zuge der Beratungen des Parlamentarischen Rates. Aus diesen Beratungen lassen sich erste Rückschlüsse auf Inhalt und Reichweite der Norm ziehen, die für die spätere Untersuchung relevant sind.

Die Bedeutung von Art. 15 GG ist umstritten. Nach *Durner* ist Art. 15 GG die Norm des Grundgesetzes, die am ehesten praktische Bedeutungslosigkeit mit hoher rechtspolitischer Symbolik verbindet.[94] Schon die Aufnahme in das Grundgesetz sei ausschließlich politisch motiviert gewesen.[95] Praktisch bedeutungslos sei Art. 15 GG, da er bis heute nicht als Ermächtigungsgrundlage gedient habe.[96] Gerade wegen dieser bisherigen „*Bedeutungslosigkeit*" kann Art. 15 GG nur vollständig erfasst werden, wenn – neben den Standardmethoden der Auslegung Wortlaut, Systematik und Telos[97], deren sich auch das Bundesverfassungsgericht bei Auslegung des Grundgesetzes bedient[98] – auch eine historische Einordnung stattfindet.[99]

---

94 *Durner*, in: Dürig/Herzog/Scholz, Kommentar zum Grundgesetz, Art. 15 Rn. 1.

95 *v. Mangoldt*, in: VVDStRL 10 (1951), S. 150.

96 *Detterbeck*, Öffentliches Recht, Rn. 536.

97 BVerfGE 1, 299 (312); 11, 126 (130 f.); *Pschorr/Spanner*, DÖV 2020, 91 (92).

98 BVerfGE 15, 256 (265); 133, 168 (205); BVerfG, Beschluss vom 27.09.2022 – 1 BvR 2661/21 -, juris, Rn. 24; neben weiteren Methoden wie Einheit der Verfassung, praktische Konkordanz oder funktionaler Auslegung, *Voßkuhle*, JuS 2019, 417 (418).

99 *Krüger*, in: Bettermann/Nipperdey/Scheuner, Grundrechte, S. 270; *Hufen*, Staatsrecht II, § 38 Rn. 32; dabei dominiert keine der vorgenannten Auslegungsmethoden, da auch das Grundgesetz keine feste Auslegungsform vorgibt, BVerfGE 88, 145 (167); 105, 135 (157 f.); 133, 168 (205); allerdings berücksichtigt das Bundesverfassungsgericht die Entstehungsgeschichte bei einfachgesetzlichen Normen nur in Form einer ergänzenden Auslegung, wenn Zweifel über den Inhalt der Norm bestehen, BVerfGE 1, 299 (299); *Volkmann*, JZ 2018, 265 (268).

A. Die Forderungen nach Sozialisierung bis 1948

Zur historischen Auslegung des Art. 15 GG gehören insbesondere die sozialistischen Theorien des 19. Jahrhunderts. Diese stellen die Grundlage des Art. 15 GG dar und knüpften ihrerseits an das bürgerliche Privateigentum. Das bürgerliche Privateigentum dagegen war maßgeblich durch den Liberalismus geprägt. Diese seit der Aufklärungsepoche dominierende Rechtsphilosophie zielte auf eine Änderung der damaligen Gesellschaftsordnung ab.[100] Statt eines absolutistischen Staatsaufbaus sollte sich die individuelle Menschenwürde durch die Garantie weitreichender Freiheitsrechte verwirklichen.[101] Sie stellen die wesentlichen Forderungen des Liberalismus zur Überwindung des Absolutismus dar.[102] Der Staat sollte den Menschen unumstößliche Freiheitsrechte gewähren und diese verfassungsrechtlich verankern.[103] Damit war der Staat als Garant bürgerlicher Freiheiten im Liberalismus unbestritten, sein Handeln jedoch nur dort legitimiert, wo es vom Konsens der Menschen getragen war[104] und den Bürgern Mitbestimmungsrechte einräumte.[105] Überwiegend sollte sich der Staat auf hoheitli-

---

100 *Schmidt -Jortzig*, in: Merten/Papier, Handbuch der Grundrechte, § 10 Rn. 4.

101 *Ekardt*, Liberalismus, S. 16.

102 *Volkmann*, in: Merten/Papier, Handbuch der Grundrechte, § 12 Rn. 8.

103 *Schmidt-Jortzig*, in: Merten/Papier, Handbuch der Grundrechte, § 10 Rn. 17 ff.; einen ersten Schritt Richtung Verfassungsstaat stellt die nie in Kraft getretene Verfassung des Deutschen Reichs vom 28.03.1849 („Paulskirchenverfassung") dar. Nach § 164 des Art. XI der Paulskirchenverfassung war das Eigentum, einschließlich dem geistigen Eigentum unverletzlich. Eine Enteignung konnte nur aus Rücksicht des gemeinen Besten, nur auf Grund eines Gesetzes und gegen gerechte Entschädigung vorgenommen werden. Nach § 165 war jeder Grundeigentümer befugt, seinen Grundbesitz unter Lebenden oder von Todes wegen zu veräußern. Die nachfolgenden §§ 166 bis 170 hoben Rechte der Monarchen am Grundstück auf, etwa den Zehnten oder die Familienfideikommisse (Grundbesitz, der grundsätzlich unveräußerlich und unteilbar war und nach einer vom ordentlichen Erbrecht abweichenden Nachfolgeordnung, meist nach Erstgeburtsrecht im Mannesstamme, vererbt wurde). Eigentum fand danach seine Grenzen nur im Hinblick auf Freizügigkeit oder weiteren, verfassungsrechtlichen Instituten, *Siebert*, Von Frankfurt nach Bonn, S. 20 f., S. 50; *Dopatka*, in: Winter, Sozialisierung von Unternehmen, S. 191.

104 *Schmidt-Jortzig*, in: Merten/Papier, Handbuch der Grundrechte, § 10 Rn. 13.

105 *Ekardt*, Liberalismus, S. 20; die Ansichten des Liberalismus wurden jedoch nicht nur vom Bürgertum unterstützt. So wurde von *Bernstein*, einem der wichtigsten Politiker der SPD vor den ersten Weltkrieg (*Engelhard*, Die Ökonomie der SPD, S. 15), berichtet, nach den Berliner Barrikadenkämpfen im März 1848 seien 90 % der Gefallenen auf Seiten des Bürgertums Handwerksgesellen und Arbeiter gewesen. Die Arbeiter trugen daher einen nicht zu unterschätzenden Anteil zum vorüber-

che Aufgaben beschränken und öffentliches Vermögen auf Private übertragen.[106] Neben dem Staat wurde allerdings auch eine soziale Basis und eine damit verbundene Gemeinschaft als Notwendigkeit angesehen, da sich die einzelne Persönlichkeit nur in einer Gemeinschaft entwickeln könne.[107]

Diese menschlichen Freiheitsrechte bilden die Grundlage des Liberalismus.[108] Sie umfassten nicht nur die allgemeine Handlungsfreiheit, sondern auch die ökonomische Freiheit, die sich in einer ungehinderten Entfaltung von Handel, Industrie und Gewerbe realisierte.[109] Da es sowohl einen Ausdruck der persönlichen wie auch ökonomischen Freiheit darstellt, war privates Eigentum für die liberale Wirtschaftsordnung von besonderer Bedeutung. *Kant* betonte diesen Zusammenhang mehrfach,[110] auch wenn die philosophische Eigentumsbegründung umstritten war.[111]

I. Politische Grundlagen der Sozialisierung

Viele Menschen konnten jedoch nicht von den Freiheitsrechten des Bürgertums profitieren. Insbesondere den unteren Schichten brachte der Liberalismus kaum Verbesserung. Denn Freiheit garantiert keine Teilhabe an Gütern, die zur Befriedigung menschlicher Grundbedürfnisse unabdingbar

---

gehenden Gelingen der Revolution bei, konnten anschließend aber kaum eigene Forderungen durchsetzen, *Klönne*, Die Deutsche Arbeiterbewegung, S. 22 ff.

106 *Dopatka*, in: Winter, Sozialisierung von Unternehmen, S. 192.

107 *Schmidt-Jortzig*, in: Merten/Papier, Handbuch der Grundrechte, § 10 Rn. 17.

108 *Ekardt*, Liberalismus, S. 19; *Kant*, Was ist Aufklärung? S. 5; nach den Philosophen der Aufklärung konnte der Mensch mit der Fähigkeit, rational zu denken und seinen Verstand zu nutzen, auch seine eigentliche Natur wiederentdecken. Um die Befreiung des Geistes zu verwirklichen, musste der Mensch jedoch aus der Abhängigkeit des Lehenwesens gelöst werden, vgl. *Schmidt-Jortzig*, in: Merten/Papier, Handbuch der Grundrechte, § 10 Rn. 9.

109 *Klönne*, Die Deutsche Arbeiterbewegung, S. 18.

110 *Wieland*, in: Dreier, Kommentar zum Grundgesetz, Art. 14 Rn. 1.

111 Exemplarisch sei hier auf die Theorien von *Hobbes* und *Locke* verwiesen. Während nach *Hobbes* das Eigentum zur Vermeidung von Konflikten durch den Staat als Souverän zugewiesen wurde, begründete *Locke* das persönliche Eigentum aus der Vermischung eigener Arbeitskraft mit einem Gegenstand. Diese Verknüpfung zwischen Arbeit, personaler Freiheit und Eigentum bildete die Grundlage für den *„liberalen Eigentumsbegriff"*, siehe dazu: *Dietlein*, in: Stern, Staatsrecht der Bundesrepublik Deutschland, Band IV/1, S. 2142; *Margedant/Zimmer*, Eigentum und Freiheit, S. 23 f.; *Papier/Shirvani*, in: Dürig/Herzog/Scholz, Kommentar zum Grundgesetz, Art. 14 Rn. 18 ff.; *Wieland*, in: Dreier, Kommentar zum Grundgesetz, Art. 14 Rn. 1.

sind. In Abkehr vom Liberalismus entwickelte sich daher der Sozialismus.[112] Basierend auf der französischen Erklärung der Bürger- und Menschenrechte sollte sich neben einer formalen Gleichheit („*Alle Menschen sind vor dem Gesetz gleich*“) auch eine reale Gleichheit verwirklichen („*Alle Menschen sind gleich*“).[113] Der Sozialismus sollte so die Interessen der unteren Gesellschaftsschichten vertreten, die durch das Bürgertum nicht repräsentiert wurden.[114] Insbesondere forderten die Vertreter der sozialistischen Theorien die Abkehr von der liberalen Eigentumsordnung[115] und vom eigennützigem Privateigentum in der Produktion und an Produktionsmitteln.[116] Die Umgestaltung der liberalen Produktionsverhältnisse war und ist daher eine der politischen Hauptforderungen des Sozialismus.[117]

Urheber sozialistischer Ideen waren die Franzosen *de Saint-Simon* und *Fourier* sowie der Engländer *Owen*. Diese entwickelten bereits sehr detaillierte sozialistische Gesellschaftsmodelle.[118] Sozialismus sollte sich in einer gelenkten Gütergemeinschaft realisieren, in welcher der Staat das Eigentum auf sich vereint und verteilt. Sozialismus stellte jedoch nur die erste Stufe dar. Eine vollständige Umgestaltung der Gesellschaft konnte erst im Kommunismus erfolgen.[119] Habe der Staat das Eigentum verteilt, komme eine kommunistische Gesellschaft ohne Privateigentum aus. Dabei nutze

---

112 *Thomas*, Marxismus und Sowjetkommunismus, S. 17; der Begriff „*Sozialismus*“ entstand in Deutschland um 1830. Die Ursprünge des Begriffes „*Sozialismus*“ gehen auf die Schriften des *Giuliani* mit der Bezeichnung „*socialismo*“, „*socialista*“ und „*socializzare*“ zurück, *Sombart*, Der proletarische Sozialismus, S. 1.

113 *Thomas*, Marxismus und Sowjetkommunismus, S. 18.

114 *Volkmann*, in: Merten/Papier, Handbuch der Grundrechte, § 12 Rn. 7.

115 *Euchner/Grebing*, Geschichte der sozialen Ideen in Deutschland, S. 19.

116 *Thomas*, Marxismus und Sowjetkommunismus, S. 17.

117 *Durner*, in: Dürig/Herzog/Scholz, Kommentar zum Grundgesetz, Art. 15 Rn. 5; *Dietlein*, in: Stern, Staatsrecht der Bundesrepublik Deutschland, Band IV/1, S. 2301; *Badura*, Staatsrecht, C 87; *Vilmar*, in: Schwan, Demokratischer Sozialismus für Industriegesellschaften, S. 64.

118 *Fetscher*, in: Schwan, Demokratischer Sozialismus für Industriegesellschaften, S. 34; *Kalt*, Neubeginnen mit Marx, S. 124.

119 BVerfGE 5, 85 (162); *Kumpmann*, Kapitalismus und Sozialismus, S. 107 f., S. 110.

jeder nur das, was er zum Leben brauche.[120] Mit dem Kommunismus[121] sollte sich nach Umverteilung des vorhandenen Eigentums eine Rückbesinnung des Menschen auf ihn als *„einen gesellschaftlichen, d. h. menschlichen Menschen"* realisieren.[122] Zugleich arbeitete man so auf die Verringerung von Verfügungsmacht Einzelner über Sachen oder Sachgesamtheiten hin.[123] Der Kommunismus wurde daher als Lösung des Widerstreites zwischen Mensch und Natur, zwischen Freiheit und Notwendigkeit sowie zwischen Individuum und Gattung angesehen.[124]

Marx nahm die bisherigen Ansätze auf und entwickelte sie weiter.[125] Er begriff den Kommunismus später als realen Humanismus.[126] Dabei prägte *Marx* vor allem den (real existierenden) Sozialismus.[127] Seine sozialistischen und kommunistischen Vorstellungen wurden maßgeblich durch die soziale Situation im frühen 19. Jahrhundert beeinflusst. Zu dieser Zeit erlebte Deutschland einen Wirtschaftsumbruch, der bis in das 20. Jahrhundert anhielt. Bedingt durch einen vermehrten Einsatz von Dampfmaschinen veränderte sich die Produktionsweise in der Wirtschaft. Dies führte zu einer rapiden Bevölkerungsvermehrung wie auch der Auflösung bisheriger Gesellschaftsstrukturen.[128] So stieg die Bevölkerungszahl in den deutschen Staaten zwischen 1800 bis 1850 von 23 Millionen auf 36 Millionen Men-

---

120 *Thomas*, Marxismus und Sowjetkommunismus, S. 19; als Beispiel für eine solche Gemeinschaft können die Pläne *Cabets* genannt werden. Dieser formte ein Gesellschaftsbild, in dem nach der Aufhebung des privaten Eigentums und auf Basis gleicher Arbeit eine zentral gesteuerte Bedürfnisbefriedigung erfolgen sollte, *Thomas*, Marxismus und Sowjetkommunismus, S. 20.

121 Kommunismus leitet sich von dem lateinischen Wort *„communis"* ab, was übersetzt *„mit anderen zusammen dienstbereit"*, *„gemeinschaftlich"* oder *„gemeinsam"* bedeutet, vgl. Langenscheidts Taschenwörterbuch, *„communis"*

122 *Marx*, ökonomisch – philosophische Manuskripte (1844), zitiert nach *Thomas*, Marxismus und Sowjetkommunismus, S. 46.

123 *Löw*, Warum fasziniert Kommunismus?, S. 31.

124 *Marx*, ökonomisch – philosophische Manuskripte (1844), zitiert nach *Thomas*, Marxismus und Sowjetkommunismus, S. 46; teilweise wird der Kommunismus mit der Verwirklichung der Lehre Christi gleichgesetzt, *Löw*, Warum fasziniert Kommunismus?, S. 27.

125 *Kumpmann*, Kapitalismus und Sozialismus, S. 110: *Marx* und *Engels* tauschten die Begriffe Sozialismus und Kommunismus häufig gegeneinander aus; *Euchner/Grebing*, Geschichte der sozialen Ideen in Deutschland, S. 53.

126 *Thomas*, Marxismus und Sowjetkommunismus, S. 13.

127 *Dath*, Karl Marx, S. 30: *Marx* Vater war Rechtsanwalt in Trier. Er stammte daher aus bürgerlichem Kreise.

128 *Konegen/Kracht*, Sozialismus und Sozialisierung, S. 13.

schen.[129] Dieser Anstieg in den Ballungsräumen lässt sich sowohl auf gestiegene Geburtenraten als auch auf Migration zurückführen.[130] Beispielsweise lebten 1907 nur noch die Hälfte der Menschen in ihren Geburtsorten.[131]

Die Folgen des Bevölkerungsanstiegs waren Arbeitsmangel, Armut und soziale Entwurzelung.[132] 1816 bestand beispielsweise in Wuppertal-Barmern die Stadtbevölkerung zu 56,1 % aus Tagelöhnern, Handarbeiterinnen und häuslichen Bediensteten. Mit Gesellen und Lehrlingen belief sich die Gesamtzahl auf 64,7 %.[133] Im preußischen Gebiet betrug der Anteil der Lohnarbeiterschaft etwa 45 % der männlichen Bevölkerung über 14 Jahre.[134] Insgesamt bildete die Unterschicht ungefähr 80 % der deutschen Bevölkerung.[135] Gleichwohl handelt es sich nicht nur um ein Problem der deutschen Staaten. Etwa 50-60 % der europäischen Bevölkerung lebte nach 1850 zeitweise unter dem physischen Existenzminimum.[136] Der Lohn reichte bedingt durch das Überangebot an Arbeitskräften kaum zum Leben.[137] Um die Familien zu ernähren, mussten Frauen und Kinder arbeiten, was die Nachfrage nach Arbeitsplätzen zusätzlich verschärfte.[138] Zugleich wurde Wohnraum schon damals zum gefragten Gut.[139]

Die Verlierer der liberalen Wirtschaftsordnung waren die unteren Gesellschaftsschichten, allen voran die Arbeiter.[140] Auch politisch waren sie ent-

---

129 *Klönne*, Die Deutsche Arbeiterbewegung, S. 18.

130 Auch heute noch ist der Zuzug einer der Hauptgründe für die Verknappung von Wohnraumangebot, insbesondere in Berlin, *Klöpfer*, NJW 2019, 1656 (1660).

131 *Schmoeckel/Maetschke*, Rechtsgeschichte der Wirtschaft, Rn. 291.

132 *Klönne*, Die Deutsche Arbeiterbewegung, S. 18; *Fischer*, Wirtschaft und Gesellschaft im Zeitalter der Industrialisierung, S. 251.

133 *Fischer*, Wirtschaft und Gesellschaft im Zeitalter der Industrialisierung, S. 245.

134 *Fischer*, Wirtschaft und Gesellschaft im Zeitalter der Industrialisierung, S. 245.

135 *Schmoeckel/Maetschke*, Rechtsgeschichte der Wirtschaft, Rn. 294.

136 *Konegen/Kracht*, Sozialismus und Sozialisierung, S. 12.

137 *Heinrich*, Kritik der politischen Ökonomie, eine Einführung, S. 18.

138 *Klönne*, Die Deutsche Arbeiterbewegung, S. 19; *Fischer*, Wirtschaft und Gesellschaft im Zeitalter der Industrialisierung, S. 227, 245 f.; *Schmoeckel/Maetschke*, Rechtsgeschichte der Wirtschaft, Rn. 294; dabei handelt es sich nicht nur um ein auf deutsche Gebiete beschränktes Problem. Zwischen 50-60 % der Bevölkerung Europas lebte nach 1850 zeitweise unter dem physischen Existenzminimum, *Konegen/Kracht*, Sozialismus und Sozialisierung, S. 12.

139 *Schmoeckel/Maetschke*, Rechtsgeschichte der Wirtschaft, Rn. 292.

140 *Schmoeckel/Maetschke*, Rechtsgeschichte der Wirtschaft, Rn. 292; *Klönne*, Die Deutsche Arbeiterbewegung, S. 20; *Euchner/Grebing*, Geschichte der sozialen Ideen in Deutschland, S. 38; die Arbeiterschaft soll indes nicht grundsätzlich mit dem Wirtschaftssystem als solchem unzufrieden gewesen sein. Die Proteste richteten sich eher gegen das Handeln einzelner Unternehmer, wie etwa der Aufstand der schlesi-

rechtet. Gewerkschaftliche Vertretungen waren nicht vorhanden. Oft wurden sie auch nur zögerlich eingeführt.[141] Das Wahlrecht war nach Einkommen oder Vermögen abgestuft, Sozialversicherungen existierten nicht.[142]

Für diese Situation machte *Marx* auch das Privateigentum an Produktionsmitteln verantwortlich.[143] Nach seiner Auffassung führte der Kapitalismus dazu, dass sich der Kapitalist, begünstigt durch das bürgerliche Privateigentum, die Produktionsmittel aneignen konnte. Damit habe er den Arbeiter von der Nutzung der Produktionsmittel ausgeschlossen. Dem Arbeiter bleibe nichts Anderes übrig, als seine Arbeitskraft an den Kapitalisten zu verkaufen. Der Kapitalist könne dagegen den Arbeiter beschäftigen und ihn zur Be- oder Verarbeitung der Produktionsmittel einsetzen. Damit gehörten dem Kapitalisten sowohl die Produktionsmittel als auch die Arbeitskraft des Arbeiters.[144] So könne der Kapitalist den Arbeiter ausbeuten.[145]

Den Ausweg für die Arbeiterklasse sah *Marx* in der Verwirklichung einer sozialistischen und kommunistischen Gesellschaftsordnung einschließlich der Abschaffung des Privateigentums an Produktionsmitteln,[146] welches durch den Staat geschützt werde.[147] Stattdessen sollten die Produktionsmittel allen Menschen nach ihren individuellen Bedürfnissen zur Verfügung stehen. *Marx* forderte jedoch nicht die Abschaffung sämtlichen Privateigentums. Das Privateigentum des Arbeiters an seinen Produktionsmitteln war für ihn die Grundlage des Kleinbetriebes. Dieser hingegen sei eine notwendige Bedingung für die Entwicklung der gesellschaftlichen Produktion und der freien Individualität des Arbeiters.[148]

---

schen Weber 1844. Erst durch diesen Aufstand nahm das Bürgertum von der sozial prekären Situation der Arbeiterschichten Kenntnis.

141 *Fischer*, Wirtschaft und Gesellschaft im Zeitalter der Industrialisierung, S. 227.

142 *Fischer*, Wirtschaft und Gesellschaft im Zeitalter der Industrialisierung, S. 227.

143 BVerfGE 5, 85 (148 ff.).

144 BVerfGE 5, 85 (153).

145 *Marx*, Das Kapital, S. 169; *Heinrich*, Kritik der politischen Ökonomie, eine Einführung, S. 98; *Korsch*, Was ist Sozialisierung, S. 8 f.

146 *Kalt*, Neubeginnen mit Marx, S. 124; vor Marx forderte *Owen* bereits die Abschaffung des Privateigentums an Produktionsmitteln, *Euchner/Grebing*, Geschichte der sozialen Ideen in Deutschland, S. 38.

147 BVerfGE 5, 85 (154).

148 *Marx*, Das Kapital, S. 704; *Marx/Engels*, Manifest der Kommunistischen Partei, S. 63: Hiernach sei das moderne bürgerliche Privateigentum *„der letzte und höchste Ausdruck der Erzeugung und Aneignung der Produkte, die auf Klassengegensätzen und auf der Ausbeutung der einen durch die anderen"* beruhe. Früher bereits nahm *Marx* zum Privateigentum Stellung: *„[…] das Menschenrecht der Freiheit basiert nicht auf der Verbindung des Menschen mit dem Menschen, sondern vielmehr auf*

Marx empfand den Kommunismus als Schlussfolgerung und naturgemäße Entwicklung des Kapitalismus.[149] Denn mit Fortschreiten des Kapitalismus musste die Arbeiterklasse weiter anwachsen. Ab einer gewissen Größe könnte sie durch die *„Revolution des Proletariates"*[150] alle wesentlichen gesellschaftlichen Produktivkräfte an sich ziehen,[151] die Umwälzung der Produktionsverhältnisse erzwingen und den Sozialismus herbeiführen.[152]

Diese Realisierung des Kommunismus erforderte die Übernahme der Staatsmacht sowie (vorerst) die Übertragung aller Produktionsmittel auf den Staat,[153] was später als *„Sozialisierung"* verstanden wurde.[154] Für *Marx* stellte sich der Staat jedoch als klassenbedingte Organisationsform dar. In

---

der Absonderung des Menschen von dem Menschen. Es ist das Recht dieser Absonderung, das Recht des Beschränkten, auf sich beschränkten Individuums. Die praktische Nutzanwendung des Menschenrechtes der Freiheit ist das Menschenrecht des Privateigentums […]. Das Menschenrecht des Privateigentums ist also das Recht, willkürlich […] ohne Beziehung auf andere Menschen unabhängig von der Gesellschaft sein Vermögen zu genießen und über dasselbe zu disponieren, das Recht des Eigennutzes. Jene individuelle Freiheit, wie diese Nutzanwendung derselben, bilden die Grundlage der bürgerlichen Gesellschaft. Sie lässt jeden Menschen im anderen Menschen nicht die Verwirklichung, sondern vielmehr die Schranke seiner Freiheit finden", vgl. *Marx*, zur Judenfrage 1843, zitiert nach *Thomas*, Marxismus und Sowjetkommunismus, S. 42. *Marx* Ansätze lassen jedoch wesentliche Fragen unbeantwortet. Denn alleine durch Verwandlung der Produktionsmittel in Kollektiveigentum ändert sich die Lage der Arbeiter nicht. Wie auch heute fehlte es an einer fundierten ökonomischen Transferstrategie, nach welcher die Produktionsmittel den besitzlosen Klassen tatsächlich zugutekommen sollen. Auch *Marx* ging wenig auf die Möglichkeit zum Transfer auf die Arbeiterschaft ein, *Novy*, Strategien der Sozialisierung, S. 13 ff.; *Krüger*, in: Bettermann/Nipperdey/Scheuner, Die Grundrechte, S. 287; *Püttner*, Gemeinwirtschaft, S. 18; *Becker*, in: Stern/Becker, Grundrechte-Kommentar, Art. 15 Rn. 1.

149 BVerfGE 5, 85 (161 f.); *Kalt*, Neubeginnen mit Marx, S. 124 f.; *Konegen/Kracht*, Sozialismus und Sozialisierung, S. 9; *Euchner/Grebing*, Geschichte der sozialen Ideen in Deutschland, S. 53.

150 Der Name *Proletariat* leitet sich vom lateinischen *proles* ab. Es bedeutet übersetzt *„Nachkommen"*. Als *proles* betitelte man im Altertum die ärmsten Schichten Roms, die nicht mehr besaßen als ihre Kinder, *Dath*, Karl Marx, S. 6.

151 BVerfGE 5, 85 (284); *Kalt*, Neubeginnen mit Marx, S. 125.

152 BVerfGE 5, 85 (156).

153 *Heinrich*, Kritik der politischen Ökonomie, eine Einführung, S. 226.

154 *Konegen/Kracht*, Sozialismus und Sozialisierung, S. 9; der Begriff *„Sozialisierung"* entstand zum Ende des 19. Jahrhunderts. Er lässt sich vom lateinischen Wort *socialis* sowie dem von Hugo Grotius geprägten Begriff *appetitus socialis* ableiten, was übersetzt *„das Aufeinanderzu der Menschen"* bedeutet, *Ahlers*, Sozialisierung von Grund und Boden, S. 95.

einer klassenlosen Gesellschaft wäre er überflüssig.[155] Daher konnte der Staat nicht dauerhaft Träger der Produktionsmittel sein. Auf Dauer mussten die Produktionsmittel auf die Gemeinschaft übergehen.[156] Denn das schlichte Übertragen der Produktionsmittel auf den Staat veränderte die Produktionsweise nicht. Die Umwälzung der Produktionsmittel bedeutete daher schon für *Marx* mehr als Verstaatlichung.[157]

II. Forderungen der Sozialistischen Vereinigungen bis 1918

Ab den 1850er Jahren entstanden vermehrt politische Bewegungen, welche für die Interessen der Arbeiterschaft eintraten. So entwickelte sich 1869 die von *Bebel* und *Liebknecht* begründete Sozialdemokratische Arbeiterpartei (SDAP). Die SDAP schloss sich 1875 mit dem 1863 von *Lassalle* gegründeten Allgemeinen Deutschen Arbeiterverein[158] zur Sozialistischen Arbeiterpartei zusammen, aus der 1891 die Sozialdemokratische Partei Deutschland (SPD) hervorging.[159] Wie sich Arbeiterrechte und Sozialismus verwirklichen sollten, war allerdings innerhalb der Bewegungen stark umstritten. Einerseits gab es unter Berufung auf *Marx* Bestrebungen, durch eine proletarische Revolution einen radikalen Gesellschaftsumbau zu erzwingen.[160] Andere sahen die vorhandenen bürgerlichen Grundrechte zwar als gegeben an. Die Rechte der Arbeiterschaft sollten jedoch daneben verankert oder die vorhandenen Grundrechte auf ihre Bedürfnisse angepasst werden.[161] Diese durch Reform bewirkte Verwirklichung des Sozialismus wird auch als „*Demokratischer Sozialismus*“ verstanden.[162] Im Demokratischen Sozialismus soll zudem lediglich und nur durch demokratische Mehrheitsentschei-

155 *Dopatka*, in: Winter, Sozialisierung von Unternehmen, S. 173; *Ahlers*, Sozialisierung von Grund und Boden, S. 105.

156 *Dopatka*, in: Winter, Sozialisierung von Unternehmen, S. 174.

157 *Ahlers*, Sozialisierung von Grund und Boden, S. 107; *von Loesch*, in: Harms, Alternativökonomie und Gemeinwirtschaft, S. 29.

158 BVerfGE 5, 85 (88 f.).

159 *Sontheimer/Röhring*, Handbuch des politischen Systems der Bundesrepublik Deutschland, S. 539.

160 *Volkmann*, in: Merten/Papier, Handbuch der Grundrechte, § 12 Rn. 8.

161 *Volkmann*, in: Merten/Papier, Handbuch der Grundrechte, § 12 Rn. 8.

162 *Sontheimer/Röhring*, Handbuch des politischen Systems der Bundesrepublik Deutschland, S. 170.

dung eine Teilsozialisierung der Schlüsselindustrien[163] unter weitgehender Erhaltung eines freien Wettbewerbs erfolgen.[164]

Einschließlich ihrer Vorgängerorganisationen nahm die SPD in die Parteiprogramme bis 1959 sozialistische Forderungen auf. So stellte etwa das Eisenacher Programm der SDAP 1869 fest, dass die politischen und sozialen Zustände im höchsten Maße ungerecht und daher mit größter Energie zu bekämpfen seien.[165] Der Kampf zur Befreiung der arbeitenden Klasse sei nicht ein Kampf für Klassenprivilegien und Vorrechte, sondern ein Kampf für gleiche Rechte und Pflichten und die Abschaffung aller Klassenherrschaft.[166] Ferner bilde die ökonomische Abhängigkeit des Arbeiters vom Kapitalisten die Grundlage für Knechtschaft in jeder Form. Die SDAP strebte daher unter Abschaffung der herrschenden Produktionsweise eine *genossenschaftliche Arbeit* an, die für jeden Arbeiter den vollen Arbeitsertrag sicherstellen sollte.[167]

Mit dem Gothaer Programm der SDAP 1875 wurde erstmals die Forderung nach Umwandlung der Produktionsweise aufgenommen. Da „*allgemein nutzbringende Arbeit nur durch die Gesellschaft möglich sei, gehöre der Gesellschaft, also all ihren Gliedern, bei allgemeiner Arbeitspflicht das gesamte Arbeitsprodukt, nach gleichem Recht, jedem nach seinen vernunftgemäßen Bedürfnissen*“.[168] Die Befreiung der Arbeiter erfordere die Umwandlung der Arbeitsmittel in *Gemeingut der Gesellschaft* und eine genossenschaftliche Regelung der gesamten Arbeit mit gemeinnütziger Verwendung und

---

163 Der Begriff der *Schlüsselindustrie* ist nicht unumstritten. Allgemein werden unter Schlüsselindustrien diejenigen Wirtschaftsbetriebe gefasst, die den größten volkswirtschaftlichen Ertrag eines Landes erwirtschaften. Schlüsselindustrie wird jedoch auch als die Wirtschaft verstanden, die für die Sozialisierung die Schlüsselpositionen einnimmt. So hat der Gewerkschaftstheoretiker *Pahl* geäußert, es solle auch die Dünger- und Zementwirtschaft als Schlüsselindustrie in Gemeinwirtschaft überführen werden, um der Land- oder der Bauwirtschaft gemeinwirtschaftliche Vorgaben machen zu können, *Novy*, Strategien der Sozialisierung, S. 202.

164 *Sontheimer/Röhring*, Handbuch des politischen Systems der Bundesrepublik Deutschland, S. 174.

165 Eisenacher Programm der SDAP, zitiert nach *Konegen/Kracht*, Sozialismus und Sozialisierung, S. 36.

166 Eisenacher Programm der SDAP, zitiert nach *Konegen/Kracht*, Sozialismus und Sozialisierung, S. 36.

167 Eisenacher Programm der SDAP, zitiert nach *Konegen/Kracht*, Sozialismus und Sozialisierung, S. 36.

168 Gotharer Programm der SDAP, zitiert nach *Konegen/Kracht*, Sozialismus und Sozialisierung, S. 37.

gerechter Verteilung des Arbeitsertrags.[169] Allerdings wurde die Form der genossenschaftlichen Regelung von *Marx* stark kritisiert.[170]

Die SPD forderte 1891 im Erfurter Programm ausdrücklich die Überführung der Produktionsmittel.[171] Danach führe die ökonomische Entwicklung der bürgerlichen Gesellschaft zum Untergang des Kleinbetriebs, dessen Grundlage das Privateigentum des Arbeiters an dessen Produktionsmitteln bilde. Die bürgerliche Gesellschaft trenne den Arbeiter von seinem Produktionsmittel und verwandele ihn in einen besitzlosen Proletarier. Gleichzeitig blieben die Produktionsmittel in der Hand einer geringen Zahl von Kapitalisten und Großgrundbesitzern.[172] Das Privateigentum an Produktionsmitteln sei zum Mittel geworden, Bauern, Handwerker und Kleinhändler zu *„expropriieren"*[173] und die Nichtarbeiter in Form der Kapitalisten und Großgrundbesitzer in den Besitz des Arbeitsproduktes zu bringen.

> *„Nur die Verwandlung des kapitalistischen Privateigentums an Produktionsmitteln – Grund und Boden, Gruben und Bergwerke, Rohstoffe, Werkzeuge, Maschinen und Verkehrsmittel*[174] *– in gesellschaftliches Eigentum und die Umwandlung der Warenproduktion in sozialistische, für und durch die Gesellschaft betriebene Produktion kann es bewirken, dass der Großbetrieb und die stets wachsende Ertragsfähigkeit der gesellschaftlichen Arbeit für die bisher ausgebeuteten Klassen aus einer Quelle des Elends*

---

169 Gotharer Programm der SDAP, zitiert nach *Konegen/Kracht*, Sozialismus und Sozialisierung, S. 37.

170 Zwar handele es sich um eine kommunistische Gesellschaft. Diese sei jedoch eine kommunistische Gesellschaft, wie sie sich aus der kapitalistischen Gesellschaft entwickle, nicht aber eine, die sich aus sich selbst entwickelt habe, *Marx*, Kritik des Gothaer Programms (1875), zitiert nach *Thomas*, Marxismus und Sowjetkommunismus, S. 62; *Kalt*, Neubeginnen mit Marx, S. 128.

171 Erfurter Programm der SPD, S. 4 f., zuletzt abgerufen am 04.10.2021 unter https://www.marxists.org/deutsch/geschichte/deutsch/spd/1891/erfurt.htm.

172 Erfurter Programm der SPD, zitiert nach *Konegen/Kracht*, Sozialismus und Sozialisierung, S. 39.

173 Erfurter Programm der SPD, zitiert nach *Konegen/Kracht*, Sozialismus und Sozialisierung, S. 39: *„Immer größer wird die Zahl der Proletarier, immer massenhafter die Armee der überschüssigen Arbeiter, immer schroffer der Gegensatz zwischen Ausbeutern und Ausgebeuteten, immer erbitterter der Klassenkampf zwischen Bourgeoisie und Proletariat, der die moderne Gesellschaft in zwei feindliche Heerlager spaltet und das gemeinsame Merkmal aller Industrieländer ist."*

174 ZurAufzählung wird angemerkt, dass diese nicht abschließend sei und daher nicht zur Auslegung des Produktionsmittelbegriffs herangezogen werden dürfe, *Groß*, DÖV 1975, 344 (345).

und der Unterdrückung zu einer Quelle der höchsten Wohlfahrt und allseitiger harmonischer Vervollkommnung werde".[175]

Das Erfurter Programm spiegelte dabei auch die Ansichten führender Mitglieder der SPD wider. *Kautsky*[176] nannte das Privateigentum an Produktionsmitteln als unvereinbar mit der Natur der Produktionsmittel. Es sei der Hauptgrund für das soziale Elend der Arbeiterschicht.[177]

III. Sozialisierung in der Weimarer Zeit

Eine Möglichkeit zur Umgestaltung der Produktionsverhältnisse wurde erstmals in der Weimarer Reichsverfassung (WRV) kodifiziert. Diese entstand unter dem Eindruck des verlorenen Ersten Weltkriegs, dem Untergang des Deutschen Kaiserreiches sowie dem Ausrufen der Republik durch *Scheidemann*. Noch vor den Beratungen zur WRV wurde im Frühjahr 1919 die Sozialisierungskommission eingesetzt. Sie trat für die sofortige Sozialisierung des gesamten deutschen Kohlenbergbaus ein.[178] Am 23.03.1919 traten das Sozialisierungsgesetz sowie das Gesetz zur Sozialisierung der Kohlenwirtschaft in Kraft.[179] Zur Verwirklichung des Sozialisierungsgesetzes wurden zwei Möglichkeiten genannt. Entweder eine gemeinwirtschaftliche Führung der Wirtschaft oder ihre Sozialisierung zum Zwecke der Gemeinwirtschaft.[180]

Die SPD gewann in den Frühjahrswahlen 1919 eine deutliche, jedoch nicht die absolute Mehrheit (SPD 37,9 %, Zentrum 20 % und die linkslibe-

---

175 Erfurter Programm der SPD, zitiert nach *Konegen/Kracht*, Sozialismus und Sozialisierung, S. 39: Zwar enthält das Erfurter Programm als erklärtes Ziel die Befreiung der Arbeiterklasse. Dazu gehöre als Ziel auch die Vergesellschaftung. Im weiteren Verlauf wurde die Umgestaltung der Produktionsmittel jedoch nicht mehr gefordert. Stattdessen wird die Unentgeltlichkeit der Rechtspflege, allgemeines, gleiches und direktes Wahlrecht für Männer und Frauen über 20, Begrenzung der Arbeitszeit oder etwa die Verweltlichung von Schulen gefordert.

176 Mitautor des Erfurter Programmes der SPD 1891 und Herausgeber einer Abhandlung zu *„Das Kapital"*, *Heinrich*, Kritik der politischen Ökonomie, eine Einführung, S. 28.

177 *Kautsky*, Das Erfurter Programm in seinem grundsätzlichen Teil erläutert, zitiert nach *Konegen/Kracht*, Sozialismus und Sozialisierung, S. 41.

178 *Konegen/Kracht*, Sozialismus und Sozialisierung, S. 15.

179 *Konegen/Kracht*, Sozialismus und Sozialisierung, S. 16; *Simons*, Der Aufbau der Kohlewirtschaft, S. 10.

180 *Zacher*, Die Entstehung des Wirtschaftsrechts in Deutschland, S. 106.

rale DDP 18,5 %).[181] Zunächst bildete sie zusammen mit dem Zentrum und der DDP die erste Reichsregierung (Weimarer Koalition). Die SPD nutzte ihre starke Position zur Verankerung von Arbeiterinteressen in der WRV. Aus Furcht vor der Sozialdemokratie und der dauerhaft befürchteten Mehrheit zu ihren Gunsten wurden zugleich starke Grundrechte für das Bürgertum aufgenommen.[182] Der Grundrechteteil wurde im Anschluss an den staatsorganisationsrechtlichen Teil aufgenommen und bildete so den zweiten Hauptteil der Verfassung.[183] Jedem Grundrecht wurde allerdings ein sozialer Vorbehalt vorgeschaltet. Dieser sollte es möglich machen, das Grundrecht aus sozialen Gründen einzuschränken.[184]

So gewährleistete Art. 153 Abs. 1 WRV das Eigentum, sein Inhalt und seine Schranken ergaben sich hingegen aus den Gesetzen. Eigentum nach Art. 153 Abs. 1 WRV umfasste nicht nur Eigentum im Sinne des bürgerlichen Rechts, sondern jedes private Vermögensrecht.[185] Seine Gewährleistung und Schranken standen im Regel-Ausnahme-Verhältnis.[186]

Der Eigentumsgarantie stand zunächst[187] Art. 155 Abs. 2 WRV gegenüber. Hiernach konnte Grundbesitz, dessen Erwerb zur Befriedigung des Wohnungsbedürfnisses, zur Förderung der Siedlung und Urbarmachung oder zu Hebung der Landwirtschaft als notwendig angesehen wurde, enteignet werden. Art. 155 Abs. 4 S. 1 WRV bestimmte, dass alle Bodenschätze und alle wirtschaftlich nutzbaren Naturkräfte unter Aufsicht des Staates standen. Im Unterschied zu den vorherigen Parteiprogrammen der SPD sollten jedoch weder Grund und Boden noch die nutzbaren Naturkräfte in Gemeineigentum überführt werden können.

In Art. 156 Abs. 1 WRV wurde die Sozialisierungsmöglichkeit aufgenommen. Sie enthielt Teile der im März 1919 ergangenen Sozialisierungsgeset-

---

181 *Di Fabio*, Die Weimarer Verfassung, S. 44 f.

182 *Groh*, DÖV 2019, 598, (599).

183 Der Grundrechteteil enthält überwiegend Kompromisse. Es werden rechtsstaatliche, sozialstaatliche und demokratische Grundrechte, aber auch – im Gegensatz zum späteren Grundgesetz – Grundpflichten normiert. Somit konnte sich jede politische Strömung mit ihr identifizieren. Für den Fall, dass ein sozialer Vorbehalt mit dem garantierten Freiheitsgehalt kollidierte, gewann jedoch regelmäßig das Freiheitsrecht, *Gusy*, JA 2019, 561 (566); *Groh*, DÖV 2019, 598 (600 ff.); *Waldhoff*, JuS 2019, 737 (742 f.); *Starck*, in: v. Mangoldt /Klein/Stark, Kommentar zum Grundgesetz, Art. 1 Rn. 146.

184 *Gusy*, JA 2019, 561 (566); *Groh*, DÖV 2019, 598 (600 ff.).

185 *Anschütz*, Kommentar zur Weimarer Reichsverfassung, Art. 153 Nr. 2.

186 *Gusy*, Die Weimarer Reichsverfassung, S. 345.

187 Neben der Möglichkeit einer Enteignung nach Art. 153 Abs. 2 WRV.

ze,[188] insbesondere die Formulierung „*Vergesellschaftung*". Danach konnte das Reich durch Gesetz, unbeschadet der Entschädigung, in sinngemäßer Anwendung der für die Enteignung geltenden Bestimmungen[189] für die[190] Vergesellschaftung geeignete private Unternehmen in Gemeineigentum überführen. Gemeint waren nur einzelne Unternehmen, nicht ganze Industriezweige.[191] Art. 156 Abs. 1 WRV ließ so ausnahmsweise eine Durchbrechung der Eigentumsordnung zu, eine einheitliche neue Wirtschaftsverfassung proklamierte er indes nicht.[192] Art. 156 Abs. 2 WRV enthielt schließlich ergänzend die Möglichkeit zur Bildung staatlicher Konzerne, etwa hinsichtlich der Kohlenwirtschaft.[193] Auch konnten unter der WRV im Gegensatz zu den Sozialisierungsgesetzen nur private Unternehmen, nicht aber öffentlich-rechtliche Unternehmen überführt werden. Wie bei Art. 15 GG[194] bestand für den Gesetzgeber keine Pflicht zur Überführung, es handelte sich lediglich um eine Option.[195]

Verfassungsrechtlich wurde Art. 156 WRV zum Teil als Unterart der Enteignung verstanden.[196] Es bestand jedoch weder eine herrschende Definition von „*Gemeinwirtschaft*", noch von „*Sozialisierung*". Die Vorstellungen über Gemeinwirtschaft waren stattdessen stark durch den Kriegsstaatssozialismus und dessen planwirtschaftliche Vorstellungen geprägt.[197] Sozialisierung wurde hingegen als die Vergesellschaftung von Produktionsmitteln verstanden,[198] die sich durch die Übereignung bestimmter Gegenstände an den Gemeineigentumsträger vollziehen sollte.[199] Bei Unternehmen geschah dies durch den Erwerb der Aktien oder Geschäftsanteile.[200]

188 *Anschütz*, Kommentar zur Weimarer Reichsverfassung, Art. 156 Nr. 1.

189 Art. 153 Abs. 2 S. 2 WRV: „*Sie [die Enteignung] erfolgt gegen angemessene Entschädigung soweit nicht ein Reichsgesetz etwas anderes bestimmt. Wegen der Höhe der Entschädigung ist im Streitfalle der Rechtsweg bei den ordentlichen Gerichten offen zu halten, soweit Reichsgesetze nichts anderes bestimmen.*"

190 Das Sozialisierungsgesetz formuliert unter § 2 Abs. 1: „*Das Reich ist befugt, [...] für eine Vergesellschaftung geeignete Unternehmen [...]*".

191 *Simons*, Der Aufbau der Kohlewirtschaft, S. 9.

192 *Simons*, Der Aufbau der Kohlewirtschaft, S. 9.

193 *Friedländer*, in: Nipperdey, Grundrechte und Grundpflichten, S. 338.

194 BVerfGE 12, 354 (354).

195 *Anschütz*, Kommentar zur Weimarer Reichsverfassung, Art. 156, Nr. 1.

196 *Friedländer*, in: Nipperdey, Grundrechte und Grundpflichten, S. 329.

197 *Bäumler*, GewArch 1980, 287 (288); *Wieland*, in: Dreier, Kommentar zum Grundgesetz, Art. 15 Rn. 4.

198 *Anschütz*, Kommentar zur Weimarer Reichsverfassung, Art. 156, Nr. 1.

199 *Friedländer*, in: Nipperdey, Grundrechte und Grundpflichten, S. 331.

200 *Friedländer*, in: Nipperdey, Grundrechte und Grundpflichten, S. 332.

Art. 156 Abs. 1 WRV wurde dennoch als Norm zur Verwirklichung sozialistischer Forderungen angesehen.[201]

Trotzdem trat die Sozialisierungskommission ebenso wie der erste Reichswirtschaftsminister im Juli 1919 zurück, da die Reichsregierung aus unterschiedlichen Gründen (etwa dem Druck der liberalen/bürgerlichen Parteien) die Sozialisierung von Bodenschätzen und die Einführung einer planwirtschaftlichen Ordnung verzögerte bzw. ablehnte.[202] Zu weiteren Sozialisierungsmaßnahmen kam es danach nicht mehr. Auch die SPD nahm Abstand von der Sozialisierungsmöglichkeit. Ihre Vertreter kamen zu der Ansicht, die Wirtschaft vorerst in kapitalistischen Strukturen zu belassen, da die Sozialisierung zu einem deutlichen Produktionsrückgang hätte führen können.[203] So hatte *Hilferding*[204] 1919 dargelegt, dass eine Sozialisierung bestimmter Industrien zwar möglich sei, nicht aber des größten Teils der Wirtschaft.[205] Die Gesamtwirtschaft sei 1918 ruiniert gewesen und müsse erst wieder in Gang gesetzt werden.[206] Dabei sei die Wirtschaft zu lebenswichtig für die Gemeinschaft, um sie in dieser Lage mit Sozialisierungsbestrebungen zu beeinträchtigen.[207] In praktischer Hinsicht sprach schließlich gegen Sozialisierungsmaßnahmen, dass Gemeineigentum das Staatsvermögen vergrößerte. Auf der Grundlage des Staatsvermögens wurden jedoch die Reparationszahlungen für den verlorenen Krieg berechnet.[208]

Dass es trotz dieser weitreichenden Möglichkeiten nicht zur Anwendung des Art. 156 WRV kam und auch die SPD sie nicht durchsetzen konnte, wird als Beleg für das Scheitern der Sozialisierung in der Weimarer Republik angesehen.[209] Dennoch forderte die SPD die Sozialisierung sowohl

201 *Friedländer*, in: Nipperdey, Grundrechte und Grundpflichten, S. 322.

202 *Konegen/Kracht*, Sozialismus und Sozialisierung, S. 15.

203 *Gusy*, Die Weimarer Reichsverfassung, S. 35.

204 *Euchner/Grebing*, Geschichte der sozialen Ideen in Deutschland, S. 282; *Engelhard*, Die Ökonomie der SPD, S. 35; *Hilferding*, zitiert nach *Stephan*, Zwischen den Stühlen, S. 98.

205 *Hilferding*, zitiert nach *Stephan*, Zwischen den Stühlen, S. 98; *Klönne*, Die Deutsche Arbeiterbewegung, S. 176.

206 *Hilferding*, zitiert nach *Stephan*, Zwischen den Stühlen, S. 98.

207 *Zacher*, Die Entstehung des Wirtschaftsrechtes in Deutschland, S. 102; *Klönne*, Die Deutsche Arbeiterbewegung, S. 177; zu einem ähnlichen Ergebnis kam eine von der SPD 1947 eingesetzte Expertenkommission unter Leitung von *Schiller*, vgl. *Huster*, Die Politik der SPD 1945–1950, S. 65.

208 *Gusy*, Die Weimarer Reichsverfassung, S. 35.

209 *Konegen/Kracht*, Sozialismus und Sozialisierung, S. 16.

im Görlitzer Programm[210] 1921 wie auch im Heidelberger Programm[211] 1925. Beide Programme enthielten die Forderung, kapitalistisches Privateigentum an Produktionsmitteln in gesellschaftliches Eigentum umzuwandeln. Erst dann werde die Gesellschaft aus der Unterdrückung blinder Wirtschaftsmacht und aus allgemeiner Zerrissenheit zur freien Selbstbestimmung und harmonischen Solidarität aufsteigen. Erstmals bezog die SPD auch Banken mit ein.[212] Schließlich erarbeitete die SPD-Fraktion 1932 einen Gesetzesentwurf zur Sozialisierung der Montanunion und der verbundenen Wirtschaftszweige.[213] Das Sozialisierungskonzept wurde nach dem Scheitern der Sozialisierungsgesetze jedoch nicht mehr ernsthaft verfolgt.[214]

IV. Sozialisierung nach dem Zweiten Weltkrieg

Unmittelbar nach dem Zweiten Weltkrieg herrschte in weiten Teilen der deutschen Bevölkerung Sympathie für Sozialisierungsmaßnahmen.[215] Der Grund lag in der engen Verstrickung großer Wirtschaftsteile mit dem nationalsozialistischem Regime, insbesondere der Montan- und Großindustrie.[216] Denn bereits vor 1933 unterstützten Wirtschaftsunternehmen die Nationalsozialisten in der Absicht, nach der möglichen Regierungsübernahme von dem nationalsozialistischem Regime zu profitieren.[217] Nach der Machtergreifung 1933 begann das nationalsozialistische Regime, tiefgreifende Veränderungen in der Wirtschaft vorzunehmen. Hierzu zählten das Zurückdrängen der Gewerkschaften, die Einschränkung der Arbeitnehmerfreizügigkeit oder die Zwangszusammenschlüsse von Unternehmen durch

---

210 Görlitzer Programm, zuletzt abgerufen am 12.11.2019 unter https://www.marxists.org/deutsch/geschichte/deutsch/spd/1921/goerlitz.htm.

211 Heidelberger Programm der SPD, zitiert nach *Konegen/Kracht*, Sozialismus und Sozialisierung, S. 51.

212 *Groß*, DÖV 1975, 344 (345).

213 *Konegen/Kracht*, Sozialismus und Sozialisierung, S. 16.

214 *Novy*, Strategien der Sozialisierung, S. 109.

215 *Durner*, in: Dürig/Herzog/Scholz, Kommentar zum Grundgesetz, Art. 15 Rn. 8; *Becker*, in: Stern/Becker, Grundrechte-Kommentar, Art. 15 Rn. 3; *Schröter*, in: North, Deutsche Wirtschaftsgeschichte, S. 361; *Werner*, NJW 1949, 329 (329 ff.).

216 *Seeberger*, Inhalt und Reichweite der Sozialisierung nach Art. 15, S. 1; *Werner*, NJW 1949, 329 (329).

217 *Hallgarten*, Hitler, Reichswehr und Industrie, S. 118.

das Zwangskartellgesetz[218] in Verbandsorganisation nach dem Führerprinzip.[219] Innerhalb weniger Jahre wurde eine planmäßige Lenkungswirtschaft errichtet, welche die Marktwirtschaft der Weimarer Zeit fast vollständig verdrängte.[220] Aufgrund dieser Verstrickung forderte die SPD bereits ab Juli 1945 die Verstaatlichung der Banken, von Versicherungsunternehmen, Bodenschätzen, Bergwerken und der Energiewirtschaft. Auch Großgrundbesitz und Großindustrie sollten erfasst werden. Kriegsgewinne sollten dem Wiederaufbau dienen.[221] *Schumacher*[222] deutete den Kapitalismus dabei als Wegbereiter für den Faschismus in Deutschland.[223]

Auf dem Parteitag von Hannover 1946 gab sich die SPD ein neues Grundsatzprogramm. Dieses wurde maßgeblich von *Agartz*[224] beeinflusst. Anstelle privatwirtschaftlichen Gewinnstrebens sollte staatliche Lenkung und Planung treten, die dezentral *„von oben nach unten"* durch indirekte Lenkung betrieben werden sollte. Die Grundlage sah man in einem breiten öffentlichen Sektor, bestehend aus Grundstoffindustrie, Energiewirtschaft, Wohnungswirtschaft sowie dem Kredit- und Versicherungswesen.[225] Das Parteiprogramm stellte dazu einleitend fest, dass die in privater Hand angesammelten Produktionsmittel, Kapitalien und Rohstoffe sowie das Sozialprodukt der deutschen Volkswirtschaft allen zugänglich gemacht werden müssten. Die nach der SPD erstrebte Wirtschaftsordnung beruhe daher auf einer gelenkten Wirtschaft.[226] Sozialisierung habe zu beginnen bei den Bodenschätzen und den Grundstoffindustrien, umfasse aber auch die Betriebe des Bergbaus, der Eisen- und Stahlerzeugung, den größten Teil

---

218 *Thomas,* in: Kling/Thomas, Kartellrecht, § 12 Rn. 3.

219 *Ambrosius,* in: North, Deutsche Wirtschaftsgeschichte, S. 328.

220 *Ambrosius,* in: North, Deutsche Wirtschaftsgeschichte, S. 330; im Ergebnis zeigte eine gelenkte Wirtschaft allerdings auch Erfolge. So lag die durchschnittliche jährliche Wachstumsrate des Sozialproduktes zwischen 1933 und 1938 bei über 10 %; 1935/36 hatte man das Bruttosozialprodukt von 1928 überschritten.

221 *Goldberg,* Neue Heimat, Gemeinwirtschaft, Gewerkschaften, S. 40.

222 Erster Parteivorsitzender der SPD nach dem Zweiten Weltkrieg, *Huster,* Die Politik der SPD 1945–1949, S. 24; *Schockenhoff,* Wirtschaftsverfassung und Grundgesetz, S. 108 f.

223 *Klönne,* Die deutsche Arbeiterbewegung, S. 298.

224 *Agartz* war einer der wichtigsten Vertreter der Wirtschaftsdemokratisierung und Stellvertreter von *Schumacher* sowie 1946 Leiter des Zentralamtes für Wirtschaft in der britischen Besatzungszone, *Ott,* Die Wirtschaftskonzeption der SPD nach 1945, S. 90.

225 *Goldberg,* Neue Heimat, Gemeinwirtschaft, Gewerkschaften, S. 38.

226 Programm der SPD auf dem Parteitag in Hannover 1946, zitiert nach *Konegen/Kracht,* Sozialismus und Sozialisierung, S. 167.

der chemischen und synthetischen Industrie, die Großbetriebe und jede Form der Versorgungswirtschaft und alle Teile der verarbeitenden Industrie.[227] Auch sei ein stärkerer Genossenschaftsgedanke bei der Bewältigung betrieblicher Gemeinschaftsaufgaben notwendig. Ebenso müssten der Verkehr, die neu zu gestaltende Geld- und Kreditmittelversorgung, die Großbanken[228] und das Versicherungswesen Gegenstand sozialistischer Planung sein.[229] Besonders die deutsche Wohnwirtschaft bedürfe einer möglichst straffen, öffentlichen Lenkung. Die Wohnraumbeschaffung gehörte nach damaliger Auffassung zur dringlichsten Aufgabe.[230] Dies galt umso mehr, da in den westdeutschen Gebieten ab Mai 1945 mehr Menschen lebten als 1939.[231] Zugleich sollte dem Staat die zentrale Planungskompetenz für die Wirtschaft zukommen.[232] Ein leninistisches-stalinistisches Weltbild lehnte die SPD jedoch ab.[233]

Schumacher nannte die Steuerung und Lenkung als einen notwendigen Zwischenschritt. Den entscheidenden Schritt würden die Sozialisierungs-

227 Programm der SPD auf dem Parteitag in Hannover 1946, zitiert nach *Konegen/Kracht*, Sozialismus und Sozialisierung, S. 168.

228 *Huster*, Die Politik der SPD 1945–1949, S. 38; im Gegensatz hierzu enthielt das Prager Manifest von 1934 die Formulierung: „*Die Vergesellschaftung der Schwerindustrie, der Banken und Großgrundbesitzer ist kein Endpunkt, sondern der Ausgangspunkt für die Umwandlung der kapitalistischen in die sozialistische Gesellschaft*". Diese Umgestaltung sollte durch Lenkung der gesamten Wirtschaft erreicht werden. Dazu sollte in einem ersten Schritt die Sozialisierung der Wirtschaftszweige Kreditwesen, Versicherungswesen, Schwerindustrie, chemische Großbetriebe, Güter- und Personenverkehr sowie Kraftversorgung geschehen, *Ott*, Die Wirtschaftskonzeption der SPD nach 1945, S. 71 f.

229 Programm der SPD auf dem Parteitag in Hannover 1946, zitiert nach *Konegen/Kracht*, Sozialismus und Sozialisierung, S. 168; das Parteiprogramm weicht hier vom Referat *Agartz* ab, der auch die Überführung des Banken- und Versicherungswesens sowie der Wohnungsbewirtschaftung und der Verkehrswirtschaft in die öffentliche Hand gefordert hat, *Ott*, Die Wirtschaftskonzeption der SPD nach 1945, S. 95; *Albrecht*, Die SPD unter Kurt Schumacher und Erich Ollenhauer 1946–1963, S. LXXXVI, S. 6.

230 Programm der Sozialdemokratischen Partei Deutschland auf dem Parteitag in Hannover 1946, zitiert nach *Konegen/Kracht*, Sozialismus und Sozialisierung, S. 167; *Albrecht*, Die SPD unter Kurt Schumacher und Erich Ollenhauer 1946–1963, S. 6.

231 Zwar waren ca. 6,5 Millionen Menschen zwischen 1939 und Mai 1945 zu Tode gekommen. Allerdings wurden diese Verluste durch einen großen Teil der 1944/45 Vertriebenen kompensiert und überboten, *Schröter*, in: North, Deutsche Wirtschaftsgeschichte, S. 360.

232 *Huster*, Die Politik der SPD 1945–1949, S. 38.

233 *Huster*, Die Politik der SPD 1945–1949, S. 32; *Ott*, Die Wirtschaftskonzeption der SPD nach 1945, S. 66.

maßnahmen darstellen.[234] Allerdings plante die SPD nicht die vollständige Abschaffung des Privateigentums. In kleinen landwirtschaftlichen Betrieben, im Handwerk, im Einzelhandel oder in familiengeführten Unternehmen sowie in kleineren oder mittleren Industriebetrieben sollten keine strukturverändernden Eingriffe stattfinden.[235] Diese Betriebe sollten sich in der Wirtschaftsordnung der Sozialdemokraten frei entfalten.[236] Die wirtschaftspolitischen Ansätze des Hannoveraner Parteiprogrammes standen allerdings nie zur Diskussion der Mitglieder. Auch hinsichtlich der wirtschaftlichen Ausrichtung der SPD unterblieb eine theoretische Vorarbeit wie auch die Aufarbeitung der tatsächlichen Bedingungen,[237] welche erst kurz vor dem Parteitag analysiert wurden.[238] Daher beschränkten sich die Ausführungen im Hannoveraner Parteiprogramm eher auf allgemeine Aussagen zur Neuordnung der Wirtschaft, ohne ein vollständiges und tragfähiges Wirtschaftskonzept zu formulieren.[239]

Zugleich ließ die SPD zur Vorbereitung von Sozialisierungsgesetzen zu viel Zeit verstreichen. Denn die anfängliche Offenheit der Bevölkerung für Sozialisierungsmaßnahmen schwand spätestens ab 1946/1947[240] mit dem drohenden Konflikt zwischen den Ost- und Westmächten und unter dem Einfluss der Besatzung Deutschlands. Besonders die in Westdeutschland dominierenden amerikanischen Besatzungsmächte[241] hatten wenig Interesse am Erstarken der Arbeiterbewegung und sozialistischen Gesellschaftsstrukturen.[242] Mit dem Scheitern der Außenministerkonferenz 1947

---

234 *Klönne*, Die deutsche Arbeiterbewegung, S. 298; *Ott*, Die Wirtschaftskonzeption der SPD nach 1945, S. 75; *Schumachers* Forderungen, jeden Wirtschaftszweigs zu sozialisieren, der zur Aufrüstung beitragen könnte, sowie der Ruf nach Vergesellschaftung des gesamten Kapital- und Versicherungswesens werden jedoch als zu pauschal angesehen, um daraus Rückschlüsse auf den Inhalt der Sozialisierung ziehen zu können, *Ott*, Die Wirtschaftskonzeption der SPD nach 1945, S. 76.

235 *Huster*, Die Politik der SPD 1945 – 1949, S. 37; *Deist*, Gemeineigentum in freiheitlich geordneter Wirtschaft, 1959, zitiert nach *Konegen/Kracht*, Sozialismus und Sozialisierung, S. 182; siehe auch Art. 153 BayV, der eine besondere Förderung selbstständiger Kleinbetriebe oder Mittelstandsbetriebe vorsieht.

236 *Albrecht*, Die SPD unter Kurt Schumacher und Erich Ollenhauer 1946–1963, S. 6.

237 *Ott*, Die Wirtschaftskonzeption der SPD nach 1945, S. 76.

238 *Ott*, Die Wirtschaftskonzeption der SPD nach 1945, S. 76.

239 *Ott*, Die Wirtschaftskonzeption der SPD nach 1945, S. 76.

240 *Brückner*, Sozialisierung in Deutschland, S. 47.

241 *v. Brünneck*, Eigentumsgarantie, S. 106.

242 *Klönne*, Die deutsche Arbeiterbewegung, S. 302: Hieran zeigt sich auch die Dominanz der amerikanischen Besatzungsmacht gegenüber den britischen und französischen Besatzungsmächten. Dies gilt umso mehr, da Großbritannien in den Jahren

in London und dem Beginn des kalten Krieges duldete die amerikanische Besatzungsmacht keine dem sowjetischen System angelehnten Wirtschaftsexperimente.[243] Daher blockierten sie mögliche Sozialisierungsvorhaben.[244] So scheiterten die Sozialisierungsbestrebungen in Hessen.[245] Auch das 1948 in Nordrhein-Westfalen erarbeitete Sozialisierungsgesetz gelangte nicht zur Anwendung, da es bereits wenige Tage nach seiner Annahme durch die britische Militärregierung suspendiert wurde.[246] Ebenfalls verhinderten die britischen Besatzungsmächte die Sozialisierungsbestrebungen in Schleswig-Holstein.[247] Zur Begründung führten die Besatzungsmächte an, die Wirtschaftsordnung einem zukünftigen Gesamtstaat vorbehalten zu wollen.[248] Allerdings gaben die westdeutschen Besatzungsmächte zu erkennen, dass sie ein neu gegründetes Deutschland eher in einen westeuropäischen Kapitalismus einbinden wollten.[249] Die Vorstellungen der SPD entsprachen daher nicht den realen Bedingungen in Deutschland.[250]

Auch innerhalb der SPD zeigte man gegenüber der Sozialisierung Skepsis. Der bayerische Wirtschaftsminister *Zorn* erläuterte auf dem Düsseldorfer Parteitag 1948, dass die Eigentumsfrage an Produktionsmitteln lediglich zweitrangig sei, da durch Sozialisierung keine Tonne Kohle mehr gefördert werde als in der Privatwirtschaft. Auch bringe die Sozialisierung der Arbeiterschaft keine Stärkung ihrer betrieblichen Stellung. Da die Sozialisierung

nach 1945 von der Labour-Partei regiert wurde. Diese zielte auf institutionelle Veränderungen, setzte in Großbritannien Verstaatlichungen durch und unterstützte gleichgerichtete Pläne deutscher Politiker, *Schröter*, in: North, Deutsche Wirtschaftsgeschichte, S. 359.

243 *Ott*, Die Wirtschaftskonzeption der SPD nach 1945, S. 129 f.

244 *Schröter*, in: North, Deutsche Wirtschaftsgeschichte, S. 359; nach der Vorstellung der Besatzungsmächte sollten grundsätzlich in den Landesverfassungen keine Aussagen zur Wirtschaftsordnung getroffen werden, da diese einer gesamtdeutschen Verfassung vorbehalten bleiben sollten, *Huster*, Die Politik der SPD 1945–1950, S. 62.

245 *Beyer*, Die verfassungspolitische Auseinandersetzung um die Sozialisierung in Hessen 1946, S. 231.

246 *Krüger*, in: Bettermann/Nipperdey/Scheuner, Die Grundrechte, S. 323; *Potthoff/Miller*, Kleine Geschichte der SPD, S. 187; dass die britischen Besatzungsmächte entgegen ihrer anfänglichen Position gegen die Sozialisierung stimmten, zeigt die starke Abhängigkeit der Briten von den Amerikanern und deren überwiegenden Einfluss auf die westlichen Alliierten, *Ott*, Die Wirtschaftskonzeption der SPD nach 1945, S. 135.

247 *Huster*, Die Politik der SPD 1945–1950, S. 74.

248 *Huster*, Die Politik der SPD 1945–1950, S. 74.

249 *Goldberg*, Neue Heimat, Gemeinwirtschaft, Gewerkschaften, S. 37; *Huster*, Die Politik der SPD 1945–1950, S. 75.

250 *Huster*, Die Politik der SPD 1945–1949, S. 40.

dennoch ein *Politikum* erster Ordnung sei, sollten nur die kapitalintensive Grundstoffindustrie und die monopolreife Industrie überführt werden.[251] Das Referat stieß auf große Zustimmung.[252]

Neben der SPD waren allerdings auch Teile der CDU und kirchliche Verbände an der Zerschlagung großer Wirtschaftsunternehmen und deren Überführung in Gemeineigentum interessiert. Unter dem Druck der Landtagswahlen 1947 in Nordrhein-Westfalen und der im Ruhrgebiet einsetzenden Massenstreiks der Bergleute[253] musste die CDU zur Neuorganisation der Ruhrindustrie Stellung beziehen. Linksgerichteten Kräften in der CDU[254] gelang es, im Ahlener Programm 1948 die Vergesellschaftung der eisenschaffenden Großindustrie sowie die Vergesellschaftung der Bergwerke zu verankern.[255] Die CDU berief sich dazu auf die katholische Soziallehre des 19. Jahrhunderts. Innerhalb dieser sah man die Vergesellschaftung als Möglichkeit zur Überwindung sozialer Missstände, die der Kapitalismus hervorrief.[256]

Nach dem Ahlener Programm sollten der Bergbau als lebenswichtiges Urprodukt wie auch die eisenschaffende und chemische Großindustrie vergesellschaftet werden.[257] Allerdings strebte die CDU im Gegensatz zur SPD und trotz Kapitalismuskritik[258] keine sozialistische Gesellschaftsordnung an. Rechtmäßig erworbenes Eigentum (und damit auch Betriebsvermögen), mit welchem kein politischer Missbrauch betrieben wurde, sollte

251 *Ott*, Die Wirtschaftskonzeption der SPD nach 1945, S. 215.

252 *Ott*, Die Wirtschaftskonzeption der SPD nach 1945, S. 220.

253 *Huster*, Die Politik der SPD 1945–1950, S. 69.

254 *Schockenhoff*, Wirtschaftsverfassung und Grundgesetz, S. 117 f.

255 *Huster*, Die Politik der SPD 1945–1950, S. 68; das Ahlener Wirtschaftsprogramm war sowohl eine Reaktion auf die Sozialisierungsforderungen der Engländer, der deutschen Arbeiterschaft und der Forderungen der kleinindustriell orientierten CDU des Wuppertaler Raums. Daneben wurde versucht, einen politischen Katholizismus zu etablieren, *Schockenhoff*, Wirtschaftsverfassung und Grundgesetz, S. 117 f.

256 *Krüger*, in: Bettermann/Nipperdey/Scheuner, Die Grundrechte, S. 274.

257 Ahlener Programm der CDU, zuletzt abgerufen am 19.11.2019 unter https://www.kas.de/c/document_library/get_file?uuid=76a77614-6803-0750-c7a7-5d3ff7c46206&groupId=252038.

258 „*Das kapitalistische Wirtschaftssystem ist den staatlichen und sozialen Lebensinteressen des deutschen Volkes nicht gerecht geworden. Nach dem furchtbaren politischen, wirtschaftlichen und sozialen Zusammenbruch als Folge einer verbrecherischen Machtpolitik kann nur eine Neuordnung von Grund aus erfolgen.*“ Ahlener Programm der CDU, zuletzt abgerufen am 19.11.2019 unter https://www.kas.de/c/document_library/get_file?uuid=76a77614-6803-0750-c7a7-5d3ff7c46206&groupId=252038.

bei der Durchführung der wirtschaftlichen Neuordnung unangetastet bleiben.[259]

B. Die Beratung im Parlamentarischen Rat zum Eigentum und zur Sozialisierung

1948 forderten die westlichen Besatzungsmächte die Ausarbeitung einer demokratischen Verfassung für die westdeutschen Gebiete. Bis spätestens zum 01.09.1948 sollten deren Ministerpräsidenten eine verfassungsgebende Versammlung einberufen.[260] Diese zögerten zunächst, da sie nur im Verbund mit der sowjetischen Besatzungszone eine deutsche Verfassung erarbeiten wollten.[261] Als Kompromiss einigte man sich mit den westlichen Militärgouverneuren auf die Einberufung eines Parlamentarischen Rates, der ein „*Grundgesetz*" erarbeiten sollte, jedoch keine gesamtdeutsche Verfassung.[262] Die SPD machte die Zusammenarbeit in Bezug auf die spätere Gründung eines gesamtdeutschen Staates von der verfassungsrechtlichen Etablierung einer Sozialisierungsmöglichkeit abhängig. Dabei sollten die Grundstoffindustrie, die Energiewirtschaft, die Verkehrsunternehmen, die Banken und die Versicherungsgesellschaften sozialisiert und eine durchgreifende und produktionsfördernde Agrarreform durchgeführt werden.[263] Vertreter der SPD erklärten allerdings im Januar 1949, sie würden keinem Grundgesetz zustimmen, welches die CDU ablehne. Man wollte stattdessen einen Konsens erreichen.[264] Während aber FDP und CDU/CSU primär auf freie Marktwirtschaft mit Privateigentum setzten, sah die SPD die Sozialisierung zunächst als Kernelement ihrer künftigen Wirtschafts- und Gesellschaftsordnung.[265] Zudem setzte die SPD auf einen starken, zentralistischen Staat. Dieser sollte der Verwirklichung ihrer Wirtschaftspolitik dienen, da eine

259 Ahlener Programm der CDU, zuletzt abgerufen am 19.11.2019 unter https://www.kas.de/c/document_library/get_file?uuid=76a77614-6803-0750-c7a7-5d3ff7c46206&groupId=252038.

260 *Sontheimer/Röhring*, Handbuch des politischen Systems der Bundesrepublik Deutschland, S. 433.

261 *Sontheimer/Röhring*, Handbuch des politischen Systems der Bundesrepublik Deutschland, S. 434.

262 *Kröger*, Die Entstehung des Grundgesetzes, NJW 1989, 1318 (1319).

263 *Albrecht*, Die SPD unter Kurt Schumacher und Erich Ollenhauer 1946–1963, S. LXXXVI, S. 92.

264 *Schockenhoff*, Wirtschaftsverfassung und Grundgesetz, S. 211.

265 *Schliesky*, in: Bonner Kommentar zum Grundgesetz, Art. 15 Rn. 2.

sozialisierte Wirtschaft nur durch eine zentrale Steuerungseinheit erfolgen könne.[266]

Den Mitgliedern des Parlamentarischen Rates war bewusst, dass es sich bei dem Grundgesetz nur um ein Provisorium handeln sollte.[267] Auch musste das Grundgesetz von den Besatzungsmächten gebilligt werden. Diese Umstände sollten die Ausarbeitung aber nicht beeinflussen.[268]

Ebenso sollte das Grundgesetz eine Absage an den Nationalsozialismus[269] und eine Absage an die osteuropäischen kommunistischen Herrschaftssysteme darstellen.[270] Parteiübergreifend hielt man schließlich auch die Weimarer Reichsverfassung für gescheitert. Der Entwurf eines Grundgesetzes musste daher als Abkehr zu ihr verstanden werden.[271] Gleichzeitig musste das Grundgesetz einen Ausgleich zwischen den Interessen der großen Fraktionen aus CDU/CSU und SPD herstellen.[272] Den Fraktionen wäre es allerdings nicht möglich gewesen, einseitig Wünsche oder Vorstellungen im Grundgesetz zu etablieren.[273] Beide Fraktionen bestanden aus jeweils 27 Abgeordneten. Der Parlamentarische Rat durfte sich daher nicht auf eine verfassungsrechtliche Festschreibung der Parteiprogramme versteifen.[274] Statt eines ausgeweiteten Grundrechtskataloges mit teilweise sehr detailreichen Regeln[275] wie in der WRV sollten die Grundrechte nur kurz und kompakt behandelt werden.[276] Ansonsten hätten die Beratungen

---

266 *Schockenhoff*, Wirtschaftsverfassung und Grundgesetz, S. 216.

267 *Kröger*, NJW 1989, 1318 (1319); *Potthoff/Miller*, Kleine Geschichte der SPD, S. 195; dies wird besonders deutlich in der zweiten Sitzung des Grundsatzausschusses, Parlamentarischer Rat, Akten und Protokolle, Band 5/1, Ausschuss für Grundsatzfragen, S. 6 ff., aber auch aus der Haltung des verfassungspolitischen Ausschusses der SPD, dem auch *Agartz*, *Menzel* und *Zinn* angehörten, vgl. *Ott*, Die Wirtschaftskonzeption der SPD nach 1945, S. 224. Die Vorläufigkeit lässt sich heute noch aus Art. 146 erkennen, *Ipsen*, DÖV 1974, 289 (289).

268 Parlamentarischer Rat, Akten und Protokolle, Band 5/1, Grundsatzausschuss, S. 12.

269 *Geminn*, VerwArch 2020, 552 (553).

270 *Klein*, in: Merten/Papier, Handbuch der Grundrechte, Band 1, § 5 Rn. 6.

271 *Sontheimer/Röhring*, Handbuch des politischen Systems der Bundesrepublik Deutschland, S. 434; *Berkemann*, DÖV 2019, 584 (586).

272 Bekannt als *„Bonner Kompromiss"*, *Berkemann*, in: Umbach/Clemens, Kommentar zum Grundgesetz, Art. 15 Rn. 66.

273 *Rittstieg*, in: Alternativer Kommentar zum Grundgesetz, Art. 14/15 Rn. 158.

274 *Mußnug*, in: Isensee/Kirchhof, Handbuch des Staatsrechtes, § 8 Rn. 48.

275 Vielfach mehr oder weniger auch programmatische Erklärungen, vgl. *Kröger*, NJW 1989, 1318 (1319).

276 *Groh*, DÖV 2019, 598 (598); zum Umfang der Grundrechte führte *Schmid* (SPD) aus, man wolle als sozialdemokratische Fraktion nicht, dass zu den klassischen Grundrechten noch die sogenannte Lebensordnung hinzukomme. Zum einen, weil

sehr lange gebraucht, bis sich die bestehenden Gegensätze in einer neuen Konzeption angenähert hätten.[277] Unerfüllbare politische Wünsche sollten das Zustandekommen des Grundgesetzes indes nicht untergraben.[278] Insbesondere sollte der Gesetzgeber nach der Wahl 1949 entscheiden können, welche Wirtschaftsordnung er etablieren würde.[279] Auch herrschte Zeitnot. Diese erlaubte es nicht, ein neues Wirtschaftssystem auszuhandeln.[280]

Ein vorbereitender Ausschuss zum Grundgesetz tagte vom 10. bis zum 23.08.1948 auf Herrenchiemsee.[281] Dieser „*Herrenchiemsee-Entwurf*" sollte dem Parlamentarischen Rat ohne Bindungswirkung[282] als Arbeitsgrundlage dienen. Der Parlamentarische Rat selbst bestand zunächst aus sechs offiziellen[283] Ausschüssen, wobei der Ausschuss für Grundsatzfragen für den Entwurf des Grundrechtekatalogs zuständig war.[284] Neben den Ausschüssen existierten das Plenum und der Hauptausschuss.[285] Der allgemeine Redaktionsausschuss wurde ab dem 02.11.1948 gebildet, um bis dahin erzielte Ergebnisse durchzusehen und zu koordinieren.[286] Dies sollte dem Hauptausschuss die Lesung der Entwürfe erleichtern. Allerdings veränderte der allgemeine Redaktionsausschuss teilweise die Vorgaben der Fachausschüsse, sodass zumindest für Dezember 1948 bei der Lesung des Hauptausschusses auf die Entwürfe der Fachausschüsse zurückgegriffen werden

---

die Rechtssätze zum Inhalt des Gemeinschaftslebens nicht ohne eine Beteiligung der ostdeutschen Gebiete vorgenommen werden könnten. Zum anderen, da in einem Provisorium keine Lebensordnung geschaffen werden könne. Es sollte sich bei den Grundrechten darauf beschränkt werden, nur die individuellen Grundrechte festzulegen, Parlamentarischer Rat, Akten und Protokolle, Band 5/1, Grundsatzausschuss, S. 217.

277 Parlamentarischer Rat, Akten und Protokolle, Band 5/1, Grundsatzausschuss, S. 217; *Huster*, Die Politik der SPD 1945–1950, S. 154 f.

278 *Groh*, DÖV 2019, 598 (598).

279 *Schlüter*, in: Gutmann, Wirtschaftsverfassung der Bundesrepublik Deutschland, S. 12.

280 Parlamentarischer Rat, Akten und Protokolle, Band 5/1, Grundsatzausschuss, S. XXV.

281 *Sontheimer/Röhring*, Handbuch des politischen Systems der Bundesrepublik Deutschland, S. 434.

282 *Schmid* (SPD) in der zweiten Sitzung des Grundsatzausschusses, Parlamentarischer Rat, Akten und Protokolle, Band 5/1, Grundsatzausschuss, S. 6.

283 *Kröger*, NJW 1989, 1318 (1320).

284 *Feldkamp*, Der Parlamentarische Rat, S. 70.

285 *Feldkamp*, Der Parlamentarische Rat, S. 109.

286 Parlamentarischer Rat, Akten und Protokolle, Band 14/1, Verhandlungen des Hauptausschusses, S. XIX.

musste.[287] Der Fünfer- und Siebener-Ausschuss[288] fungierten jeweils als Vermittlungsausschuss, als die Verhandlungen stockten.[289] Im Fünfer-Ausschuss waren je zwei Vertreter der SPD (*Schmid* und *Menzel*), zwei Vertreter der CDU/CSU (*v. Brentano* und *Kaufmann*) sowie ein Vertreter der FDP (*Dehler*, *Heuss* oder *Höpker Aschoff*) sowie später als Vorsitzender *Adenauer* anwesend.[290] Über die Verhandlungen des Fünfer-Ausschusses existieren keine offiziellen Aufzeichnungen.[291]

I. Die Beratung zur Eigentumsgarantie im Grundsatzausschuss vom 08.10.1948.

Art. 15 GG stand und steht in engem Zusammenhang zu Art. 14 Abs. 1 S. 1 GG, da er unmittelbar an das bürgerliche Eigentum anknüpft. Aus dem bürgerlichen Eigentumsverständnis des Art. 14 Abs. 1 S. 1 GG erklärt sich das Motiv für Art. 15 GG. Dies wird durch die Ausführungen von *Schmid* (SPD) in der Sitzung des Grundsatzausschusses vom 08.10.1948 belegt. Die Abgeordneten der SPD beantragten, aufbauend auf dem Herrenchiemsee-Entwurf, Absatz 1 des Artikels betreffend das Eigentum wie folgt zu fassen:

> *„Das der persönlichen Lebenserhaltung oder der eigenen Arbeit dienende Eigentum wird zugleich mit dem Erbrecht gewährleistet.*[292] *Inhalt und Schranken werden durch die Gesetze bestimmt."*[293]

287 Parlamentarischer Rat, Akten und Protokolle, Band 14/1, Verhandlungen des Hauptausschusses, S. XX.

288 Der Fünfer-Ausschuss wurde um je einen Vertreter der DP (*Seebohm*) und des Zentrums (*Brockmann*) zum Siebener-Ausschuss ergänzt, welcher aber auf die Beratung zu Art. 15 GG keinen Einfluss nahm, *Mußnug*, in: Isensee/Kirchhof, Handbuch des Staatsrechtes, § 8 Rn. 79 ff.

289 *Kröger*, NJW 1989, 1318 (1320).

290 *Mußnug*, in: Isensee/Kirchhof, Handbuch des Staatsrechtes, § 8 Rn. 46; *Feldkamp*, Der Parlamentarische Rat, S. 146.

291 Parlamentarischer Rat, Akten und Protokolle, Band 5/2, Grundsatzausschuss, S. 1038.

292 Schon das Kommunistische Manifest nutzt diesen Wortlaut: *„Man hat uns Kommunisten vorgeworfen, wir wollten das persönlich erworbene, selbsterarbeitete Eigentum abschaffen; das Eigentum, welches die Grundlage aller persönlichen Freiheit, Tätigkeit und Selbstständigkeit bilde."* Gerade dieses Eigentum sollte unangetastet bleiben, *Marx/Engels*, Manifest der Kommunistischen Partei, 64.

293 Parlamentarischer Rat, Akten und Protokolle, Band 5/1, Grundsatzausschuss, S. 198.

Schmid (SPD) führte hierzu aus, Eigentum sei als Substrat ethischen Verhaltens zu sehen. Dies gelte besonders dort, wo es dem persönlichen Lebensbereich des Menschen diene. Denn wo ein Mensch nicht über Dinge verfügen könne, könne er sich nicht sittlich verantworten. Damit werde faktisch die Freiheit des Menschen abgeschafft.[294] Das Eigentum könne man andererseits auch nicht als etwas betrachten, was unangetastet bleiben dürfe. Denn die Unantastbarkeit des Eigentums führe dazu, dass man sich aus unehrenhaften Motiven auf die Heiligkeit desselben berufen könne. Auf diese Weise könnten notwendige Strukturveränderungen der wirtschaftlichen oder gesellschaftlichen Verfassung nicht durchgeführt werden, was es zu verhindern gelte.[295] Das Eigentum, das von der Persönlichkeitssphäre des Menschen gedeckt werde, also der *„persönlichen Lebenserhaltung"* des Menschen diene,[296] solle daher unter dem qualifizierten Schutz der Verfassung stehen. Darunter sei auch das durch Arbeit erworbene Eigentum zu fassen, wobei unter Arbeit auch die Arbeit des Unternehmers zu verstehen sei, wenn eine echte unternehmerische Leistung vorliege.[297] Andererseits würden Macht- und Eigentumszusammenballungen existieren, die nichts mit *„persönlicher Lebenshaltung"* zu tun hätten.[298] Dieses Eigentum dürfe nicht dem Schutz des Grundgesetzes unterfallen, sondern der Freiheit des Gesetzgebers.[299] Es sei als Faktor der ökonomischen Verfassung eines Landes zu sehen.[300]

Heuss (FDP) antwortete darauf, man käme so in die Gefahr, spekulativ erworbenes Eigentum zu benachteiligen.[301] Zwar sei unverdienter Wertzuwachs[302] durch Spezialsteuern gegebenenfalls einzuziehen. Es wäre jedoch falsch, von Beginn an moralisierend dem spekulativen Wertzuwachs zu begegnen.[303] So lehnte *Heuss* den Begriff *„persönliche Lebenshaltung"* ab,

294 Parlamentarischer Rat, Akten und Protokolle, Band 5/1, Grundsatzausschuss, S. 203.
295 Parlamentarischer Rat, Akten und Protokolle, Band 5/1, Grundsatzausschuss, S. 202.
296 Parlamentarischer Rat, Akten und Protokolle, Band 5/1, Grundsatzausschuss, S. 203.
297 Parlamentarischer Rat, Akten und Protokolle, Band 5/1, Grundsatzausschuss, S. 203.
298 Parlamentarischer Rat, Akten und Protokolle, Band 5/1, Grundsatzausschuss, S. 203; *Schmid* (SPD) nennt hier beispielhaft die Wälder des Fürsten von Hohenzollern-Sigmaringen.
299 Parlamentarischer Rat, Akten und Protokolle, Band 5/1, Grundsatzausschuss, S. 203.
300 Parlamentarischer Rat, Akten und Protokolle, Band 5/1, Grundsatzausschuss, S. 202.
301 Parlamentarischer Rat, Akten und Protokolle, Band 5/1, Grundsatzausschuss, S. 202.
302 *Heuss* (FDP) nennt hier als Beispiel, ein Grundstück würde im Wert steigen, indem es durch eine Straße erschlossen werde, Parlamentarischer Rat, Akten und Protokolle, Band 5/1, Grundsatzausschuss, S. 202.
303 Parlamentarischer Rat, Akten und Protokolle, Band 5/1, Grundsatzausschuss, S. 202.

da er dem Gesetzgeber nicht zutraue, diesen Begriff richtig auszulegen.[304] Der Begriff sei weder trennscharf noch würde er ausreichend bestimmte Anhaltspunkte bieten. Denn auch dem für den persönlichen Lebensbereich Erworbenen liege ein ökonomischer Vorgang zugrunde. *Weber* (CDU) wollte die Bedenken dadurch begrenzen, dass man lediglich „*Eigentum und Erbrecht werden gewährleistet*" aufnahm.[305] Inhalt und Schranken sollten dem Gesetzgeber überlassen bleiben. Der Antrag der SPD fand schließlich keine Mehrheit und wurde (knapp) mit 6 zu 6 Stimmen abgelehnt.[306]

Den Eigentumsinhalt wollte der Ausschuss schließlich nicht festlegen. Stattdessen sollten die Strukturen der Wirtschafts- und Sozialordnung durch die einfache Gesetzgebung geregelt werden können.[307] Dieser Konsens folgte aus der Notwendigkeit einer breiten Basis, die für die Zustimmung des Parlamentarischen Rates zum Grundgesetz gefunden werden musste.[308] Ebenfalls konnte sich der Vorschlag des Eigentumsmissbrauchs (Art. 14 Abs. 2 S. 3 GG) nicht durchsetzen. Danach hätte sich der Grundrechtsträger bei Missbrauch des Eigentums nicht auf den Schutz des Grundrechts berufen können.[309] Dieser Absatz wurde jedoch auf Betreiben von *Dehler* (FDP), *v. Mangoldt* (CDU) und *Zinn* (SPD) parteiübergreifend aus dem Grundgesetz gestrichen.[310]

---

304 Parlamentarischer Rat, Akten und Protokolle, Band 5/1, Grundsatzausschuss, S. 206.

305 Parlamentarischer Rat, Akten und Protokolle, Band 5/1, Grundsatzausschuss, S. 207.

306 *Mußnug*, in: Isensee/Kirchhof, Handbuch des Staatsrechtes, § 8 Rn. 59; der Entwurf eines Grundrechtekatalogs wurde im Anschluss Prof. Dr. Richard Thoma zur Würdigung vorgelegt. Dieser kommentierte, dass die Formulierung „*Eigentum verpflichtet*" und „*Seine Ausübung findet ihre Schranken in den Lebensbedürfnissen der Allgemeinheit und der öffentlichen Ordnung des Gemeinwesens*" als völlig entbehrlich und stilwidrig anzusehen seien. Der Ausschuss entschloss sich dennoch gegen eine Streichung. Mit dieser Formulierung wollte man das „*sozial eingeordnet sein*" des Eigentums deutlich machen, Parlamentarischer Rat, Akten und Protokolle, Band 5/1, Grundsatzausschuss, S. 371; Parlamentarischer Rat, Akten und Protokolle, Band 5/2, Grundsatzausschuss, S. 725.

307 *v. Brünneck*, Eigentumsgarantie, S. 87.

308 *v. Brünneck*, Eigentumsgarantie, S. 87.

309 Parlamentarischer Rat, Akten und Protokolle, Band 14/2, Verhandlungen des Hauptausschusses, S. 1403.

310 Parlamentarischer Rat, Akten und Protokolle, Band 14/2, Verhandlungen des Hauptausschusses, S. 1789.

II. Die Entstehung des Art. 15 GG

Die Aufnahme von Art. 15 GG in das Grundgesetz und zuvor in den Herrenchiemsee-Entwurf ging auf *Brill* (SPD) zurück.[311] Der Entwurf sollte ursprünglich nur die klassischen Grundrechte enthalten. Im Zusammenhang mit dem Eigentumsschutz war jedoch auch die Frage nach Sozialisierung aufgetreten, da die Interessen der Arbeiterklasse im Grundgesetz berücksichtigt werden sollten.[312] Im Rahmen dieser Diskussion wurde betont, Sozialisierung dürfe nur in Einzelfällen und nur durch formelles Gesetz erfolgen. Auch sei verpflichtend eine Entschädigung zu zahlen.[313] Zum Sozialisierungsumfang wurde darauf hingewiesen, dass mit der unmittelbaren Sozialisierung von Unternehmen kaum zu rechnen sei. Wohl aber sei mit der Überführung der Produktionsmittel zu rechnen, etwa der Kohle und Energiewirtschaft auf Rechtsträger, die unter dem beherrschenden Einfluss der Bundesrepublik stünden und deren Erträge ihr zugutekämen.[314]

Auch die CDU erachtete grundsätzlich die Aufnahme einer Sozialisierungsklausel als notwendig.[315] Nach *v. Mangoldt* (CDU) sei allerdings klar gewesen, dass Art. 14 GG und Art. 15 GG in ihrer Struktur nicht wirklich in den Grundrechtskatalog passten. Denn beide Artikel legten bereits die Grundlagen einer Wirtschaftsordnung fest, die man gerade nicht in das Grundgesetz habe aufnehmen wollen.[316] Art. 14 GG habe man dennoch aufgenommen, da man auf die Eigentumsgewährleistung nicht habe verzichten können. Die Aufnahme von Art. 15 GG sei hingegen *„ausschließlich politisch motiviert"* gewesen.[317] Er sei seiner Form nach ein Kompromiss der großen Parteien, die zu einer Einigung hätten gelangen müssen. Viele Fragen hätten allerdings nicht beantwortet werden können.[318]

---

311 *Nawiasky*, in: VVDStRL 10 (1951), S. 166.

312 Parlamentarischer Rat, Akten und Protokolle, Band 2, Herrenchiemsee, S. 75.

313 *Nawiasky*, in: VVDStRL 10 (1951), S. 166.

314 Parlamentarischer Rat, Akten und Protokolle, Band 2, Herrenchiemsee, S. 625.

315 *v. Mangoldt*, in: VVDStRL 10 (1951), S. 162.

316 *v. Mangoldt, in:* VVDStRL 10 (1951), S. 150.

317 *v. Mangoldt, in:* VVDStRL 10 (1951), S. 150.

318 *v. Mangoldt, in:* VVDStRL 10 (1951), S. 151; *v. Mangoldt* erklärt nicht, ob es sich bei dem Inhalt von Art. 15 GG um einen Kompromiss handelt oder ob Art. 15 GG im Verhältnis zu Art. 14 GG den Kompromiss darstellt.

1. Herrenchiemsee-Entwurf, Art. 17 und Art. 18

Der Herrenchiemsee-Entwurf sah zunächst hinsichtlich der Eigentumsgarantie und der Sozialisierung vor:

> „*Art. 17:*
> *(1) Eigentum und Erbrecht werden gewährleistet. Eigentum verpflichtet gegenüber der Gemeinschaft. Sein Gebrauch darf dem Gemeinwohl nicht zuwiderlaufen.*
> *(2) Eine Enteignung kann nur zum Wohl der Allgemeinheit auf gesetzlicher Grundlage und gegen angemessene Entschädigung vorgenommen werden.*
> *Art. 18:*
> *Die Überführung von Bodenschätzen und Produktionsmitteln in Gemeineigentum bedarf eines besonderen Gesetzes.*“

Art. 18 Herrenchiemsee-E sollte als eigenständiger Artikel die Sozialisierungsmöglichkeit von Bodenschätzen und Produktionsmitteln vorsehen, sie aber in jedem Fall an ein besonderes Gesetz binden. Den Vorschlag, Sozialisierung nur aufgrund eines besonderen Gesetzes zu ermöglichen, unterbreitete *Danckwerts* (parteilos[319]).[320] Nach *Suhr* (SPD) sollte durch das Wort „*besonderen*“ der Unterschied gegenüber der normalen gesetzlichen Grundlage des gewöhnlichen Enteignungsverfahrens zum Ausdruck gebracht werden.[321]

2. Die Beratung zu Art. 15 GG im Grundsatz- und Hauptausschuss

Der Grundsatzausschuss griff auf diese Formulierung des Art. 18 GG-E. zurück.

319 *Umbach*, Parlamentsauflösung in Deutschland, S. 441.
320 Parlamentarischer Rat, Akten und Protokolle, Band 2, Herrenchiemsee, S. 226.
321 Parlamentarischer Rat, Akten und Protokolle, Band 2, Herrenchiemsee, S. 226.

a. Die Fassung des Grundsatzausschusses vom 06.10.1948

Nach dieser Beratung formulierte man Art. 18 GG-E. folgendermaßen:

> *„Die Überführung von Grund und Boden, von Bodenschätzen und Produktionsmitteln in Gemeineigentum ist nur auf Grund [eines] Gesetzes zulässig.“*[322]

Zu diesen Beratungen existieren keine Aufzeichnungen, sie werden in den Akten und Protokollen des Parlamentarischen Rates lediglich in einer Fußnote erwähnt.[323]

b. Die Fassung des Grundsatzausschusses vom 08.10.1948

Zwei Tage später formulierte der Grundsatzausschuss Art. 18 GG-E. wie folgt:

> *„Die Überführung von Grund und Boden, von Bodenschätzen sowie von Produktionsmitteln in Gemeineigentum bedarf eines förmlichen Gesetzes.“*[324]

In dieser Beratung führte *Schmid* (SPD) aus, die systematische Stellung dieses Art. 18 GG-E. sei von dem Gedanken getragen, die Überführung in Gemeineigentum nicht als Sonderfall der Individualenteignung zu begreifen. Man wolle die Überführung als strukturelle Umwandlung der Wirtschaftsverfassung verstehen.[325] Deshalb sei der Inhalt des Art. 18 GG-E. nicht als Absatz 4 unter Art. 17 GG-E. aufgenommen worden.[326] Davon sei man bereits auf Herrenchiemsee ausgegangen. Allerdings habe man als sozialisierungsfähiges Gut noch *„Grund und Boden“* hinzugefügt. Mit der eigenständigen Kodifizierung sollte weiter zum Ausdruck kommen, dass

---

322 Parlamentarischer Rat, Akten und Protokolle, Band 5/1, Grundsatzausschuss, S. 197.

323 Parlamentarischer Rat, Akten und Protokolle, Band 5/1, Grundsatzausschuss, S. 197.

324 Parlamentarischer Rat, Akten und Protokolle, Band 5/1, Grundsatzausschuss, S. 214; Parlamentarischer Rat, Grundgesetz, Formulierungen der Fachausschüsse, Bonn 1948/1949, S. 3.

325 Parlamentarischer Rat, Akten und Protokolle, Band 5/1, Grundsatzausschuss, S. 213/214; aus der Absicht einer Umwandlung der Wirtschaftsverfassung wird zum Teil gefolgert, dass die SPD Art. 15 GG eine maßgebliche Bedeutung zukommen lassen wollte, *Becker*, in: Stern/Becker, Grundrechte-Kommentar, Art. 15 Rn. 7.

326 Parlamentarischer Rat, Akten und Protokolle, Band 5/1, Grundsatzausschuss, S. 214.

Sozialisierung nur durch ein besonderes Gesetz und nicht durch Verwaltungsakt vorgenommen werden könnte. Stattdessen müsse ein Gesetz im formalen Sinne ergehen.[327] Auf Antrag von *Heuss* (FDP) wurde im Artikel das Wort „*förmlich*" ergänzt.

c. Der Entwurf einer Wirtschaftsverfassung durch die KPD vom 12.10.1948.[328]

Die KPD legte am 12.10.1948 einen Entwurf einer Wirtschaftsverfassung vor, der unter anderem die nachfolgenden Artikel enthielt:

> *„Art. 13: Alle Bodenschätze, alle wirtschaftlich nutzbaren Naturkräfte sowie die zu ihrer Nutzbarmachung bestimmten Betriebe des Bergbaus, der Eisen- und Stahlerzeugung, der Energiewirtschaft und der chemischen Großindustrie sind in Volkseigentum zu überführen. Bis zur Bildung der gesamtdeutschen Republik untersteht ihre Nutzung der Aufsicht und Treuhandschaft des Landes.*
> *Das Gleiche gilt für Bankinstitute und Versicherungsunternehmen. Die Beteiligung von privatem Kapital an Unternehmen, die in Volkseigentum überführt sind, ist ausgeschlossen.*
> *[...]*
> *Art. 15: Der private Großgrundbesitz, der mehr als 100 ha umfasst, sowie das dazugehörige lebende und tote Inventar wird entschädigungslos enteignet und an Landarbeiter, landarme Bauern und Flüchtlinge übereignet. Fideikommisse sind aufgehoben.*
> *Art. 16: Grundbesitz, dessen Erwerb zur Erreichung gemeinnütziger Ziele, wie Wohnungs- und Straßenbau, Siedlungen und Urbarmachung und dergleichen im öffentlichen Interesse liegt, kann nach näheren gesetzlichen Bestimmungen gegen Entschädigung eingezogen werden.*
> *Art. 17: Private wirtschaftliche Unternehmen, die auf Grund ihrer allgemeinen volkswirtschaftlichen Bedeutung dafür geeignet sind, können durch Gesetz nach den für die Enteignung geltenden Bestimmungen in Volkseigentum überführt werden. Durch Gesetz können wirtschaftliche Unternehmen und Verbände auf der Grundlage der Selbstverwaltung zusammengeschlossen werden, um Erzeugung, Herstellung, Verteilung, Ver-*

327 Parlamentarischer Rat, Akten und Protokolle, Band 5/1, Grundsatzausschuss, S. 214.
328 Parlamentarischer Rat, Akten und Protokolle, Band 5/1, Grundsatzausschuss, S. 253 ff.

wendung, Preisgestaltung sowie Ein- und Ausfuhr der Wirtschaftsgüter nach gemeinwirtschaftlichen Grundsätzen zu gestalten, die Mitwirkung aller schaffenden Volksteile zu sichern und Arbeiter und Unternehmen an der Verwaltung zu beteiligen.
Art. 18: Das Eigentum wird von der Verfassung gewährleistet. Sein Inhalt und seine Schranken ergeben sich aus den Gesetzen und den sozialen Pflichten gegenüber der Gemeinschaft."

Dieser Entwurf wurde in der 30. Sitzung des Grundsatzausschusses teilweise aufgegriffen, wobei auffiel, dass es sich in weiten Teilen um den Entwurf der ostdeutschen Verfassung handelte.[329] So wurde beispielsweise mit den Art. 11 bis 16 GG-E. wörtlich Art. 24 der Verfassung der Deutschen Demokratischen Republik (1949) wiedergegeben. Die nähere Prüfung der Wirtschaftsverfassung stellte der Ausschuss indes zurück und lehnte sie schließlich ab.[330] Derart weitreichende Formulierungen wären nicht mit dem Ziel des Ausschusses vereinbar gewesen, einen nur beschränkten Grundrechteteil zu schaffen.

d. Die Fassung des allgemeinen Redaktionsausschusses vom 16.11.1948

In dieser Beratung stellten *Zinn* (SPD) sowie v. *Brentano* (CDU) und *Dehler* (FDP) jeweils Anträge zur Änderung des Art. 18 GG-E.:

Nach *Zinn* (SPD) sollte Art. 18 GG-E. formuliert werden als:

"Durch förmliches Gesetz können Bodenschätze, wirtschaftliche Unternehmen und ganze Produktions- und Wirtschaftszweige in Gemeineigentum überführt werden."[331]

v. Brentano (CDU) und *Dehler* (FDP) schlugen vor, Art. 18 GG-E. wie folgt zu formulieren:

„Abs. 1: Jede Enteignung von Bodenschätzen und ganzen Produktionszweigen zum Zwecke der Überführung in Gemeineigentum bedarf eines förmlichen Gesetzes.

329 Parlamentarischer Rat, Akten und Protokolle, Band 5/2, Grundsatzausschuss, S. 869/870.

330 Parlamentarischer Rat, Akten und Protokolle, Band 5/2, Grundsatzausschuss, S. 870.

331 Parlamentarischer Rat, Grundgesetz, Formulierungen der Fachausschüsse, Bonn 1948/1949, S. 19.

Abs. 2: Sie ist nur zulässig, wenn es das Wohl der Allgemeinheit erfordert. Für die Entschädigung gilt Art. 17 Abs. 3 S. 2 entsprechend."[332]

Beide Anträge lehnte der Ausschuss mit unbekannter Mehrheit ab.

e. Die Fassung der ersten Lesung des Grundsatzausschusses vom 18.11.1948

In dieser Lesung wurde Art. 18 GG-E. wie folgt angenommen:

„*Die Überführung von Grund und Boden, von Bodenschätzen und Produktionsmitteln in Gemeineigentum ist nur auf Grund eines förmlichen Gesetzes zulässig.*"[333]

Anmerkungen erfolgten in dieser Lesung nicht.

f. Die Fassung des Grundsatzausschusses vom 30.11.1948

Bergsträsser (SPD) forderte zunächst, Art. 18 GG-E. teilweise zu ersetzen. Statt „*Bodenschätze*" sollte die Bezeichnung „*Naturschätze*" aufgenommen werden, dem nach kurzer Diskussion auch zugestimmt wurde.[334] *Nadig* (SPD) forderte ferner den Zusatz „*zum Zwecke der Enteignung*".[335] Auch *Bergsträsser* (SPD) wünschte, hinter den Worten „*in Gemeineigentum*" nochmals den Zusatz „*im Wege der Enteignung*" einzufügen.[336] Dieser Zusatz wurde auch von der CDU-Fraktion gefordert. So hatte *v. Mangoldt* (CDU) den Zusatz „*ist nur unter Beachtung der Vorschriften des Art. 17 GG-E. zulässig*" in Art. 18 GG-E. aufnehmen wollen. *Mücke* (SPD) entgegnete, wenn „*im Wege der Enteignung*" gesagt werde und in Art. 17 GG-E. die Enteignung sowie das Verfahren festgelegt seien, sei ein zusätzlicher Hinweis auf Art. 17 GG-E. unnötig. Als vermittelnden Vorschlag erklärte *v. Mangoldt* (CDU), man könne folgenden Wortlaut wählen:

---

332 Parlamentarischer Rat, Akten und Protokolle, Band 5/2, Grundsatzausschuss, S. 583.

333 Parlamentarischer Rat, Akten und Protokolle, Band 5/1, Grundsatzausschuss, S. 338; Parlamentarischer Rat, Grundgesetz, Formulierungen der Fachausschüsse, Bonn 1948/1949, S. 3.

334 Parlamentarischer Rat, Akten und Protokolle, Band 5/2, Grundsatzausschuss, S. 753.

335 Parlamentarischer Rat, Akten und Protokolle, Band 5/2, Grundsatzausschuss, S. 737.

336 Parlamentarischer Rat, Akten und Protokolle, Band 5/2, Grundsatzausschuss, S. 738.

> *„Die Überführung von Grund und Boden, von Naturschätzen und Produktionsmitteln in Gemeineigentum im Wege der Enteignung des Art. 17 ist nur auf Grund eines förmlichen Gesetzes zulässig."*

Diese Fassung nahm man einstimmig an.[337] In der zweiten Lesung des Grundsatzausschusses wurde Art. 18 GG-E. vorgezogen und als Art. 15 GG-E. platziert.[338]

g. Die Fassung des Hauptausschusses vom 04.12.1948

Ursprünglich erachtete man für die Überführung in Gemeineigentum ebenso wie bei der Enteignung in Art. 14 Abs. 3 GG-E. ein förmliches Gesetz als notwendig. Bezüglich Art. 14 Abs. 3 GG-E. wurde allerdings in der 18. Sitzung des Hauptausschusses das Wort *„förmliches"* mit 16 zu 2 Stimmen gestrichen.[339] Ausweislich der Begründung von *Schmid* (SPD) habe es in der Judikatur Streit gegeben, was unter *„durch Gesetz"* zu verstehen sei. Insbesondere war fraglich, ob jede Rechtsnorm ein Gesetz sei oder nur solche, die durch förmliches Parlamentsverfahren entstanden seien.[340] Da jedoch Art. 1 EGBGB jegliche Rechtsnorm als *„Gesetz"* im rechtstechnischen Sinne verstehe, wollte *Strauß* (CDU) aus Gründen der Klarheit das *„überflüssige"* Wort beibehalten. Dennoch wurde *„förmlich"* in Art. 14 GG-E. gestrichen.

Sodann widmete sich der Ausschuss Art. 15 GG-E.:

> *„Die Überführung von Grund und Boden, von Naturschätzen und Produktionsmitteln in Gemeineigentum im Wege der Enteignung des Art. 14 ist nur auf Grund eines Gesetzes zulässig."*[341]

337 Parlamentarischer Rat, Akten und Protokolle, Band 5/2, Grundsatzausschuss, S. 738.

338 Parlamentarischer Rat, Akten und Protokolle, Band 5/2, Grundsatzausschuss, S. 763/787.

339 Parlamentarischer Rat, Akten und Protokolle, Band 14/1, Verhandlungen des Hauptausschusses, S. 535 f.

340 Parlamentarischer Rat, Akten und Protokolle, Band 14/1, Verhandlungen des Hauptausschusses, S. 536.

341 Parlamentarischer Rat, Grundgesetz, Formulierungen der Fachausschüsse, Bonn 1948/1949, S. 45.

In Art. 15 GG-E. strich man ebenso das Wort *„förmlich"*. Die Formulierung *„Gesetz"* sei nach *Schmid* (SPD) ausreichend.[342] Daran anschließend diskutierte man das Verhältnis zwischen Enteignung und Sozialisierung. Nach *Strauß* (CDU) habe alles, was in Art. 15 GG-E. normiert sei, auch in Art. 14 Abs. 3 GG-E. gestanden. Besonders, weil Art. 15 GG-E. auf Art. 14 GG-E. verweise, erscheine er überflüssig. Dem widersprach *Schmid* (SPD). Der Gedanke sei, Art. 15 GG-E. nicht lediglich als Sonderfall der Individualenteignung zu verstehen,[343] sondern als Möglichkeit zur strukturellen Änderung der Wirtschaftsverfassung.[344] Deswegen sei eine eigene Rechtsgrundlage gewählt worden. Um zugleich eine klare Rechtsgrundlage im Einzelfall zu schaffen, sollte eine Sozialisierungsmaßnahme nur im Wege eines Gesetzes erfolgen können.[345]

Auf den Einwand von *Strauß* (CDU), man hätte im Entwurf *„im Wege der Enteignung des Art. 14"* weglassen können,[346] entgegnete *Greve* (SPD), dass dies nicht dasselbe sei. Wenn Art. 14 Abs. 3 GG-E. bestimme, dass Enteignung *„nur zum Wohle der Allgemeinheit zulässig"* sei und Art. 15 GG-E. besage, *„die Überführung von Grund und Boden, von Naturschätzen und Produktionsmitteln in Gemeineigentum im Wege der Enteignung des Art. 14 sei nur aufgrund eines besonderen Gesetzes zulässig"*, dann sei Art. 15 GG-E. *lex specialis* zu Art. 14 Abs. 3 GG-E. Die Überführung der genannten Gegenstände müsse dann nicht zwingend dem Wohl der Allgemeinheit dienen.[347] *Schmid* (SPD) ergänzte, dass insbesondere dann kein Gesetz erforderlich sei, wenn die Überführung nicht im Wege der Enteignung erfolge. Es sei beispielsweise denkbar, dass staatliches Eigentum in Gemeineigentum überführt werde, wobei Staatseigentum und Gemeineigentum

342 Parlamentarischer Rat, Akten und Protokolle, Band 14/1, Verhandlungen des Hauptausschusses, S. 536.

343 Parlamentarischer Rat, Akten und Protokolle, Band 14/1, Verhandlungen des Hauptausschusses, S. 536.

344 Parlamentarischer Rat, Akten und Protokolle, Band 14/1, Verhandlungen des Hauptausschusses, S. 536.

345 Parlamentarischer Rat, Akten und Protokolle, Band 14/1, Verhandlungen des Hauptausschusses, S. 536 f.

346 Parlamentarischer Rat, Akten und Protokolle, Band 14/1, Verhandlungen des Hauptausschusses, S. 537.

347 Parlamentarischer Rat, Akten und Protokolle, Band 14/1, Verhandlungen des Hauptausschusses, S. 537.

nicht identisch sein müssten.[348] Unter Streichung des Wortes „*förmlich*“ wurde Art. 15 GG-E. in dieser Fassung ohne Gegenstimme angenommen.

h. Die Fassung des allgemeinen Redaktionsausschusses vom 13.12.1948

Im allgemeinen Redaktionsausschuss wurde Art. 15 GG-E. wie folgt gefasst:

> *„Nur zum Wohle der Allgemeinheit und nur durch ein förmliches Gesetz dürfen Grund und Boden, Naturschätze und Produktionsmittel unmittelbar in Gemeineigentum überführt werden. Für die Entschädigung gilt Art. 14 Abs. 3 entsprechend.“*[349]

Der Ausschuss fügte dieser Fassung eine Anmerkung für die weitere Bearbeitung bei:

> *„Die rechtliche Bedeutung des Art. 15 liegt darin, daß hier eine Enteignung nicht auf Grund eines Gesetzes in den darin vorgesehenen Verfahren und vermittels eines Verwaltungsaktes oder einer gerichtlichen Entscheidung erfolgen kann, sondern unmittelbar durch Gesetz. Der Ausspruch des Gesetzgebers führt den beabsichtigten Erfolg herbei, ohne daß es der sonst für den Eigentumsübergang erforderlichen Formen bedarf. Das Gesetz hat in diesem Fall unmittelbar rechtsgestaltende Wirkung. Insoweit ist Art. 15 ein Sonderfall des Art. 14 Abs. 3, soweit dort eine Enteignung durch Gesetz zulässig ist. Die Zuständigkeit ergibt sich aus Art. 36 Ziff. 14a (vgl. Vorläuferregelung des Art. 74).“*[350]

i. Die Fassung des Grundsatzausschusses vom 11.01.1949

> *„Grund und Boden, Naturschätze und Produktionsmittel dürfen durch Enteignung nach Art. 36 Ziff. 14a in Gemeineigentum nur auf Grund eines besonderen Gesetzes überführt werden.“*[351]

---

348 Parlamentarischer Rat, Akten und Protokolle, Band 14/1, Verhandlungen des Hauptausschusses, S. 536.

349 Parlamentarischer Rat, Akten und Protokolle, Band 5/2, Grundsatzausschuss, S. 737.

350 Parlamentarischer Rat, Akten und Protokolle, Band 5/2, Ausschuss für Grundsatzfragen, S. 883; Parlamentarischer Rat, Grundgesetz, Formulierungen der Fachausschüsse, Bonn 1948/1949, S. 89.

351 Parlamentarischer Rat, Akten und Protokolle, Band 5/2, Grundsatzausschuss, S. 945.

In dieser Sitzung ging man zunächst auf das Verhältnis der Gemeinwirtschaft zum Gemeineigentum ein. Nach Auffassung von *Kaiser* (CDU) sei Gemeinwirtschaft der höhere, der umfassendere Begriff des Gemeineigentums.[352] *v. Mangoldt* (CDU) stellte fest, dass eine Überführung in Gemeinwirtschaft ohne Enteignung eine so weitgehende Eigentumsentziehung bedeuten würde, dass sie mit einer Enteignung gleichbedeutend wäre. Hierauf erwiderte *Heuss*, in der Verbundwirtschaft der Stromerzeugung seien regelmäßig öffentlich-rechtliche und privatrechtliche Unternehmen verbunden, ohne dass das private Eigentum tangiert sei. Eine solche Verbundwirtschaft habe gemeinwirtschaftlichen Charakter.[353] Dem hielt *v. Mangoldt* (CDU) entgegen, es drehe sich um die Überführung von Naturschätzen und Produktionsmitteln, nicht um Strom, sondern um etwas Konkretes, wie etwa die Elektrizitätswerke, den Boden, auf dem ein Wasserkraftwerk errichtet werde und das in Gemeineigentum überführt werden solle. Wenn diese Gegenstände im Eigentum des bisherigen Eigentümers blieben, der Eigentümer aber seine Eigentumsrechte nicht ausnutzen könne, weil ihm die Nutzung des Eigentums genommen werde, so geschehe das nicht nur vorübergehend.[354] *Bergsträsser* (SPD) entgegnete, es sei dennoch keine Enteignung, da dem Eigentümer die Eigentümerrechte verblieben. *Eberhard* (SPD) stellte abschließend fest, dass nicht gesagt sei, es läge eine Enteignung vor, wenn man in Gemeinwirtschaft überführe.[355] Es sei klar, dass eine Enteignung nur vorliege, wenn man die Betriebe in Gemeineigentum überführe. Die Überführung in Gemeinwirtschaft sei aber auch ohne Enteignung möglich.[356] Diese Fassung des Art. 15 GG-E. behielt auch der Hauptausschuss bei.[357]

---

352 Parlamentarischer Rat, Akten und Protokolle, Band 5/2, Grundsatzausschuss, S. 944.
353 Parlamentarischer Rat, Akten und Protokolle, Band 5/2, Grundsatzausschuss, S. 945.
354 Parlamentarischer Rat, Akten und Protokolle, Band 5/2, Grundsatzausschuss, S. 945.
355 Parlamentarischer Rat, Akten und Protokolle, Band 5/2, Grundsatzausschuss, S. 945.
356 Parlamentarischer Rat, Akten und Protokolle, Band 5/2, Grundsatzausschuss, S. 945.
357 JöR 1951, S. 157.

j. Die Fassung in der zweiten Lesung des Hauptausschusses vom 19.01.1949

> *„Grund und Boden, Naturschätze und Produktionsmittel dürfen durch Enteignung nach Artikel 14 nur auf Grund eines besonderen Gesetzes in Gemeineigentum überführt werden."*[358]

In dieser Lesung erfolgten nur redaktionelle Änderungen.

k. Die Fassung des allgemeinen Redaktionsausschusses vom 25.01.1949

Eine erste merkliche Abweichung zu den vorherigen Fassungen stellt der nachfolgende Entwurf des allgemeinen Redaktionsausschusses dar.

> *„Grund und Boden, Naturschätze und Produktionsmittel dürfen nur zum Wohl der Allgemeinheit durch ein förmliches Gesetz, das Art und Ausmaß der Entschädigung regelt, unmittelbar in Gemeineigentum überführt werden. Für die Entschädigung gilt Art. 14 Abs. 3 S. 3 entsprechend."*[359]

Aufgenommen wurde insbesondere ein selbstständiges Junktim. Der Ausschuss hatte folgende Anmerkung:

> *„Das seitherige Enteignungsrecht gestattete eine Enteignung zum Wohle der Allgemeinheit zugunsten des Staates oder einer anderen öffentlich-rechtlichen Körperschaft, aber auch zugunsten von Privatpersonen. Grundlage einer solchen Enteignung waren die seitherigen Enteignungsgesetze, z. B. das preußische von 1874. Da der Begriff des Gemeineigentums im Grundgesetz nicht näher erläutert wird und in Wissenschaft und Rechtslehre keineswegs eindeutig feststeht, muss darunter Gemeineigentum im weitesten Sinne verstanden werden, also auch das dem Wohle der Allgemeinheit dienende öffentliche Eigentum, z. B. das einer Gemeinde. Läßt man die Überführung in Gemeineigentum jedoch, wie dies durch die Fassung des H.-A. (Herrenchiemsee-Entwurf) geschieht, nur auf Grund eines „besonderen Gesetzes", also eines Spezialgesetzes zu, würden die allgemeinen Enteignungsgesetze […] bei einer Enteignung z. B. zugunsten einer Gemeinde, auch wenn dies im Interesse des Gemeinwohls geschieht,*

---

358 Parlamentarischer Rat, Akten und Protokolle, Band 14/2, Verhandlungen des Hauptausschusses, S. 1406.

359 Parlamentarischer Rat, Grundgesetz, Formulierungen der Fachausschüsse, Bonn 1948/1949, S. 117.

nicht mehr anwendbar sein. Es müßte vielmehr für jeden Fall einer solchen Enteignung bei der jetzigen Fassung des Art. 15 ein Spezialgesetz erlassen werden. Sicherlich will man mit dem Art. 15 aber keineswegs die Anwendung des Art. 14 Abs. 3 bei der Enteignung und Überführung von Privateigentum in öffentliches Eigentum ausschließen. Man hat bei dem Art. 15 nach der Entstehungsgeschichte offensichtlich an die Sozialisierung gedacht, die sich einmal durch eine Enteignung ganzer Gruppen von Eigentümern und nicht durch eine individuelle Enteignung einzelner Eigentümer vollzieht, bei der es sich im übrigen nur darum handelt, in welchen Rechts- und Betriebsformen das sozialisierte Eigentum oder Gemeineigentum in diesem Sinne verwaltet wird. Der Art. 15 muß also den für die Sozialisierung kennzeichnenden Vorgang der unmittelbaren Expropriation von ganzen Gruppen von Eigentümern rechtlich ermöglichen. Für eine solche Expropriation kann und sollte man Spezialgesetze verlangen, bei denen dann allerdings der Eigentumsübergang unmittelbar durch das Gesetz bewirkt wird. Das muß im Gesetz zum Ausdruck kommen. Aus diesem Grunde empfiehlt der Redaktionsausschuß die Annahme der von ihm vorgeschlagenen Fassung, dessen rechtliche Bedeutung darin liegt, daß hier nicht eine Individual-Enteignung auf Grund eines Gesetzes in dem darin vorgesehenen Verfahren und vermittels eines Verwaltungsaktes oder einer gerichtlichen Entscheidung, sondern eine Gruppenenteignung unmittelbar, aber auch nur durch Gesetz ermöglicht wird. Das Gesetz selbst, aber nur ein Spezialgesetz, hat für diesen Fall unmittelbar rechtsgestaltende Wirkung.“[360]

Damit standen sich sowohl die Fassung des Grundsatzausschusses wie auch die Fassung des allgemeinen Redaktionsausschusses gegenüber. Ein Kompromiss konnte in den Ausschüssen nicht erzielt werden, sodass schließlich im Fünfer-Ausschuss eine Lösung gefunden werden sollte.[361]

360 Parlamentarischer Rat, Grundgesetz, Formulierungen der Fachausschüsse, Bonn 1948/1949, S. 125.

361 *Durner*, in: Dürig/Herzog/Scholz, Kommentar zum Grundgesetz, Art. 15 Rn. 15.

l. Die Fassung des Fünfer-Ausschusses in der dritten Lesung des Hauptausschusses vom 05.[362]/08.[363]02.1949

> *„Grund und Boden, Naturschätze und Produktionsmittel können zum Zwecke der Vergesellschaftung durch ein förmliches Gesetz, das Art und Ausmaß der Entschädigung regelt, in Gemeineigentum überführt werden. Für die Entschädigung gilt Artikel 14 Abs. 3 S. 3 entsprechend.*“[364]

Auf Vorschlag des Abgeordneten *Strauß* (CDU) wurde in die Fassung des Fünfer-Ausschusses erneut die Passage *„oder in andere Formen der Gemeinwirtschaft*“ aufgenommen.[365] Mit dieser Erweiterung sollte eine Übertragung in Gemeineigentum vermieden und dem Gesetzgeber ein weites Feld an Möglichkeiten eröffnet werden.[366] Als weiteres Motiv für die Aufnahme galt die sprachliche Angleichung des Art. 15 GG-E. an Art. 74 Abs. 1 Nr. 15 GG-E.[367] Der Antrag wurde mit einer Gegenstimme angenommen.[368] Weiter stellte *v. Mangoldt* (CDU) den Antrag, das Wort *„förmlich*“ erneut zu streichen.[369] Zur Begründung verwies er auf Art. 14 GG-E., da ein förmliches Gesetz im Sinne des Grundgesetzes nicht bekannt war und lediglich eine Art des Gesetzes – das parlamentarische Gesetz – als Einschränkung möglich sei. Schließlich passte der Ausschuss auf Antrag von *v. Mangoldt* (CDU) Art. 15 S. 2 GG-E. sprachlich an Art. 14 Abs. 4. GG-E. an.[370]

362 Parlamentarischer Rat, Grundgesetz, Formulierungen der Fachausschüsse, Bonn 1948/1949, S. 175.

363 Parlamentarischer Rat, Verhandlungen des Hauptausschusses, Bonn 1948/1949, S. 603.

364 Parlamentarischer Rat, Grundgesetz, Formulierungen der Fachausschüsse, Bonn 1948/1949, S. 175.

365 Parlamentarischer Rat, Akten und Protokolle, Band 14/2, Verhandlungen des Hauptausschusses, S. 1496.

366 *Becker*, in: Stern/Becker, Grundrechte-Kommentar, Art. 15 Rn. 5, unter Verweis auf JöR 1951, S. 156 f.; *Bäumler*, GewArch 1980, 287 (289).

367 *Ipsen*, in: VVDStRL 10 (1951), S. 114.

368 Parlamentarischer Rat, Akten und Protokolle, Band 14/2, Verhandlungen des Hauptausschusses, S. 1497.

369 Parlamentarischer Rat, Akten und Protokolle, Band 14/2, Verhandlungen des Hauptausschusses, S. 1497.

370 Parlamentarischer Rat, Verhandlungen des Hauptausschusses, Bonn 1948/1949, S. 618.

m. Die Fassung des allgemeinen Redaktionsausschusses vom 02.05.1949

> *„Grund und Boden, Naturschätze und Produktionsmittel können zum Zwecke der Vergesellschaftung durch ein Gesetz, das Art und Ausmaß der Entschädigung regelt, in Gemeineigentum oder andere Formen der Gemeinwirtschaft überführt werden. Für die Entschädigung gilt Artikel 14 Abs. 4 S. 3 entsprechend.“*[371]

n. Die Fassung des Hauptausschusses vom 05.05.1949

Aufbauend auf der Fassung des allgemeinen Redaktionsausschusses lag der Sitzung zunächst ein Antrag von *Seebohm* (DP) vor. Dieser sah vor, Art. 15 GG-E. ersatzlos zu streichen.[372] Der Antrag wurde jedoch gegen zwei Stimmen abgelehnt.[373] Ein weiterer Antrag von *Dehler* (FDP) sah eine teilweise Neufassung des Art. 15 GG-E. vor:

> *„Der Bund kann Grund und Boden, Naturschätze und Produktionsmittel zum Zwecke der Vergesellschaftung in Gemeineigentum oder andere Formen der Gemeinwirtschaft überführen. Für die Entschädigung gilt Art. 14 Abs. 4 entsprechend.“*[374]

Dieser Antrag wurde mit neun zu acht Stimmen abgelehnt. Danach wurde Art. 15 GG-E. erneut redaktionell an Art. 14 GG-E. angepasst.[375] Eine Entscheidung über die endgültige Fassung musste jedoch bis zum Plenum vertagt werden, da über Art. 15 GG-E. bereits abgestimmt wurde.[376]

---

371 Parlamentarischer Rat, Grundgesetz, Formulierungen der Fachausschüsse, Bonn 1948/1949, S. 200.

372 Parlamentarischer Rat, Akten und Protokolle, Band 14/2, Verhandlungen des Hauptausschusses, S. 1790.

373 Parlamentarischer Rat, Akten und Protokolle, Band 14/2, Verhandlungen des Hauptausschusses, S. 1790.

374 Parlamentarischer Rat, Akten und Protokolle, Band 14/2, Verhandlungen des Hauptausschusses, S. 1790.

375 Parlamentarischer Rat, Akten und Protokolle, Band 14/2, Verhandlungen des Hauptausschusses, S. 1791.

376 Parlamentarischer Rat, Akten und Protokolle, Band 14/2, Verhandlungen des Hauptausschusses, S. 1791.

o. Die Fassung des Plenums am 06.05.1949

Im Plenum wurde endgültig über Art. 15 GG-E. abgestimmt. Der Abstimmung gingen gesonderte Anträge von *Seebohm* (DP), *Heuss* (FDP) und *v. Brentano* (CDU) voraus.[377] *Seebohm* (DP) beantragte wie zuvor, Art. 15 GG-E. zu streichen.[378] Nach seiner Auffassung waren durch Art. 14 GG-E. alle Notwendigkeiten abgedeckt, in das Eigentum einzugreifen. Es sei daher weder vertretbar noch notwendig, Art. 15 GG-E. in das Grundgesetz aufzunehmen.[379] Dieser Antrag wurde mit unbekannter Stimmenmehrheit abgelehnt.[380]

Weiterhin wurde von *Heuss* (FDP) erneut der Antrag gestellt, Art. 15 GG-E. um die Formulierung „*Der Bund kann durch Gesetz* [...]" und die Entschädigungsregel des Art. 14 Abs. 3 S. 3 GG-E. um die Formulierung „*angemessen*" zu ergänzen.[381] Mit dieser Formulierung sollte sichergestellt werden, dass nur der Bund die Kompetenz besäße, Sozialisierungen vorzunehmen. Auch dieser Antrag wurde abgelehnt.

Schließlich diskutierten v. *Brentano* (CDU) und *Zinn* (SPD), ob Art. 15 S. 2 GG-E. nur auf Art. 14 Abs. 3 S. 3 GG-E. verweise oder auch auf Abs. 3 S. 4. v. *Brentano* (CDU) war der Ansicht, es handele sich um ein Versehen und Art. 15 S. 2 GG-E. verweise auch auf Art. 14 Abs. 3 S. 4 GG-E. Man habe sich vorbehalten, im Plenum über den Verweis abzustimmen. Dem widersprach *Zinn* (SPD), da Art. 15 GG-E. am Vortag bereits so beschlossen worden sei. Es handle sich außerdem um einen reinen Zufall, dass Art. 15 S. 2 GG-E. auch auf Art. 14 Abs. 3 S. 4 GG-E. verweise. Der Verweis erübrige sich jedoch, weil gemäß Art. 19 Abs. 4 GG-E. ohnehin der Rechtsweg offen stehe.[382] *v. Brentano* (CDU) wies darauf hin, man sei am Vortag einem Irrtum erlegen. Die Abstimmung könne daher im

377 Parlamentarischer Rat, Akten und Protokolle, Band 9, Verhandlungen des Plenums, S. 456.

378 Parlamentarischer Rat, Akten und Protokolle, Band 9, Verhandlungen des Plenums, S. 456.

379 Parlamentarischer Rat, Akten und Protokolle, Band 9, Verhandlungen des Plenums, S. 456.

380 Parlamentarischer Rat, Akten und Protokolle, Band 9, Verhandlungen des Plenums, S. 457.

381 Parlamentarischer Rat, Akten und Protokolle, Band 9, Verhandlungen des Plenums, S. 457.

382 Parlamentarischer Rat, Akten und Protokolle, Band 9, Verhandlungen des Plenums, S. 457.

Rahmen des Plenums nachgeholt werden.[383] Hiergegen widersprachen die Mitglieder der SPD, die dies als „*materiell nicht in Ordnung*" empfanden.[384] Dennoch wurde dieser Antrag mit Mehrheit angenommen.[385] Nach der Abstimmung wurde final über Art. 15 GG abgestimmt, wobei er mit Mehrheit angenommen wurde.[386]

p. Die abschließende Stellungnahme zum Grundgesetz

Menzel (SPD) nahm wie folgt zu Art. 15 GG abschließend Stellung:

> „*Bei den weiteren Bestimmungen begrüßen wir es, daß erstmals in einer Verfassung – und wohl in einem Gesetz überhaupt – die Begriffe Gemeineigentum*[387] *und Gemeinwirtschaft gesetz- und verfassungsmäßig verankert worden sind. Gerade darauf erhoffen wir Sozialdemokraten in der Vorstellungswelt der Deutschen eine zunehmende Einsicht über die Notwendigkeit, die deutschen Schlüsselindustrien in Gemeineigentum zu überführen. Darin sehen wir einen politischen Fortschritt, der mit dazu beigetragen hat, manche Bedenken gegen andere Bestimmungen des Grundgesetzes auszuräumen. Seit Jahren fordert die Sozialdemokratie die Sozialisierung. Sie wissen, daß diese Forderung ein wesentliches, vielleicht das entscheidende Ziel unseres politischen Kampfes zur Befreiung des arbeitenden Menschen von der Ungerechtigkeit der Gesellschaftsordnung ist. Die Hoffnung von Millionen auf eine Sozialisierung scheiterte nach 1918 an dem Widerstand der Deutschen und nach 1945 an den Alliierten.*[388] *Nun können wir erneut hoffen. Die Sozialdemokratie wird es daher als ihre vornehmste Pflicht betrachten, alsbald nach dem Zusammentritt des ersten Bundestages durch entsprechende Gesetzesentwürfe an dieses große*

383 Parlamentarischer Rat, Akten und Protokolle, Band 9, Verhandlungen des Plenums, S. 457.

384 Parlamentarischer Rat, Akten und Protokolle, Band 9, Verhandlungen des Plenums, S. 457.

385 Parlamentarischer Rat, Akten und Protokolle, Band 9, Verhandlungen des Plenums, S. 457.

386 Parlamentarischer Rat, Akten und Protokolle, Band 9, Verhandlungen des Plenums, S. 457.

387 Der Begriff des Gemeineigentums war schon in der Weimarer Reichsverfassung enthalten, siehe Art. 156 Abs. 1 WRV.

388 Diese These lässt sich jedoch nur teilweise belegen, *Brückner*, Sozialisierung in Deutschland, S. 219 ff.

Werk der Sozialisierung heranzugehen, da es die Ära eines dauerhaften Friedens einleiten kann.“[389]

3. Zusammenfassendes Ergebnis der parlamentarischen Beratungen

Anhand von *Menzels* Stellungnahme zeigt sich, dass die SPD Art. 15 GG eine wesentliche Bedeutung bei der Umgestaltung der Wirtschaftsverfassung zuerkannt hat.[390] Teilweise wird Art. 15 GG sogar als wesentlicher Grund genannt, warum die Mitglieder der SPD dem Grundgesetz zustimmten.[391] Insbesondere lasse sich Art. 15 GG als wichtiger Teil des Bonner Kompromisses zwischen sozialdemokratischen und bürgerlichen Interessen verstehen.[392]

Art. 15 GG konnte der sozialdemokratischen Wirtschaftspolitik aber nur in beschränktem Umfang Rechnung tragen.[393] Die offene Formulierung des Eigentumsinhalts neben der Möglichkeit einer weitreichenden Sozialisierung gewährt zwar dem jeweiligen Gesetzgeber genügend Spielraum für die Verwirklichung eigentumspolitischer Vorstellungen.[394] Der Begriff Gemeinwirtschaft war indes (weiterhin) unklar,[395] ebenso die Begriffe Produktionsmittel und Gemeineigentum.[396] Gleichzeitig verzichtete die SPD auf die Aufnahme einer bestimmten Wirtschafts- und Sozialordnung. Diese sollte einer gesamtdeutschen Verfassung vorbehalten bleiben.[397] Den bürgerlichen Parteien gelang es dagegen, durch die Eigentumsgarantie, die Berufs- und Unternehmerfreiheit sowie die allgemeine Wirtschaftsfreiheit eine gelenkte Wirtschaft nach Vorstellungen der SPD zu verhindern. Nur wenn der Großteil der Unternehmen in staatlichem Eigentum gestanden

389 *Menzel*, zitiert nach Parlamentarischer Rat, Akten und Protokolle, Band 9, Verhandlungen des Plenums, S. 528 f.

390 *Klöpfer*, NJW 2019, 1656 (1657).

391 *Bryde*, in: v. Münch/Kunig, Kommentar zum Grundgesetz, Art. 15 Rn. 1.

392 *Bryde*, in: v. Münch/Kunig, Kommentar zum Grundgesetz, Art. 15 Rn. 1; *Schliesky*, in: Bonner Kommentar zum Grundgesetz, Art. 15 Rn. 1; *Rittstieg*, in: Alternativer Kommentar zum Grundgesetz, Art. 15 Rn. 226; *Huck*, Die Sozialisierung nach Art. 15, GG, S. 8; *Drohsel*, KJ 2020, 30 (33).

393 *Thiele*, DVBl. 1972, 809 (810); *Ott*, Die Wirtschaftskonzeption der SPD nach 1945, S. 232.

394 *v. Brünneck*, Eigentumsgarantie, S. 87.

395 *Weinert*, Das Ende der Gemeinwirtschaft, S. 25.

396 *Schockenhoff*, Wirtschaftsverfassung und Grundgesetz, S. 170.

397 *Ott*, Die Wirtschaftskonzeption der SPD nach 1945, S. 227 f.

hätte, wäre eine Planbürokratie nach Vorstellung der SPD möglich gewesen.[398]

Das Abrücken vom klassischen Sozialisierungsartikel durch Einführung des unscharfen Begriffs Gemeinwirtschaft bedeutet zudem die Aufgabe zentraler Forderungen der SPD.[399] Die Entschädigungsregel sowie der Verweis auf Art. 14 Abs. 3 S. 4 GG entsprach nicht der Vorstellung der SPD. Dies gilt auch für den Eigentumsartikel. Im Gegensatz zur WRV stärkt das Grundgesetz die Rechte des Eigentümers. Denn es war unter der WRV möglich, durch Gesetze die Entschädigungen für Enteignungen und Sozialisierungen auszuschließen. Unter dem Grundgesetz ist dies nicht möglich.[400] Auch darf der Gesetzgeber die Frage der Entschädigung nicht den Gerichten überlassen.[401] Ebenfalls wurde der Abwägungsmaßstab für die Entschädigung verändert. Nach der WRV war der Gesetzgeber grundsätzlich zu einer angemessenen Entschädigung verpflichtet. Auf diese Formulierung wurde bewusst verzichtet.[402] Der Parlamentarische Rat einigte sich stattdessen auf eine *„gerechte"* Abwägung, die den Umständen des Einzelfalles Rechnung tragen sollte.[403] Die Entschädigung darf somit nicht nur zum Nominalwert, also zum Grundwert eines Gegenstandes, erfolgen.[404]

---

398 *Bofinger*, Grundzüge der Volkswirtschaftslehre, S. 55 Rn. 4.4.

399 *Ott*, Die Wirtschaftskonzeption der SPD nach 1945, S. 229.

400 *v. Brünneck*, Eigentumsgarantie, S. 88.

401 *Papier/Shirvani*, in: Dürig/Herzog/Scholz, Kommentar zum Grundgesetz, Art. 14 Rn. 70.

402 *Schnöckel*, DÖV 2009, 703 (706).

403 Parlamentarischer Rat, Akten und Protokolle, Band 9, Verhandlungen des Plenums, S. 457.

404 *Schockenhoff*, Wirtschaftsverfassung und Grundgesetz, S. 165 f.; *v. Mangoldt* führte in seinem Bericht an das Plenum aus: *„Auch der Gesetzgeber kann in Zukunft eine entschädigungslose Enteignung nicht mehr anordnen. Dafür ist auf der anderen Seite der Begriff der „angemessenen Entschädigung", der bei der Auslegung zu vielen Zweifelsfragen Anlass gegeben hat, nicht mit aufgenommen. Die nunmehr gewählte Formulierung „unter gerechten Abwägungen der Interessen der Allgemeinheit und der Beteiligten" lässt [...] freien Spielraum von einer bloßen nominellen bis zur vollen Entschädigung."* Hiergegen führte *v. Mangoldt* später aus, der Begriff *„nominale Entschädigung"* sei unglücklich gewählt und bringe etwas Unzutreffendes zum Ausdruck. Man habe eher vor Augen gehabt, spekulativ erworbene Vermögenszuwächse bei gleichzeitig sehr geringem Vermögenseinsatz nicht überentschädigen zu wollen, *v. Mangoldt, in:* VVDStRL 10 (1951), S. 152; *Bryde/Wallrabenstein*, in: v. Münch/Kunig, Kommentar zum Grundgesetz, Art. 14 Rn. 145; *Jarass,* in: Jarass/Pieroth, Kommentar zum Grundgesetz, Art. 14 Rn. 93; *Wunderlich*, Rechtsprechung des Bundesverfassungsgerichts zur Eigentumsgarantie, S. 114; *Shirvani*, DVBl. 2020, 172 (178).

Ferner schützt das Grundgesetz vollumfänglich jedes Eigentum,[405] selbst wenn die konkrete Ausgestaltung des Eigentums dem Gesetzgeber überlassen ist.[406] Schließlich besteht mit Art. 19 Abs. 2 GG eine Schutzgarantie, wonach Grundrechte niemals soweit zurückgedrängt werden dürfen, dass sie in ihrem Wesen verletzt werden. Damit verabschiedete sich die SPD von ihrem Ziel, eine ökonomische Neuordnung im Grundgesetz zu verankern.[407] Stattdessen hofften ihre Vertreter, über die einfache Gesetzgebung die Umwälzung der Wirtschaftsverfassung zu erreichen.[408] Allerdings beabsichtigte die SPD, eine Wirtschaftsordnung nach sozialdemokratischen Vorstellungen in die spätere Verfassung eines vereinigten Deutschlands aufzunehmen.[409]

C. Sozialisierung nach Inkrafttreten des Grundgesetzes

Nachdem die SPD bei den Bundestagswahlen 1949 die Mehrheit verfehlte, trat in der Partei ein Umdenken in Bezug auf die Sozialisierung ein.[410] Das deutsche Wirtschaftswunder,[411] die Bildung des Ostblocks einschließlich des dort real praktizierten Sozialismus, eine zunehmende Westbindung der Bundesrepublik in kapitalistische Strukturen, die Verbindung der Sozialisierung mit Planwirtschaft und die Ineffizienz dieses Wirtschaftssystems ließen weite Bevölkerungsteile Abstand von Sozialisierungsbestrebungen nehmen.[412] Diese Umstände erschwerten es, sich auf sozialistische Traditionen zu berufen. Schließlich führte auch die soziale Marktwirtschaft[413] zu einem schwindenden Interesse an Sozialisierungsmaßnahmen.

---

405 *Ahlers*, Sozialisierung von Grund und Boden, S. 92; *Weber*, in: VVDStRL 10 (1951), S. 164.

406 Parlamentarischer Rat, Akten und Protokolle, Band 5/1, Grundsatzausschuss, S. 207 f.

407 *Ott*, Die Wirtschaftskonzeption der SPD nach 1945, S. 232.

408 *Ott*, Die Wirtschaftskonzeption der SPD nach 1945, S. 229; *Schockenhoff*, Wirtschaftsverfassung und Grundgesetz, S. 150; *Potthoff/Miller*, Kleine Geschichte der SPD, S. 198.

409 *Brückner*, Sozialisierung in Deutschland, S. 59.

410 *Klönne*, Die deutsche Arbeiterbewegung, S. 348.

411 Bereits 1953 war das reale Nettosozialprodukt auf dem Gebiet der Bundesrepublik Deutschland von 1939 erreicht, *Schröter* in North, Deutsche Wirtschaftsgeschichte, S. 354.

412 *Von Loesch*, in: FS Hans Ritschl, 1972, S. 53 (76).

413 *Schröter*, in: North, Deutsche Wirtschaftsgeschichte, S. 372; *Thurn*, KJ 2020, 183 (184).

1952 rückte die SPD auf dem Dortmunder Parteitag von den Sozialisierungsvorstellungen des Hannoveraner Programmes ab.[414] Stattdessen sollten Sozialisierungsbestrebungen nur noch auf die Grundstoffindustrie (Kohle, Eisen, Stahl und Energie) abzielen.[415] Zwar arbeitete die SPD 1952 einen Sozialisierungsgesetz-Entwurf aus. Im Nachgang zur Bundestagswahl 1953 wurde dieser jedoch nicht in den Bundestag eingebracht.[416] Die SPD sah sich ab 1953 in der Rolle einer prinzipiellen Opposition, welche sich gegen die Wiederbewaffnung Deutschlands und die Westbindung, insbesondere gegen die Aufnahme in der NATO wandte.[417] Durch die Verweigerung der Westbindung sollte sich die Chancen auf eine gesamtdeutsche Einheit erhöhen. Dahinter stand auch die Hoffnung, in einem wiedervereinigten Deutschland sozialistische Prinzipien einführen zu können.[418]

Auf dem Parteitag von Bad Godesberg 1959 wurde die Forderung nach Umwälzung der Produktionsverhältnisse endgültig aus dem Parteiprogramm entfernt.[419] Damit wurde erstmals in der Geschichte der SPD die Wirtschaftsordnung zur Frage der reinen Zweckmäßigkeit.[420] Auch war man der Ansicht, die Ziele der SPD weitestgehend verwirklicht zu haben.[421] Das Abrücken von Sozialisierungsforderungen erklärt sich aber auch mit dem Erfolg der sozialen Marktwirtschaft. Durch sie verschob sich

---

414 *Potthoff/Miller*, Kleine Geschichte der SPD, S. 200.

415 Programm der SPD auf dem Parteitag in Dortmund 1952, zitiert nach *Konegen/Kracht*, Sozialismus und Sozialisierung, S. 171. Noch weitreichender gingen die Ausführung von *Deist* in seinem Referat zum Stuttgarter Parteitag 1958: „[...] *Dabei kann man auch nicht so tun, als wenn jedes private Großeigentum eine Herrschaftsmacht verleihe, die nur durch die Beseitigung des Privateigentums gebändigt werden könne. [...] Wir wollen das deutlich aussprechen, damit wir uns über die Konsequenzen klarwerden. Wenn wir alle Unternehmungen, die nicht im Wettbewerb untereinanderstehen, in Gemeineigentum überführen wollten, dann wären das 60, 70, vielleicht 80 % der deutschen Industrie. [...] Und ich möchte wissen, ob wir wirklich ganz korrekt, in dieser Welt von heute, wesentlich mehr Freiheit bekommen würden, wenn wir rund 70 % der industriellen Unternehmungen in Gemeineigentum überführen* (Beifall)“, zitiert nach *Konegen/Kracht*, Sozialismus und Sozialisierung, S. 176.

416 *Ott*, Die Wirtschaftskonzeption der SPD nach 1945, S. 240.

417 *Klönne*, Die deutsche Arbeiterbewegung, S. 348.

418 *Klönne*, Die deutsche Arbeiterbewegung, S. 348.

419 Programm der Sozialdemokratischen Partei Deutschland auf dem Parteitag in Bad Godesberg 1959, zitiert nach *Konegen/Kracht*, Sozialismus und Sozialisierung, S. 198: „*Das private Eigentum an Produktionsmitteln hat Anspruch auf Schutz und Förderung, soweit es nicht den Aufbau einer gerechten Sozialordnung hindert.*“

420 *Klönne*, Die deutsche Arbeiterbewegung, S. 349.

421 1963 stellte *Eichler*, einer der geistigen Väter des Godesberger Programms, fest:

die Mehrheit ab 1953 zugunsten der Union (CDU/CSU). Diese erreichte bei den Bundestagswahlen 1957 mit 50,2 % sogar die absolute Mehrheit.[422] Auch der Vergleich mit dem mangelhaften Wirtschaftssystem in der UdSSR zeigte, dass die SPD mit sozialistischen Forderungen keinen Erfolg haben konnte.[423]

In den 1970er Jahren wurde Art. 15 GG in der Verfassungsdiskussion wiederentdeckt. Die Jungsozialisten[424] versuchten, über Art. 15 GG die Vergesellschaftung von Banken oder Versicherern zu erreichen.[425] Auch wurde Art. 15 GG hinsichtlich der teilweisen Überführung von Grund und Boden in Betracht gezogen.[426] Allerdings scheiterten die Bemühungen trotz der SPD-geführten Regierungen (Kabinette *Brandt/Schmidt*) an fehlenden Mehrheiten im Bundestag.[427]

1990 plante man die Aufnahme eines Sozialisierungsartikels in eine gesamtdeutsche Verfassung. Danach sollten Boden und Wirtschaftsunternehmen zum Zwecke der Vergesellschaftung durch ein Gesetz, das Art und Ausmaß der Entschädigung regelte, in selbstständige Unternehmen der Gemeinwirtschaft überführt werden können, wobei auch hier die Entschädigungsregeln der Enteignung entsprechend gelten sollten.[428]

Die FDP-Bundestagsfraktion setzte sich 2006 für die Streichung des Art. 15 GG ein. Sie begründete den Antrag, dass zum Erhalt einer sich dy-

---

„Was die Sozialisierung als Mittel zur Befreiung der arbeitenden Menschen angeht, so ist sehr wohl zu verstehen, warum die Vergesellschaftung der Produktionsmittel immer so bedeutsam schien. Die unkontrollierte Macht der Produktionsmittelbesitzer ist in der Tat unvereinbar mit einer demokratischen Ordnung. Aber diese Macht ist Dank der Politik der Sozialisten nicht mehr unbeschränkt.“, zitiert nach *Konegen/Kracht*, Sozialismus und Sozialisierung, S. 19.

422 *Sontheimer/Röhring*, Handbuch des politischen Systems der Bundesrepublik Deutschland, S. 165.

423 *Rudzio*, Entwicklung der Sozialisierungs-Diskussion seit 1945, zitiert nach *Konegen/Kracht*, Sozialismus und Sozialisierung, S. 202.

424 *Gauland*, DÖV 1974, 622 (622).

425 *Henkel*, DVBl. 1975, 317 (317); *Gauland*, DÖV 1974, 622 (622); *Engels*, BKR 2009, 365 (367).

426 *Vogel*, NJW 1972, 1544 (1545).

427 Die Problematik steigender Grundstückspreise und künftiger Stadtentwicklung war bereits in den 1970er Jahren bekannt. Zur Lösung plädierte etwa *Vogel* für eine Aufteilung des Grundeigentums in einen Nutzungs- und einen Verfügungsanteil. Der Verfügungsanteil solle auf die Gemeinschaft übergehen. Der Nutzungsanteil solle einer möglichst großen Anzahl an Personen zur freien Verfügung stehen. Der Übergang könne auch durch ein Gesetz nach Art. 15 GG erfolgen, *Vogel*, NJW 1972, 1544 (1546 f.).

428 *Bryde*, in: v. Münch/Kunig, Kommentar zum Grundgesetz, Art. 15 Rn. 28.

namisch weiterentwickelnden sozialen Marktwirtschaft die Streichung des Art. 15 GG aus dem Grundgesetz alternativlos sei. Soziale Marktwirtschaft enthalte als wesentliches Kernelement die Freiheit, nicht die Vergesellschaftung.[429] Schon die Existenz des Art. 15 GG stelle eine potenzielle Bedrohung der Wirtschaftsordnung dar.[430] Den Gesetzesentwurf lehnten jedoch alle anderen Fraktionen auf Empfehlung des Ausschusses für Wirtschaft und Technologie gegen die Stimmen der FDP-Fraktion ab.[431]

Andererseits wurde auch 2009 der Gesetzesentwurf der Fraktion DIE LINKE abgelehnt, wonach Art. 15 GG um Banken, Versicherungsunternehmen sowie Einrichtungen der Daseinsvorsorge als überführungsfähige Objekte erweitert werden sollte.[432] Art. 15 GG wurde daher bis heute in seiner ursprünglichen Version nicht geändert.[433]

429 Antrag der FDP – Drucksache 16/3301, S. 4, zuletzt abgerufen am 19.11.2019 unter http://dipbt.bundestag.de/extrakt/ba/WP16/54/5405.html.

430 Antrag der FDP – Drucksache 16/3301, S. 3, zuletzt abgerufen am 19.11.2019 unter http://dipbt.bundestag.de/extrakt/ba/WP16/54/5405.html.

431 *Wieland,* in: Dreier, Kommentar zum Grundgesetz, Art. 15 Rn. 11.

432 *Wieland,* in: Dreier, Kommentar zum Grundgesetz, Art. 15 Rn. 11.

433 *Axer,* in: Epping/Hillgruber, Art. 15 Rn. 3.

Kapitel 2 – Art. 15 GG im Gefüge der Grundrechtsbestimmungen

Bevor in Kapitel 3 die einzelnen Tatbestandsmerkmale analysiert werden, soll hier zunächst eine allgemeine Betrachtung des Art. 15 GG im Verhältnis zu den Grundrechten erfolgen. Dabei wird geprüft, inwieweit Art. 15 GG die historische Sozialisierungsforderung in das Grundgesetz inkorporiert. Diese Einordnung und Abgrenzung ist wesentlich, da die hier gefundenen Ergebnisse später in die Interpretation der einzelnen Tatbestandsmerkmale einfließen. Insbesondere ergeben sich daraus Folgen für die derzeit geltende Eigentums- und Wirtschaftsordnung. Anschließend wird Art. 15 GG im Kontext einer Wirtschaftsverfassung eingeordnet. Im vorletzten Teil werden der Inhalt des Eigentums sowie dessen Schranken dargestellt. Danach wird Art. 15 GG von Art. 14 Abs. 3 GG abgegrenzt. Dies zeigt nochmals die eigenständige Bedeutung des Art. 15 GG im Kontext der Grundrechte insbesondere der Enteignung gegenüber, und bietet gleichzeitig weitere Anhaltspunkte für seinen Anwendungsbereich. Das Kapitel wird durch die Auswertung der Bundesverfassungsgerichtsrechtsprechung zu Art. 15 GG abgerundet.

A. Art. 15 GG als Sozialisierung

Im Folgenden wird dargestellt, inwieweit Art. 15 GG die politische Forderung nach Sozialisierung umsetzt. Hierzu sind zunächst die verschiedenen Blickwinkel zu betrachten, unter denen die Sozialisierung verstanden werden kann. Daher wird die Sozialisierung zunächst unter soziologischen und sodann unter politischen Aspekten beleuchtet. Anschließend wird der Begriff der Sozialisierung aus verfassungsrechtlicher Sicht diskutiert.

I. Sozialisierung im soziologischen Sinn

Sozialisierung kann zunächst unter einem soziologischen Blickwinkel betrachtet werden. Die Soziologie verwendet den Begriff zur Beschreibung von Aufnahmevorgängen einzelner und losgelöster Bereiche in den Kreis einer Gemeinschaft.[434] Sozialisierung führe zu einer Verdichtung der Beziehungsgeflechte innerhalb der Gesellschaft.[435] Dabei gehen sozialisierte Personen oder Gegenstände in die Gemeinschaft über, indem das Individuum und dessen Freiheit in eine vorgegebene Rahmenordnung eingebunden wird.[436] Hierdurch soll zugleich eine fester werdende Abhängigkeit des Einzelnen von der Gemeinschaft entstehen.[437] Ein ähnlicher Gedanke findet auch in § 2 Abs. 1 Strafvollzugsgesetz (StVollzG) Niederschlag. Danach ist die Hauptaufgabe des Strafvollzugs, den Täter zu resozialisieren, ihn also wieder auf ein Leben in der Gemeinschaft vorzubereiten.[438]

Für ein Gesetz nach Art. 15 GG ergibt sich daraus, dass die vergesellschafteten Gegenstände nicht mehr ausschließlich einem Individuum zugutekommen sollen. Die Gegenstände sollen stattdessen in den Kreis der Gemeinschaft überführt werden. Ihr Nutzen steht dann der Gemeinschaft zu, wodurch die Gemeinschaft an den Gegenständen partizipieren kann. Diese Einbindung der Gegenstände und zugleich des Betroffenen soll zu einem stärkeren Beziehungsgeflecht zwischen den Menschen innerhalb der Gesellschaft führen.

II. Sozialisierung im politischen Sinn

Im politischen Sinn wird Sozialisierung als Mittel zur Gesellschaftsumformung nach sozialistischem Vorbild verstanden.[439] Mit ihr sollen ursozialistische und marxistische Bestrebungen verwirklicht werden.[440] Nach *v. Stein* bedeutet Sozialisierung die „*Sozialentwährung*“ des Eigentums, gezielt auf Entprivatisierung des Vermögens.[441] Sie sei der *Vollzugsakt*, der den

434 *Klein*, Eigentumsbindung, S. 4.

435 *Konegen/Kracht*, Sozialismus und Sozialisierung, S. 12.

436 *Schell*, Art. 15 GG im Verfassungsgefüge, S. 44.

437 *Schell*, Art. 15 GG im Verfassungsgefüge, S. 43.

438 *Gerhold*, in: Graf, Kommentar zum Strafvollzugsrecht, § 2 StVollzG Rn. 1.

439 *Huck*, Die Sozialisierung nach Art. 15 GG, S. 3; *Heyers*, Gemeineigentum, S. 138; *Rittstieg*, in: Alternativer Kommentar zum Grundgesetz, Art. 15 Rn. 231.

440 *Schell*, Art. 15 GG im Verfassungsgefüge, S. 46; Zum Teil wird Sozialisierung im soziologischen Sinne auch gleichgesetzt mit „*Verwirklichung des Sozialismus*“, *Huck*, Die Sozialisierung nach Art. 15 GG, S. 3.

441 *Klein*, Eigentumsbindung, S. 5; *Schliesky*, in: Bonner Kommentar zum Grundgesetz, Art. 15 Rn. 36; *Wieland*, in: Dreier, Kommentar zum Grundgesetz, Art. 15 Rn. 1; *Berkemann*, in: Umbach/Clemens, Kommentar zum Grundgesetz, Art. 15 Rn. 2; *Thurn*, KJ 2020, 183 (186).

Kapitalismus durch ein System der Gemeinwirtschaft ersetzen wollte.[442] Ihr Ziel sei die Aufhebung der privaten Verfügungsmacht und deren Übertragung auf die öffentliche Hand oder gesellschaftliche Gruppen zum Zwecke der Überwindung privatkapitalistischer Erwerbsprinzipien.[443] Die Gemeinwirtschaft verschaffe so den besitzlosen Schichten kollektive Verfügungsmacht über das Wirtschaftseigentum.[444] Nach Möglichkeit sollen nicht nur einzelne Betriebe, sondern ganze Industriezweige überführt werden.[445] Sozialisierung ziele auf die Aufhebung des Gegensatzes zwischen dem Produktionsmittelbesitz und leitender Arbeit einerseits und der ausführenden Lohnarbeit andererseits.[446] Produktion umfasse dabei nicht den reinen Produktionsprozess, sondern die mit der Produktion verbundenen, gesellschaftlichen Beziehungen zwischen den Menschen, also die *„gesellschaftlichen Produktionsverhältnisse“*.[447]

Sozialisierung wurde jedoch weder als Grundlage noch als Wesen des Sozialismus verstanden.[448] Sie war stattdessen das *Mittel* zur Kapitalismusüberwindung.[449] Auch sollte die Sozialisierung nicht das Endziel sein; dieses verwirkliche sich erst im allgemeinen Gesellschaftswohl.[450] Zugleich sollten Sozialisierungsmaßnahmen nur dort eingesetzt werden, wo sie einen wirtschaftlichen Nutzen für die Gesamtgesellschaft brächten.[451]

Vor diesem Hintergrund sahen die Vertreter der SPD Art. 15 GG als Möglichkeit zur strukturellen Umwandlung der Wirtschaftsverfassung und zur evolutionären Um- und Weiterbildung der Eigentums- und Sozialverfassung.[452] Die Privatnützigkeit an den sozialisierten Objekten sollte zugunsten einer Wirtschaft aufgehoben werden, die auf Bedarfsdeckung

---

442 *Schliesky*, in: Bonner Kommentar zum Grundgesetz, Art. 15 Rn. 36.

443 *Korsch*, Was ist Sozialisierung, S. 14; *Depenheuer/Froese*, in: v. Mangoldt /Klein/ Starck, Kommentar zum Grundgesetz, Art. 15 Rn. 11.

444 *Huber*, Wirtschaftsverwaltungsrecht, S. 141.

445 *Kautsky*, Richtlinien für ein sozialistisches Aktionsprogramm, 1918, zitiert nach *Konegen/Kracht*, Sozialismus und Sozialisierung, S. 55 f.

446 *Heinemann*, Ziele und Gefahren der Sozialisierung, S. 4.

447 *Korsch*, Was ist Sozialisierung, S. 1.

448 *Vilmar*, in: Schwan, Demokratischer Sozialismus für Industriegesellschaften, S. 64.

449 *Berkemann*, in: Umbach/Clemens, Kommentar zum Grundgesetz, Art. 15 Rn. 2.

450 Die Verstaatlichung und Kommunalisierung seien die allgemeinen Formen der Vergesellschaftung. Sie sind aber nicht Selbstzweck: Sie sind nur Mittel zum Zweck. Der Zweck ist das höchstmögliche allgemeine Wohl, und die Hauptsache im Rahmen der Vergesellschaftung, *Bernstein*, Flugblatt von Anfang 1919, zitiert nach *Korsch*, Was ist Sozialisierung, S. 36.

451 *Heinemann*, Ziele und Gefahren der Sozialisierung, S. 8.

452 *Ahlers*, Sozialisierung von Grund und Boden, S. 98.

der gesamten Bevölkerung ausgerichtet ist. Auf diese Weise sollten die in Art. 15 GG genannten Objekte der Allgemeinheit zugutekommen.[453] Da die von der SPD präferierte Ausgestaltung der Eigentumsgarantie scheiterte, sollten ihre Vorstellungen zumindest teilweise durch Art. 15 GG verwirklicht werden können. Im Unterschied zu *Marx* durften Sozialisierungsmaßnahmen aber nicht durch Revolution erfolgen.[454] Sie sollten sich stattdessen aufgrund demokratischer Entscheidungsformen vollziehen und zur Umwandlung von Produktionseigentum durch widerruflichen, demokratischen Mehrheitsbeschluss führen.[455] Dieser Ansatz hat letztlich auch in Art. 15 GG seinen Niederschlag gefunden, da das Grundgesetz Sozialisierungsmaßnahmen ausschließlich dem Gesetzgeber überlässt.[456]

Teilweise wird jedoch in der Literatur vertreten, man dürfe Art. 15 GG nicht politisch interpretieren.[457] Der Parlamentarische Rat habe die politischen Vorstellungen des Sozialismus nicht rezipiert. Sie seien daher nicht zur Grundlage des Art. 15 GG geworden.[458] Dies ist jedoch nicht der Fall. Die politischen Motive der CDU/CSU, SPD und FDP waren zwar nicht unmittelbar Inhalt der Beratungen. Die Sozialisierung stellt jedoch eine der Kernforderungen sozialistischer und sozialdemokratischer Parteien bis 1959 dar.[459] Die SPD empfand die Sozialisierung über Generationen als ihre wichtigste Aufgabe und sah sie als Mittel zur Verwirklichung ihrer politischen Vorstellungen.[460] Art. 15 GG ohne politischen Bezug, insbesondere ohne Einbeziehung der historischen Sozialisierungsforderung zu interpretieren, erscheint daher nicht sachgerecht. Vor allem der Begriff Produktionsmittel muss zumindest auch unter Berücksichtigung des politischen Umfelds, in dem Art. 15 GG entstanden ist, betrachtet werden.[461]

453 *Bäumler*, GewArch 1980, 287 (288).
454 *Schell*, Art. 15 GG im Verfassungsgefüge, S. 47.
455 *Löw*, Warum fasziniert Kommunismus?, S. 32.
456 *Huber*, Wirtschaftsverwaltungsrecht, S. 154 f.
457 *Depenheuer/Froese*, in: v. Mangoldt /Klein/Starck, Kommentar zum Grundgesetz, Art. 15 Rn. 35.
458 *Huck*, Die Sozialisierung nach Art. 15 GG, S. 4; *Klein*, Eigentumsbindung, S. 6 f.; *Konegen/Kracht*, Sozialismus und Sozialisierung, S. 12.
459 *Durner*, in: Dürig/Herzog/Scholz, Kommentar zum Grundgesetz, Art. 15 Rn. 5; *Dietlein*, in: Stern, Staatsrecht der Bundesrepublik Deutschland, Band IV/1, S. 2301; *Badura*, Staatsrecht, C 87; *Vilmar*, in: Schwan, Demokratischer Sozialismus für Industriegesellschaften, S. 64.
460 *Kautsky*, Richtlinien für ein sozialistisches Aktionsprogramm, 1918, zitiert nach *Konegen/Kracht*, Sozialismus und Sozialisierung, S. 55.
461 *Krüger*, in: Bettermann/Nipperdey/Scheuner, Die Grundrechte, S. 270.

Dies gilt selbst dann, wenn mit der herrschenden Auffassung Art. 15 GG keine Handhabe zur vollständigen Umgestaltung der Eigentums- und Wirtschaftsordnung nach sozialistischem Vorbild bietet.[462]

III. Sozialisierung im verfassungsrechtlichen Sinn

Fraglich ist nun, wie sich Sozialisierung[463] in Art. 15 GG verwirklicht. Nach überwiegender Auffassung stellt Sozialisierung im verfassungsrechtlichen Sinn weder einen Rechtsbegriff[464] noch ein Programm dar,[465] sondern eine eigene Rechtsform.[466] *Krüger* behauptet, bei *„der Anweisung nach Art. 15 GG handele es sich um etwas, was noch zu erfinden"* sei.[467] Einigkeit besteht darin, dass unter Art. 15 GG sowohl die generelle Eigentumsaufhebung wie auch eine Verfügungsbeschränkungen des Eigentums im Dienste der Gesamtgesellschaft verstanden werden.[468] Art. 15 GG zielt auf Wirtschaftsumformung[469] und das Eigentum an Produktionsmitteln ab.[470] Er ist der verfassungsgestaltende Akt zur Verwirklichung einer politischen Forderung nach Umgestaltung der Eigentums-, Wirtschafts- und Sozialordnung.[471] Art. 15 GG bezeichnet so den Gegensatz zwischen Gemeinwirtschaft und individueller Gewinnmaximierung.[472] Er zielt auf die

---

462 *Dietlein*, in: Stern, Staatsrecht der Bundesrepublik Deutschland, Band IV/1, S. 2302.

463 Das Grundgesetz verwendet den Begriff *„Sozialisierung"* jedoch nur in der redaktionellen Überschrift zu Art. 15 GG. Stattdessen sei mit Rücksicht auf die Sowjetische Besatzungszone der neutrale Begriff *„Vergesellschaftung"* verwendet worden, *Ahlers*, Sozialisierung von Grund und Boden, S. 95.

464 Parlamentarischer Rat, Akten und Protokolle, Band 2, Herrenchiemsee, S. 257; *Brückner*, Sozialisierung in Deutschland, S. 1; *Frotscher*, JuS 1981, 890 (894).

465 Parlamentarischer Rat, Akten und Protokolle, Band 2, Herrenchiemsee, S. 531.

466 *Ridder*, in: VVDStRL 10 (1951), S. 145, *Ipsen*, in: VVDStRL 10 (1951), S. 172.

467 *Krüger*, in: Bettermann/Nipperdey/Scheuner, Die Grundrechte, S. 269.

468 *Depenheuer*, in: Isensee/Kirchhoff, Handbuch des Staatsrechts, § 111 Rn. 85; *Konegen/Kracht*, Sozialismus und Sozialisierung, S. 12; *Bäumler*, GewArch 1980, 287 (288); *Axer*, in: Epping/Hillgruber, Kommentar zum Grundgesetz, Art. 15 Rn. 10 f.; *Wieland*, in: Dreier, Kommentar zum Grundgesetz, Art. 15 Rn. 27; *Sieckmann*, in: Friauf/Höfling, Berliner Kommentar zum Grundgesetz, Art. 15 Rn. 16.

469 *Dietlein*, in: Stern, Staatsrecht der Bundesrepublik Deutschland, Band IV/1, S. 2301; *Detterbeck*, Öffentliches Recht, Rn. 536.

470 *Stober/Korte*, Öffentliches Wirtschaftsrecht, Allgemeiner Teil, Rn. 677.

471 *Huber*, Wirtschaftsverwaltungsrecht, S. 142; *Klein*, Eigentumsbindung, S. 5.

472 *Klein*, Eigentumsbindung, S. 5; *Huck*, Die Sozialisierung nach Art. 15 GG, S. 25; *Rittstieg*, in: Alternativer Kommentar zum Grundgesetz, Art. 15 Rn. 238; *Drohsel*, KJ 2020, 30 (34).

Änderung der Eigentumsverhältnisse; Wirtschaftslenkung ist damit indes nicht verbunden.[473] Art. 15 GG enthält stattdessen eine Möglichkeit zur Demokratisierung der Wirtschaft, in welcher auch die Arbeitnehmer an der Verfügungsmacht über die Produktionsmittel beteiligt sind.[474] Auf diese Weise unterscheidet sich Art. 15 GG von anderen Formen der Eigentumsentziehung.[475] Das rechtsstaatliche Verfahren und das Verbot der entschädigungslosen Einziehung verhindern zugleich, dass das überführte Eigentum von vorherein als unmoralisch und gemeinschaftsschädlich angesehen wird.[476]

Es lässt sich allerdings auch feststellen, dass die ursprüngliche Sozialisierungsforderung nur begrenzt in Art. 15 GG aufgenommen wurde. Denn erst, wenn der Gesetzgeber die weiteren Zulässigkeitskriterien erfüllt, insbesondere den Betroffenen eine gerechte Entschädigung gewährt, ist er zur Überführung der genannten Objekte berechtigt. Sozialisierung im historischen Sinn war grundsätzlich entschädigungsfeindlich.[477] Außerdem vollzieht sich Art. 15 GG nicht in einem Akt proletarischer Revolution, sondern durch ein formelles Gesetz. Ebenfalls wird das Eigentum an den zu überführenden Gegenständen von der Eigentumsgarantie umfasst, da es ansonsten des Art. 15 GG nicht bedurft hätte. Hinzu kommen die *„anderen Formen der Gemeinwirtschaft"* statt historisch gefordertem Kollektiveigentum. Somit besteht die Möglichkeit, Unternehmern das Eigentum an den Produktionsmitteln zu belassen.

IV. Zwischenergebnis

Art. 15 GG und Sozialisierung sind verwandt, aber nicht deckungsgleich. Das Grundgesetz knüpft zwar an die politische Forderung an, enthält aber zugleich Einschränkungen und bestimmt in Art. 15 GG eine eigenständige Norm, die nicht mit der historischen Sozialisierungsforderung übereinstimmt. Daher ist zwischen Art. 15 GG und der historischen Soziali-

473 *Bäumler*, GewArch 1980, 287 (288); *Huber*, Wirtschaftsverwaltungsrecht, S. 157.

474 *Röhmer*, KJ 2020, 16 (28).

475 *Huber*, Wirtschaftsverwaltungsrecht, S. 157.

476 *Benda*, Industrielle Herrschaft und sozialer Staat, S. 362.

477 *Diessner*, Die Sozialisierung der Banken, S. 113; *Schell*, Art. 15 GG im Verfassungsgefüge, S. 53; Andererseits wurde 1847 erwogen, Eigentümern von Unternehmen eine Entschädigung zu gewähren, wenn diese durch die Umgestaltung der Produktionsverhältnisse verdrängt würden, *Engels*, Die Grundsätze des Kommunismus, zitiert nach *Marx/Engels*, Manifest der Kommunistischen Partei, S. 115.

sierungsforderung zu unterscheiden. Zugleich können aber die Motive und Grundgedanken der Sozialisierung auf Art. 15 GG übertragen werden.

B. Art. 15 GG als Grundrecht im Verfassungskontext

Umstritten ist die dogmatische Einordnung des Art. 15 GG. Vor allem, ob dieser ein Grundrecht enthält. Art. 15 GG wurde systematisch in den ersten Teil des Grundgesetzes aufgenommen. Dieser Teil wird als „*Die Grundrechte*“ betitelt. Aus dieser systematischen Stellung wird teilweise abgeleitet, Art. 15 GG stelle ein Grundrecht dar.[478] Zwar sei er der einzige Artikel, welcher keine Freiheit des Bürgers postuliere, sondern diese einschränke. Art. 15 GG setze aber dennoch als Regelfall das Fortbestehen von Individualeigentum an Produktionsmitteln als Einrichtung der Privatrechts- und Wirtschaftsordnung voraus.[479] Auch verhindere Art. 15 GG verdeckte und schleichende Sozialisierung.[480] Sofern seine Voraussetzung nicht erfüllt seien, dürften die in Art. 15 GG genannten Objekte nicht in Gemeinwirtschaft überführt werden.[481] Art. 15 GG lasse schließlich nur eine Teilsozialisierung zu[482] und schütze zugleich vor weitergehender Totalsozialisierung.[483] Schließlich ergebe sich die Grundrechtseigenschaft auch aus der grundrechtlichen Gewährleistung einer freien Persönlichkeitsentfaltung und dem damit verbundenen Schutz des Einzelnen vor Abhängigkeit, Fremdbestimmtheit und Ausbeutung, die aus privater Verfügungsgewalt über Wirtschaftsgüter resultiere.[484]

478 *Ipsen,* in: VVDStRL 10 (1951), S. 108; *Becker,* in: Stern/Becker, Grundrechte-Kommentar, Art. 15 Rn. 9; *Dietlein,* in: Stern, Staatsrecht der Bundesrepublik Deutschland, Band IV/1, S. 2302; *Berkemann,* in: Umbach/Clemens, Kommentar zum Grundgesetz, Art. 15 Rn. 35; *Thurn,* KJ 2020, 183 (187).

479 *Depenheuer/Froese,* in: v. Mangoldt /Klein/Stark, Kommentar zum Grundgesetz, Art. 15 Rn. 8; *Leisner,* in: Isensee, Schriften zum Eigentum, S. 234.

480 *Leisner,* in: Isensee, Schriften zum Eigentum, S. 241.

481 *Gröpl,* in: Gröpl/Windthorst/von Coelln, Studienkommentar zum Grundgesetz, Art. 15 Rn. 3; *Leisner,* in: *Isensee,* Schriften zum Eigentum, S. 235 ff.; *Depenheuer/Froese,* in: v. Mangoldt /Klein/Stark, Kommentar zum Grundgesetz, Art. 15 Rn. 8.

482 *Depenheuer/Froese,* in: v. Mangoldt /Klein/Stark, Kommentar zum Grundgesetz, Art. 15 Rn. 8; *Krüger,* in: Bettermann/Nipperdey/Scheuner, Die Grundrechte, S. 302; *Huber,* Wirtschaftsverwaltungsrecht, S. 149.

483 *Leisner,* in: Isensee, Schriften zum Eigentum, S. 242; *Krüger,* in: Bettermann/Nipperdey/Scheuner, Die Grundrechte, S. 302.

484 *Sieckmann,* in: Friauf/Höfling, Berliner Kommentar zum Grundgesetz, Art. 15 Rn. 4.

Überwiegend wird jedoch vertreten, Art. 15 GG enthalte kein Grundrecht. Es handele sich um eine weitere Schranke des Art. 14 Abs. 1 S. 1 GG.[485] Denn Art. 14 GG und Art. 15 GG würden sich auf einen einheitlichen Schutzbereich beziehen.[486] Art. 15 GG biete daher nur eine rechtliche Grundlage für Grundrechtseingriffe und definiere zugleich Voraussetzungen für den Eingriff.[487] Der letztgenannten Auffassung ist dabei der Vorzug zu gewähren.

I. Grundrechte als Abwehrrechte gegenüber dem Staat

Für diese Auffassung spricht, dass Grundrechte Abwehrrechte gegenüber dem Staat darstellen.[488] Sie garantieren Freiheitsrechte, in welche der Staat nicht willkürlich eingreifen darf,[489] und orientieren sich an den klassischen, bürgerlich-liberalen Grundrechten.[490] Freiheitsrechte stellen etwa das Recht auf körperliche Unversehrtheit, die Meinungsfreiheit, die Unverletzlichkeit der Wohnung, Eigentumsfreiheit oder das grundsätzliche Verbot der Zwangsarbeit dar.[491] Sie werden ergänzt durch die Freiheit der Berufswahl und Berufsausübung, die freie Wahl und Ausübung der Religion sowie Freiheit vor staatlicher Einflussnahme bei der elterlichen Kindeserziehung. Die Grundrechte dienen dem Zweck, den Vorrang des Menschen und seiner Würde gegenüber der Allmacht des Staates zu betonen.[492] Sie

485 *Schliesky*, in: Bonner Kommentar zum Grundgesetz, Art. 15 Rn. 16; *Huck*, Die Sozialisierung nach Art. 15 GG, S. 81; *Durner*, in: Dürig/Herzog/Scholz, Kommentar zum Grundgesetz, Art. 15 Rn. 22; *Sieckmann*, in: Friauf/Höfling, Berliner Kommentar zum Grundgesetz, Art. 15 Rn. 3; *Huber*, Wirtschaftsverwaltungsrecht, S. 149; *Bryde*, in: v. Münch/Kunig, Kommentar zum Grundgesetz, Art. 15 Rn. 3; *Rittstieg*, in: Alternativer Kommentar zum Grundgesetz, Art. 15 Rn. 231; *Engels*, BKR 2009, 365 (367); *Hufen*, Staatsrecht II, § 38 Rn. 32; *Wolfers/Opper*, DVBl. 2019, 542 (547); *Becker*, in: Becker/Stern, Grundrechte-Kommentar, Art. 15 Rn. 14.

486 *Klöpfer*, Staatsrecht, Band II, Grundrechte, § 72 Rn. 9.

487 *Sieckmann*, in: Friauf/Höfling, Berliner Kommentar zum Grundgesetz, Art. 15 Rn. 3.

488 BVerfGE 7, 198 (206); *Starck*, in: v. Mangoldt /Klein/Starck, Kommentar zum Grundgesetz, Art. 1 Rn. 182; *Böckenförde*, NJW 1974, 1529 (1537).

489 BVerfGE 1, 97 (104); 7, 198 (205).

490 BVerfGE 50, 290 (337).

491 *Sachs*, Verfassungsrecht II, Grundrechte, S. 48 Rn. 8 f.

492 BVerfGE 7, 198 (205).

sind vom Staat, unabhängig ob Bund oder Land, zu respektieren. Der Wesensgehalt ihres Schutzgutes darf nicht angetastet werden.[493]

Im Gegensatz dazu garantiert Art. 15 GG kein unmittelbares Freiheitsrecht. Er ermöglicht lediglich den Eingriff in Grundrechte.[494] Eine unmittelbare Abwehrposition des Einzelnen folgt aus ihm nicht. Denn Art. 15 GG fehlt ein klar definierter Träger für einen individuellen Freiheitsbereich.[495] Zwar ergibt sich aus Art. 15 GG auch ein Schutz vor Eingriffen, die über die Norm hinausgehen. Die Begrenzung des Eingriffs sowie eine daraus folgende Sicherung zugunsten des Rechtsinhabers sind jedoch einer Eingriffsnorm immanent und begründen keine Abwehrposition.[496] Art. 15 GG bildet daher (gemessen an den klassischen Grundrechten) eine Grundrechtsschranke,[497] jedoch kein eigenständiges Grundrecht auf Nicht-Sozialisierung.[498]

II. Keine Grundrechtsfunktion aus systematischer Stellung

Eine Grundrechtseigenschaft des Art. 15 GG lässt sich auch nicht aus seiner systematischen Stellung herleiten. Die systematische Stellung des Art. 15 GG ergibt sich aus der strukturellen Nähe zu Art. 14 Abs. 1 S. 1 GG. Art. 15 GG konditioniert somit die Rechtsfolge der Eigentumsgarantie.[499] Die Eigenständigkeit des Art. 15 GG sollte nur unterstreichen, dass Art. 15 GG keinen Unterfall der Enteignung darstellt, sondern eine Möglichkeit zur strukturellen Änderung der Wirtschaftsverfassung.[500]

Darüber hinaus lässt sich aus der Überschrift „*Die Grundrechte*" nicht schließen, alle in diesem Abschnitt genannten Artikel enthielten ein Grundrecht oder dass die Grundrechte abschließend nur in diesem Abschnitt zu finden sind. Zum einen enthält das Grundgesetz auch an anderer Stelle Grundrechte, etwa die Justizgrundrechte in Art. 101 ff. GG. Zum an-

493 *Sachs*, Verfassungsrecht II, Grundrechte, S. 48 Rn. 14.

494 *Huck*, Die Sozialisierung nach Art. 15 GG, S. 82.

495 *Isensee*, DÖV 1978, 233 (235).

496 *Huber*, Wirtschaftsverwaltungsrecht, S. 149.

497 *Rittstieg*, in: Alternativer Kommentar zum Grundgesetz, Art. 15 Rn. 227.

498 *Huber*, Wirtschaftsverwaltungsrecht, S. 146; *Krüger*, in: Bettermann/Nipperdey/Scheuner, Die Grundrechte, S. 313.

499 *Rittstieg*, in: Alternativer Kommentar zum Grundgesetz, Art. 15 Rn. 231.

500 Parlamentarischer Rat, Akten und Protokolle, Band 5/1, Ausschuss für Grundsatzfragen, S. 213/214.

deren enthält nicht jede Bestimmung im ersten Teil des Grundgesetzes ein Grundrecht. So stellt beispielsweise Art. 18 GG kein Grundrecht auf Nicht-Verwirkung dar.[501] Aus der Titelbezeichnung können daher kein abschließender Charakter und keine Deklaration eines jeden Artikels als Grundrecht hergeleitet werden.[502]

III. Leistungs- und Teilhaberechte

Schließlich lässt sich die Grundrechtseigenschaft des Art. 15 GG auch nicht aus der Leistungs- und Teilhabefunktion der Grundrechte rechtfertigen.

Ursprünglich wurden die Grundrechte vom Bundesverfassungsgericht nur als Abwehrrechte verstanden. Zweck der Grundrechte sei der Schutz des Einzelnen gegenüber der Allmacht des Staates. Ansprüche des Einzelnen gegen den Staat oder eine umfassende Fürsorge durch den Staat sollten die Grundrechte nicht gewähren.[503] Das Bundesverfassungsgericht führte dazu aus:

> *„Im Wandel der Zeit ist der Gedanke der Fürsorge des im Staat repräsentierten Volkes für den Einzelnen immer stärker und diese Fürsorge vor allem durch die Folgen des Zweiten Weltkrieges zu einer elementaren staatlichen Notwendigkeit geworden. Dieser vergleichsweise neue Gedanke hat jedoch nur in beschränktem Maße Eingang in die Grundrechte gefunden.“*[504]

Mittlerweile erkennt das Bundesverfassungsgericht aber an, dass Grundrechte in bestimmten Fällen Leistungs- und Teilhaberechte vermitteln. Diese Leistungsfunktion der Grundrechte realisiert sich häufig im Bereich der sozialen Rechte.[505] Man könnte daher mit *Heinemann* argumentieren, der Allgemeinheit werde durch Art. 15 GG die Möglichkeit geschaffen, am gesamtwirtschaftlichen Erfolg teilzuhaben.[506]

Diesem Normenverständnis steht jedoch entgegen, dass die Ermächtigung des Art. 15 GG im Ermessen des Gesetzgebers steht. Nach herrschender Meinung normiert er für den Gesetzgeber gerade keinen Verfassungs-

501 *Isensee*, DÖV 1978, 233 (234).
502 *Krüger*, in: Bettermann/Nipperdey/Scheuner, Die Grundrechte, S. 313.
503 BVerfGE 1, 97 (104).
504 BVerfGE 1, 97 (104).
505 *Murswik*, in: Merten/Papier, Handbuch der Grundrechte, § 192 Rn. 23.
506 *Heinemann*, Ziele und Gefahren der Sozialisierung, S. 8.

auftrag.[507] Wenn der Parlamentarische Rat von einem Grundrecht zugunsten der Allgemeinheit ausgegangen wäre, so hätte er statt einer „*kann*"-Formel eine „*muss*"-Formel gewählt.

IV. Zwischenergebnis

Im Ergebnis stellt Art. 15 GG kein Grundrecht dar.[508] Das subjektive Abwehrrecht für den Einzelnen bildet Art. 14 Abs. 1 S. 1 GG.[509] Art. 15 GG wird daher vielfach als Fremdkörper im Grundrechtekatalog angesehen.[510] Denn Art. 15 GG schaffe im Unterschied zu den weiteren Grundrechten keine Abwehrposition des Bürgers,[511] sondern stelle nur eine Eingriffsnorm dar. Dieser Befund ist zutreffend. Er ist ausschließlich an den Gesetzgeber adressiert und in dessen Ermessen gestellt. Er ermächtigt den Gesetzgeber lediglich zum Eingriff in Grundrechte. Durch seine materiellen Anforderungen an den Grundrechtseingriff ist er als qualifizierte Grundrechtsschranke zu verstehen.[512] Den maßgeblichen Grundrechtsbezug stellt weiterhin Art. 14 Abs. 1 S. 1 GG her. Dieser sowie Art. 15 GG stehen in einem unumkehrbaren Regel-Ausnahme-Verhältnis.[513] Dennoch ist Art. 15 GG in Bezug auf seine systematische Stellung kein Fremdkörper. Er ist als Teil ei-

507 BVerfGE 12, 354 (363).

508 *Sieckmann,* in: Friauf/Höfling, Berliner Kommentar zum Grundgesetz, Art. 15 Rn. 4; *Schell,* Art. 15 GG im Verfassungsgefüge, S. 154.

509 *Schell,* Art. 15 GG im Verfassungsgefüge, S. 150; *Schliesky,* in: Bonner Kommentar zum Grundgesetz, Art. 15 Rn. 16; *Bryde,* in: v. Münch/Kunig, Kommentar zum Grundgesetz, Art. 15 Rn. 8.

510 Art. 15 GG als „*Fremdkörper*" im Gefüge der Grundrechte zu bezeichnen, ist unzutreffend. *Depenheuer* liest aus der Funktion des Art. 15 GG einen Kompromiss zwischen liberal/bürgerlichen Vorstellungen und sozialdemokratischen Vorstellungen heraus. Dieser Kompromiss zieht sich durch das Grundgesetz. Er versucht, sowohl den Vorstellungen der SPD als auch den Vorstellungen der liberalen/bürgerlichen Parteien gerecht zu werden. Nach dieser Sichtweise erscheint Art. 15 GG jedoch gerade *kein* Fremdkörper im Grundgesetz zu ein. Einen Fremdkörper kann er nur deswegen darstellen, da er kein Grundrecht enthält, *Huber,* Wirtschaftsverwaltungsrecht, S. 149.

511 *Schell,* Art. 15 GG im Verfassungsgefüge, S. 150.

512 *Hillgruber,* in: Isensee/Kirchhof, Handbuch des Staatsrechtes, § 201 Rn. 12; *Durner,* in: Dürig/Herzog/Scholz, Kommentar zum Grundgesetz, Art. 15 Rn. 79; *Sodan/Ferlemann,* LKV 2019, 193 (194).

513 *Depenheuer/Froese,* in: v. Mangoldt /Klein/Stark, Kommentar zum Grundgesetz, Art. 15 Rn. 8; *Becker,* in: Stern/Becker, Grundrechte-Kommentar, Art. 15 Rn. 14; *Wendt,* in: Sachs, Kommentar zum Grundgesetz, Art. 15 Rn. 20.

nes politischen Kompromisses zwischen bürgerlich/liberalen Parteien und der SPD zu verstehen,[514] welcher ein wechselseitiges Nachgeben erforderte.

C. Art. 15 GG im Gefüge einer Wirtschaftsverfassung

Art. 15 GG wird häufig als Beleg für die Offenheit des Grundgesetzes in Wirtschaftsfragen angeführt.[515] Um diese Offenheit nachvollziehen zu können, wird im Folgenden kurz auf Inhalt und Umfang der Wirtschaftsverfassung im Grundgesetz eingegangen. Auch diese Erwägungen lassen sich für die Inhaltsbestimmung des Art. 15 GG nutzbar machen.

I. Inhalt des Wirtschaftsverfassungsrechts

Wirtschaftsverfassungsrecht bildet denjenigen Bestand an Verfassungsnormen, in welchem die Grundlagen der Rechtsordnung speziell für den wirtschaftlichen Bereich verankert und konkretisiert werden.[516] Im wirtschaftswissenschaftlichen Sinne wird es auch vielfach synonym für „*Wirtschaftsordnung*“ oder „*Wirtschaftssystem*“ verwendet. Damit wird die Eigentums-, Vertrags- und Arbeitsordnung bezeichnet.[517]

Vom Wirtschaftsverfassungsrecht sind Bundes- und Landesverfassungsrecht umfasst.[518] Unter dem Grundgesetz können dazu die allgemeine Handlungsfreiheit,[519] der allgemeine Gleichbehandlungsgrundsatz, die Vereinigungs- und Koalitionsfreiheit, die Freizügigkeit, die Berufsfreiheit, die Eigentumsgarantie, die Möglichkeit zur Vergesellschaftung sowie die Ausdehnung des Grundrechtsschutzes auf juristische Personen genannt werden.[520] Auch das Sozialstaatsprinzip wird als Teil des Wirtschaftsverfas-

---

514 *Sieckmann,* in: Friauf/Höfling, Berliner Kommentar zum Grundgesetz, Art. 15 Rn. 4.

515 *Wieland,* Gutachten zur Frage der Verfassungsmäßigkeit einer Sozialisierung von Wohnungsunternehmen, zuletzt abgerufen am 07.08.2022 unter https://www.linksfraktion.berlin/gutachten/, S. 28 f.

516 *Hamann,* Deutsches Wirtschaftsverfassungsrecht, S. 13.

517 *Ballerstedt,* in: Bettermann/Nipperdey/Scheuner, Die Grundrechte, S. 3.

518 *Hamann,* Deutsches Wirtschaftsverfassungsrecht, S. 13.

519 *Epping,* Grundrechte, Rn. 628, woraus auch die Vertragsfreiheit abgeleitet wird; *Starck,* in: v. Mangoldt /Klein/Starck, Kommentar zum Grundgesetz, Art. 2 Rn. 145.

520 *Hamann,* Deutsches Wirtschaftsverfassungsrecht, S. 30.

sungsrechts angesehen.[521] Schließlich regelt das Grundgesetz die Kompetenzverteilung zwischen Bund und Ländern hinsichtlich des Rechts der Wirtschaft, der Ausgestaltung der Gemeinwirtschaft sowie der Küstenfischerei und der Förderung land- und forstwirtschaftlicher Erzeugnisse.[522]

Das Grundgesetz enthält allerdings im Gegensatz zur Verfassung der Deutschen Demokratischen Republik oder zur WRV keine ausdrückliche Wirtschaftsverfassung.[523] Es normiert auch keine konkreten Gestaltungsgrundsätze zum Wirtschaftsleben.[524] Dies ist jedoch kein Zufall. Die Entscheidung wurde bewusst getroffen, da SPD und CDU/CSU im Parlamentarischen Rat abweichende Wirtschaftsmodelle präferierten. Aufgrund der geringen Zeit konnten diese nicht vertieft diskutiert und überein gebracht werden. Man einigte sich daher, keine bestimmte Wirtschaftsverfassung aufzunehmen. Der Wahlsieger 1949 sollte durch die einfache Gesetzgebung die wirtschaftlichen Rahmenbedingungen festlegen.[525] Damit wollte man dem Gesetzgeber einen möglichst großen Spielraum in Wirtschaftsfragen eröffnen, um auf innen- und außenpolitische Situationen reagieren zu können.[526] Aus dem Verzicht auf eine vorgegebene Wirtschaftsordnung sowie Anerkennung eines möglichst weiten Spielraums des Gesetzgebers folgt auch, dass sich Art. 14 GG und Art. 15 GG gleichwertig gegenüberstehen.[527]

Schließlich steht der Verzicht auf ein bestimmtes Wirtschaftssystem im Einklang mit der demokratischen Ausformung eines Staates. Denn es erscheint widersprüchlich, hinsichtlich der politischen Leitlinien die Mehrheit entscheiden zu lassen, zugleich aber die demokratisch gewählte Regierung durch ein bestimmtes Wirtschaftssystem zu binden.[528] Nach *Krüger* widerspricht es sogar dem Demokratieprinzip, sich auf ein bestimmtes Wirtschaftssystem festzulegen.

---

521 *Hamann*, Deutsches Wirtschaftsverfassungsrecht, S. 14.

522 *Loung*, Wirtschaftsverfassungsrecht im Wandel, S. 17.

523 *Hamann*, Deutsches Wirtschaftsverfassungsrecht, S. 29; *Loung*, Wirtschaftsverfassungsrecht im Wandel, S. 17; Ziekow, Öffentliches Wirtschaftsrecht, S. 16.

524 BVerfGE 4, 7 (18); 7, 377 (400); 50, 290 (336 f.).

525 *Schockenhoff*, Wirtschaftsverfassung und Grundgesetz, S. 150 f. m.w.N.; *Huster*, Die Politik der SPD 1945–1950, S. 155, 163.

526 *Loung*, Wirtschaftsverfassungsrecht im Wandel, S. 18; *Krüger*, Staatsverfassung und Wirtschaftsverfassung, zitiert nach *Scheuner*, Die staatliche Einwirkung auf die Wirtschaft, S. 127.

527 *v. Brünneck*, Eigentumsgarantie, S. 87.

528 *Loung*, Wirtschaftsverfassungsrecht im Wandel, S. 18.

> *„Vielmehr muss Demokratie bereit sein, jeder politischen Auffassung, die sich die Mehrheit verschaffen kann, die Führung im Staat zu überlassen. Denn Demokratie kennt kein eindeutiges Kriterium für die Richtigkeit politischer Anschauungen. Verbietet es sich der Demokratie aber, sich auf ein bestimmtes politisches System festzulegen, verbietet es sich erst recht, ein bestimmtes Wirtschaftssystem festzulegen. Das Wesen der demokratischen Verfassungsentscheidung besteht darin, gerade keine materielle Entscheidung für ein bestimmtes Wertesystem zu sein".*[529]

Die Demokratie vermittelt stattdessen selbst das Wertesystem.[530] Die Verfassungsentscheidung erschöpft sich darin, Freiheiten zu gewährleisten, damit Bürger ihr Leben eigenverantwortlich und selbstbestimmt führen können,[531] nicht aber darin, den Bürger an ein bestimmtes Wirtschaftssystem zu binden. Schließlich wird eine Wirtschaftsordnung durch Rechtssätze auf unterschiedlichen Normenebenen beeinflusst, sodass ein knapper Verfassungstext nicht mehr als Programmatik bieten kann.[532]

II. Rechtsprechung des Bundesverfassungsgerichts zur Wirtschaftsordnung und zustimmende Literatur

Auch das Bundesverfassungsgericht vertritt die Ansicht, das Grundgesetz schreibe keine ausdrückliche Wirtschaftsordnung vor.[533] Der Parlamentarische Rat habe sich nicht ausdrücklich für ein bestimmtes Wirtschaftssystem entschieden[534] und damit im Bereich der Wirtschaftsverfassung für den Gesetzgeber einen Spielraum eröffnet.[535] Dies sei notwendig, um sowohl den sich verändernden geschichtlichen Begebenheiten Rechnung zu tragen, die besonders das wirtschaftliche Leben kennzeichnen, aber auch, um

---

529 *Krüger*, Staatsverfassung und Wirtschaftsverfassung, zitiert nach *Scheuner*, Die staatliche Einwirkung auf die Wirtschaft, S. 127.

530 *Rupp*, Grundgesetz und Wirtschaftsverfassung, S. 10.

531 *Krüger*, Staatsverfassung und Wirtschaftsverfassung, zitiert nach *Scheuner*, Die staatliche Einwirkung auf die Wirtschaft, S. 127.

532 *Di Fabio*, in: Dürig/Herzog/Scholz, Kommentar zum Grundgesetz, Art. 2 Rn. 76.

533 BVerfGE 4, 7 (18); 7, 377 (400); 50, 290 (336 f.).

534 *Krüger*, in: Bettermann/Nipperdey/Scheuner, Die Grundrechte, S. 283; *Dietlein*, in: Stern, Staatsrecht der Bundesrepublik Deutschland, Band IV/1, S. 2303; *Schliesky*, in: Bonner Kommentar zum Grundgesetz, Art. 15 Rn. 2.

535 *Püttner*, Gemeinwirtschaft, S. 7; *Detterbeck*, Öffentliches Recht, Rn. 536.

die Kraft der Verfassung nicht zu verlieren.[536] Das Grundgesetz garantiere daher weder die wirtschaftspolitische Neutralität der Regierungs- und Gesetzgebungsgewalt, noch eine reine Marktwirtschaft. Auch die Soziale Marktwirtschaft werde nicht vom Grundgesetz vorgeschrieben, wenngleich sie am ehesten die Parameter des Grundgesetzes erfülle.[537] Das Grundgesetz sei stattdessen wirtschaftspolitisch in dem Sinne neutral, dass der Gesetzgeber jede ihm vernünftig erscheinende Wirtschaftspolitik verfolgen dürfe, solange er dabei das Grundgesetz, insbesondere die Grundrechte, beachte.[538] Der Gesetzgeber bedürfe dazu nicht mehr als seiner allgemeinen demokratischen Legitimation.[539] Denn diese Gestaltungsfreiheit gehöre ebenso wie die Gewährleistung von Grundrechten zu den konstituierenden Elementen einer demokratischen Verfassung.[540]

Daher sei die gegenwärtige Wirtschafts- und Sozialordnung eine nach dem Grundgesetz mögliche, keineswegs aber die einzig mögliche.[541] Sie beruhe auf einer vom gesetzgeberischen Willen getragenen wirtschafts- und sozialpolitischen Entscheidung, die ein anderer Gesetzgeber abändern oder durchbrechen könne.[542] Verfassungsrechtlich sei es daher ohne Bedeutung, ob ein Gesetz im Einklang mit der bisherigen Wirtschafts- und Sozialordnung stehe und ob das das Gesetz *„marktkonform"* sei.[543] Solange sich das Gesetz in den durch die Grundrechte und die Verfassungsprinzipien gesetzten Grenzen bewege, sei es nicht verfassungswidrig.[544] Daneben habe der Gesetzgeber bei der konkreten Ausgestaltung der Wirtschaftsordnung einen erheblichen Ermessensspielraum.[545] In ihrer freiheitlichen Ausgestaltung definierten allerdings die Grundrechte die freiheitlich autonomen Handlungssysteme der Gesellschaft bzw. der Wirtschaft und begründen funktionelle Gewährleistungen für privatwirtschaftliche Vorgänge.[546]

---

536 BVerfGE 50, 290 (338).
537 *Klöpfer*, NJW 2019, 1656 (1661).
538 BVerfGE 4, 7 (18); 7, 377 (400); 50, 290 (338).
539 BVerfGE 50, 290 (337).
540 BVerfGE 50, 290 (337).
541 BVerfGE 4, 7 (17 ff.).
542 BVerfGE 4, 7 (18).
543 BVerfGE 4, 7 (18).
544 St. Rspr., BVerfGE 50, 290 (338); *Köhler*, in: Köhler/Bornkamm/Feddersen, Kommentar zum UWG, Einl. Rn. 1.43 f.
545 BVerfGE 103, 293 (307); *Becker*, in: Stern/Becker, Grundrechte-Kommentar, Art. 15 Rn. 11; *Ziekow*, Öffentliches Wirtschaftsrecht, S. 16; *Püttner*, Gemeinwirtschaft, S. 6; *Huck*, Die Sozialisierung nach Art. 15 GG, S. 7.
546 *Scholz*, in: Dürig/Herzog/Scholz, Kommentar zum Grundgesetz, Art. 12 Rn. 85.

Das Grundgesetz sei aber zugleich keine wertneutrale Ordnung.[547] Die freiheitlich demokratische Verfassung beziehe sich nicht auf ein bestimmtes Wertesystem, sondern verstehe sich als Rechtsgesetz, aus dem Werte selbst geschlossen werden könnten.[548] Die Verfassung müsse dabei als Einheit verstanden werden,[549] die unter jeder Bedingung aufblüht und deshalb gegenüber der Volkswirtschaft neutral ist.[550] Auch die einzelnen Grundrechte seien nicht als isolierte Individualpositionen zu verstehen, sondern müssen in dieser Einheit der Verfassung gesehen werden, wobei es keine ranghöheren oder rangniederen Normen gäbe.[551] So stelle Art. 14 Abs. 1 S. 1 GG neben der grundrechtlichen Schlüsselgewährleistung auch eine der zentralen wirtschaftsverfassungsrechtlichen Aussagen des Grundgesetzes dar.[552] Eigentum sei in einer verkehrswirtschaftlichen, konsumorientierten Gesellschaft von zentraler Bedeutung. Vermögensausstattung sei Grundvoraussetzung zur Ausübung viele Grundrechte. Art. 14 Abs. 1 S. 1 GG habe daher über seinen Schutzbereich hinaus eine grundlegende Bedeutung für die effektive Wahrnehmung anderer Grundrechte.[553]

Im Grundrechtsabschnitt sei damit eine objektive Werteordnung festgelegt, die auch Art. 15 GG mit einschließe.[554] Dabei stehen sowohl die Freiheitsrechte des Einzelnen neben der Gemeingebundenheit des Einzelnen in einen demokratischen und sozialen Bundesstaat.[555] Diese Werteordnung definiere das gesellschaftliche Zusammenleben im Geltungsbereich des Grundgesetzes.[556] Durch die Werteordnung komme allerdings zugleich eine prinzipielle Geltungsverstärkung der Grundrechte zum Ausdruck.[557] Sie stelle die freie Entfaltung der menschlichen Persönlichkeit und seine Würde im Rahmen der Gesamtgemeinschaft in den Vordergrund. Dieser

547 BVerfGE 2, 1 (12), 5, 85 (134 ff.), 7, 199 (205).

548 *Rupp*, Grundgesetz und Wirtschaftsverfassung, S. 10; *Köhler*, in: Köhler/Bornkamm/Feddersen, Kommentar zum UWG, Einl. Rn. 1.44.

549 BVerfGE 1, 14 (32 f.); 142, 25 (66).

550 *Rupp*, Grundgesetz und Wirtschaftsverfassung, S. 6.

551 BVerfGE 1, 14 (32 f.); 142, 25 (66).

552 *Klöpfer*, Staatsrecht, Band II, Grundrechte, § 72 Rn. 2.

553 *Klöpfer*, Staatsrecht, Band II, Grundrechte, § 72 Rn. 1.

554 *Berkemann*, in: Umbach/Clemens, Kommentar zum Grundgesetz, Art. 15 Rn. 38; anders *Schell*, Art. 15 GG im Verfassungsgefüge, S. 154, wonach sich die objektive Werteordnung nur aus den Grundrechten in ihrer Funktion als Abwehrrechte ergibt.

555 *Köhler*, in: Köhler/Bornkamm/Feddersen, Kommentar zum UWG, Einl. Rn. 1.44.

556 *Geminn*, VerwArch 2020, 552 (552).

557 BVerfGE 7, 199 (205).

Ausdruck müsse als verfassungsrechtliche Grundentscheidung für alle Bereiche des Rechts gelten und sich widerspiegeln,[558] einschließlich bei wirtschaftsordnenden Gesetzen.[559] Daher dürfe der gesetzgeberische Ermessensspielraum

> *„nicht zu einer Verkürzung dessen führen, was die Verfassung in allem Wandel unverändert gewährleisten will, namentlich nicht zu einer Verkürzung der in den Einzelgrundrechten garantierten individuellen Freiheiten, ohne die nach der Konzeption des Grundgesetzes ein Leben in menschlicher Würde nicht möglich ist. Die Aufgabe besteht infolgedessen darin, die grundsätzliche Freiheit wirtschafts- und sozialpolitischer Gestaltung, die dem Gesetzgeber gewahrt bleiben muß, mit dem Freiheitsschutz zu vereinen, auf den der einzelne Bürger gerade auch dem Gesetzgeber gegenüber einen verfassungsrechtlichen Anspruch hat."*[560]

Für die Frage der Verfassungsmäßigkeit wirtschaftsordnender Gesetze sind diese Aussagen von wesentlicher Bedeutung. Sie belegen, dass die Werteordnung des Grundgesetzes primär auf Selbstbetätigung und Eigeninitiative des Bürgers ausgelegt ist,[561] was der Gesetzgeber bei jeder Wirtschaftsordnung zu respektieren hat. Dies ergibt sich insbesondere aus dem umfassenden Schutz der Berufs-, Unternehmens-, Wirtschafts- und Eigentumsfreiheit. Besonders Art. 12 GG und Art. 14 GG begünstigen wettbewerbsrechtliche Wirtschaftsstrukturen.[562]

III. Zwischenergebnis

Das Grundgesetz ist tendenziell auf den grundsätzlich freien Wettbewerb der als Anbieter und Nachfrager auf dem Markt agierenden Unternehmen und Personen ausgerichtet.[563] Die Grundrechtseingriffe sind als Ausnahme zur Freiheit angelegt. Das freiheitliche Grundrecht stellt den Regelfall dar.[564] Inhalt und Reichweite der Grundrechte sind damit auch für ein

---

558 BVerfGE 7, 199 (205); *Volkmann*, JZ 2018, 265 (269).
559 BVerfGE 50, 290 (337).
560 BVerfGE 7, 377 (400); 50, 290 (338).
561 *Ziekow*, Öffentliches Wirtschaftsrecht, S. 17.
562 *Scholz*, in: Dürig/Herzog/Scholz, Kommentar zum Grundgesetz, Art. 12 Rn. 88.
563 BVerfGE 32, 311 (317); BVerfG, Kammerbeschluss vom 13.07.1992 - 1 BvR 38/92 -, juris, Rn. 19.
564 *Leistner*, in: Gloy/Loschelder/Danckwerts, Wettbewerbsrecht, § 5 Rn. 7.

Gesetz nach Art. 15 GG von besonderer Relevanz, da die Grundrechte nie vollständig aufgehoben und verdrängt werden dürfen. Jede Wirtschaftsordnung hat sie zu achten[565] und ist durch sie begrenzt. Auch ein Gesetz nach Art. 15 GG findet seine Schranken in den Grundrechten. Die Wirtschaftsordnung ist daher keinesfalls absolut beliebig gestaltbar.[566] Besonders wegen der grundsätzlich freiheitlichen Ausgestaltung auch im Bereich einer Wirtschaftsordnung steht Art. 15 GG mit der Eigentumsgarantie auf einer Stufe, jedoch nicht darüber.[567] Art. 15 GG trifft insbesondere keine objektive Werteentscheidung zugunsten der Gemeinwirtschaft,[568] sondern setzt diese voraus. Gleichzeitig aber stellt Art. 15 GG auch keine Notfallregelung dar, von welcher nur in Krisenzeiten oder als politisches Ventil Gebrauch gemacht werden darf. Eine solche Notnagelfunktion findet keine Stütze in der Verfassung.[569]

D. Art. 15 GG im Verhältnis zu Art. 14 GG

Wie dargelegt, steht Art. 15 GG in unmittelbarer Nähe zum Eigentum. Er stellt neben der Enteignung und den Inhalts- und Schrankenbestimmungen eine klassische Eigentumsbeschränkung dar.[570] Inhalt und Schranken des Eigentums werden indes durch die einfachen Gesetze bestimmt, Art. 14 Abs. 1 S. 2 GG. Aufgrund des vorstehend genannten Zusammenhangs werden im Folgenden das grundrechtlich garantierte Eigentum sowie seine Inhalts- und Schrankenbestimmung, die Sozialpflichtigkeit des Eigentums und die Enteignung dargestellt und von Art. 15 GG abgegrenzt.

565 BVerfGE 4, 7 (18).

566 *Rupp*, Grundgesetz und Wirtschaftsverfassung, S. 7.

567 *Huber*, Wirtschaftsverwaltungsrecht, S. 150; *Krüger*, in: Bettermann/Nipperdey/Scheuner, Die Grundrechte, S. 302; *Raiser*, in: VVDStRL 10 (1951), S. 158.

568 *Becker*, in: Stern/Becker, Grundrechte-Kommentar, Art. 15 Rn. 13; *Dietlein*, in: Stern, Staatsrecht der Bundesrepublik Deutschland, Band IV/1, S. 2302.

569 *Rittstieg*, in: Alternativer Kommentar zum Grundgesetz, Art. 15 Rn. 231.

570 BVerfGE 22, 387 (422); *Burgi*, NVwZ 2020, 257 (262).

I. Das grundrechtlich geschützte Eigentum, Art. 14 Abs. 1 S. 1 GG

Das heutige Eigentumsverständnis[571] wurde mit Einschränkungen maßgeblich durch liberale Strömungen des 19. Jahrhunderts geprägt. Es verdankt seine Herkunft der Philosophie der Aufklärung und der rechtsstaatlichen Verfassung.[572]

1. Schutzgut

Die Eigentumsgarantie schützt das Eigentum als die rechtliche Zuordnung eines vermögenswerten Gutes zu einem Rechtsträger.[573] Es gewährt ein subjektives Recht über Vermögensgegenstände[574] und stellt zugleich ein klassisches Abwehrrecht vor staatlichen Eingriffen dar.[575] Eigentum ist dabei von besonderer Bedeutung für den sozialen Rechtsstaat.[576] Nach dem Bundesverfassungsgericht kommt ihm im Gesamtgefüge der Grundrechte die Aufgabe zu,

> *„dem Grundrechtsträger einen Freiheitsraum im vermögensrechtlichen Bereich zu sichern und ihm die eigenverantwortliche Gestaltung seines Lebens zu ermöglichen“.*[577]

Dies gilt insbesondere für die bauliche Nutzung an Grundstücken.[578] Der Gesetzgeber hat damit grundsätzlich eine solche Eigentumsordnung zu schaffen, die dem Grundrechtsträger einen bestmöglichen wirtschaftlichen Freiraum ermöglicht.[579]

---

571 Das Wort „*Eigentum*“ leitet sich vom Germanischen „*aigenaz*“ ab, welches im heutigen Sprachgebrauch mit „*besitzen*“ gleichgesetzt werden kann, *Heyers*, Gemeineigentum, S. 75.

572 *Frotscher*, JuS 1981, 890 (892); *Axer,* in: Epping/Hillgruber, Kommentar zum Grundgesetz, Art. 14 Rn. 4.

573 *Axer,* in: Epping/Hillgruber, Kommentar zum Grundgesetz, Art. 14 Rn. 42.

574 *Klöpfer*, Staatsrecht, Band II, Grundrechte, § 72 Rn. 4.

575 *Klöpfer*, Staatsrecht, Band II, Grundrechte, § 72 Rn. 7.

576 BVerfGE 14, 263 (277); 102, 1 (15); 149, 86 (112); BVerfG, Nichtannahmebeschluss vom 18.07.2019 – 1 BvR 1/18 -, juris, Rn. 70.

577 BVerfGE 24, 367 (400); 50, 290 (339); 115, 97 (110); 143, 246 (324); *Klöpfer*, Staatsrecht, Band II, Grundrechte, § 72 Rn. 5; *Depenheuer/Froese,* in: v. Mangoldt /Klein/ Stark, Kommentar zum Grundgesetz, Art. 14 Rn. 453; a. A. *Rittstieg,* in: Alternativer Kommentar zum Grundgesetz, Art. 14/15 Rn. 220.

578 BVerfG, Beschluss vom 29.04.2022 – 1 BvL 2/17 -, juris, Rn. 20.

579 *Riedel*, Eigentum S. 45.

Eigentum ist nach dem Bundesverfassungsgericht durch Privatnützigkeit und grundsätzliche Verfügungsbefugnis des Eigentümers gekennzeichnet.[580] Es soll als Grundlage privater Initiative und in eigenverantwortlichem, privatem Interesse von Nutzen sein.[581] Daher wird durch Art. 14 Abs. 1 S. 1 GG das Recht gewährleistet, vermögenswerte Rechte innezuhaben, sie zu nutzen, zu verwalten und zu halten sowie über sie zu verfügen.[582] Gleichzeitig gewährt es auch das Recht, andere von der Nutzung des Gegenstandes auszuschließen und diesen Ausschluss durchzusetzen.[583] Eigentum genießt vor allem dann einen besonders ausgeprägten Schutz, wenn es um die Sicherung der persönlichen Freiheit des Einzelnen geht.[584]

Art. 14 Abs. 1 S. 1 GG gewährleistet das Privateigentum nicht nur als konkreten Bestand von Vermögensgütern in Händen des Eigentümers, sondern auch als Rechtsinstitut.[585] Teilweise kann das Grundrecht auf Eigentum auch staatliche Schutzpflichten zugunsten des Eigentümers begründen.[586]

Wo seine Bestandsgarantie aufgrund übergeordneter Belange nicht gewährleistet werden kann, kommt Art. 14 Abs. 1 S. 1 GG zumindest eine Eigentumswertgarantie zu.[587] Dies gilt sowohl bei der Enteignung als auch bei Art. 15 GG. Die Bestandsgarantie resultiert unmittelbar aus Art. 14 Abs. 1 S. 1 GG und ist unabhängig von den materiellen Voraussetzungen des Eingriffs. Als Ausfluss der Eigentumswertgarantie darf der Entzug des Eigentums nie ohne entsprechende Kompensation erfolgen. Das Eigentum bezeichnet hingegen keinen Gegenstand, sondern nur ein subjektives Recht an einem Gegenstand. Damit drückt es die Rechtsstellung einer Person zu einer anderen Person im Verhältnis eines Gegenstandes aus.[588]

---

580 BVerfGE 21, 73 (83); 31, 229 (240); 143, 246 (324); BVerfG, Beschluss vom 27.09.2022 – 1 BvR 2661/21 -, juris, Rn. 16.

581 BVerfG, Nichtannahmebeschluss vom 18.07.2019 – 1 BvR 1/18 -, juris, Rn. 70; BVerfG, Beschluss vom 27.09.2022 – 1 BvR 2661/21 -, juris, Rn. 16.

582 BVerfGE 97, 350 (370); 115, 97 (111).

583 *Riedel*, Eigentum, S. 46.

584 BVerfGE 102, 1 (15).

585 BVerfGE 24, 371 (389).

586 BVerfGE 114, 1 (56); 157, 30 (124); BVerfG, Beschluss vom 23.03.2022 – 1 BvR 1187/17 -, juris, Rn. 105.

587 BVerfGE 24, 367 (397); 58, 300 (323); 143, 246 (324).

588 *Riedel*, Eigentum, S. 17.

2. Inhalt

Der Inhalt des verfassungsrechtlichen Eigentumsbegriffs muss unmittelbar aus der Verfassung gewonnen werden.[589] Er wird nicht durch die einfachen Gesetze konstituiert.[590] Denn die Verfassung kann wegen der bestehenden Normenhierarchie nicht durch einfachgesetzliche Vorgaben definiert werden.[591] Ansonsten liefe Art. 14 Abs. 1 S. 1 GG leer und enthielte nur einen Verweis auf den jeweiligen Gesetzgeber; dieser gestaltet das Eigentum indes lediglich aus, er konstituiert es nicht.[592] Art. 14 Abs. 1 S. 1 GG fixiert damit gewisse verfassungsrechtliche Elemente, die nicht zur Disposition des Gesetzgebers stehen.[593] Allerdings können Inhalt und Funktion des Eigentums an gesellschaftliche und wirtschaftliche Verhältnisse angepasst werden.[594] Was folglich dem Schutz des Art. 14 Abs. 1 S. 1 GG unterfällt, lässt sich nur durch Zweck und Funktion der Eigentumsgarantie unter Berücksichtigung ihrer Bedeutung im Gesamtgefüge der Verfassung ermitteln.[595] Es umfasst nach dem Bundesverfassungsgericht alle

> *„vermögenswerten Rechte, die dem Berechtigten von der Rechtsordnung in der Weise zugeordnet sind, daß er die damit verbundenen Befugnisse nach eigenverantwortlicher Entscheidung zu seinem privaten Nutzen ausüben darf".*[596]

Art. 14 Abs. 1 S. 1 GG schützt damit nicht nur das Eigentum in seinem tatsächlichen Bestand, sondern auch seine Nutzungsmöglichkeit.[597] Der Schutz reicht umso weiter, je mehr das Eigentum aus einer persönlichen Eigenleistung resultiert.[598] Die Eigentumsgarantie erfasst jedoch nur solche

---

589 BVerfGE 58, 300 (335).

590 BVerfGE 58, 300 (330).

591 *Klöpfer*, Staatsrecht, Band II, Grundrechte, § 72 Rn. 16.

592 *Leisner*, NJW 1975, 233 (234); a. A. *Dietlein*, in: Stern, Staatsrecht der Bundesrepublik Deutschland, Band IV/1, S. 2238; danach manifestiere sich die Gesetzesabhängigkeit des Eigentums in den Inhalts- und Schrankenbestimmungen. Das Eigentum wird nicht unmittelbar durch die Verfassung konstruiert, sondern durch einen verfassungsrechtlich begrenzten Definitionsakt des einfachen Gesetzgebers.

593 *Leisner*, NJW 1975, 233 (234).

594 BVerfGE 31, 229 (240).

595 BVerfGE 31, 229 (239); 36, 281 (290).

596 St. Rspr., BVerfGE 83, 201 (209).

597 BVerfGE 143, 246 (372).

598 BVerfGE 143, 246 (372).

Rechtspositionen, die dem Rechtssubjekt bereits zustehen;[599] nicht umfasst sind in der Zukunft liegende Möglichkeiten oder Erwerbsaussichten.[600] Wenngleich etwa in Unternehmen Umsatz- und Gewinnchancen von erheblicher Bedeutung sind, unterfallen diese nicht dem verfassungsrechtlichen Eigentum.[601]

Das Grundgesetz knüpft an eine im BGB zumindest zivilrechtlich definierte und vorgegebene Eigentumsordnung an. Art. 14 Abs. 1 S. 1 GG schützt daher zunächst das bürgerliche Eigentum an beweglichen[602] und unbeweglichen Sachen.[603] Insbesondere das Grundeigentum unterliegt als klassischer Schutzgegenstand der Eigentumsgarantie,[604] in welchem sich zugleich auch die gesetzgeberischen Gestaltungsbefugnisse und die sozialen Aspekte realisieren.[605] Dingliche Rechte wie Hypotheken, Grundschulden, Pfandrechte,[606] Vorkaufsrechte[607], Erbbaurechte[608] und sonstige absolute Rechte werden ebenso vom verfassungsrechtlichen Eigentum geschützt wie auch Forderungen aus Verträgen.[609] Ferner schützt Art. 14 Abs. 1 S. 1 GG den Bestand des konkreten, gewachsenen Wohneigentums in sozialer Hinsicht, soweit dieses an örtlich verfestigte Eigentumspositionen anknüpft.[610] Auch das Besitzrecht des Mieters ist von Art. 14 Abs. 1 S. 1 GG geschützt.[611] Schließlich schützt Art. 14 Abs. 1 S. 1 GG das Anteilseigentum und Eigentum der Unternehmensträger.[612]

Der grundgesetzliche Eigentumsbegriff geht jedoch über den privatrechtlichen Eigentumsbegriff hinaus.[613] Gleichrangig mit der privaten Eigentumsordnung[614] folgt der Eigentumsinhalt auch aus verschiedenen Fachge-

---

599 BVerfGE 30, 292 (334 ff.); 68, 193 (222); BVerfG, Nichtannahmebeschluss vom 28.07.2004 – 1 BvR 2566/95 -, juris, Rn. 40.
600 BVerfGE 100, 226 (241); 102, 1 (15); 105, 252 (277); 134, 242 (291).
601 BVerfG, Dreierausschussbeschluss vom 18.12.1985 – 1 BvR 143/83 -, juris; BVerfGE 68, 193 (222); 105, 272 (278).
602 *Wieland,* in: Dreier, Kommentar zum Grundgesetz, Art. 14 Rn. 55.
603 *Wieland,* in: Dreier, Kommentar zum Grundgesetz, Art. 14 Rn. 49.
604 *Shirvani,* DVBl. 2020, 172 (173).
605 *Becker,* in: Stern/Becker, Grundrechte-Kommentar, Art. 14 Rn. 55.
606 *Detterbeck,* Öffentliches Recht, Rn. 496.
607 BVerfGE 83, 201 (208), in jedem Fall dann, wenn der Vorkaufsfall eingetreten ist.
608 BVerfGE 79, 174 (191).
609 BVerfGE 45, 142 (179).
610 BVerfGE 134, 242 (331).
611 BVerfGE 89, 1 (1 ff.).
612 BVerfGE 14, 263 (277 f.); 50, 290 (341); 132, 99 (119).
613 *Klöpfer,* Staatsrecht, Band II, Grundrechte, § 72 Rn. 20.
614 *Nüßgens/Boujong,* Eigentum, Sozialbindung, Enteignung, Rn. 127.

setzen.[615] Art. 14 Abs. 1 S. 1 GG bezieht sich nicht auf eine bestimmte Form des Eigentums, sondern dem Wortlaut nach auf das gesamte Eigentum. Nicht nur die Rechtsbeziehung einer Person zu einer Sache wird erfasst, sondern auch die Rechte, die der Sache selbst anhaften. Hierzu zählen nachbarrechtliche Abwehrrechte, der Anliegergebrauch,[616] der eingerichtete und ausgeübte Gewerbebetrieb[617] oder die Baufreiheit.[618] Letztere wird durch Art. 14 Abs. 1 S. 1 GG jedoch nur insoweit geschützt, wie diese durch Fachgesetze begrenzt ist.[619] Auch die in Art. 15 GG genannten Gegenstände fallen unter den Eigentumsschutz des Art. 14 Abs. 1 S. 1 GG.[620]

Bloße Vermögenswerte des Anteilseigentums und der Bestand einzelner wertbildender Faktoren, insbesondere solcher, die die tatsächliche Verkehrsfähigkeit einer Aktie steigern, werden von Art. 14 Abs. 1 S. 1 GG nicht geschützt. Daher umfasst der Eigentumsschutz grundsätzlich nicht den wertbildenden Effekt marktregulierender und unternehmensbezogener Vorschriften des Aktien- und des Börsenrechts.[621]

3. Anwendbarkeit auf juristische Personen

Neben natürlichen Personen können sich gem. Art. 19 Abs. 3 GG auch juristische Personen des Privatrechts auf Grundrechte berufen, soweit diese dem Wesen nach auf sie anwendbar sind. Dies trifft insbesondere für die Eigentumsgarantie zu.[622] Denn auch das Firmeneigentum an Produktionsmitteln fällt in den Schutzbereich des Art. 14 Abs. 1 S. 1 GG,[623] da sich der Eigentumsschutz nicht nur auf das persönliche, sondern auf jedes Eigentum erstreckt.[624] Die durch ein Gesetz nach Art. 15 GG betroffenen Unternehmen können sich danach auf die Schutzgarantie des Art. 14 Abs. 1 S. 1 GG berufen.

---

615 *Klöpfer*, Staatsrecht, Band II, Grundrechte, § 72 Rn. 20.
616 *Klöpfer*, Staatsrecht, Band II, Grundrechte, § 72 Rn. 21.
617 BVerwGE 62, 224 (226); BGHZ 67, 190 (192); 81, 21 (33); 92, 34 (37); BGH NJW 2019, 1682 Rn. 13; ausdrücklich offengelassen: BVerfGE 66, 116 (145); 68, 193 (222); 96, 275 (397); 143, 246 (331 f.); 155, 238 (Rn. 86).
618 *Burgi*, NVwZ 2020, 257 (261).
619 BVerfG, Beschluss vom 29.04.2022 – 1 BvL 2/17 -, juris, Rn. 20.
620 *Jasper*, DÖV 2017, 872 (875).
621 BVerfGE 132, 99 (119).
622 BVerfGE 4, 7 (17); 35, 348 (360); *Detterbeck*, Öffentliches Recht, Rn. 263.
623 *Frotscher*, JuS 1981, 980 (891).
624 *Jarass*, in: Jarass/Pieroth, Kommentar zum Grundgesetz, Art. 14 Rn. 5 f.

Soweit es sich um Unternehmen mit Sitz in der Europäischen Union handelt, können sich diese ebenfalls auf den Schutz des Art. 14 GG berufen.[625] Denn Art. 19 Abs. 3 GG ist zumindest auf juristische Personen des Privatrechts mit Sitz in der Europäischen Union anwendbar.[626] Nach der Rechtsprechung des Bundesverfassungsgerichts ergibt sich dies zwar nicht unmittelbar aus Art. 19 Abs. 3 GG, der dem Wortlaut nach ausdrücklich nur auf inländische juristische Personen des Privatrechts Bezug nimmt.[627] Art. 18 AEUV verbietet jedoch Ungleichbehandlungen im Anwendungsbereich des Unionrechts und drängt insoweit die in Art. 19 Abs. 3 GG vorgesehene Beschränkung auf inländische juristische Personen zurück.[628] Diese Rechtsprechung hat das Bundesverfassungsgericht 2017 und 2020 nochmals bestätigt.[629] Danach können sich auch juristische Personen des Privatrechts mit Sitz in der Europäischen Union auf die Grundrechte, insbesondere Art. 14 Abs. 1 S. 1 GG berufen.

II. Art. 15 GG im Verhältnis zu Inhalts- und Schrankenbestimmungen

Das Eigentumsgrundrecht gilt jedoch nicht uneingeschränkt. Zwar konstituiert Art. 14 Abs. 1 S. 1 GG das Eigentum. Allerdings werden Inhalt und Schranken des Eigentums nicht durch das Grundgesetz festgelegt. Diese Aufgabe obliegt nach Art. 14 Abs. 1 S. 2 GG dem Gesetzgeber.[630]

1. Ausgleich widerstreitender Interessen

Nach dem Bundesverfassungsgericht ergibt sich die konkrete Reichweite des Eigentumsschutzes erst aus der Inhalts- und Schrankenbestimmungen nach Art. 14 Abs. 1 S. 2 GG.[631] Dabei gebiete die Wertentscheidung des Grundgesetzes im Sinne eines sozial eingebundenen Privateigentums, die Gemeinschaftsbelange und die Individualinteressen bei der Ausformung des Eigentumsinhalts in ein ausgewogenes Verhältnis zu bringen. Das Allge-

---

625 *Epping*, Grundrechte, Rn. 170.
626 BVerfGE 129, 78 (96).
627 BVerfGE 129, 78 (96 f.).
628 BVerfGE 129, 78 (97).
629 BVerfGE 143, 246 (331 ff.); BVerfG, Beschluss vom 18.08.2020 – 1 BvQ 82/20 -, juris, Rn. 14.
630 BVerfGE 31, 229 (240); 58, 300 (330).
631 BVerfGE 143, 246 (324).

meinwohl, an dem sich der Gesetzgeber bei der Bestimmung von Inhalt und Schranken orientieren muss, ist aber nicht nur Grund, sondern zugleich auch Grenze der Eigentumsbeschränkungen.[632] Zudem muss der Gesetzgeber sowohl die grundgesetzliche Anerkennung des Privateigentums durch Art. 14 Abs. 1 S. 1 GG als auch das Sozialgebot des Art. 14 Abs. 2 GG beachten.[633] Er hat dabei die gesellschaftlichen Anschauungen seiner Zeit sowie die weiteren Werteprinzipien und Rechtssätze der Verfassung zu berücksichtigen.[634] Maßgebliche Bedeutung haben Eigenart und Funktion des Eigentums.[635] Geänderte Lebensverhältnisse sind aber insoweit zu berücksichtigen, wie sie als allgemeine, umfangreiche und unstreitige Veränderungen festzustellen sind.[636]

Das Grundgesetz räumt dazu dem Gesetzgeber einen weiten Gestaltungsspielraum ein. Dieser reicht allerdings nicht für alle Bereiche gleich weit. Denn wo das Eigentum der persönlichen Freiheit des Einzelnen im vermögensrechtlichen Belangen dient, genießt es einen ausgeprägten Schutz[637] und verkürzt den Spielraum des Gesetzgebers. Dagegen ist sein Spielraum umso größer, je mehr das Eigentum sozial eingebunden, also für weite Personengruppen von Bedeutung ist.[638] Denn Eigentum berechtigt nicht nur, es verpflichtet auch. Sein Gebrauch soll zugleich dem Allgemeinwohl dienen. Diese in Art. 14 Abs. 2 GG getroffenen Bestimmungen dienen der Beschränkung des Eigentums zugunsten der Sozialbindung[639] und sind Ausfluss des Sozialstaatsprinzips.[640] Die Sozialbindung ist aber weniger eine Anweisung an das konkrete Verhalten des Eigentümers, sondern eine Richtschnur für den Gesetzgeber.[641] In diesem Sozialgebot liegt nach

---

632 BVerfGE 25, 112 (118); 87, 114 (138); 102, 1 (17); 143, 246 (341).

633 BVerfGE 21, 73 (82); 58, 137 (147); 58, 300 (335); 143, 246 (341); *Hofmann,* in: Schmidt/Bleibtreu, Kommentar zum Grundgesetz, Art. 14 Rn. 42; *Loung,* Wirtschaftsverfassungsrecht im Wandel, S. 63.

634 BVerfGE 20, 351 (356); *Frotscher,* JuS 1981, 890 (892).

635 BVerfGE 102, 1 (17); 143, 246 (325).

636 *Leisner,* NJW 1975, 233 (237).

637 BVerfGE 143, 246 (342).

638 BVerfGE 50, 290 (340).

639 *Lubberger,* Eigentumsdogmatik, S. 275.

640 *Hofmann,* in: Schmidt/Bleibtreu, Kommentar zum Grundgesetz, Art. 14 Rn. 6; diese Sozialbindung des Eigentums wird als ein geeignetes Korrektiv angesehen, um die im Liberalismus zeitweise verschüttete soziale Funktion und Tradition des Eigentums wieder zu beleben, *Frotscher,* JuS 1981, 890 (892).

641 BVerfGE 37, 132 (140); 58, 300 (338); *Axer,* in: Epping/Hillgruber, Kommentar zum Grundgesetz, Art. 14 Rn. 25; *Klöpfer,* Staatsrecht, Band II, Grundrechte, § 72 Rn. 31; *Kment,* NJW 2018, 3692 (3692).

Auffassung des Bundesverfassungsgerichts zugleich eine Absage an eine Eigentumsordnung, in welcher Individualinteressen Vorrang vor Gemeinschaftsinteressen haben.[642] Der Gesetzgeber darf daher Eigentum, dem eine starke soziale Funktion zukommt, stärker in Anspruch nehmen als Eigentum, welches nur dem Einzelnen dient. Je stärker der soziale Bezug des Eigentums, je mehr es Dritte zur Freiheitssicherung und verantwortlichen Lebensgestaltung benötigen, desto mehr muss der Eigentümer auf diese Belange Rücksicht nehmen und Beschränkungen seiner Eigentumsposition akzeptieren.[643] Daher gehört es auch zur Aufgabe des Gesetzgebers, diese drittbezogenen Positionen im Rahmen der Eigentumsausformung zu verwirklichen.[644] Privatnützigkeit und Sozialpflichtigkeit des Eigentums stehen so in unlösbarem Zusammenhang.[645]

Indes ist der gesetzgeberische Gestaltungsspielraum durch das Gebot gerechter Abwägung begrenzt.[646] Art. 14 Abs. 2 GG rechtfertigt trotz des weiten gesetzgeberischen Spielraums keine übermäßige, durch soziale Belange nicht gebotene Begrenzung privater Befugnisse.[647] Dieser Konflikt zwischen privaten und allgemeinen Interessen ist nur im Wege des Verhältnismäßigkeitsgrundsatzes aufzulösen,[648] der für jede Inhalts- und Schrankenbestimmung gilt.[649] Auch der Sozialpflichtigkeit sind die Grenzen der Verhältnismäßigkeit gesetzt.[650] Zugleich ist der Gesetzgeber bei Eigentumseingriffen an den allgemeinen Gleichheitssatz gebunden.[651]

Schließlich hat der Gesetzgeber auch verfassungsimmanente Schranken bei der Ausformung des Eigentums zu beachten. So darf der Gesetzgeber den Kernbereich des Eigentums nicht aushöhlen. Zu diesem gehört

642 BVerfGE 21, 73 (83); 134, 242 (291).

643 BVerfGE 21, 73 (82 f.); 58, 137 (148); 143, 246 (324); BVerfG, Beschluss vom 27.09.2022 – 1 BvR 2661/21 - juris, Rn. 16; *Haaß*, LKV 2019, 145 (148).

644 BVerfGE 37, 132 (140); 100, 226 (241).

645 Teilweise wird diese unübersichtliche Struktur des Art. 14 GG mit dem Konflikt zwischen konservativen und sozialistischen Positionen begründet, der gewissermaßen im Grundgesetz *„protokolliert"* worden sei, *Klöpfer*, Staatsrecht, Band II, Grundrechte, § 72 Rn. 10.

646 *Shirvani*, DVBl. 2020, 172 (174).

647 BVerfGE 52, 1 (33).

648 BVerfGE 8, 71 (80); 50, 290 (341); *Lubberger*, Eigentumsdogmatik, S. 276.

649 BVerfGE 75, 78 (97 ff.); 110, 1 (28); 126, 331 (359 f.); 143, 246 (341 f.).

650 BVerfGE 50, 290 (340); *Lubberger*, Eigentumsdogmatik, S. 276.

651 BVerfGE 31, 229 (240); 58, 137 (148); 70, 191 (200); 70, 278 (286); 100, 226 (241); 102, 1 (17);
110, 1 (28); *Mergner*, Bodenreformeigentum, S. 113; a. A. *Jasper*, DÖV 2017, 872 (873).

ein dauerhafter Bestand an Normen, der sowohl die Privatnützigkeit des Eigentums zugunsten eines Rechtsträgers regelt, welchem das Eigentum als Grundlage privater Initiative von Nutzen sein soll, als auch die grundsätzliche Verfügungsbefugnis des Eigentümers über den Eigentumsgegenstand.[652] Im Rahmen der Eigentumsgarantie ist zudem der Vertrauensschutz zu berücksichtigen, der in Art. 14 Abs. 1 GG eine eigene Ausprägung erfährt.[653] Diese von Art. 14 Abs. 1 GG gezogenen Grenzen sind etwa dann durch Inhalts- und Schrankenbestimmungen überschritten, wenn eine Mieterhöhungsregulierung auf Dauer zu Verlusten für den Vermieter oder zur Substanzgefährdung führt.[654]

2. Art. 15 GG im Lichte der Inhalts- und Schrankenbestimmung

Art. 15 GG könnte ebenfalls als eine besondere Inhalts- und Schrankenbestimmung zu verstehen sein. Dies wird teilweise vertreten, denn der systematische Zusammenhang mit der Eigentumsgewährleistung bestehe über Art. 14 Abs. 1 S. 2 GG, indem Art. 15 GG den Gesetzgeber von der gebotenen Rücksichtnahme inhaltsbestimmender Gesetzgebung entbinde.[655] Danach gehöre es zum Inhalt des Eigentums an Grund und Boden, Naturschätzen und Produktionsmitteln, im Rahmen der Eigentumsordnung besonderen Verpflichtungen unterworfen zu sein. Ein Gesetz nach Art. 15 GG könne das Eigentum an den genannten Objekten damit erst gar nicht entwerten, da es von Anfang an besonders eingebunden sei.[656] Somit begrenze Art. 15 GG die Eigentumsordnung am produktiven Eigentum.[657] Dieser Ansicht ist jedoch nicht zu folgen.

Das Bundesverfassungsgericht differenziert im Gegensatz zu Teilen der Literatur[658] zunächst nicht zwischen Inhalts- und Schrankenbestimmun-

---

652 BVerfGE 70, 191 (200); 91, 294 (308); 100, 226 (241); siehe dazu auch *Rittstieg*, NJW 1982, 721 (721).

653 BVerfGE 143, 246 (341).

654 BVerfG, Nichtannahmebeschluss vom 18.07.2019 – 1 BvR 1/18 -, juris, Rn. 69.

655 *Rittstieg*, in: Alternativer Kommentar zum Grundgesetz, Art. 15 Rn. 230; sofern man ein Gesetz nach Art. 15 GG jedoch als Inhalts- und Schrankenbestimmung versteht, würde es nach dem Bundesverfassungsgericht erst recht dem Verhältnismäßigkeitsgrundsatz unterfallen, vgl. BVerfGE 100, 226 (241).

656 *Ipsen*, in: VVDStRL 10 (1951), S. 110.

657 *Thiele*, Die Sozialisierung – wirtschaftsverfassungsrechtlich betrachtet, DVBl. 1972, 809 (810).

658 *Gröpl*, in: Gröpl/Windthorst/von Coelln, Studienkommentar zum Grundgesetz, Art. 14 Rn. 45; *Kingreen/Poscher*, Grundrechte Staatsrecht II, Rn. 1203; danach legen

gen.[659] Inhalts- und Schrankenbestimmungen wirken generell abstrakt auf die Rechte und Pflichten des Eigentümers.[660] Sie stellen zugleich einen Eingriff in das Eigentum dar[661] und sind auf Normierung objektivrechtlicher Vorschriften gerichtet, die den Inhalt des Eigentums vom Inkrafttreten des Gesetzes in allgemeiner Form bestimmen.[662] Alle mittelbaren Eingriffe und sonstigen Beeinträchtigungen des Eigentums, die keine Enteignung sind, können nach dem Bundesverfassungsgericht nur Inhalts- und Schrankenbestimmungen sowie Konkretisierungen der Sozialbindung sein.[663] Dogmatisch legt der Gesetzgeber Rechte und Pflichten des Eigentümers fest.[664] Inhalts- und Schrankenbestimmungen liegen auch dann vor, wenn der Gesetzgeber in genereller und abstrakter Weise[665] eine Naturalleistungspflicht begründet, etwa eine Abgabe;[666] sie können aber auch so weit gehen, dass sie Eigentum entziehen.[667] Zulässige Inhalts- und Schrankenbestimmungen sind (verhältnismäßige) Bauverbote oder Herausgabepflichten für Bücherexemplare,[668] ebenso Arbeitnehmermitbestimmungsrechte,[669] Baulandumlegungen,[670] die Einziehung im Rahmen des Strafverfahrens[671] sowie die Mietpreisbremse nach § 556d Abs. 1 BGB.[672] Die Bodenreform ist jedoch weder Inhalts- oder Schrankenbestimmung noch ein Gesetz nach

---

Inhaltsbestimmungen die Befugnis fest, die dem Eigentümer in Bezug auf seine Rechtspositionen zustehen. Dem unterfallen beispielsweise die dinglichen Regelungen des Zivilrechts, das Urheberrecht oder das Markenrecht. Sie definierten den Inhalt des Eigentums. Schrankenbestimmungen greifen dagegen in das durch Inhaltsbestimmungen konkretisierte Eigentum ein.

659 BVerfGE 58, 300 (330); *Jasper*, DÖV 2017, 872 (872); *Gröpl*, in: Gröpl/Windthorst/von Coelln, Studienkommentar zum Grundgesetz, Art. 14 Rn. 45; *Nüßgens/Boujong*, Eigentum, Sozialbindung, Enteignung, Rn. 128.

660 *Dederer*, in: Bonner Kommentar zum Grundgesetz, Art. 14 Rn. 551; *Dietlein*, in: Stern, Staatsrecht der Bundesrepublik Deutschland, Band IV/1, S. 2238; *Mergner*, Bodenreformeigentum, S. 108; *Wunderlich*, Rechtsprechung des Bundesverfassungsgerichts zur Eigentumsgarantie, S. 32.

661 Statt vieler nur BVerfGE 143, 246 (341 f.); *Epping*, Grundrechte, Rn. 480.

662 BVerfGE 72, 66 (76).

663 BVerfGE 72, 66 (76).

664 *Hufen*, Staatsrecht II, § 38 Rn. 28.

665 *Nüßgens/Boujong*, Eigentum, Sozialbindung, Enteignung, Rn. 129.

666 *Dietlein*, in: Stern, Staatsrecht der Bundesrepublik Deutschland, Band IV/1, S. 2238.

667 BVerfGE 58, 137 f; 110, 1 (28).

668 BVerfGE 25, 112 (117 f.); 58, 137 f.

669 BVerfGE 50, 290 (323).

670 BVerfGE 104, 1 (9).

671 BVerfGE 110, 1 (13).

672 BVerfG, Nichtannahmebeschluss vom 18.07.2019 – 1 BvR 1/18 -, juris, Rn. 73.

Art. 15 GG, da sie die Verteilung von Grund und Boden unter Privaten vorsieht.[673] Sie ist an Art. 14 Abs. 3 GG zu messen.[674]

Zwar kann auch ein Gesetz nach Art. 15 GG generell und abstrakt wirken.[675] Im Gegensatz zur Inhalts- und Schrankenbestimmungen ist es aber nicht auf die inhaltliche Ausgestaltung des Eigentums gerichtet. Nur Inhalts- und Schrankenbestimmungen legen fest, wie das Eigentum im Sinne des Grundgesetzes ausgestaltet wird. Erst wenn dies festgelegt ist, kann über die Ermächtigungsgrundlage des Art. 15 GG auf das Eigentum zugegriffen, es entzogen[676] oder umgewandelt werden.

Art. 15 GG soll ferner im Gegensatz zur Inhalts- und Schrankenbestimmung auch die Privatnützigkeit des Eigentums an den dort genannten Objekten ausschalten. Gleiches gilt für die Verfügungsbefugnis. Bei einer schlichten Umverteilung außerhalb des Art. 15 GG bliebe hingegen die Bewirtschaftungsform grundsätzlich unangetastet und auf Privatnützigkeit angelegt. Lediglich der Eigentümer würde sich ändern. Ebenfalls lässt Art. 15 GG nur die Überführung in Gemeineigentum oder andere Formen der Gemeinwirtschaft zu. Die im Rahmen des Art. 15 GG überführten Gegenstände sollen dadurch der Allgemeinheit zugutekommen.

Ferner erscheint widersprüchlich, wenn der Parlamentarische Rat einerseits dem Gesetzgeber die Ausformung von Inhalt und Schranken des Eigentums überlassen, andererseits aber zugleich selbst eine Inhaltsbestimmung des Eigentums statuiert hätte. Denn die von der SPD gewünschte Fassung *„der persönlichen Lebenserhaltung oder der eigenen Arbeit dienende Eigentum“*[677] nahm der Parlamentarische Rat bewusst nicht auf. Die Diskussion um den Eigentumsartikel zeigt eher, dass es vollständig dem Gesetzgeber obliegen sollte, einen bestimmten Eigentumsinhalt zu schaffen.

Schließlich gehört die Überführungsfähigkeit auch deswegen nicht zum Inhalt oder zur Schranke der in Art. 15 GG genannten Objekte, da erst mit Inkrafttreten eines Gesetzes nach Art. 15 GG überhaupt eine Überführung stattfindet. Solange kein derartiges Gesetz existiert, ist auch das Eigentum an den in Art. 15 GG genannten Gegenständen auf Privatnützigkeit ausgelegt.[678]

---

673 *Berkemann*, in: Umbach/Clemens, Kommentar zum Grundgesetz, Art. 15 Rn. 69; *Bryde*, in: v. Münch/Kunig, Kommentar zum Grundgesetz, Art. 15 Rn. 11.

674 BVerfGE 46, 268 (286 ff.).

675 *Kingreen/Poscher*, Grundrechte Staatsrecht II, Rn. 1249.

676 *Kingreen/Poscher*, Grundrechte Staatsrecht II, Rn. 1249.

677 Parlamentarischer Rat, Akten und Protokolle, Band 5/1, Grundsatzausschuss, S. 198.

678 BVerfGE 58, 137 (144).

3. Zwischenergebnis

Art. 15 GG ist als eigenständiges Rechtsinstitut ausgestaltet, sodass es nicht als Inhalts- und Schrankenbestimmung verstanden werden kann.[679] Art. 15 GG und Inhalts- und Schrankenbestimmung stehen stattdessen nebeneinander.[680] Die Berechtigung des Gesetzgebers zur entschädigungsfreien Inhaltsbestimmung des Eigentums endet somit dort, wo der Geltungsbereich des Art. 15 GG anfängt.[681] Es gehört auch nicht zum Inhalt des Eigentums an Grund und Boden, Naturschätzen und Produktionsmitteln, im Rahmen des Art. 15 GG überführt werden zu können. Denn wie auch Art. 14 Abs. 3 GG zeigt, kann grundsätzlich jedes Eigentum im Rahmen der Enteignung entzogen werden. Dennoch gehört es nicht zum Inhalt eines jeden Eigentums, durch Enteignung entzogen werden zu können. Ansonsten wären die besonderen Enteignungsregelungen des Art. 14 Abs. 3 GG überflüssig.

III. Art. 15 GG im Verhältnis zur Enteignung

Neben Art. 15 GG gilt die Enteignung[682] nach Art. 14 Abs. 3 GG als eines der tradierten Eingriffsinstrumente in das Eigentum. Deren Verhältnis zueinander ist allerdings umstritten.

1. Der Meinungsstand

Vielfach wird vertreten, Art. 15 GG enthalte eine besondere Ausformung der Enteignung.[683] Für diese Sichtweise lässt sich anführen, dass Art. 15 GG

---

679 *Rupp*, Grundgesetz und Wirtschaftsverfassung, S. 40; *Durner*, in: Dürig/Herzog/Scholz, Kommentar zum Grundgesetz, Art. 15 Rn. 62.

680 So auch *Dederer*, in: Bonner Kommentar zum Grundgesetz, Art. 14 Rn. 489.

681 *Schell*, Art. 15 GG im Verfassungsgefüge, S. 95.

682 Das Bundesverfassungsgericht grenzt zwischen Enteignung und Inhalts- und Schrankenbestimmungen negativ ab. Ist nur eine Voraussetzung der Enteignung nicht erfüllt, handele es sich um eine Inhalts- und Schrankenbestimmung; BVerfGE 52, 1 (27); 100, 226 (240); *Lubberger*, Eigentumsdogmatik, S. 191 f.; *Mergner*, Bodenreformeigentum, S. 108. *Kingreen/Poscher*, Grundrechte, Staatsrecht II, Rn. 1213.

683 *Klöpfer*, Staatsrecht, Band II, Grundrechte, § 72 Rn. 179: Es handele sich um eine branchenbezogene Enteignung, die insbesondere auf die wirtschaftlichen Produktionskräfte ziele; auch *Wieland*, in: Dreier, Kommentar zum Grundgesetz, Art. 15, Rn. 7; *Dietlein*, in: Stern, Staatsrecht der Bundesrepublik Deutschland, Band IV/1,

im Grundsatzausschuss zunächst als Präzisierung des Art. 14 Abs. 3 GG gelesen wurde.[684] Es handele sich um eine unmittelbar aufgrund eines Gesetzes vollzogene Enteignung. Außerdem sei jeder staatliche Zugriff auf das Eigentum, der über eine Inhalts- und Schrankenbestimmung hinausgehe, eine Enteignung.[685] Andere sehen in der Überführung in Gemeineigentum zwar keine Enteignung; sie sei aber kraft Verfassung wie eine Enteignung zu behandeln.[686] Die vom Verfassungsgeber getroffene Entscheidung könne durch den Hinweis auf die institutionelle Verschiedenheit von Art. 15 GG und Art. 14 Abs. 3 GG nicht umgestoßen, abgewandelt oder abgeschwächt werden.

Nach überwiegender Auffassung[687] handelt es sich bei Art. 15 GG jedoch um ein eigenständiges Rechtsinstitut, das vom Zweck des Eigentumseingriffs und der Art der wirtschaftlichen Verwendung des Eigentumsobjektes geprägt sei.[688] Art. 15 GG biete Möglichkeiten, die weit über die Enteignung hinausgingen.[689] Denn bei der Enteignung erkläre der Staat, er benötige Gegenstände Privater aus Gründen des Allgemeinwohls. Im Rahmen des Art. 15 GG entziehe oder beschränke der Gesetzgeber private Verfügungsbefugnisse, da er bestimmte wirtschaftliche Machtpositionen nicht in Händen einzelner Personen belassen wolle. Bei Art. 15 GG handele es sich in erster Linie um eine verfassungspolitische Maßnahme.[690]

S. 2305; *Frotscher*, JuS 1981, 890 (893); *Sachs*, Verfassungsrecht II, Grundrechte, S. 594 Rn. 58; *Epping*, Grundrechte, Rn. 478a f.; *Lörler*, NJ 2019, 273 (277).

684 *Wieland*, in: Dreier, Kommentar zum Grundgesetz, Art. 15 Rn. 7.

685 *Frotscher*, JuS 1981, 890 (893).

686 *Huber*, Wirtschaftsverwaltungsrecht, S. 150.

687 *Depenheuer/Froese*, in: v. Mangoldt /Klein/Stark, Kommentar zum Grundgesetz, Art. 15 Rn. 14; *Durner*, in: Dürig/Herzog/Scholz, Kommentar zum Grundgesetz, Art. 15 Rn. 61 ff.; *Klein*, Eigentumsbindung, S. 10; *Becker*, in: Stern/Becker, Grundrechte-Kommentar, Art. 15 Rn. 37; *Bryde*, in: v. Münch/Kunig, Kommentar zum Grundgesetz, Art. 15 Rn. 9; *Schliesky*, in: Bonner Kommentar zum Grundgesetz, Art. 15 Rn. 4; *Rittstieg*, in: Alternativer Kommentar zum Grundgesetz, Art. 15 Rn. 230; *Wendt*, in: Sachs, Kommentar zum Grundgesetz, Art. 15 Rn. 3; *Wolfers/Opper*, DVBl. 2019, 542 (544); *Detterbeck*, Öffentliches Recht, Rn. 536; *Shirvani*, DVBl. 2020, 172 (178); *Berkemann*, in: Umbach/Clemens, Kommentar zum Grundgesetz, Art. 15 Rn. 32; *Drohsel*, KJ 2020, 30 (34).

688 *Wendt*, in: Sachs, Kommentar zum Grundgesetz, Art. 15 Rn. 3; so auch *Thiele*, DVBl. 1972, 809 (809).

689 *Thiele*, DVBl. 1972, 809 (809).

690 *Benda*, Industrielle Herrschaft und sozialer Staat, S. 362.

Die (Legal)Enteignung stelle dagegen ein traditionelles Institut des deutschen Rechts dar,[691] das nicht erst durch das Grundgesetz geschaffen, sondern vom Grundgesetz vorgefunden wurde.[692] Das Bundesverfassungsgericht entwickelte dieses Rechtsinstitut weiter. Indes ist die Enteignung kein Instrument zur Änderung der Privatrechtsordnung, sondern setzt diese vielmehr voraus. Denn erst, weil es die Privatrechtsordnung gibt, besteht für den Staat die Notwendigkeit der Enteignung. Ansonsten könnte er wichtige Gemeinwohlaufgaben nicht erledigen. Im Verhältnis zwischen privatrechtlicher Güterordnung und staatlichem Gemeinwohl hat die Enteignung insbesondere die Aufgabe, privatrechtliche Vereinbarungen zu ersetzen, die zur Begründung eines dinglichen Rechts an einem Gegenstand erforderlich wären.[693] Sie ist jedoch kein Mehr oder Weniger zu Inhalts- und Schrankenbestimmungen, sondern ein Aliud.[694] Art. 15 GG unterscheide sich dagegen von der Enteignung grundsätzlich in Zielsetzung, Voraus-

691 Die Enteignung wird bereits in Art. 74 und 75 des Allgemeinen Preußischen Landrechts normiert. Art. 74 und Art. 75 ALR legen fest, dass Rechte im gemeinwirtschaftlichen Wohl den Rechten des Einzelnen vorgehen müssen. Für diese Aufopferung war dem Einzelnen eine Entschädigung zuzusprechen. Hieraus entwickelte sich ab 1850 der klassische Enteignungsbegriff. Nach diesem konnte das Grundeigentum durch gesetzlich begründeten Verwaltungsakt auf ein dem öffentlichen Wohl dienenden Unternehmen übertragen werden. Zugleich war die Übertragung voll zu entschädigen. Enteignung war so als Zweckkauf zu verstehen, sollte der Grundstückseigentümer nicht freiwillig sein Land aufgeben.
Unter der Weimarer Verfassung erhielt der Enteignungsbegriff eine deutliche Erweiterung. Eine Enteignung konnte zum Wohle der Allgemeinheit und gegen angemessene Entschädigung erfolgen. Das Reichsgesetz konnte zudem die Entschädigung wie auch den Rechtsweg beschränken oder ausschließen. Vom Eigentum waren nicht mehr nur Grundstücke umfasst, sondern jedes vermögenswerte Recht. Auch war eine Enteignung möglich, wenn sie allgemein dem öffentlichen Interesse entsprach. Die Ausdehnung des Enteignungsbegriffes wird mit der Entwicklung zum modernen Staat und den sich daraus ergebenden politischen, gesellschaftlichen und wirtschaftlichen Veränderungen erklärt. Besonders der Sozialstaat mit seinen vielfältigen Aufgaben griff immer stärker in die verschiedenen Vermögensrechte der Bürger ein. Ein Vermögensschutz konnte nur durch Entschädigung gewährt werden, BVerfGE 4, 219 (234 ff.); BGHZ 10, 255 (263); *Maurer/Waldhoff*, Allgemeines Verwaltungsrecht, § 27 Rn. 5 ff.

692 *Rittstieg*, in: Alternativer Kommentar zum Grundgesetz, Art. 14/15 Rn. 182; *Ipsen*, in: VVDStRL 10 (1951), S. 86.

693 BVerfGE 45, 297 (338 f.).

694 *Rittstieg*, NJW 1982, 721 (723).

setzung und Formtypik.[695] Die schärfere Umgrenzung des Enteignungsbegriffs in der neueren Rechtsprechung des Bundesverfassungsgerichts zeige noch deutlicher die Eigenständigkeit des Rechtsinstituts.[696] Im Gegensatz zur Enteignung müsse ein Gesetz nach Art. 15 GG auch nicht zwingend zu einem Eigentümerwechsel führen.[697]

Nachfolgend wird dargelegt, warum es sich bei Art. 15 GG um ein eigenständiges Rechtsinstitut handelt, das von der Enteignung abzugrenzen ist, und warum die Maßstäbe der Enteignung darauf keine Anwendung finden.

2. Entstehungsgeschichte

Für die Eigenständigkeit des Art. 15 GG spricht zunächst dessen Entstehungsgeschichte.[698] Art. 15 GG war zunächst sprachlich eng mit Art. 14 GG verbunden. Die Formulierung des allgemeinen Redaktionsausschusses vom 25.01.1949 bedeutete die erstmalige Abkehr vom Verständnis der Sozialisierung als Unterfall der Enteignung. Nach dieser Fassung konnten die in Art. 15 GG genannten Objekte nur zum Wohl der Allgemeinheit durch ein Gesetz, das Art und Ausmaß der Entschädigung regelt, unmittelbar

---

695 *Depenheuer/Froese*, in: v. Mangoldt /Klein/Stark, Kommentar zum Grundgesetz, Art. 15 Rn. 14; *Becker*, in: Stern/Becker, Grundrechte-Kommentar, Art. 15 Rn. 37; *Berkemann*, in: Umbach/Clemens, Kommentar zum Grundgesetz, Art. 15 Rn. 32.

696 *Depenheuer/Froese*, in: v. Mangoldt /Klein/Stark, Kommentar zum Grundgesetz, Art. 15 Rn. 14.

697 *Depenheuer/Froese*, in: v. Mangoldt /Klein/Stark, Kommentar zum Grundgesetz, Art. 15 Rn. 14; *Stober/Korte*, Öffentliches Wirtschaftsrecht, Allgemeiner Teil Rn. 677; allerdings war schon im Parlamentarischen Rat das Verhältnis zwischen Art. 14 Abs. 3 GG und Art. 15 GG umstritten. Die bürgerlichen Fraktionen planten die Sozialisierung eher als Sonderfall der Individualenteignung zu gestalten. Man erhoffte sich davon einen stärkeren Schutz des Eigentums. Auch versprachen sie sich Vorteile von dem Verweis auf Art. 14 Abs. 3 S. 4 GG, der zu einer restriktiven Handhabung der Entschädigungsregeln im Falle der Sozialisierung führen sollte. Die SPD hingegen versuchte, mit Art. 15 GG ein eigenständiges Instrument zur strukturellen Änderung der Wirtschaft zu schaffen; *Schockenhoff*, Wirtschaftsverfassung und Grundgesetz, S. 170; *Loung*, Wirtschaftsverfassungsrecht im Wandel, S. 16; *Becker*, in: Stern/Becker, Grundrechte-Kommentar, Art. 15 Rn. 7; *Krüger*, Staatsverfassung und Wirtschaftsverfassung, zitiert nach *Scheuner*, Die staatliche Einwirkung auf die Wirtschaft, S. 127. Allerdings scheint sich auch die SPD-Fraktion im Parlamentarischen Rat nicht sicher über die Bedeutung des Art. 15 GG gewesen zu sein. Dies lässt sich durch die von der SPD zwischenzeitlich eingefügte Ergänzung *„im Wege der Enteignung"* belegen, Parlamentarischer Rat, Akten und Protokolle, Band 5/2, Ausschuss für Grundsatzfragen, S. 737.

698 *Waldhof/Neumeier*, LKV 2019, 385 (394).

in Gemeineigentum überführt werden.[699] Die Anmerkung des allgemeinen Redaktionsausschusses verdeutlicht, dass man sich bewusst von der Enteignung absetzen wollte. Das Gesetz nach Art. 15 GG sollte jedoch nicht die bisherigen Enteignungsgesetze verdrängen. Da man bei Art. 15 GG an die (historische) „*Sozialisierung*" gedacht habe, müsse man ein Spezialgesetz verlangen, welches die unmittelbare Expropriation von ganzen Eigentümergruppen bewirke.[700]

Mit der Fassung des Fünfer-Ausschusses[701] wurde Art. 15 GG endgültig als eigenständiges Rechtsinstitut ausgeformt, da die Ergänzung „*zum Zwecke der Vergesellschaftung*" das vorherige „*zum Wohl der Allgemeinheit*" ablöste. Die für die Enteignung kennzeichnenden Formulierungen waren damit gestrichen.[702] Dies in Verbindung mit der Forderung nach einem eigenständigen Gesetz, welches Art und Ausmaß der Entschädigung regeln muss, lässt Art. 15 GG nicht als Unterfall der Enteignung erscheinen.

3. Eingriffsgegenstand

Mit der Enteignung greift der Staat auf das Eigentum zu.[703] Sie ist auf den vollständigen oder teilweisen Entzug der durch Art. 14 Abs. 1 S. 1 GG geschützte Rechtspositionen zur Erfüllung bestimmter öffentlicher Aufgaben gerichtet.[704] Dieser Entzug darf kein Nebeneffekt sein, sondern setzt den Willen zur Enteignung voraus.[705] Kennzeichnend für die Enteignung ist zudem die Übertragung des Eigentumsgegenstandes auf einen neuen Rechtsträger.[706] Der Staat kann dabei auf alle dem Eigentum unterfallenden Ge-

699 Parlamentarischer Rat, Grundgesetz, Formulierungen der Fachausschüsse, Bonn 1948/1949, S. 117.
700 Parlamentarischer Rat, Grundgesetz, Formulierungen der Fachausschüsse, Bonn 1948/1949, S. 125.
701 Parlamentarischer Rat, Grundgesetz, Formulierungen der Fachausschüsse, Bonn 1948/1949, S. 175.
702 *Becker*, in: Becker/Stern, Grundrechte-Kommentar, Art. 15 Rn. 31.
703 BVerfGE 143, 246 (333); *Wieland*, in: Dreier, Kommentar zum Grundgesetz, Art. 14 Rn. 93.
704 BVerfGE 101, 239 (259); 102, 1 (15); 143, 246 (332); BVerfG, Beschluss vom 27.09.2022 – 1 BvR 2661/21 -, juris, Rn. 20.
705 *Lubberger*, Eigentumsdogmatik, S. 186.
706 BVerfGE 143, 246 (256).

genstände zugreifen.[707] Ein Gesetz nach Art. 15 GG erstreckt sich dagegen nur auf die dort genannten Objekte. Auch ist Enteignung nur auf einzelne Vermögensgegenstände bezogen, während Art. 15 GG die Überführung eines Gesamtbestandes an Produktionsmitteln in Gemeineigentum zulässt.[708]

Zwar kann sich ein Gesetz nach Art. 15 GG auch durch den Totalentzug des Eigentums realisieren, etwa bei der Überführung in Gemeineigentum. Gleichzeitig ermöglicht der Begriff „*Gemeinwirtschaft*" aber auch andere Formen, mit denen sich der Gesetzgeber Einfluss auf die überführten Gegenstände sichern kann, etwa durch staatliche Beteiligungen.

Enteignung setzt schließlich einen staatlichen Güterbeschaffungsvorgang voraus.[709] Sie ersetzt damit privatrechtliche Erwerbsformen und Erwerbsmodalitäten.[710] Die enteigneten Gegenstände müssen zur Erfüllung einer bestimmten öffentlichen Aufgabe dienen.[711] Dieser Güterbeschaffungsvorgang ist das maßgebliche Kriterium der Enteignung.[712] Für die Begrenzung der Enteignung auf Güterbeschaffungsvorgänge spricht nach dem Bundesverfassungsgericht insbesondere, dass

> *„ein praktischer Bedarf für den bloßen Eigentumsentzug, der nicht zugleich mit einem Übergang des Eigentums auf den Staat oder einen anderen verbunden ist, gerade dann bestehe, wenn das Eigentumsrecht im weitesten Sinne bemakelt sei oder in sonstiger Weise als Gemeinwohllast wahrgenommen werde, der Staat also kein originäres Interesse an der Beschaffung des Gegenstandes aus Gründen des Gemeinwohls"*

habe.[713]

Die Begründung und der Entzug des Eigentums sind für die öffentliche Hand daher nur Mittel zum Zweck.[714] Ist mit Entzug der Rechtspositionen ein Ausgleich privater Interessen beabsichtigt, kann es sich nur um eine Inhalts- und Schrankenbestimmung des Eigentums handeln, wie etwa bei

707 *Maurer/Waldhoff*, Allgemeines Verwaltungsrecht, § 27 Rn. 42; *Lörler*, NJ 2019, 273 (274); Sachen selbst sind kein Enteignungsgegenstand, *Rittstieg*, in: Alternativer Kommentar zum Grundgesetz, Art. 14/15 Rn. 184.

708 *Klöpfer*, NJW 2019, 1656 (1658); *Klöpfer* nennt hier die zwangsweise Überführung von Unternehmen und ganzen Wirtschaftszweigen.

709 BVerfGE 104, 1 (10); 126, 331 (359); 143, 246 (246).

710 *Dederer*, in: Bonner Kommentar zum Grundgesetz, Art. 14 Rn. 722.

711 BVerfGE 38, 175 (180).

712 BVerfGE 143, 246 (333).

713 BVerfGE 143, 246 (333 ff.).

714 BVerfGE 38, 175 (180).

einer Baulandumlegung.[715] Art. 15 GG soll dagegen einen bestimmenden Staatseinfluss auf Wirtschaftsgüter sichern[716] und zielt auf eine wirtschaftsverfassungsrechtliche, an Gemeinwirtschaftlichkeit ausgerichtete Umgestaltung des produktiven Eigentums.[717] Ein Gesetz nach Art. 15 GG muss unmittelbar keiner besonderen öffentlichen Aufgabe dienen, da der Wortlaut des Art. 15 GG dies nicht fordert. Wohl aber muss die Gemeinwirtschaft der Bedarfsdeckung dienen. Will der Gesetzgeber mit einem Gesetz nach Art. 15 GG Gegenstände in Gemeinwirtschaft überführen, so muss ein konkreter Bedarf bestehen.[718] Damit muss zumindest ein öffentlicher Bedarf ermittelt werden, welcher durch die Überführung der Gegenstände von Gemeineigentum gedeckt wird.

4. Realisierung der Enteignung

Art. 14 Abs. 3 GG und Art. 15 GG setzen einen hoheitlichen Rechtsakt voraus, der zur Entziehung der Eigentumsposition führt. Die Enteignung kann dabei durch ein Gesetz oder aufgrund eines Gesetzes erfolgen. Überwiegend erfolgt sie aufgrund eines Gesetzes;[719] die Zulässigkeit der Legalenteignung ist limitiert.[720] Denn die Eigentumsentziehung ist eine Aufgabe, die der Gesetzgeber mit Blick auf die Gewaltenteilung und das Rechtsstaatsprinzip regelmäßig der Exekutive überlassen muss. Die Legalenteignung resultiert aus der Vorstellung, der Gesetzgeber regele im Rahmen der demokratischen und rechtsstaatlichen Ordnung die grundlegenden und grundsätzlichen Entscheidungen des Lebens und des Gemeinwesens.[721] Die Legalenteignung unterscheidet sich von der Administrativenteignung dadurch, dass sie Einzelentscheidungen gegen die Betroffenen in einem Gesetz zusammenfasst. Sie legt zugleich fest, wer von ihr betroffen ist, und verwirklicht sich ohne zusätzlichen Vollzugsakt nur durch Inkrafttreten

715 BVerfGE 104, 1 (9).
716 *Klöpfer*, NJW 2019, 1656 (1658).
717 *Axer*, in: Epping/Hillgruber, Kommentar zum Grundgesetz, Art. 15 Rn. 4.
718 *Depenheuer/Froese*, in: v. Mangoldt /Klein/Stark, Kommentar zum Grundgesetz, Art. 15 Rn. 16; *Sodan*, in: Sodan, Grundgesetzkommentar, Art. 15 Rn. 8.
719 *Huber*, Wirtschaftsverwaltungsrecht, S. 156; *Axer*, in: Epping/Hillgruber, Kommentar zum Grundgesetz, Art. 14 Rn. 111.
720 BVerfGE 24, 367 (401); 95, 1 (22).
721 BVerfGE 45, 297 (338 ff.).

des Gesetzes.[722] Demgegenüber lässt Art. 15 GG ausschließlich die Gesetzesform zu.

Für die Legalenteignung gelten jedoch weder das Verbot der Einzelfallgesetzgebung, noch das Zitiergebot.[723] Der Grundsatz der Verhältnismäßigkeit findet dagegen auf die (Legal)Enteignung volle Anwendung.[724] Ob dies auch für ein Gesetz nach Art. 15 GG gilt, wird in Kapitel 4 und 5 dargestellt.

5. Grund und Grenzen der Enteignung

Ein wesentliches Zulässigkeitskriterium der Enteignung stellt das „*Wohl der Allgemeinheit*" dar.[725] Die Enteignung bedarf wegen der freiheitssichernden Funktion des Eigentums eines besonders qualifizierten, öffentlichen Interesses.[726] Reine Zweckmäßigkeitserwägungen oder fiskalische Interessen sind nicht ausreichend.[727] Zweck der Enteignung muss die Erfüllung einer dem Gemeinwohl dienenden öffentlichen Aufgabe sein.[728] Das Allgemeinwohl ist damit Grund und Grenze der Enteignung.[729] Nur wenn die Enteignung dem Allgemeinwohl dient, ist sie verfassungsmäßig. Gemeinwohldienlich ist ein Vorhaben dann, wenn neben seiner Eignung zur Förderung des gesetzlich vorgegebenen Gemeinwohlziels auch eine Gesamtabwägung der für das Vorhaben sprechenden Gemeinwohlgründe und den durch das Vorhaben beeinträchtigten öffentlichen und privaten Belangen zugunsten des Vorhabens ausfällt.[730]

Schließlich ist die Enteignung *ultima ratio*. Erst wenn es zur Erfüllung der öffentlichen Aufgabe unumgänglich ist, das Eigentum gegen den Willen des Eigentümers zu entziehen, ist das Gemeinwohlerfordernis erfüllt.[731] Ob die konkrete Maßnahme tatsächlich der Erfüllung öffentlicher Aufgaben dient und im Allgemeinwohl steht, ist damit Frage der Zulässigkeit

722 BVerfGE 45, 297 (326).
723 BVerfGE 24, 367 (395 ff.).
724 BVerfGE 24, 367 (404).
725 BVerfGE 134, 242 (242 ff.).
726 BVerfGE 74, 264 (289).
727 *Detterbeck*, Öffentliches Recht, Rn. 531.
728 *Maurer/Waldhoff*, Allgemeines Verwaltungsrecht, § 27 Rn. 53; *Detterbeck*, Öffentliches Recht, Rn. 531; *Lörler*, NJ 2019, 273 (274).
729 BVerfGE 102, 1 (17).
730 BVerfGE 134, 242 (298).
731 BVerfGE 38, 175 (180).

und Rechtmäßigkeit der Enteignung.[732] Ein Enteignungsgesetz, das sowohl der Gemeinwohlbestimmung des Art. 14 Abs. 3 S. 1 GG als auch den Entschädigungsvorgaben des Art. 14 Abs. 3 S. 2. u. 3 GG entspricht, ist damit grundsätzlich verhältnismäßig.[733] Der Gesetzgeber ist dagegen bei Erlass eines Gesetzes nach Art. 15 GG nicht an das Allgemeinwohl gebunden. Ausreichend sei nach einer in der Literatur vertretenen Auffassung die politische Entscheidung des Gesetzgebers, entsprechende Maßnahmen durchzuführen.[734] Denn Art. 15 GG nennt gerade nicht das Allgemeinwohl als Zulässigkeitskriterium.

Der Gesetzgeber darf jedoch nur dann die in Art. 15 GG genannten Objekte in Gemeineigentum überführen, wenn er dies „*zum Zwecke der Vergesellschaftung*" vorsieht. Hier findet sich eine Parallele im Grundgesetz. Dieses formuliert als Zulässigkeitskriterium für die Enteignung „*zum Wohl der Allgemeinheit*". Die Formulierungen „*zum Zwecke der Vergesellschaftung*" und „*zum Wohl der Allgemeinheit*" sind dabei nicht zufällig gewählt. Denn wie bei der Enteignung ist auch „*zum Zwecke der Vergesellschaftung*" als Grund und Grenze für ein Gesetz nach Art. 15 GG zu verstehen. Nur wenn das Vorhaben dem Zwecke der Vergesellschaftung dient, ist die Überführung in Gemeineigentum verfassungskonform.

Im Gegensatz zur Enteignung ist Art. 15 GG aber nicht *ultima ratio*. Hierfür sprechen sowohl die wirtschaftsverfassungsrechtliche Neutralität des Grundgesetzes als auch die historische Betrachtung der Sozialisierung, die auf die Verwirklichung eines zum Kapitalismus alternativen Wirtschaftssystems ausgelegt ist. Die Enteignung ist nach ihrer Entstehungsgeschichte ein Instrument, verkaufsunwilligen Eigentümern zur Verwirklichung besonders wichtiger Vorhaben das Eigentum entziehen zu können. Schließlich ist die Enteignung nur deshalb *ultima ratio*, da der Staat zunächst auf dem privatrechtlichen Wege versuchen soll, an den benötigten Gegenstand zu gelangen. Erst wenn dies fehlschlägt, darf enteignet werden. Solche Erwägungen sind indes nicht Ausgangspunkt und Zielsetzung eines Gesetzes nach Art. 15 GG.

---

732 *Maurer/Waldhoff*, Allgemeines Verwaltungsrecht, § 27 Rn. 55.

733 *Detterbeck*, Öffentliches Recht, Rn. 533.

734 *Hamann*, Wirtschaftsverfassungsrecht, S. 166.

6. Veränderung der Bewirtschaftungsweise

Die Enteignung lässt im Regelfall die (kapitalistische) Bewirtschaftungsform des enteigneten Gegenstandes unberührt. Der Staat bedient sich stattdessen zur Erfüllung seiner Aufgaben dieser Bewirtschaftungsweise. Im Gegensatz dazu ist der Gesetzgeber bei Art. 15 GG verpflichtet, die Bewirtschaftungsform an gemeinwohlbasierten Forderungen und Bedürfnissen auszurichten.[735] Diese Verpflichtung ergibt sich daraus, dass der Gesetzgeber die überführten Objekte nur in Gemeineigentum oder andere Formen der Gemeinwirtschaft überführen darf. Reine Verstaatlichungen sind dem Gesetzgeber über Art. 15 GG verwehrt. Der Staat darf sich daher über Art. 15 GG nur in den Besitz derjenigen Objekte bringen, wenn er diese der Allgemeinheit durch Gemeinwirtschaft zur Verfügung stellen will. Die Veränderung der Bewirtschaftungsform ist damit ein entscheidendes Kriterium eines Gesetzes nach Art. 15 GG.[736]

7. Zwischenergebnis

Art. 15 GG unterscheidet sich von der Enteignung hinsichtlich Voraussetzungen, Formtypik und Zielsetzung erheblich.[737] Art. 15 GG liegt ein anderer Anknüpfungspunkt als Art. 14 Abs. 3 GG zugrunde. Für die Eigenständigkeit des Rechtsinstitut spricht im Übrigen auch, dass Art. 74 Abs. 1 GG Enteignung (Nr. 14) und Überführung in Gemeinwirtschaft (Nr. 15) als jeweils selbstständige Kompetenzfelder aufführt.[738] Ein Gesetz nach Art. 15 GG erfolgt im Unterschied zur Legalenteignung abstrakt generell und zielt auch auf ganze Wirtschaftszweige ab, nicht nur auf Einzelbetriebe.[739] Ebenfalls spricht die selbstständige grundgesetzliche Verortung des Art. 15 GG neben Art. 14 GG für ein eigenständiges Rechtsinstitut.[740] Ferner sprechen die Entstehungsgeschichte der Enteignung sowie des Art. 15 GG für zwei unterschiedliche Rechtsformen. Sofern im Parlamentarischen Rat zeitweise sprachliche Annäherungen zwischen den beiden Rechtsinstituten

---

735 *Lörler*, NJ 2019, 273 (275).
736 *Rittstieg*, in: Alternativer Kommentar zum Grundgesetz, Art. 14/15 Rn. 236.
737 *Sodan/Ferlemann*, LKV 2019, 193 (194).
738 *Klöpfer*, NJW 2019, 1656 (1658).
739 *Klöpfer*, Staatsrecht, Band II, Grundrechte, § 72 Rn. 179.
740 Parlamentarischer Rat, Akten und Protokolle, Band 5/1, Ausschuss für Grundsatzfragen, S. 214.

bestanden, wurden sie aufgehoben. Art. 15 GG ist daher nicht als Sonderfall der Enteignung zu verstehen. Ein Gesetz nach Art. 15 GG folgt vielmehr eigenen Regeln.[741]

E. Art. 15 GG in der Rechtsprechung

Bislang hat sich das Bundesverfassungsgericht nur im Volkswagenurteil[742] vom 17.05.1961 länger zu Art. 15 GG geäußert. Danach enthält Art. 15 GG keinen Verfassungsauftrag zur Sozialisierung, sondern nur eine Ermächtigung zugunsten des Gesetzgebers.[743] Ob und in welchem Umfang er von der Ermächtigung Gebrauch mache, müsse seiner politischen Entscheidung überlassen bleiben. Keinesfalls enthalte Art. 15 GG ein Gebot, ab Inkrafttreten des Grundgesetzes alles zu unterlassen, was eine mögliche Anwendung des Art. 15 GG erschwere. Auch ergebe sich aus Art. 15 GG nicht,

> *„dass Unternehmen, die nach Art. 15 GG sozialisiert werden könnten, nicht mehr privatisiert werden dürften, wenn sie Staatseigentum sind“.*[744]

Ebenfalls normiere Art. 15 GG nicht, dass dies der einzige Weg für den Gesetzgeber sei, Eigentum an Produktionsmitteln bzw. überführungsfähigen Wirtschaftszweigen oder den sonstigen in Art. 15 GG genannten Objekten neu zu ordnen. Derart grundsätzliche Beschränkungen der wirtschaftspolitischen Entscheidungsfreiheit des Gesetzgebers resultierten weder aus dem Wortlaut noch aus der Entstehungsgeschichte oder dem Sinn des Art. 15 GG.[745] Allerdings stelle Art. 15 GG ebenso wie Art. 14 Abs. 3 GG und Art. 18 GG eine traditionelle Beschränkung des Eigentums dar.[746]

---

741 Art. 15 GG ist nicht *lex specialis* zu Art. 14 Abs. 3 GG. Zwar äußerte *Greve* (SPD) dies im Parlamentarischen Rat. Seine Äußerung erfolgte jedoch zu einem Zeitpunkt, als Art. 15 GG den Zusatz *„im Wege der Enteignung“* enthielt und damit noch der Enteignung besonders angenähert war. Als Unterfall der Enteignung ginge Art. 15 GG als *lex specialis* vor. Allerdings strich man den Zusatz und formte Art. 15 GG als eigenständiges Rechtsinstitut aus. Somit bildet Art. 15 GG kein *lex speciales* gegenüber Art. 14 Abs. 3 GG, Parlamentarischer Rat, Akten und Protokolle, Band 14/1, Verhandlungen des Hauptausschusses, S. 537.

742 BVerfGE 12, 354 (354 ff.).

743 BVerfGE 12, 354 (363 f.).

744 BVerfGE 12, 354 (364).

745 BVerfGE 12, 354 (364).

746 BVerfGE 22, 387 (422).

Bei der Auslegung von Verfassungsnormen sind nach dem Bundesverfassungsgericht allerdings auch immer die Umstände der jeweiligen Zeit zu berücksichtigen. Verfassungen sind dazu bestimmt, den Zustand einer politischen Gemeinschaft möglichst langfristig und auf Dauer zu ordnen.[747] Um dies zu gewährleisten, kann sich die Interpretation einer Verfassungsnorm über die Zeit verändern und sogar zur einer Sinnveränderung führen.[748] So bildete die interpretatorische Weiterentwicklung der Grundrechte immer schon einen der Hauptgegenstände der bundesverfassungsgerichtlichen Auslegung.[749] Auch ist nach Ansicht des Bundesverfassungsgerichts zu berücksichtigen, welche vernünftige Funktion die jeweilige Norm im Zeitpunkt der Anwendung haben kann. Nach seiner Auffassung

> *„[stehen] Verfassungsnormen [...] ständig im Kontext der sozialen Verhältnisse und der gesellschaftlich-politischen Anschauungen, auf die sie wirken sollen. Ihr Inhalt und Bedeutung kann und muss sich mit ihnen wandeln. Das gilt besonders, wenn sich zwischen Entstehung und Anwendung eines Gesetzes die Lebensverhältnisse und Rechtsanschauungen so tiefgreifend geändert haben wie im vergangenen und jetzigen Jahrhundert. Ein hiernach möglicher Konflikt der Norm mit den materiellen Gerechtigkeitsvorstellungen einer gewandelten Gesellschaft kann sich ein Richter nicht mit dem Hinweis auf den unverändert gebliebenen Gesetzeswortlaut entziehen. Er ist zur freien Handhabung der Rechtsnormen gezwungen, wenn er nicht seine Aufgabe „Recht" zu sprechen, verfehlen will."*[750]

Dies gilt besonders auch für Art. 15 GG, da er bisher noch nie als Ermächtigungsgrundlage gedient hat und daher über keinen gefestigten Anwendungsbereich verfügt.

747 *Volkmann*, JZ 2018, 265 (265).

748 *Pschorr/Spanner*, DÖV 2020, 91 (92), die auf den Verfassungswandel in Bezug auf Homosexualität abstellen.

749 *Volkmann*, JZ 2018, 265 (269).

750 BVerfGE 34, 269 (289); *Kühling/Litterst*, DVBl. 2022, 871 (873).

Kapitel 3 – Inhalt des Art. 15 GG

Nachdem im vorstehenden Kapitel untersucht wurde, welche Rechtsnatur dem Art. 15 GG zukommt und wie er von anderen Verfassungsinstituten abgegrenzt werden kann, werden nunmehr Inhalt und Anwendungsbereich der Norm näher ermittelt. Sodann werden die einzelnen Tatbestandsmerkmale im Lichte des Normengehaltes ausgelegt und interpretiert. Anschließend werden die Zwecke dargestellt, welche mit Art. 15 GG verfolgt oder auch nicht verfolgt werden dürfen.

A. Zugriff aufgrund besonderer Sozialbindung

Das Grundgesetz nennt drei Objekte, auf welche der Gesetzgeber im Rahmen des Art. 15 GG zugreifen darf. Dies sind Grund und Boden, Naturschätze und Produktionsmittel. Sie sind enumerativ aufgezählt, weitere Objekte nennt das Grundgesetz nicht.[751] Neben Privateigentum sind auch Bundes- oder Landeseigentum überführungsfähig[752].

Bei diesen Objekten handelt es sich um solche von überragender Bedeutung für den Menschen und zugleich für die Allgemeinheit.[753] Denn Grund und Boden wie auch Naturschätze befriedigen die menschlichen Grundbedürfnisse nach Wohnen (Grund), Nahrung (Boden), Heizen, Wasser, Strom oder sonstiger Grundversorgung (Naturschätze). Die Produktionsmittel hingegen sind notwendig im Arbeitsprozess und damit Grundlage eines eigenverantwortlichen Einkommens der Menschen. Durch das Pri-

751 *Huber*, Wirtschaftsverwaltungsrecht, S. 164; *Durner*, in: Dürig/Herzog/Scholz, Kommentar zum Grundgesetz, Art. 15 Rn. 29; *Becker*, in: Stern/Becker, Grundrechte-Kommentar, Art. 15 Rn. 16.

752 *Durner*, in: Dürig/Herzog/Scholz, Kommentar zum Grundgesetz, Art. 15 Rn. 31; *Huber*, Wirtschaftsverwaltungsrecht, S. 167 f.; *Freiherr v. Gamm*, GRUR 1959, 303 (303); *Schliesky*, in: Bonner Kommentar zum Grundgesetz, Art. 15 Rn. 19. *Schell*, Art. 15 GG im Verfassungsgefüge, S. 138; Beratung des mündlichen Berichts des Ausschusses gemäß Art. 15 GG über den Antrag der Fraktion CDU/CSU betreffend Neuordnung des Kohlenbergbaus, 1950, zitiert nach *Konegen/Kracht*, Sozialismus und Sozialisierung, S. 157; Parlamentarischer Rat, Akten und Protokolle, Band 14/1, Verhandlungen des Hauptausschusses, S. 536.

753 *Tuschl*, Verstaatlichung von Banken, S. 289.

vateigentum an den in Art. 15 GG genannten Objekten können jedoch die Eigentümer die vielen Nichteigentümer von der Nutzung dieser Objekte und damit von der Befriedigung vorgenannter Grundbedürfnisse ausschließen. Da die Grundbedürfnisse jedoch weiterhin für die Nichteigentümer bestehen bleiben, können Eigentümer durch ihr Eigentum Verfügungsgewalt über andere Menschen ausüben. Denn die Nichteigentümer müssen sich zur Befriedigung ihrer Bedürfnisse in die Abhängigkeit der Eigentümer begeben. Aus diesem Grund lässt Art. 15 GG ausnahmsweise die Durchbrechung der Eigentumsordnung zu. Er unterstreicht daher als Konkretisierung des Art. 14 Abs. 2 GG die besondere Sozialpflichtigkeit von Grund und Boden, Naturschätzen und Produktionsmitteln.[754] Es sind knappe oder notwendige Güter, die nicht in beliebigem Umfang hergestellt oder verwendet werden können. Zugleich realisieren sich in ihnen besonders deutlich Macht- und Verteilungs-[755] und auch gesellschaftliche Fragen. Aufgrund dieser für die Allgemeinheit herausragenden Bedeutung erlaubt Art. 15 GG den Zugriff grundsätzlich, soweit durch Privateigentum an diesen Objekten viele Menschen durch Wenige von der Erfüllung elementarer Grundbedürfnisse ausgeschlossen oder behindert werden.

I. Grund und Boden

Grund und Boden sind Grundlagen für jede selbstbestimmte Lebensführung, selbst wenn in der Bundesrepublik Deutschland derzeit nur gerade etwa 42,1 % der Bundesbürger über Wohneigentum verfügen.[756] Das Bedürfnis nach Grund und Boden, insbesondere einer eigenen Wohnung, steht jedoch außer Frage.

Eigentum an Grund und Boden erlaubt es dem jeweiligen Eigentümer, dieses nach seinen Vorstellungen zu nutzen. Zudem ist der Eigentümer auch befugt, andere von der Nutzung seines Eigentums auszuschließen, § 903 Abs. 1 BGB. Ebenfalls nimmt nur der Eigentümer an einer Wertsteigerung des Grundstücks teil, was zu einer weiteren Schlechterstellung der Ausgeschlossenen führt. Außerdem birgt diese *„parzellierte Privatisierung“*

754 *Krüger*, in: Bettermann/Nipperdey/Scheuner, Die Grundrechte, S. 306; *Ridder*, in: VVDStRL 10 (1951), S. 137.

755 *Röhmer*, KJ 2020, 16 (18).

756 Destatis, zuletzt abgerufen am 07.08.2022 unter https://de.statista.com/statistik/daten/studie/155713/umfrage/anteil-der-buerger-mit-wohneigentum-nach-bundesland/.

die Gefahr, dass zugunsten der wenigen Eigentümer der soziale Lebensbereich der vielen Nichteigentümer gefährdet wird. Denn die Nichteigentümer müssten sich hinsichtlich ihres Wohnbedürfnisses den wenigen Eigentümern durch Mietverträge unterwerfen.[757] Auch wird durch die Baufreiheit der wenigen Eigentümer den vielen Nichteigentümern die Struktur und Anlage von Wohnsiedlungen vorgeschrieben. Denn der (potentielle) Mieter hat darauf selbst keinen Einfluss. Daher muss Grundeigentum deutlich stärker sozial eingebunden werden als bewegliche Güter.[758] Unter anderem aus diesen Gründen betont das Bundesverfassungsgericht ein besonders hohes Maß an sozialer Eingebundenheit hinsichtlich des Bodens.[759] Besonders die Tatsache,

> *„dass Grund und Boden unvermehrbar und unentbehrlich sind, verbiete[t] es, diese Nutzung dem unübersehbaren Spiel der freien Kräfte und dem Belieben des Einzelnen vollständig zu überlassen“.*[760]

Eine gerechte Rechts- und Gesellschaftsordnung zwinge den Gesetzgeber vielmehr,[761] die Interessen der Allgemeinheit bei der Ordnung und Verteilung des Bodens in weit stärkerem Maße zur Geltung zu bringen als bei anderen Vermögensgütern. Daher seien Grund und Boden weder volkswirtschaftlich noch hinsichtlich der sozialen Bedeutung mit anderen Vermögenswerten gleichzustellen. Sie können im Rechtsverkehr nicht wie eine mobile Ware behandelt werden.[762] Damit folgt aus Art. 14 Abs. 1 S. 2 GG in Verbindung mit Art. 3 GG auch nicht die Verpflichtung des Gesetzgebers, alle geldwerten Vermögensgüter den gleichen rechtlichen Grundsätzen zu unterwerfen.[763]

Wohnraum weist in seiner Funktion als menschlicher Lebensmittelpunkt zusätzlich eine hohe soziale Bedeutung auf.[764] Das Grundgesetz schützt

---

757 *Thiel*, Grundflächen und Rohstoffe im Spannungsfeld zwischen Privat- und Gemeineigentum, S. 50.

758 *Thiel*, Grundflächen und Rohstoffe im Spannungsfeld zwischen Privat- und Gemeineigentum, S. 50.

759 BVerfGE 21, 73 (83) bezieht sich auf Parlamentarischer Rat, Akten und Protokolle, Band 5/1, Ausschuss für Grundsatzfragen, S. 199; *Badura*, Staatsrecht, C 85.

760 BVerfGE 52, 1 (32 f.).

761 BVerfGE 104, 1 (11).

762 BVerfGE 52, 1 (38).

763 BVerfGE 21, 73 (83).

764 BVerfGE 37, 132 (141 f.); BVerfG, Nichtannahmebeschluss vom 18.07.2019 – 1 BvR 1/18 -, juris, Rn. 71; *Dietlein*, in: Stern, Staatsrecht der Bundesrepublik Deutschland, Band IV/1, S. 2229 f.

zudem durch Art. 13 Abs. 1 GG die Wohnung als solche Räume, die der allgemeinen Zugänglichkeit durch räumliche Abschottung entzogen und zur Stätte privaten Wirkens gemacht sind.[765] Auf dieses Grundrecht kann sich auch der Mieter einer Wohnung berufen.[766]

Allerdings genießt auch das Grundeigentum trotz seiner gesteigerten Sozialpflichtigkeit den vollen Schutz des Art. 14 Abs. 1 S. 1 GG. Damit ist auch hier die Privatnützigkeit grundsätzlich zu achten.[767] Denn Grund und Boden sind zugleich die Basis einer ökonomischen Absicherung des jeweiligen Eigentümers.[768] Die Sozialbindung darf nicht dazu führen, dass andere unter diesem Schutz auf Kosten des Eigentümers ihre wirtschaftlichen Positionen verbessern.[769] Insbesondere da, wo Grundeigentum bereits einer selbstbestimmten menschlichen Bedürfnisbefriedigung nach Wohnen dient, erfüllt sich die gehobene Sozialpflichtigkeit von Grund und Boden bereits.

II. Produktionsmittel

Auch Produktionsmittel sind in hohem Maß sozial eingebunden, da sie dem Einzelnen die selbstbestimmte Tätigkeit zur Schaffung einer Lebensgrundlage ermöglichen.

---

765 *Detterbeck*, Öffentliches Recht, Rn. 487 f.; *Kingreen/Poscher*, Grundrechte Staatsrecht II, Rn. 1155; Die Wohnungsgesellschaften können sich indes nicht auf Art. 13 GG berufen. Art. 13 Abs. 1 GG schützt die Wohnung als Teil der privaten Lebensführung. Dem Staat ist damit verwehrt, grundlos in die privaten Belange seiner Bürger einzugreifen. Art. 13 Abs. 1 GG gewährleistet so das Recht, „*in Ruhe gelassen zu werden*“. Art. 13 Abs. 7 GG lässt Eingriffe in die Unverletzlichkeit der Wohnung nur zu, wenn diese zur Verhütung dringender Gefahren für die öffentliche Sicherheit und Ordnung, insbesondere zur Behebung der Raumnot, vorgenommen werden. Art. 13 Abs. 7 GG gestattet so den Eingriff in die Unverletzlichkeit der Wohnung, nicht aber den Entzug der Wohnung, *Kühne*, in: Sachs, Kommentar zum Grundgesetz, Art. 13 Rn. 10.

766 BVerfGE 89, 1 (1 ff.).

767 *Leisner*, Sozialbindung des Eigentums, S. 35.

768 *Leisner*, Sozialbindung des Eigentums, S. 35.

769 *Leisner*, NJW 1975, 233 (237).

1. Unmittelbare Produktionsmittel

Eine möglichst breite Verteilung der unmittelbaren Produktionsmittel über alle Gesellschaftsschichten stellt auch heute eine Notwendigkeit unseres Gesellschaftssystems dar.[770] Unmittelbare Produktionsmittel sind dabei solche, die dem Produktionsprozess dienen, also Betriebsanlagen, Gebäude, Maschinen und Werkzeuge.[771] Aber auch die für Produktion verwendeten Betriebsmittel, Rohstoffe oder Halbfabrikate und die in der Produktion eingesetzten Patente und Warenzeichen werden von den Produktionsmitteln umfasst.[772] Privates Eigentum an Produktionsmitteln verhilft dabei nicht nur zur Vergrößerung der finanziellen und sozialen Sicherheit in Form von Anlagevermögen, es fördert auch das Gefühl der Eigenständigkeit und die gesellschaftliche Stellung des Einzelnen.[773] Den unmittelbaren Produktionsmitteln kommt daher eine besondere soziale Bedeutung zu. Ihre Verteilung dezentralisiert den Wirtschaftsprozess und verhindert wirtschaftliche Macht- und Monopolstellungen.[774] Es gefährdet deshalb die gesellschaftliche Ordnung, wenn viele Produktionsmittel in den Händen Weniger liegen.[775] Die gesellschaftliche Ordnung lebt vielmehr von einem möglichst weit gestreuten Produktionsmitteleigentum.[776] Dementsprechend betont auch das Bundesverfassungsgericht, dass zumindest bestimmtem unternehmerischen Eigentum ein besonders ausgeprägter sozialer Bezug zukommt, bei welchem der Eigentumsschutz in seiner Bedeutung als Freiheitsgrundrecht beschränkt sei.[777]

---

770 *Friauf*, DÖV 1976, 624 (629); *Küng*, Eigentum und Eigentumsbildung, zitiert nach *Höfer/Witte*, Produktiveigentum, S. 60.

771 *Hamann*, Wirtschaftsverfassungsrecht, S 166; *Engels*, BKR 2009, 365 (367).

772 *Wendt*, in: Sachs, Kommentar zum Grundgesetz, Art. 15 Rn. 9; *Huber*, Wirtschaftsverwaltungsrecht, S. 151; *Detterbeck*, Öffentliches Recht, Rn. 537.

773 *Schmölders* Eigentum und Eigentumspolitik, zitiert nach *Höfer/Witte*, Produktiveigentum, S. 17.

774 *Friauf*, DÖV 1976, 624 (628).

775 *Friauf*, DÖV 1976, 624 (628); *Höfer/Witte*, Produktiveigentum, S. 56.

776 *Höfer/Witte*, Produktiveigentum, S. 56.

777 BVerfGE 143, 246 (351).

2. Anteilseigentum

Eine intensive Sozialbindung hat das Bundesverfassungsgericht im Mitbestimmungsurteil[778] auch bei Anteilseigentum betont.[779] Zunächst unterfällt das Anteilseigentum an Unternehmen dem Schutzbereich des Art. 14 Abs. 1 S. 1 GG.[780] Dennoch untergliedere sich das Anteilseigentum in mitgliedschaftliche und vermögensrechtliche Elemente.[781] Das Gesellschaftsrecht begrenze die vermögenswerten Elemente, die durch die Mitgliedschaftsrechte vermittelt werden. Der Anteilsinhaber könne sein Eigentum regelmäßig nicht unmittelbar nutzen, da ihm die vermittelten Verfügungsbefugnisse nur mittelbar über die Gesellschaftsorgane zustünden. Das Gesellschaftseigentum variiere dazu nach der konkreten rechtlichen Ausgestaltung, sodass im Ergebnis bereits keine derart vollwertige Beziehung zu dem Vermögensgegenstand bestehe wie bei Sacheigentum.[782]

Das Gesellschaftsrecht verleihe hinsichtlich des Aktienrechts der Gesamtheit der Anteilsinhaber das Recht zur Wahl der Aufsichtsratsmitglieder. Damit habe die Gesamtheit der Anteilsinhaber eine Herrschaftsbefugnis von einigem Gewicht. Dieses Recht werde bei Gesellschaftsformen durch die Möglichkeit zur Bestellung und Abberufung von Mitgliedern der Vertretungsorgane noch gesteigert.[783] Mit dem Anteilseigentum hat dessen Inhaber einen maßgeblichen Einfluss auf das Unternehmen,[784] insbesondere auf die Verwendung der Produktionsmittel und die Arbeitnehmer. Durch die Wahl des Vorstandes und dessen beabsichtigte Unternehmensführung könnten die Anteilsinhaber mittelbar auch darüber abstimmen, wie viele Arbeitnehmer im Unternehmen beschäftigt bleiben.

Diese dem Anteilseigentum innewohnende Macht hat das Bundesverfassungsgericht erkannt. Die Funktion des Anteilseigentums als Kapitalanlage gehe insoweit wesentlich über die Aufgabe des privaten Eigentums hinaus, dem Grundrechtsträger einen Freiheitsraum im vermögensrechtlichen Bereich zu sichern. Der soziale Bezug des Anteilseigentums zeige sich bereits auch darin, dass es in der Regel nur in der Gemeinschaft mit anderen in einer Gesellschaft ausgeübt werden könne. Das Anteilseigentum begründe

778 BVerfGE 50, 290 (290 ff.).
779 BVerfGE 50, 290 (340 f.).
780 BVerfGE 50, 290 (340).
781 BVerfGE 14, 263 (276); 50, 290 (340 f.).
782 BVerfGE 14, 263 (278 f.); 50, 290 (342).
783 BVerfGE 50, 290 (341).
784 BVerfGE 50, 290 (341).

daher besondere Herrschaftsformen des Eigentümers bzw. Anteilseigners, die im Wege der arbeitsrechtlichen Mitbestimmung kontrolliert werden müssten und dürften. Wer sein privates Eigentum nur mit Hilfe anderer ökonomisch sinnvoll nutzen kann, muss diesen einen bestimmten Einfluss zubilligen.[785]

B. Wohnungen als sozialisierungsfähige Gegenstände

Nach den vorstehenden Ausführungen lässt Art. 15 GG den Zugriff wegen der besonderen Sozialpflichtigkeit der dort genannten Gegenstände zu. Daher könnten auch Wohnungen in den Anwendungsbereich der Norm fallen. Es wird deshalb im Folgenden erörtert, ob und in welcher (Rechts-)Form Wohnungen unter die in Art. 15 GG genannten Objekte fallen.

I. Grundstücke, auf denen Wohngebäude errichtet sind

Nach Auffassung der Bürgerinitiative seien Wohnungen als Grund und Boden überführungsfähig. Dabei geht die Bürgerinitiative davon aus, dass die betroffenen Unternehmen Eigentümer der zugrundeliegenden Grundstücke und damit auch Eigentümer der Wohnungen seien. Rechtlich betrachtet sind Wohnungen als solche grundsätzlich jedoch nicht separat überführungsfähig, da sie gem. § 94 Abs. 1 BGB Teil des Gebäudes und damit Teil eines Grundstücks sind. Daher ist grundsätzlich das zugrundeliegende Grundstück in Gemeineigentum zu überführen. Insoweit hält man die Wohnungen auch in weiten Teilen der Literatur für überführungsfähig.[786]

Dabei ist fraglich, was von Grund und Boden umfasst wird. Zum Teil wird vertreten, für den Begriff „*Grund und Boden*" sei auf Grundstücke im Rechtssinne abzustellen, also auf einen katastermäßig vermessenen und bezeichneten Teil des Erdbodens, der im Grundbuch als Grundstück, entweder auf einem besonderen Grundbuchblatt oder unter einer besonderen Nummer auf einem gemeinschaftlichen Grundbuchblatt eingetragen ist.[787]

---

785 *Dietlein*, in: Stern, Staatsrecht der Bundesrepublik Deutschland, Band IV/1, S. 2230.

786 *Klöpfer*, NJW 2019, 1656 (1658); *Schede/Schuldt*, ZRP 2019, 78 (79); *Haaß*, LKV 2019, 145 (146); *Lörler*, NJ 2019, 273 (275); *Thiel*, ZfBR 2021, 523 (528); a. A. *Sodan/Ferlemann*, LKV 2019, 193 (195), die Wohnungen für nicht überführungsfähig halten.

787 *Baur/Stürner*, Sachenrecht, 15 Rn. 18.

Teilweise werden Grund und Boden auch synonym verwendet,[788] etwa um einen umfassenden Begriffsinhalt zu beschreiben, zum anderen aber auch zur Betonung des Werts und der Bedeutung des Gegenstandes.[789]

Teilweise wird jedoch auch differenziert. „*Grund*" stehe synonym für Grundstück, Grundverkehr, Grundbuch, Grundsteuer und Grundrente.[790] „*Boden*" hingegen sei die Bezeichnung der Erdoberfläche in Aufbau und wirtschaftlicher Verwendbarkeit, etwa durch Bodenschätze, Bodennutzung, Erdboden, Bodenrecht, Bodenschätzung und Bodenreform.[791] Andere unterteilen Grund und Boden nach der landwirtschaftlichen bzw. ihrer baurechtlichen Nutzungsmöglichkeit.[792] Danach sei „*Grund*" der Baugrund, auf dem ein Gebäude errichtet werde, „*Boden*" hingegen der zu bestellende Acker.[793] Letzteres entspricht dem Verständnis von *Marx*.[794]

Grund und Boden sind hingegen nicht mit Grundstücken gleichzusetzen. Für diese Auffassung kann insbesondere § 94 Abs. 1 BGB herangezogen werden. Danach zählen zu den wesentlichen Bestandteilen eines Grundstücks die *mit dem Grund und Boden* fest verbundenen Sachen. Grundstück unterscheidet sich nach dem BGB damit von Grund und Boden. Stattdessen ist Grund und Boden als etwas Tatsächliches,[795] nämlich der Bodengrund als solcher zu verstehen; nicht jedoch nur als vermessener Teil der Erdoberfläche. Es kommt auf die Beschaffenheit als Teil der Erdoberfläche an.[796] Somit werden von „*Grund und Boden*" nicht nur Grundstücke, sondern auch unvermessene oder nicht katastermäßig registrierte Felder und Flächen umfasst.

Allerdings umfasst „*Grund und Boden*" auch einzelne Grundstücke. Soweit diese in Gemeineigentum überführt werden, gehen ebenfalls die mit dem Grundstück zusammenhängenden Bestandsteile (§ 94 BGB) und Zu-

788 *Schell*, Art. 15 GG im Verfassungsgefüge, S. 111.

789 *Ahlers*, Sozialisierung von Grund und Boden, S. 88.

790 *Ahlers*, Sozialisierung von Grund und Boden, S. 88.

791 *Schell*, Art. 15 GG im Verfassungsgefüge, S. 112.

792 *Thiel*, Grundflächen und Rohstoffe im Spannungsfeld zwischen Privat- und Gemeineigentum, S. 27.

793 *Schliesky*, in: Bonner Kommentar zum Grundgesetz, Art. 15 Rn. 23.

794 *Marx*, Das Kapital, S. 687 ff.

795 So auch *Krüger*, in: Bettermann/Nipperdey/Scheuner, Die Grundrechte, S. 303, der jeden in Art. 15 GG genannten Gegenstand in seiner natürlichen und ökonomischen Beschaffenheit verstanden haben will.

796 *Ahlers*, Sozialisierung von Grund und Boden, S. 89.

behör (§§ 97, 98 BGB) über.[797] Dasselbe gilt gem. § 96 BGB für die auf dem Grundstück eingetragenen dinglichen Rechte an einem Grundstück,[798] etwa Grunddienstbarkeiten nach § 1018 ff. BGB, das Recht auf Duldung des Überbaus nach § 912 BGB und das Notwegerecht nach § 917 BGB.[799] Diese gelten nach § 96 BGB als Bestandteil des Grundstücks.[800] Ein Gesetz nach Art. 15 GG führt zugleich auch zum Übergang anderer eingetragener Rechte[801] und eingetragener Belastungen, etwa Grundschulden, Hypotheken und Reallasten.

II. Zwischenergebnis

Art. 15 GG stellt auf die tatsächliche Funktion und Bedeutung des Bodens für den Menschen ab, nicht auf einen juristischen Begriff. „*Grund und Boden*" in Art. 15 GG zu verwenden zeigt somit deutlich, dass es sich primär um politisch motiviertes Handeln und weniger um juristische Formulierungen handelt. Grundstücke und darauf errichtete Wohnhäuser sind daher unter Grund und Boden zu fassen.[802] Anknüpfungspunkt ist der tatsächliche Baugrund, nicht das Grundstück im Rechtssinne.

III. Erbbaurechte und Wohnungseigentumsrecht als sozialisierungsfähige Gegenstände

Fraglich ist, ob auch Rechte wie Erbbaurechte oder das Eigentum nach WEG unter die in Art. 15 GG genannten Objekte fallen. Zwar wird vertreten, Erbbaurechte fielen darunter,[803] da sie Teil von Grund und Boden seien.[804] Dem ist zumindest dann zuzustimmen, wenn sie bereits auf einem

797 *Wieland*, in: Dreier, Kommentar zum Grundgesetz, Art. 15 Rn. 20; *Schell*, Art. 15 GG im Verfassungsgefüge, S. 111; *Becker*, in: Stern/Becker, Grundrechte-Kommentar, Art. 15 Rn. 17; *Hamann*, Wirtschaftsverfassungsrecht, S. 166; *Gröpl*, in: Gröpl/Windthorst/von Coelln, Studienkommentar zum Grundgesetz, Art. 15 Rn. 8; *Thiel*, ZfBR 2021, 523 (528).

798 *Ellenberger*, in: Grüneberg, Kommentar zum BGB, § 96 Rn. 1.

799 *Wieland*, in: Dreier, Kommentar zum Grundgesetz, Art. 15 Rn. 20.

800 *Drohsel*, KJ 2020, 30 (34).

801 *Durner*, in: Dürig/Herzog/Scholz, Kommentar zum Grundgesetz, Art. 15 Rn. 33.

802 *Röhmer*, KJ 2020, 16 (18).

803 *Becker*, in: Stern/Becker, Grundrechte-Kommentar, Art. 15 Rn. 17.

804 *Becker*, in: Stern/Becker, Grundrechte-Kommentar, Art. 15 Rn. 17.

zu überführenden Grundstück eingetragen sind. Anders könnte es jedoch sein, wenn das Erbbaurecht oder Eigentum nach WEG selbst überführt werden soll.

1. Erbbaurecht und Wohnungseigentum als Grund und Boden

Erbbaurechte sind Nutzungsrechte an einem Grundstück oder einem Grundstücksteil. Bei Erbbaurechten wird das auf dem Grund und Boden errichtete Gebäude rechtlich vom Grundstück getrennt.[805] Das Gebäude *„steht"* rechtlich gesehen auf dem Erbbaurecht. Damit fallen Grundstücks- und Gebäudeeigentümer auseinander. Ähnliches gilt für Eigentum nach dem WEG. Das Wohnungseigentum wurde durch das Wohnungseigentumsgesetz vom 15.03.1951 geschaffen. Es sollte eine breite Streuung von Wohneigentum ermöglichen und war als Institut dem bürgerlichen Recht bis dahin unbekannt.[806] Mit dem WEG wird ebenso wie beim Erbbaurecht die Möglichkeit geschaffen, Eigentum an Wohnungen unabhängig von Grundeigentum zu erwerben. Wie das Erbbaurecht führt es zu einer Durchbrechung des § 94 Abs. 1 BGB. Dennoch könnten beide möglicherweise unter *„Grund und Boden"* subsumiert werden.

a. Erbbaurecht als Grund und Boden

Grund und Boden in Bezug auf Erbbaurechte kann zunächst dahingehend verstanden werden, dass ein *„Grund"* als solcher in Gemeineigentum übergehen soll, unabhängig von seiner rechtlichen Zugehörigkeit. Daher wird zum Teil die Überführungsfähigkeit von Erbbaurechten bejaht.[807] Für diese Auffassung spricht, dass bei Entstehung des Grundgesetzes Grund und Boden dringend für den Wiederaufbau von Wohnungen und Betriebsstätten benötigt wurden, um sowohl den Flüchtlingsstrom aus den östlichen Teilen des Deutschen Reichs abzufangen[808] als auch der allgemeinen Wohnungsnot nach der Kriegszerstörung zu begegnen. Zur Lösung musste dem Ge-

805 *Hustedt*, in: Ingenstau/Hustedt, Kommentar zum Erbbaurecht, § 1 Rn. 24.
806 *v. Brünneck*, Eigentumsgarantie, S. 119.
807 *Schell*, Art. 15 GG im Verfassungsgefüge, S. 113.
808 *Schell*, Art. 15 GG im Verfassungsgefüge, S. 113 ff.

setzgeber ein breites bodenrechtliches Werkzeug zur Verfügung stehen.[809] Die Aufnahme von „*Grund und Boden*" in den Art. 15 GG sollte dem Gesetzgeber die Möglichkeit zur Überführung in Gemeinwirtschaft eröffnen und so die Kommunalisierung des Bodens unter Trennung von Bauwerk und Boden fördern.[810]

Dieser Sichtweise muss jedoch entgegengehalten werden, dass Art. 15 GG ausdrücklich nur Grund und Boden als überführungsfähige Objekte kennt. Grund und Boden beziehen sich auf die tatsächliche Funktion des Bodens für Menschen als notwendigen Baugrund oder bestellbaren Feldboden. Eingetragene Nutzungsrechte wie Erbbaurechte oder Eigentum nach WEG sind nicht gleichzusetzen mit der tatsächlichen Funktion von Grund und Boden.

Gegen die Überführung von Erbbaurechten spricht auch, dass die Bezeichnung „*Grund und Boden*" wesentlich älter ist als das Erbbaurecht. Das Erbbaurecht fand erstmals in den §§ 1012 ff. BGB Einzug in die Rechtswirklichkeit. Grund und Boden als Synonym wurden jedoch schon vor 1900 verwendet.[811] Erbbaurechte unterfallen daher nicht dem Begriff Grund und Boden.[812] Ist nun beabsichtigt, die auf einem Erbbaurecht befindlichen Gebäude zu überführen, ist zunächst das Grundstück zu überführen. In diesem Fall ginge das Erbbaurecht auf den neuen Träger über. Anknüp-

809 *Schell*, Art. 15 GG im Verfassungsgefüge, S. 114; *Thiel*, Grundflächen und Rohstoffe im Spannungsfeld zwischen Privat- und Gemeineigentum, S. 28.

810 *Schell*, Art. 15 GG im Verfassungsgefüge, S. 114; *Ahlers*, Sozialisierung von Grund und Boden, S. 91; a. A. *Kühling/Litterst*, DVBl. 2022, 871 (879).

811 Schon das Allgemeine Preußische Landrecht von 1794 verwendet als Begriffspaar „*Grund und Boden*". Nach § 65 des achten Titels („*Vom Eigenthum*") war der Eigentümer in der Regel befugt, seinen Grund und Boden mit einem Gebäude zu besetzen oder sein Gebäude zu verändern. Systematisch wurde dieser § 65 unter die Beschränkungen des Eigentümers aufgenommen, da der Bau auf seinem Grund und Boden auch untersagt werden konnte. Auffallend ist, dass Grund und Boden im Allgemeinen Preußischen Landrecht regelmäßig zugleich den Boden als solchen meint, also eine Trennung in bebaubaren und bestellbaren Boden nicht stattfand. So bestimmt § 275 des neunten Titels („*Vom Erwerb des Eigenthum überhaupt, und den unmittelbaren Arten derselben insbesonderheit*"), dass die wachsenden Pflanzen, nachdem Grund und Boden mit Samen bestellt wurden, in das Eigentum desjenigen fallen, der das Eigentum an dem Grund und Boden hat. Nach § 263 des neunten Titels durfte der anliegende Eigentümer von Grund und Boden im Falle einer Bachbettverengung sich den entstandenen Grund und Boden aneignen.

812 So im Ergebnis auch *Hamann*, Wirtschaftsverfassungsrecht, S. 166; *Ahlers*, Sozialisierung von Grund und Boden, S. 89.

fungspunkt sind aber auch hier der Grund und Boden und seine wesentlichen Bestandteile.[813]

b. Eigentum nach WEG als Grund und Boden

Nichts Anderes gilt für Wohnungen, deren Eigentum nach WEG gehalten wird. Das Eigentum an Wohnungen im Falle einer Aufteilung nach WEG liegt rechtlich betrachtet nicht beim Grundstückseigentümer, sondern wird getrennt davon gehalten. Damit sind Wohnungen kein wesentlicher Bestandteil des Grundstücks, sondern durch das WEG von dem Grundstück gelöst. Knüpft Art. 15 GG aber mit der Bezeichnung „*Grund und Boden*" an den tatsächlichen Baugrund bzw. Boden an, fällt das Eigentumsrecht nach WEG gerade nicht darunter. Denn das Eigentumsrecht nach WEG regelt nur das Eigentumsverhältnis der Wohnung zum Eigentümer. Den tatsächlichen Baugrund berührt es gerade nicht. Eigentumsrechte nach WEG sind daher ebenfalls nicht von Grund und Boden umfasst.

2. Zwischenergebnis

Grund und Boden nach Art. 15 GG umfasst weder das Erbbaurecht noch das Wohnungseigentum nach WEG. Sollen im Rahmen des Vergesellschaftungsgesetzes auch solche Wohnungen unter dem Merkmal „*Grund und Boden*" überführt werden, an denen die Unternehmen nur Erbbaurechte oder Eigentum nach WEG halten, müsste das Vergesellschaftungsgesetz auf die tatsächlichen Grundstückseigentümer zurückgreifen. Diese liegen jedoch (bisher) nicht im Anwendungsbereich des Vergesellschaftungsgesetzes.

3 Erbbaurechte und Wohnungseigentum als Produktionsmittel

Allerdings könnten sowohl das Erbbaurecht als auch das Eigentumsrecht nach WEG unter den Produktionsmittelbegriff zu fassen sein. Dies gilt zumindest dann, wenn der Produktionsmittelbegriff weit zu verstehen ist.

Was aber unter den Produktionsmittelbegriff fällt, ist in der Literatur stark umstritten. Dies folgt aus der besonderen Unschärfe dieses Begriffs.

---

813 *Becker*, in: Stern/Becker, Grundrechte-Kommentar, Art. 15 Rn. 17.

Für *Wendt* handelt es sich deshalb um das umstrittenste Objekt des Art. 15 GG.[814]

a. Streitstand und Ansichten zum Produktionsmittelbegriff

Teilweise wird vertreten, der Produktionsmittelbegriff sei auf die Gegenstände und Rechtstitel im Betrieb beschränkt, die zur Gewinnung oder Herstellung (einschließlich der Be- und Verarbeitung) wirtschaftlicher Erzeugnisse dienen.[815] Umfasst seien etwa Betriebsanlagen wie Gebäude, Maschinen und Werkzeuge.[816] Auch könnten die für die Produktion verwendeten Betriebsmittel (Rohstoffe, Halbfabrikate) und die in der Produktion eingesetzten Patente und Warenzeichen als Produktionsmittel gelten.[817] Ausgeschlossen seien dagegen Handel, Banken, Versicherungen, Verkehrs- und Transportwesen sowie Dienstleistungsbetriebe,[818] aber auch Anteile an Unternehmen.[819] Hierfür wird vor allem der Ausnahmecharakter der Norm,[820] die enumerative Aufzählung der Objekte sowie die abwehrrechtliche Konzeption des Art. 14 Abs. 1 S. 1 GG angeführt.[821] Nach dieser Auffassung scheidet eine Überführung von Erbbaurechten und Eigentum nach WEG per se aus.

Für die Gegenauffassung[822] ist der Produktionsmittelbegriff weit zu verstehen. Art. 15 GG sei als Programmvorschrift zur umfassenden Umgestal-

---

814 *Wendt*, in: Sachs, Kommentar zum Grundgesetz, Art. 15 Rn. 9.

815 *Becker*, in: Stern/Becker, Grundrechte-Kommentar, Art. 15 Rn. 22; *Hofmann*, in: Schmidt/Bleibtreu, Kommentar zum Grundgesetz, Art. 15 Rn. 17; *Hamann*, Wirtschaftsverfassungsrecht, S. 164.

816 *Hamann*, Wirtschaftsverfassungsrecht, S. 166; *Engels*, BKR 2009, 365 (367).

817 *Wendt*, in: Sachs, Kommentar zum Grundgesetz, Art. 15 Rn. 9; *Huber*, Wirtschaftsverwaltungsrecht, S. 151; *Detterbeck*, Öffentliches Recht, Rn. 537.

818 *Huber*, Wirtschaftsverwaltungsrecht, S. 151; *Krüger*, in: Bettermann/Nipperdey/Scheuner, Die Grundrechte, S. 302; *Hamann*, Wirtschaftsverfassungsrecht, S. 166.

819 *Becker*, in: Stern/Becker, Grundrechte-Kommentar, Art. 15 Rn. 22; *Hamann*, Wirtschaftsverfassungsrecht, S 167; *Wolfers/Opper*, DVBl. 2019, 542 (548); *Tuschl*, Verstaatlichung von Banken, S. 288.

820 *Frotscher*, JuS 1981, 890 (894).

821 *Dietlein*, in: Stern, Staatsrecht der Bundesrepublik Deutschland, Band IV/1, S. 2316.

822 *Dopatka*, in: Winter, Sozialisierung von Unternehmen, S. 155 ff.; *Wieland*, in: Dreier, Kommentar zum Grundgesetz, Art. 15 Rn. 26; *Klöpfer*, Staatsrecht, Band II, Grundrechte, § 72 Rn. 180; *Weber*, in: VVDStRL 10 (1951), S. 165; *Sodan*, in: Sodan, Grundgesetzkommentar, Art. 15 Rn. 5; *Diessner*, Die Sozialisierung der Banken, S. 107.

tung der kapitalistischen Wirtschaftsordnung zu verstehen. Nur ein weiter Anwendungsbereich könne diesen Zweck erfüllen.[823] Produktionsmittel umfassten daher nicht nur die unmittelbaren Gegenstände der Produktion, sondern auch Banken, Versicherer und Dienstleistungsunternehmen[824] bzw. deren Anteile. Es widerspreche dem historischen Zusammenhang gemeinwirtschaftlichen Denkens, diese Gegenstände aus dem Anwendungsbereich des Art. 15 GG auszunehmen.[825] Der Produktionsmittelbegriff sei zudem dem wirtschaftswissenschaftlichen Sprachgebrauch angelehnt.[826] Güter könnten danach sowohl materiell als Sachgüter oder immateriell als Dienstleistungen und Rechte verwendet werden. Sie seien nicht auf gegenständliche Produkte beschränkt.[827] Für eine weite Auslegung spreche ferner, dass weite Teile der in der Volkswirtschaft Deutschland eingesetzten Produktionsmittel zur Produktion von immateriellen Gütern wie Dienstleistungen und Lizenzen genutzt würden.[828] Diese aus dem Anwendungsbereich des Art. 15 GG herauszunehmen erscheine nicht sachgemäß.

Nach dieser Auffassung sind auch Gegenstände außerhalb des Produktionsprozesses als Produktionsmittel überführbar, einschließlich ganzer Unternehmen, Banken, Versicherer und dem Dienstleistungssektor.[829] Unter Produktionsmittel könnten dann auch Erbbaurechte und Eigentum nach WEG gefasst werden, da es dann nicht mehr auf die Beschränkung im klassischen Produktionsprozess ankäme, sondern auf jedes wirtschaftlich relevante Gut.

b. Historische Entwicklung der Produktionsmittel

Für die beiden vorgenannten Auffassungen sprechen gute Argumente. Bevor auf diese vertieft eingegangen wird, soll zunächst die historische Ent-

823 *Dietlein*, in: Stern, Staatsrecht der Bundesrepublik Deutschland, Band IV/1, S. 2315.

824 *Wieland*, in: Dreier, Kommentar zum Grundgesetz, Art. 15 Rn. 26.

825 *Rittstieg*, in: Alternativer Kommentar zum Grundgesetz, Art. 15 Rn. 241.

826 *Schliesky*, in: Bonner Kommentar zum Grundgesetz, Art. 15 Rn. 30; *Sodan*, in: Sodan, Grundgesetzkommentar, Art. 15 Rn. 5.

827 *Schliesky*, in: Bonner Kommentar zum Grundgesetz, Art. 15 Rn. 30.

828 Statista, zuletzt abgerufen am 15.09.2022 unter https://de.statista.com/statistik/daten/studie/255082/umfrage/struktur-des-bruttoinlandsprodukts-in-deutschland/.

829 Zur Sozialisierungsreife sei auf die wirtschaftliche Bedeutung des Unternehmens oder das in ihm liegende Machtpotential Bezug zu nehmen, *Bryde*, in: v. Münch/Kunig, Kommentar zum Grundgesetz, Art. 15 Rn. 21; *Diessner*, Die Sozialisierung der Banken, S. 110.

wicklung des Produktionsmittelbegriffs nachgezeichnet werden. Hieraus lassen sich erste Rückschlüsse auf Inhalt und Reichweite des Begriffs ziehen.

aa. Produktionsmittel bis 1948

Der Produktionsmittelbegriff entstammt dem Sprachfeld sozialistischer Bewegungen[830] zur Begründung ihrer Wirtschaftstheorien.[831] Bereits das Kommunistische Manifest verwendet ihn.[832] In seinem Werk *„Das Kapital“* erläutert *Marx*, dass Arbeitsmittel und Arbeitsgegenstand als Produktionsmittel und die Arbeit selbst als produktive Arbeit zu verstehen seien.[833] Arbeitsmittel und Arbeitsgegenstand gehörten dem Kapitalisten. Der Arbeitsprozess werde damit zum Vorgang aus solchen Gegenständen, die dem Kapitalisten gehören. Folglich stehe diesem auch das Produkt aus dem Arbeitsprozess zu,[834] nicht dem unmittelbaren Produzenten (den Arbeitern).[835]

An anderer Stelle führt *Marx* aus, dass

> *„die Produktionsmittel [...] mit ihrem Gebrauchswert nicht zugleich ihren Wert [verlieren], wie sie durch den Arbeitsprozess die ursprüngliche Gestalt ihres Gebrauchswertes in der Tat nur verlieren, um im Produkt die Gestalt eines andren Gebrauchswerts zu gewinnen.“*[836]

---

830 *Berkemann*, in: Umbach/Clemens, Kommentar zum Grundgesetz, Art. 15 Rn. 68.

831 Teilweise wird auf den Produktionsmittelbegriff der klassischen Volkswirtschaftslehre zurückgegriffen. *Schliesky* sieht in der Verwendung des Produktionsmittelbegriffs *„erkennbar“* den weiten Begriff der Volkswirtschaftslehre. Dabei verwendet die Volkswirtschaftslehre einen engen Begriff für die produzierten Produktionsmittel und einen weiten Begriff für die Produktionsfaktoren. Unter produzierten Produktionsmitteln seien Maschinen, Geräte, Transportmittel oder Werkzeuge sowie Bauten zu fassen, während die Produktionsfaktoren Arbeit, Boden und Kapital umfassen. Produktionsmittel bieten danach die Grundlage der Gütererzeugung in allen Wirtschaftsbereichen, *Schliesky*, in: Bonner Kommentar zum Grundgesetz, Art. 15 Rn. 30; *Schell*, Art. 15 GG im Verfassungsgefüge, S. 125; *Henkel*, DVBl. 1975, 317 (318); *Diessner*, Die Sozialisierung der Banken, S. 109. Da indes beide Begriffe herangezogen werden können, ist eine Auslegung unter Berücksichtigung des volkswirtschaftlichen Produktionsmittelbegriffes unergiebig.

832 *Marx/Engels*, Manifest der Kommunistischen Partei, S. 81.

833 *Marx*, Das Kapital, S. 183.

834 *Marx*, Das Kapital, S. 187; *Heinrich*, Kritik der politischen Ökonomie, S. 98.

835 *Marx*, Das Kapital, S. 187.

836 *Marx*, Das Kapital, S. 203.

Ursprünglich sah *Marx* die Produktionsmittel daher nur als solche Gegenstände, die einem kapitalistischen Produktionsprozess innewohnten und in welchen der Arbeiter zwangsweise eingegliedert war.[837] Allerdings forderten *Marx* und *Engels* bereits 1848 die Ersetzung der Privatbanken durch eine Staatsbank, die das Kreditwesen regeln sollte.[838]

Mit Bildung der Arbeitervereinigungen wurde der Produktionsmittelbegriff wiederholt Gegenstand politischer Forderungen. Allerdings lässt sich eine eindeutige Verwendung des Begriffes hieraus nicht ableiten.[839] Das Erfurter Programm von 1891 umschreibt die Produktionsmittel als „*Grund und Boden, Gruben und Bergwerke, Rohstoffe, Werkzeuge, Maschinen und Verkehrsmittel*" und nennt keine Banken oder Versicherer. Zwar wird gegen diese Aufzählung eingewandt, sie sei nur beispielhaft und nicht abschließend.[840] Banken wurden dagegen erstmals ab 1910 durch *Hilferding* in den Kreis sozialisierungsfähiger Gegenstände eingeordnet.[841]

1919 sah *Korsch* in Produktionsmitteln all diejenigen körperlichen Gegenstände oder Sachgüter, die für den Zweck der Produktion verwendet werden. Dazu gehörten insbesondere die im Erfurter Programm genannten Gegenstände. Nicht die innere Beschaffenheit, sondern seine Verwendung zum Produktionszweck machten einen Gegenstand zum Produktionsmittel.[842] Unter Produktionsmittel konnte man danach die gesamte Erde in ihrer ursprünglich gegebenen Gestalt und Beschaffenheit und alle an der Erdoberfläche sowie unter und über ihr durch bewusste menschliche Tätigkeit hervorgebrachten Veränderungen fassen.[843] Neben Dienstleistungen

837 *Schell*, Art. 15 GG im Verfassungsgefüge, S. 124.

838 *Marx/Engels*, Kölner Flugblatt von 1848, Forderungen der kommunistischen Partei in Deutschland, zitiert nach *Marx/Engels*, Manifest der Kommunistischen Partei, S. 129.

839 *Bäumler*, GewArch 1980, 287 (291).

840 *Groß*, DÖV 1975, 344 (345).

841 *Euchner/Grebing*, Geschichte der sozialen Ideen in Deutschland, S 280; so analysierte *Hilferding* in seinem Werk „*Finanzkapital*" die kapitalistische Entwicklung bis zum Entstehen der Großindustrie und Banken zum Finanzkapital. Für den revolutionären sozialistischen Staat bestünde so die Möglichkeit, durch Vergesellschaftung der führenden Banken sofort über die wichtigsten Produktionszweige zu verfügen. Ab diesem Zeitpunkt trat erstmals die Forderung nach Sozialisierung der führenden Banken auf.

842 *Korsch*, Was ist Sozialisierung, S. 4.

843 *Korsch*, Was ist Sozialisierung, S. 5.

bestand die produktive Leistung regelmäßig im Hervorbringen von Sachgütern, die als Mittel zur Bedürfnisbefriedigung gebraucht werden sollten.[844]

Die WRV enthielt den Produktionsmittelbegriff nicht. Stattdessen konnten *geeignete private wirtschaftliche Unternehmungen* überführt werden. Umfassten die Produktionsmittel nach sozialistischem Verständnis daher eher die unmittelbaren Gegenstände im konkreten Produktionsprozess, so wurde nun eine Ausdehnung auf das gesamte Unternehmen, einschließlich dessen Anteilseigentum vorgenommen. Gemessen hieran erscheint die Formulierung *geeignete private wirtschaftliche Unternehmungen* daher umfassender als das historische Verständnis der Produktionsmittel.

Ein Verständnis des Produktionsmittelbegriffs nach 1945 lässt sich aus *Schumachers* Schlusswort zum Parteitag von Hannover ableiten. Hiernach sollte sich der Produktionsmittelbegriff vornehmlich an den Zielen der politischen Programmatik orientieren.[845] Auch sollte wirtschaftliche Machtzusammenfassung verhindert werden. Daneben wurde gefordert, Grund und Boden sowie Bodenschätze als *Produktionsmittel* in Obereigentum des Volkes zu überführen.[846] Produktionsmittel sollten daher zunächst umfassend verstanden werden.

Allerdings änderte sich diese Sichtweise bald. So wurde 1947 auf dem SPD-Parteitag von Bad Wildungen von *Nölting* die Sozialisierung der Grundstoff- und Schlüsselindustrie gefordert sowie solcher Großunternehmen, denen eine monopolistische Herrschaftsstellung zukomme. Er forderte dagegen keine Sozialisierung von Banken und Versicherungen.[847] Seit 1948 forderte die SPD schließlich auch keine Planwirtschaft mehr, sondern

844 *Korsch*, Was ist Sozialisierung, S. 5.

845 *„Man hat davon gesprochen, dass der Begriff der Vergesellschaftung der Produktionsmittel ja letzten Endes kein genau akzentuierter Begriff ist. Genossen, das will er auch nicht sein. Denn die Vergesellschaftung der Produktionsmittel stellen wir uns in jedem Falle, ja meiner Ansicht nach in den meisten Fällen, nicht als bloße Verstaatlichung vor. Wir können uns denken und wollen uns denken unter diesem Begriff eine Mannigfaltigkeit der Betriebsformen, der Organisationsformen, der nur das Prinzip gemeinsam sein soll: Sozialistisch zu sein und sozialistisch sich auszuwirken. […] Wir erkennen viele Formen des Eigentums bewusst an, wobei das Eigentum an den Produktionsmitteln in der Hand des Großbesitzes abgelehnt wird.“*, *Ott*, Die Wirtschaftskonzeption der SPD nach 1945, S. 103.

846 *Albrecht*, Die SPD unter Kurt Schumacher und Erich Ollenhauer 1946–1963, S. 112.

847 *Ott*, Die Wirtschaftskonzeption der SPD nach 1945, S. 148; anders jedoch in einem vom Parteivorstand der SPD veröffentlichten Beitrag von *v. Eynern*, der 1949 auch die Sozialisierung des Banken- und Versicherungswesens fordert, *Ott*, Die Wirtschaftskonzeption der SPD nach 1945, S. 234.

eine Planung und Lenkung der Kredite und Rohstoffe zur Befriedigung des volkswirtschaftlichen Bedarfs.[848] *Agartz* hielt später in den 1950er Jahren die volkswirtschaftlichen Schlüsselbranchen der Schwer- und Grundstoffindustrie für sozialisierungsreif. Leichtindustrie, Handel und Dienstleistungssektor sollten hingegen in Händen des privaten Unternehmertums verbleiben.[849]

Die SPD verstand daher spätestens ab 1945 die Produktionsmittel nicht mehr als Gegenstände des unmittelbaren Produktionsprozesses. Produktionsmittel sollten nach ihrer Auffassung auch ganze Unternehmen umfassen, wie ein Vergleich der vor dem Grundgesetz in Kraft getretenen Landesverfassungen zeigt. Sowohl die Landesverfassungen von Hessen (1946), Württemberg-Baden (1946), Bremen (1947), Rheinland-Pfalz (1947), des Saarlandes sowie Nordrhein-Westfalen (1950)[850] knüpfen jeweils an Unternehmen als überführungsfähige Gegenstände an. Im Vergleich zu diesen Landesverfassungen ist Art. 15 GG deutlich abgeschwächter und ungenauer.[851] Auch zeigt der Vergleich, dass Großbanken und Versicherer zwar Ziel sozialistischer Planungen waren. Sie standen allerdings erkennbar neben den Produktionsmitteln,[852] wie sich aus Art. 41 der HessVerf ergibt.

Diesen Befund stützt auch die Bayerische Landesverfassung (1946). Als einzige Landesverfassung nennt sie *„Produktionsmittel"*. Nach Art. 160 Abs. 2 können *„für die Allgemeinheit lebenswichtige Produktionsmittel, Großbanken und Versicherungsunternehmungen in Gemeineigentum überführt werden, wenn die Rücksicht auf die Gesamtheit es erfordert"*. Die Überführung erfolgt auf gesetzlicher Grundlage und gegen angemessene Entschädigung. Die Produktionsmittel stehen hier neben Großbanken und Versicherungsunternehmen. Daraus lässt sich folgern, dass die Produktionsmittel Banken und Versicherungsunternehmen nicht mit umfassen sollen.

---

848 *Ott*, Die Wirtschaftskonzeption der SPD nach 1945, S. 238.

849 *Engelhard*, Die Ökonomie der SPD, S. 68.

850 Der Verfassungsentwurf bestand bereits vor Inkrafttreten des Grundgesetzes.

851 *Potthoff/Miller*, Kleine Geschichte der SPD, S. 187.

852 *Engels*, BKR 2009, 365 (368).

bb. Produktionsmittel bei den Beratungen zum Grundgesetz

Aus den Beratungen des Parlamentarischen Rats wie auch des Herrenchiemsee-Konvents lässt sich die inhaltliche Reichweite der Produktionsmittel nicht eindeutig feststellen.[853] Sein Inhalt und Umfang werden zumindest in den Akten und Protokollen nicht behandelt.[854] Der Parlamentarische Rat befasste sich nur in zwei Beratungen mit dem *Begriff „geeignete wirtschaftliche Unternehmungen"*. Zunächst scheiterte ein Antrag von *Zinn* (SPD), diese Formulierung aufzunehmen.[855] Ebenso scheiterte der KPD-Entwurf zur Wirtschaftsverfassung, der eine ähnliche Formulierung enthielt. Die ausdrückliche Möglichkeit, wirtschaftliche Unternehmen überführen zu können, nahm man daher bewusst nicht auf.[856] Ob dies geschah, weil Unternehmen bereits von Produktionsmitteln umfasst wurden oder weil ganze Unternehmen nicht überführt werden sollten, ist nicht bekannt. Möglicherweise wollten die Ausschüsse längere Debatten vermeiden. Hierfür spricht insbesondere, dass zum einen während der Beratungen Zeitnot bestand.[857] Zum anderen sollte sich das Grundgesetz gerade nicht auf verfassungsrechtliche Festschreibung von Parteiprogrammen versteifen.[858] Art. 15 GG sollte zugleich der SPD eine Möglichkeit zur Verwirklichung eigener Eigentumsvorstellungen bieten. Sieht man Art. 15 GG in dieser Funktion, müssten die Produktionsmittel weit verstanden werden, um der SPD genügend Raum für ihre eigentumsrechtlichen Vorstellungen zu belassen.

In diesem Kontext sind daher auch zwei Aussagen von *Menzel* (SPD) im Rahmen des Parlamentarischen Rates zu sehen. Er äußerte,

> *„Ich halte [die Aufnahme von Art. 15 in das Grundgesetz] für einen entscheidenden Sieg unserer Partei, weil erstmalig der Begriff des Gemein-*

853 *Depenheuer/Froese*, in: v. Mangoldt /Klein/Stark, Kommentar zum Grundgesetz, Art. 15 Rn. 35.

854 *Groß*, DÖV 1975, 344 (344); *Diessner*, Die Sozialisierung der Banken, S. 111.

855 *Zinn* (SPD), Parlamentarischer Rat, Grundgesetz, Formulierungen der Fachausschüsse, Bonn 1948/1949, S. 19.

856 *Becker*, in: Stern/Becker, Grundrechte-Kommentar, Art. 15 Rn. 23.

857 *v. Mangoldt*, in: VVDStRL 10 (1951), S. 151.

858 *Mußnug*, in: Isensee/Kirchhof, Handbuch des Staatsrechtes, § 8 Rn. 48.

eigentums als eine mögliche Wirtschaftsform anerkannt wird und der Ausdruck der Produktionsmittel ein sehr umfassender Begriff ist."[859]

Menzel (SPD) stellte jedoch in der abschließenden Stellungnahme zum Grundgesetz auch fest, man habe bei den Beratungen nur die „*Schlüsselindustrien*" im Auge gehabt.[860] Unter Schlüsselindustrie verstanden die Mitglieder der SPD hingegen die monopolistischen Großunternehmen während der NS-Herrschaft.[861]

c. Argumente für ein weites Begriffsverständnis

Aus der historischen Betrachtung ergibt sich die Tendenz, dass der Produktionsmittelbegriff zumindest nach den Vorstellungen der SPD weit zu verstehen sein sollte. Jedoch können allein deren Vorstellungen nicht Maßstab der Grundgesetzauslegung sein. Denn wie jede Partei wäre auch die SPD nach einem Wahlsieg 1949 an das Grundgesetz gebunden gewesen. Ein Gesetz nach Art. 15 GG ist nur insoweit zulässig, wie es das Grundgesetz erlaubt. Die parteipolitischen Vorstellungen der SPD können nur unter Beachtung der Freiheitsgrundrechte und der sonstigen Vorgaben des Grundgesetzes umgesetzt werden.

aa. Sinn und Zweck des Art. 15 GG

Für ein weites Produktionsmittelverständnis sprechen Sinn und Zweck des Art. 15 GG. Art. 15 GG soll die strukturelle Umgestaltung der Wirtschaft hin zu einer zumindest in Teilen gemeinwirtschaftlichen Wirtschaft ermög-

---

859 *Menzel*, zitiert nach *Schockenhoff*, Wirtschaftsverfassung und Grundgesetz, S. 171; für den umfassenden Begriff auch *Krüger*, in: Bettermann/Nipperdey/Scheuner, Die Grundrechte, S. 303.

860 *Menzel* (SPD), Parlamentarischer Rat, Akten und Protokolle, Band 9, Verhandlungen des Plenums, S. 528 f.; *Wendt*, in: Sachs, Kommentar zum Grundgesetz, Art. 15 Rn. 11; *Henkel*, DVBl 1975, 317 (320); *Depenheuer/Froese*, in: v. Mangoldt /Klein/ Stark, Kommentar zum Grundgesetz, Art. 15 Rn. 36; *Diessner*, Die Sozialisierung der Banken, S. 112.

861 *Rudzio*, Entwicklung der Sozialisierungs-Diskussion seit 1945, zitiert nach *Konegen/Kracht*, Sozialismus und Sozialisierung, S. 200; für die politisch linksgerichtete Lehre umfassten die wesentlichen Produktionsmittel Mitte der 1950er Jahre sowohl die Industriebetriebe, Banken, Handel wie auch Grund und Boden, BVerfGE 5, 85 (181).

lichen.[862] Um von dieser Möglichkeit effektiv Gebrauch machen zu können, muss sich der Produktionsmittelbegriff auf alle Bereiche des Großkapitals erstrecken. Erst dadurch könnte der Aufbau einer sozialistisch orientierten Eigentumsordnung verwirklicht werden. Daneben bestand und besteht eine erhebliche Verflechtung zwischen Industrie, Banken und Versicherungen.[863] Eine Umgestaltung der Industrie ist ohne entsprechende Einbeziehung des Kapitalwesens kaum praktikabel oder zweckführend.[864]

Auch die Historie der Sozialisierung spricht für ein weites Produktionsmittelverständnis. Nur danach kann eine möglichst tiefgreifende Veränderung zugunsten „*besitzloser Schichten*“ hin zu einer sozial gerechten Gesellschaft erfolgen. Besonders eine umfassende Teilhabe an den Produktionsmitteln könnte der Selbstverwirklichung aller dienen. Auch kann wirtschaftliche Machtzusammenfassung nur erfolgreich vermieden werden, wenn die wesentlichen „*Kommandohöhen*“[865] der Wirtschaft mit einbezogen werden.[866]

bb. Wirtschaftspolitische Neutralität des Grundgesetzes

Die wirtschaftspolitische Neutralität des Grundgesetzes spricht ebenfalls für ein weites Produktionsmittelverständnis. Dem Gesetzgeber kommt ein

862 *Schliesky*, in: Bonner Kommentar zum Grundgesetz, Art. 15 Rn. 30.

863 *Wendt*, in: Sachs, Kommentar zum Grundgesetz, Art. 15 Rn. 10.

864 *Klöpfer*, Staatsrecht, Band II, Grundrechte, § 72 Rn. 180.

865 *Novy*, Strategien der Sozialisierung, S. 200.

866 Die Vermeidung wirtschaftlicher Machtzusammenfassungen kann jedoch nicht das weite Begriffsverständnis rechtfertigen. Denn das Zusammenfassen durch Gemeineigentum auf den Staat birgt seinerseits die Gefahr, dass dieser zu einem Monopolisten wird. Auch sprachen die Erfahrungen der Jahre 1933 bis 1945 gegen ein weites Begriffsverständnis. Die Nationalsozialisten schlossen Unternehmen zwangsweise zusammen und besetzen einflussreiche Wirtschaftsposten mit Vertretern des NS-Regimes. Gleichzeitig wurde ein großer Teil der Wirtschaft verstaatlicht. Auf diese Weise konnte das nationalsozialistische Regime zur Kriegsvorbereitung fast uneingeschränkt auf die Wirtschaft zugreifen. Man hatte daher deutlich erlebt, dass auch der Staat mit wirtschaftlicher Machtzusammenfassung Unrecht verursachen kann. Vor diesem Hintergrund erscheint es fraglich, ob der Produktionsmittelbegriff weit verstanden und damit dem Staat eine weitreichende Zugriffsmöglichkeit auf die Wirtschaft gewährt werden sollte, vgl. *Schell*, Art. 15 GG im Verfassungsgefüge, S. 133; *Vilmar*, in: Schwan, Demokratischer Sozialismus für Industriegesellschaften, S. 73; im Ergebnis auch *Huber*, Wirtschaftsverwaltungsrecht, S. 143 f.; *Krüger*, in: Bettermann/Nipperdey/Scheuner, Die Grundrechte, S. 293; *Ahlers*, Sozialisierung von Grund und Boden, S. 104.

weiter Gestaltungsspielraum in Bezug auf die Wirtschaft zu.[867] Der Gesetzgeber wird unmittelbar durch das Volk legitimiert und repräsentiert somit den Volkswillen. Ebenso widerspricht es dem Demokratieverständnis, die Produktionsmittel nur eng zu verstehen. In einer Demokratie muss die Verfassung einen möglichst weiten Spielraum geben, damit sich die Demokratie auch im Bereich der Wirtschaft verwirklichen kann.[868]

cc. Keine Umstellung zur Planwirtschaft und Vollsozialisierung

Es besteht auch bei einem weitem Produktionsmittelverständnis keine Gefahr einer Vollsozialisierung der Wirtschaft.[869] Zwar könnten durch ein weites Produktionsmittelverständnis verbunden mit dem ausdrücklichen Fehlen eines Reife-Kriteriums grundsätzlich sämtliche Unternehmen in Gemeinwirtschaft überführt werden. Eine Herausnahme der kleinen und mittleren Unternehmen aus einem Gesetz nach Art. 15 GG ließe sich unter Verweis auf den klaren Wortlaut der Norm nicht begründen. Dass Art. 15 GG zu einer vollständigen Entwertung des wirtschaftlichen Eigentums führt, lässt sich jedoch nicht belegen.[870] Stattdessen ermöglicht Art. 15 GG nur einen vereinfachten Zugriff auf bestimmtes produktives Eigentum. Eine Totalsozialisierung wäre schließlich auch mit dem Grundgesetz unvereinbar,[871] da immer auch ein Grundbestand an Normen bestehen muss, die Eigentum - selbst im Bereich der Wirtschaft - ermöglichen.

d. Argumente gegen ein weites Begriffsverständnis

Allerdings sprechen auch Argumente gegen ein weites Produktionsmittelverständnis.

---

867 BVerfGE 4, 7 (18).

868 *Krüger*, Staatsverfassung und Wirtschaftsverfassung, zitiert nach *Scheuner*, Die staatliche Einwirkung auf die Wirtschaft, S. 127.

869 *Krüger*, in: Bettermann/Nipperdey/Scheuner, Die Grundrechte, S. 305.

870 *Huber*, Wirtschaftsverfassungsrecht, S. 152.

871 *Leisner*, in: Isensee, Schriften zum Eigentum, S. 242; ebenso ist eine *„Diktatur des Proletariates"* mit der freiheitlich demokratischen Ordnung des Grundgesetzes unvereinbar, BVerfGE 5, 85 (195).

aa. Der Wortlaut der Produktionsmittel

Das Wort „*Produktionsmittel*" deutet eher auf ein enges Begriffsverständnis hin.[872] „*Produktionsmittel*" ist eine Zusammensetzung aus den Worten „*Produktion*" und „*Mittel*". Nach dem Wortlaut sind die Produktionsmittel als „*Mittel zur Produktion*" oder „*Mittel der Produktion*" zu verstehen. Nutzungsrechte bzw. das Eigentum nach WEG, aber auch Banken und Versicherer sind kein „*Mittel*" einer Produktion. Sie werden durch den unmittelbaren Produktionsprozess weder bearbeitet noch kommen sie mit ihm in Berührung.[873] Außerdem deutet der Begriff „*Produktion*" darauf hin, dass ein Betriebsvorgang gemeint ist, an dessen Ende ein Erfolg geschaffen wird. Dieser Wortlaut belegt, dass nur die unmittelbar diesem Betriebsvorgang dienenden Mittel gemeint sind.[874] Erbbaurechte, Eigentumsrechte nach WEG oder Anteilseigentum sind nach dem Wortlaut nur schwer als „*Produktionsmittel*" zu qualifizieren.[875]

bb. Enumerative Aufzählung

Auch die systematische Auslegung der Norm spricht für ein enges Produktionsmittelverständnis. Systematisch stehen Produktionsmittel gleichwertig neben Grund und Boden sowie Naturschätzen. Alle Objekte sind durch ein „*und*" verbunden.[876] Art. 15 GG normiert daher drei selbstständige Objekte, denen eine eigenständige Bedeutung zukommt.[877] Durch das „*und*" handelt es sich gerade nicht um einen Auffangtatbestand.

---

872 *Depenheuer/Froese*, in: v. Mangoldt /Klein/Stark, Kommentar zum Grundgesetz, Art. 15 Rn. 37; *Diessner*, Die Sozialisierung der Banken, S. 111.

873 Auch wenn Produktion meist nur dann möglich ist, wenn Banken Kredite gewähren, stellen Kredite kein *Mittel* der Produktion dar. Geld ist eine Voraussetzung, mit welchem Mittel zur Produktion eingekauft werden können. Geld selbst wird nicht bearbeitet. Auch sind Fremdkredite keine zwingende Notwendigkeit zur Produktion, wenn das Unternehmen über ausreichend Eigenkapital oder Produktionsgüter verfügt.

874 *Depenheuer/Froese*, in: v. Mangoldt /Klein/Stark, Kommentar zum Grundgesetz, Art. 15 Rn. 35; *Durner*, in: Dürig/Herzog/Scholz, Kommentar zum Grundgesetz, Art. 15 Rn. 37.

875 *Engels*, BKR 2009, 365 (368).

876 *Durner*, in: Dürig/Herzog/Scholz Kommentar zum Grundgesetz, Art. 15 Rn. 40.

877 *Bäumler*, GewArch 1980, 287 (289).

Legt man zudem den Produktionsmittelbegriff weit aus, wäre die Aufzählung in Art. 15 GG überflüssig.[878] Denn Rohstoffe können ebenso zu Produktionsmitteln wie auch zu Naturschätzen gezählt werden. Zu Naturschätzen zählen alle im bergbaulichen Verfahren gewonnenen Materialien wie Kohle, Erze, Salze und Erdöl.[879] Auch könnten Grund und Boden unter Produktionsmittel gefasst werden,[880] denn auch diese dienen einem Wirtschaftsvorgang. Da sie jedoch bewusst neben den Produktionsmitteln stehen, deutet dies auf eine enge Auslegung der Produktionsmittel.[881] Dies gilt umso mehr, da der Herrenchiemsee-Entwurf zunächst nur die Überführung von Produktionsmitteln und Bodenschätzen vorsah. Erst im Parlamentarischen Rat wurden „*Grund und Boden*“ hinzugefügt. Bei einem weiten Begriffsverständnis wäre dies überflüssig, was auch die SPD wusste. Schließlich würde nach dem weiten Verständnis auch Arbeitskraft selbst unter die Produktionsmittel fallen.[882] Ein weiter Produktionsmittelbegriff widerspricht daher der bewusst begrenzenden, enumerativen Aufzählung des Art. 15 GG und damit der Gliederungssystematik.[883]

cc. Ausnahmecharakter der Eingriffsnorm

Art. 1 Abs. 3 GG bindet die Gesetzgebung, die vollziehende Gewalt und die Rechtsprechung an die Grundrechte des Grundgesetzes als unmittelbar geltendes Recht. Der gesamte Art. 1 GG unterfällt der Ewigkeitsklausel

---

878 *Wendt*, in: Sachs, Kommentar zum Grundgesetz, Art. 15 Rn. 13.

879 *Depenheuer/Froese*, in: v. Mangoldt /Klein/Stark, Kommentar zum Grundgesetz, Art. 15 Rn. 34; *Schell*, Art. 15 GG im Verfassungsgefüge, S. 131; siehe auch die Formulierung des Erfurter Programmes von 1891: „*Produktionsmitteln – Grund und Boden, Gruben und Bergwerke, Rohstoffe, Werkzeuge, Maschinen und Verkehrsmittel*“.

880 Hiergegen wird eingewandt, Grund und Boden sollten zur Umverteilung oder zur Bedürfnisdeckung aller sozialisiert werden und nicht nur in ihrer Funktion als Produktionsmittel. Auch sollen Naturschätze zunächst in ihrer natürlichen Beschaffenheit allen zur Verfügung stehen, anstatt unmittelbar in einem Produktionsprozess verarbeitet zu werden, *Weber*, NJW 1950, 401 (402). Allerdings wäre eine Aufzählung dann erst recht überflüssig.

881 *Hummel*, JuS 2008, 1065 (1069).

882 *Depenheuer/Froese*, in: v. Mangoldt /Klein/Stark, Kommentar zum Grundgesetz, Art. 15 Rn. 35; *Becker*, in: Becker/Stern, Grundrechte-Kommentar, Art. 15 Rn. 23; a. A. *Korsch*, Was ist Sozialisierung, S. 1, der nach der Vergesellschaftung der Produktionsmittel auch die Vergesellschaftung der Arbeit fordert.

883 *Becker*, in: Stern/Becker, Grundrechte-Kommentar, Art. 15 Rn. 23; *Hummel*, JuS 2008, 1065 (1069); *Engels*, BKR 2009, 365 (367).

des Art. 79 Abs. 3 GG. Diese überragende Bedeutung der Grundrechte[884] zur Freiheitssicherung des Einzelnen könnte bei extensiver Auslegung des Produktionsmittelbegriffs im Wirtschaftsbereich unterlaufen werden.

Art. 15 GG zählt die Objekte daher bewusst abschließend auf.[885] Er stellt als Ausnahmevorschrift zur Eigentumsgarantie[886] einen schwerwiegenden Eingriff in Freiheitsrechte des Einzelnen dar. Entsprechend müssen die überführungsfähigen Objekte beschränkt bleiben.[887] Ansonsten könnte nahezu jedes wirtschaftliche Eigentum überführt werden, was mit dem Ausnahmecharakter der Norm unvereinbar wäre[888] und zugleich Art. 14 Abs. 1 S. 1 GG im Wirtschaftsbereich leerlaufen ließe.

dd. Vergleich mit Art. 156 WRV

Eine begrenzte Aufzählung in Art. 15 GG wäre auch deswegen überflüssig, wenn bereits die Ziele und Vorstellungen einer SPD-geführten Regierung die überführungsfähigen Objekte hätten bestimmen können.[889] Dass das Grundgesetz jedoch nur klar umgrenzte Objekte aufgenommen hat, zeigt der Vergleich zwischen Art. 15 GG und Art. 156 WRV. Art. 15 GG stellt im Gegensatz zu Art. 156 Abs. 1 WRV nicht auf *„geeignete private wirtschaftliche Unternehmungen"* ab, sondern auf *„Produktionsmittel"*. Da die anderslautende Formulierung der WRV bekannt war, sie aber dennoch nicht in das Grundgesetz aufgenommen wurde, kann von einem bewussten Abweichen des Parlamentarischen Rates ausgegangen werden. Im Gegensatz zur WRV sind im Grundgesetz die überführungsfähigen Objekte genau umschrieben.[890] Sie sind nicht dem Ermessen des Gesetzgebers überlassen. Dies deutet auf einen engen Produktionsmittelbegriff hin.[891] Für diese Sichtweise spricht auch, dass in der Weimarer Republik Unsicherheiten

884 *Enders*, in: Stern/Becker, Grundrechte-Kommentar, Art. 1 Rn. 110.
885 *Durner*, in: Dürig/Herzog/Scholz, Kommentar zum Grundgesetz, Art. 15 Rn. 40.
886 *Detterbeck*, Öffentliches Recht, Rn. 537.
887 *Gröpl*, in: Gröpl/Windthorst/von Coelln, Studienkommentar zum Grundgesetz, Art. 15 Rn. 11.
888 *Bäumler*, GewArch 1980, 287 (291).
889 *Krüger*, in: Bettermann/Nipperdey/Scheuner, Die Grundrechte, S. 305.
890 *Diessner*, Die Sozialisierung der Banken, S. 111.
891 *Depenheuer/Froese*, in: v. Mangoldt /Klein/Stark, Kommentar zum Grundgesetz, Art. 15 Rn. 36; *Axer*, in: Epping/Hillgruber, Kommentar zum Grundgesetz, Art. 15 Rn. 17.

bestanden, wann Unternehmen sozialisierungsreif waren.[892] Derartige Unsicherheiten wollte der Parlamentarische Rat im Grundgesetz verhindern. Produktionsmittel sollten daher nicht alle Wirtschaftsbereiche abdecken.[893] Stattdessen ist Art. 15 GG bemüht, den Kreis überführungsfähiger Objekte klar zu umreißen.[894]

Der Parlamentarische Rat hat sich auch bewusst für den Begriff der Produktionsmittel entschieden, ohne das Kriterium der Geeignetheit hinzuzufügen.[895] Deswegen wäre es widersinnig, Art. 15 GG im Gegensatz zur WRV an feste Objekte zu knüpfen, zugleich aber ein Objekt übermäßig weit auszudehnen. Hiernach ist eine Ausdehnung der Produktionsmittel auch auf Erbbaurechte oder Eigentum nach WEG nicht zulässig.

ee. Produktionsmittel im Kontext der weiteren Objekte

Für eine einschränkende Auslegung spricht schließlich auch die Auslegung der weiteren in Art. 15 GG genannten Objekte. Wie bei *„Grund und Boden"* kommt es auf die tatsächliche Beschaffenheit des Objektes an. Art. 15 GG nennt die Produktionsmittel deswegen in natürlicher und ökonomischer Beschaffenheit.[896] Die tatsächliche Beschaffenheit der Produktionsmittel lässt sich als Mittel zur unmittelbaren Produktion begreifen. Ebenfalls besteht schon nach dem engen Produktionsmittelverständnis die Möglichkeit, nahezu alle Objekte im Produktionsprozess zu erfassen und in andere Wirtschaftsformen zu überführen. Dies ließe bereits im erheblichen Maße eine Umgestaltung der produktiven Wirtschaft zu. Dies und der Vergleich mit den weiteren Objekten lässt den Rückschluss zu, dass Art. 15 GG nur die tatsächlichen Produktionsmittel umfasst.

---

892 *Heinemann*, Ziele und Gefahren der Sozialisierung, S. 8; *Euchner/Grebing*, Geschichte der sozialen Ideen in Deutschland, S. 282.

893 *Henkel*, DVBl. 1975, 317 (320).

894 *Wendt*, in: Sachs, Kommentar zum Grundgesetz, Art. 15 Rn. 12.

895 *Henkel*, DVBl. 1975, 317 (320); *Depenheuer/Froese*, in: v. Mangoldt /Klein/Stark, Kommentar zum Grundgesetz, Art. 15 Rn. 36; *Gröpl*, in: Gröpl/Windthorst/von Coelln, Studienkommentar zum Grundgesetz, Art. 15 Rn. 11.

896 *Krüger*, in: Bettermann/Nipperdey/Scheuner, Die Grundrechte, S. 303.

e. Stellungnahme

Ob Erbbaurechte und Eigentum nach WEG als Produktionsmittel verstanden werden können, ist eng mit der Frage verbunden, warum ein Gesetz nach Art. 15 GG auf die dort genannten Objekte zugreifen darf. Wie gezeigt, setzt Art. 15 GG zunächst voraus, dass wenige Personen eine große Anzahl von Objekten auf sich vereinen, die zur Erfüllung menschlicher Grundbedürfnisse notwendig sind. Art. 15 GG erlaubt den Zugriff auf diese Objekte wegen ihrer besonderen sozialen Bedeutung. Maßgeblich für die Einordnung als Produktionsmittel sollte daher auch die besondere soziale Bedeutung des Objektes für die Gesellschaft bzw. für den Menschen sein.

Um einer ausufernden Umverteilung entgegenzuwirken, hat der Parlamentarische Rat diese Objekte im Grundgesetz genau festgelegt. Art. 15 S. 1 GG nennt abschließend[897] nur die drei dort genannten Objekte. Die Sozialpflichtigkeit von Grund und Boden sowie Naturschätzen ergibt sich aus den menschlichen Grundbedürfnissen nach Boden als Wohnraum und damit Lebensgrundlage. Naturschätze dienen der menschlichen Grundversorgung.

Produktionsmittel beziehen sich dagegen auf die menschlichen Grundbedürfnisse im Bereich der Wirtschaft. Dazu ist zunächst der Wirtschaftsprozess als jede kommerzielle Tätigkeit weit zu verstehen. Produktionsmittel müssen innerhalb des Wirtschaftsprozesses als solche Gegenstände verstanden werden, durch deren Einsatz in diesem Prozess Grundbedürfnisse der Menschen befriedigt werden und die zugleich Wenigen die Möglichkeit geben, über Viele zu verfügen. Wenn Art. 15 GG daher die *„gesellschaftlichen Produktionsmittel"* umfasst,[898] muss für die Einordnung des konkreten Gegenstandes als Produktionsmittel im Einzelfall geprüft werden, ob ihm eine besondere soziale Bedeutung zukommt und ob sein Gebrauch wirtschaftliche Verfügungsmacht über viele Menschen ermöglicht.

Ein Beispiel hierfür ist das Anteilseigentum. Anteilseigentum unterliegt einer gesteigerten Sozialpflichtigkeit.[899] Als Teilhaberecht vermittelt es Verfügungsmacht über Arbeitnehmer sowie Unternehmensmittel und realisiert sich wirtschaftlich nur durch den Beitrag der Arbeitenden. Die hieraus resultierende Sozialpflichtigkeit rechtfertigt die Einordnung des Anteilseigen-

---

897 *Becker*, in: Stern/Becker, Grundrechte-Kommentar, Art. 15 Rn. 23; *Hummel*, JuS 2008, 1065 (1069); *Engels*, BKR 2009, 365 (367).

898 So hinsichtlich der ursprünglichen Sozialisierungsforderung *Korsch*, Was ist Sozialisierung, S. 1.

899 BVerfGE 50, 290 (290 ff.).

tums als Produktionsmittel. Denn das Anteilseigentum erlaubt dem Anteilsinhaber, durch seine Mitgliedschaftsrechte unmittelbar auf das Unternehmen einschließlich seiner Arbeitnehmer aus Gewinnerwägungen Einfluss zu nehmen. Damit gewährt das Anteilseigentum Verfügungsmacht über Mensch und Material.

Dieser Auslegung scheint zwar der Wortlaut entgegenzustehen. Er bezieht sich eindeutig nur auf die Gegenstände des unmittelbaren Produktionsprozesses. Allerdings ist eine starre, allein am Wortlaut orientierte Auslegung mit der Verfassungsentwicklung unvereinbar. Das Grundgesetz ist im Grundrechteteil geprägt von offenen Begriffen. Nur auf diese Weise kann sich ein Wandel von Gesellschaft, Wirtschaft und Verfassung verwirklichen.[900] Daher spricht der Wortlaut nicht pauschal für den Ausschluss besonders wichtiger Wirtschaftsbetriebe.[901] Es entspricht stattdessen ständiger Rechtsprechung des Bundesverfassungsgerichts, dass Verfassungsnormen in Bezug zu den tatsächlichen Begebenheiten stehen und ein Wandel der Normen mit der jeweiligen Zeit möglich sein muss.[902] Dies gilt umso mehr, da mittlerweile ein großer Teil der Wirtschaft auf dem Dienstleistungssektor tätig ist.[903] Der klassische „*Produktionsprozess*" hat deutlich abgenommen. Konsequent wäre es daher, die Produktionsmittel nicht mehr nur auf den klassischen Produktionsprozess zu beschränken. Daher ist Anteilseigentum, das mit der oben dargestellten Verfügungsmacht behaftet ist, zunächst als Produktionsmittel anzusehen.[904] Hierfür spricht auch, dass schon nach der WRV ganze Unternehmen in Gemeineigentum überführt

900 *Schliesky*, in: Bonner Kommentar zum Grundgesetz, Art. 15 Rn. 30; a. A. *Bäumler*, GewArch 1980, 287 (291).

901 *Bryde*, in: v. Münch/Kunig, Kommentar zum Grundgesetz, Art. 15 Rn. 18.

902 BVerfGE 34, 269 (289).

903 Ca. 69,8 % des BIP entstammten 2021 dem Dienstleistungssektor, wesentlich mehr als dem produzierenden Gewerbe (23,5 % + 5,9 % Baugewerbe), vgl. Statista, zuletzt abgerufen am 07.08.2022 unter https://de.statista.com/statistik/daten/studie/255082/umfrage/struktur-des-bruttoinlandsprodukts-in-deutschland/.

904 Auch spricht für die Aufnahme von Unternehmensanteilen unter den Produktionsmittelbegriff, dass ein Gesetz nach Art. 15 GG ansonsten den gegenteiligen Effekt haben könnte. Ein Unternehmen, dem die Produktionsmittel genommen werden, kann nicht oder nur noch sehr eingeschränkt produzieren. Eine Entschädigungszahlung kann den Wertverlust kaum abmildern. Der Verlust wird daher überwiegend durch Verkleinerung des Unternehmens in Form von Entlassungen der Arbeitnehmer kompensiert. Damit trifft das Gesetz gerade diejenigen, denen es grundsätzlich helfen will. Solche Folgen lassen sich dadurch verhindern, dass man den Bestand des Unternehmens unberührt lässt und lediglich die Unternehmensanteile überträgt. Die Arbeitnehmer bleiben so am Unternehmen weiterhin beteiligt.

werden konnten, wobei dies durch Überführung des Anteilseigentums geschehen sollte.[905]

Allerdings sind zwei wichtige Einschränkungen zu beachten, die sich unmittelbar aus Art. 15 GG sowie der historischen Auslegung ergeben. Zunächst kann nur solches Anteilseigentum als Produktionsmittel verstanden werden, welches wenigen Anteilseignern mit hoher Stimmenmehrheit ermöglicht, über die Belange des Unternehmens zu entscheiden (Großaktionäre). Anteilseignern mit einer nur geringen Zahl an Anteilen oder Kleinanlegern ohne bedeutenden Einfluss auf Unternehmen fehlt es an der entsprechenden Machtstellung. Denn erst mit der Anhäufung von Anteilseigentum in den Händen weniger Teilhaber besteht die Art von Verfügungsmacht, die Art. 15 GG verhindern will. Kleinsparer und Kleinanleger können dagegen weder rechtlich noch tatsächlich derart Einfluss auf Unternehmen ausüben wie Großaktionäre. Für eine solche Beschränkung spricht, dass schon nach den Vorstellungen der frühen Vertreter des Sozialismus kleine und mittelständische Unternehmen von der Sozialisierung ausgenommen und stattdessen gefördert werden sollten.[906]

Weiter fällt nur das Anteilseigentum solcher Unternehmen unter den Produktionsmittelbegriff, deren Unternehmensgegenstand für die Gemeinwirtschaft im Sinne des Art. 15 GG geeignet ist. Dies sind solche Unternehmen, die auf Befriedigung der allgemeinen menschlichen Grundbedürfnisse ausgelegt sind. Hierbei kommt es nicht darauf an, ob dies Unternehmen des Dienstleistungssektors oder des produzierenden Gewerbes sind. Hierunter können Unternehmen der Immobilienbranche, der Nahrungsmittelherstellung, der Textil-, der Pharmabranche, der medizinischen Grundversorgung einschließlich Krankenhäuser, der Alten- und Krankenpflege oder auch Unternehmen, die ihren Schwerpunkt im Bildungsbereich haben, gefasst werden. Anteilseigentum an Unternehmen, deren Gegenstand nicht auf Befriedigung menschlicher Grundbedürfnisse angelegt ist, kann dagegen nicht als Produktionsmittel gelten, etwa Unternehmen der Automobil-

---

905 *Friedländer*, in: Nipperdey, Grundrechte und Grundpflichten, S. 332.

906 *Marx*, Das Kapital, S. 704; *Marx/Engels*, Manifest der Kommunistischen Partei, S. 63; Erfurter Programm der SPD, zitiert nach *Konegen/Kracht*, Sozialismus und Sozialisierung, S. 39; *Huster*, Die Politik der SPD 1945–1949, S. 37; *Deist*, Gemeineigentum in freiheitlich geordneter Wirtschaft, 1959, zitiert nach *Konegen/Kracht*, Sozialismus und Sozialisierung, S. 182; siehe auch Art. 153 BayV, der eine besondere Förderung selbstständiger Kleinbetriebe oder Mittelstandsbetriebe vorsieht. Ebenso Art. 43 HessVerf.

industrie sowie deren Zulieferer, Rüstungsbetriebe oder Versicherungen, da diese keine menschlichen Grundbedürfnisse erfüllen.

Nach den vorstehenden Ansätzen können auch Erbbaurechte und Eigentum nach WEG unter den Produktionsmittelbegriff fallen. Dies gilt zumindest, wenn sie dem Unternehmen zum Umsatzerwerb dienen. Für sie ist dann ebenfalls auf die darin begründete Verfügungsmacht abzustellen. Denn den beiden Rechten kommt eine ähnliche faktische Wirkung zu wie Eigentum an Grund und Boden. Durch sie können wenige Rechteinhaber andere Personen von der Nutzung, den Gewinnen und den Früchten aus Grund und Boden ausschließen.

Allerdings muss auch hier maßgeblich auf die Anzahl der Rechte in den Händen des Einzelnen abgestellt werden. Einem einzelnen Erbbaurecht oder Eigentumsrecht nach WEG kann man nicht die gleiche Verfügungsmacht zusprechen wie hunderten Erbbaurechten im Bestand eines einzelnen Unternehmens. Maßgeblich ist daher die tatsächliche Anzahl der Erbbaurechte bzw. die Eigentumsanteile nach WEG, die das Unternehmen innehat und die damit verbundene wirtschaftliche Verfügungsmacht über Menschen.

Bei der Überführung von Erbbaurechten und Eigentum nach WEG ist zudem zu prüfen, ob diese zur Überführung in Gemeinwirtschaft geeignet sind. Dies setzt voraus, dass die durch das Erbbaurecht oder das Wohneigentum nach WEG gehaltenen Gegenstände gemeinwirtschaftlich genutzt, also zur Deckung eines menschlichen Grundbedarfes herangezogen werden können. Bei Erbbaurechten wie auch Eigentum nach WEG ist dies regelmäßig der Fall. Beide Rechte können denklogisch nur an Grund und Boden begründet werden. Zwar können Erbbaurechte auch an anderen Grundstücken als solchen mit Wohnbebauung eingetragen werden. Aber jedenfalls dann, wenn durch Erbbaurechte Grundstücke mit Wohnbebauung gehalten werden, kann menschlicher Grundbedarf nach Wohnraum mit ihnen gedeckt werden.

Für diese Auslegung sprechen insbesondere auch die Ziele der historischen Sozialisierung. Sozialisierung sollte eine gerechte Teilhabe vieler Menschen verwirklichen und zugleich missbräuchliche Machtzusammenfassung im Wirtschaftsbereich verhindern. Damit sollte sich eine gerechte Gesellschaftsordnung verwirklichen. Durch die oben genannte Auslegung wird zudem die enumerative Aufzählung des Art. 15 GG nicht unterlaufen und der Ausnahmecharakter der Norm beachtet, da eine ausufernde Auslegung des Produktionsmittelbegriffs vermieden wird. Zugleich verwirklicht sich so der sozialistische Gedanke in Art. 15 GG. Schließlich begrenzt sich der Anwendungsbereich eines Gesetzes nach Art. 15 GG auf ein sinnvolles Maß. Abschließend spricht für eine solche Auslegung, dass der Parlamentarische Rat viele Fragen in Bezug auf Art. 15 GG offen ließ[907] und eine abschließende, einengende Auslegung daher nicht der Verfassungswirklichkeit entspräche.

4. Zwischenergebnis

Nach der hier vertretenden Auffassung bestimmen sich Inhalt und Umfang des Produktionsmittelbegriffs nach der sozialen Bedeutung eines Gegenstandes für die Grundbedürfnisse des Menschen. Damit fallen zumindest solche Gegenstände unter den Produktionsmittelbegriff, die einen wirtschaftlichen Bezug zu menschlichen Grundbedürfnissen aufweisen und zugleich wirtschaftliche Machtzusammenfassung aufweisen.

VI. Merkmal der „Sozialisierungsreife“

Fraglich und umstritten ist, ob ein Gesetz nach Art. 15 GG, wie zum Teil gefordert,[908] Sozialisierungsreife für die überführungsfähigen Objekte voraussetzt. Sozialisierungsreife bedeutet, dass dem zu überführenden Objekt eine gewisse wirtschaftliche Bedeutung zukommt, welche sich für die Allgemeinheit realisiert.[909] Auch hierzu werden unterschiedliche Positionen vertreten.

Nach teilweise vertretener Auffassung muss eine Sozialisierungsreife vorliegen.[910] So würden solche Unternehmen und Vermögenswerte geschützt, denen für die Gesamtwirtschaft keine nennenswerte Bedeutung zukommt.[911]

---

907 *v. Mangoldt*, in: VVDStRL 10 (1951), S. 151.

908 *Depenheuer/Froese*, in: v. Mangoldt /Klein/Stark, Kommentar zum Grundgesetz, Art. 15 Rn. 40.

909 *Schede/Schuldt*, Vergesellschaftung von Grund und Boden, ZRP 2019, 78 (79); *Becker*, in: Stern/Becker, Grundrechte-Kommentar, Art. 15 Rn. 31; *Sodan*, in: Sodan, Grundgesetzkommentar, Art. 15 Rn. 8.

910 *Depenheuer/Froese*, in: v. Mangoldt /Klein/Stark, Kommentar zum Grundgesetz, Art. 15 Rn. 40; *Sodan*, in: Sodan, Grundgesetzkommentar, Art. 15 Rn. 8.

911 *Schede/Schuldt*, Vergesellschaftung von Grund und Boden, ZRP 2019, 78 (79).

Nach anderer Auffassung bedarf es bei einem Gesetz nach Art. 15 GG keiner Sozialisierungsreife.[912] Im Gegensatz zur WRV habe man im Grundgesetz bewusst darauf verzichtet. Denn schon unter der WRV hätten Unsicherheiten bestanden, wann Unternehmen als sozialisierungsreif angesehen hätte werden können. Der Parlamentarische Rat habe sich somit bewusst gegen dieses Merkmal entschieden.[913] Daher sehe der Wortlaut des Art. 15 GG das Erfordernis der Sozialisierungsreife nicht vor.

Dennoch ist trotz des Wortlauts des Art. 15 GG eine Überführungsreife für ein Gesetz nach diesem anzunehmen. Hierfür sprechen Sinn und Zweck der Norm. Kleine und mittelständische Unternehmen sind primär die Nutznießer der überführten Gegenstände, wenn sich eine gerechte Bedarfsdeckung realisieren soll. Ihr Eigentum in die Überführung mit einzubeziehen, ist widersprüchlich. Ebenfalls ist ihr Wirtschaftsbeitrag zu gering, um ihn für die Allgemeinheit nutzbringend einbeziehen zu können. Außerdem spricht die historische Auslegung des Art. 15 GG für die Sozialisierungsreife. Es war beabsichtigt, Machtzusammenfassungen zu verhindern und Großbetriebe zu überführen. Kleine oder mittelständische Unternehmen waren dagegen nicht Gegenstand der Sozialisierung.[914] Diese sollten gezielt gefördert werden, wie sich aus einigen Landesverfassungen ergibt.[915]

Deshalb ist bereits im Rahmen des Tatbestandsmerkmals „*Produktionsmittel*“ zu prüfen, ob diese dem Inhaber eine wirtschaftliche Machtstellung vermitteln. Erst eine solche wirtschaftliche Machtstellung erlaubt den Zugriff nach Art. 15 GG. Nur diese Auslegung wird der Systematik sowie dem Sinn und Zweck des Art. 15 GG gerecht. Zudem spricht einiges dafür, auch für die weiteren in Art. 15 GG genannten Gegenstände eine wirtschaftliche Machtstellung und eine darin enthaltene Verfügungsmacht zu verlangen.[916]

---

912 *Rittstieg*, in: Alternativer Kommentar zum Grundgesetz, Art. 15 Rn. 244.

913 *Schliesky*, in: Bonner Kommentar zum Grundgesetz, Art. 15 Rn. 20.

914 *Huster*, Die Politik der SPD 1945–1949, S. 37.

915 Bejaht man die Notwendigkeit der Sozialisierungsreife, stellt dies für das Vergesellschaftungsgesetz kein Hindernis dar. Die dort genannten Unternehmen haben einen sehr hohen Marktanteil (ca. 12 % des Gesamtwohnmarktes), die sie wohl als überführungsfähig erscheinen lassen, vgl. *Drohsel*, KJ 2020, 30 (34).

916 Ähnlich *Kühling/Litterst*, DVBl. 2022, 871 (875), welche die von sich im Rahmen der Produktionsmittel entwickelten Kriterien auch auf die anderen überführungsfähigen Objekte erstrecken.

V. Zwischenergebnis

Art. 15 GG stellt auf gesellschaftlich besonders bedeutsame Objekte ab, welche zur menschlichen Bedürfnisbefriedigung unerlässlich sind. Häufen wenige Eigentümer diese an und schließen damit viele Nicht-Eigentümer von ihrer Nutzung aus, ermöglicht Art. 15 GG einen Zugriff auf diese Gegenstände. Für den Zugriff ist jedoch maßgeblich, dass durch die Gegenstände wirtschaftliche Macht weniger über viele Menschen ausgeübt wird und die Gegenstände gemeinwirtschaftlich genutzt werden können.

C. „Überführung in Gemeinwirtschaft“

Im Folgenden wird sich den weiteren Tatbestandsvoraussetzungen des Art. 15 GG gewidmet.

I. Begriff der Gemeinwirtschaft

Der Gemeinwirtschaftsbegriff wurde im Laufe der Zeit mit unterschiedlichen Wirtschaftssystemen verknüpft.[917] Zum Begriff der Gemeinwirtschaft werden daher vielfältige Auffassungen vertreten. Eine vorherrschende Auffassung hat sich noch nicht herausgestellt.[918] Anerkannt ist, dass Gemeinwirtschaft einen Begriff der Wirtschaftswissenschaft darstellt[919] und bewusst offengehalten ist.[920] Sie ist auf Bewirtschaftung ohne Gewinnerzielungsabsicht zur Bedarfsdeckung oder Versorgung in einer besonderen

917 *Weinert*, Das Ende der Gemeinwirtschaft, S. 25.

918 *Weinert*, Das Ende der Gemeinwirtschaft, S. 25; *Thiemeyer*, Grundsätze einer Theorie der Gemeinwirtschaft, S. 21; *Ritschl*, Marktwirtschaft und Gemeinwirtschaft, S. 39.

919 *Weinert*, Das Ende der Gemeinwirtschaft, S. 24; *Weisser*, Einführung in die Lehre von den gemeinwirtschaftlichen Unternehmen, S. 8.

920 *Klein*, Eigentumsbindung, S. 16; *Depenheuer/Froese*, in: v. Mangoldt /Klein/Stark, Kommentar zum Grundgesetz, Art. 15 Rn. 19; *Bryde*, in: v. Münch/Kunig, Kommentar zum Grundgesetz, Art. 15 Rn. 16; zum einen, um ein möglichst weites Spektrum anderer Formen in der Hand zu haben, wie die Vergesellschaftung vollzogen wurde. Zum anderen, um eine sprachliche Angleichung an Art. 74 Abs. 1 Nr. 15 GG zu erreichen.

Organisationsform gerichtet.[921] Die Organisationsform muss den Interessen der Allgemeinheit Rechnung tragen sowie eine spezifische Zweckbestimmung festlegen und verwirklichen.[922] Träger der Gemeinwirtschaft können sowohl Bund, Länder und Kommunen, aber auch private Initiativen oder Gewerkschaften sein, soweit es ihnen erlaubt ist.[923]

Die bewusst offene Formulierung *„andere Formen"* belegt, dass sich der Parlamentarische Rat nicht auf ein bestimmtes Modell der Gemeinwirtschaft beschränkt hat. Stattdessen sind verschiedene Modelle erlaubt.[924] Gemeineigentum und andere Formen der Gemeinwirtschaft bilden die institutionelle Sicherstellung gemeinwirtschaftlichen Handelns.[925] Darüber hinaus ist es notwendig, dass die Gemeinwirtschaft das private Gewinnstreben als primäres Wirtschaftsziel ablöst und durch unmittelbare gesellschaftliche Bedürfnisbefriedigung ersetzt.[926] Gemeinwirtschaftlichkeit ist somit eine spezielle Modalität des Wirtschaftens.[927] Zum Teil wird auch vertreten, Gemeinwirtschaft sei der positive Endzweck eines Gesetzes nach Art. 15 GG[928] und bestehe in der Kollektivierung der Dispositions- und Verfügungsbefugnis des Eigentümers.[929]

---

921 *Sieckmann*, in: Friauf/Höfling, Berliner Kommentar zum Grundgesetz, Art. 15 Rn. 12; *Thiel*, Grundflächen und Rohstoffe im Spannungsfeld zwischen Privat- und Gemeineigentum, S. 31; *Seeberger*, Inhalt und Schranken der Sozialisierung, S. 73; *Becker*, in: Stern/Becker, Grundrechte-Kommentar, Art. 15 Rn. 28; *Detterbeck*, Öffentliches Recht, Rn. 538; *Sieckmann*, in: Friauf/Höfling, Berliner Kommentar zum Grundgesetz, Art. 15 Rn. 12; *Rittstieg*, in: Alternativer Kommentar zum Grundgesetz, Art. 15 Rn. 233; *Dietlein*, in: Stern, Staatsrecht der Bundesrepublik Deutschland, Band IV/1, S. 2309; *Wieland*, in: Dreier, Kommentar zum Grundgesetz, Art. 15 Rn. 28; *Klein*, Eigentumsbindung, S. 20; je nachdem, ob auf Zweckbestimmung oder Organisationsform abgestellt werde, unterscheide man innerhalb der Gemeinwirtschaft in einen weiten oder in einen engeren Sinn.

922 *Ahlers*, Sozialisierung von Grund und Boden, S. 101; *Rittstieg*, in: Alternativer Kommentar zum Grundgesetz, Art. 15 Rn. 235; *Seeberger*, Inhalt und Schranken der Sozialisierung, S. 77.

923 Zu den Voraussetzungen, unter denen eine Gemeinde wirtschaftlich tätig werden darf, siehe etwa §§ 121 ff. HGO, §§ 107 ff. GO NRW, §§ 94a ff. SächGO.

924 *Püttner*, Gemeinwirtschaft, S. 22.

925 *Depenheuer/Froese*, in: v. Mangoldt /Klein/Stark, Kommentar zum Grundgesetz, Art. 15 Rn. 11.

926 *Depenheuer/Froese*, in: v. Mangoldt /Klein/Stark, Kommentar zum Grundgesetz, Art. 15 Rn. 22.

927 *Von Loesch*, in: Harms, Alternativökonomie und Gemeinwirtschaft, S. 98.

928 *Bäumler*, GewArch 1980, 287 (288).

929 *Depenheuer/Froese*, in: v. Mangoldt /Klein/Stark, Kommentar zum Grundgesetz, Art. 15 Rn. 22.

In der Weimarer Zeit wurde Gemeinwirtschaft als die zugunsten der Volksgemeinschaft planmäßig betriebene und gesellschaftlich kontrollierte Volkswirtschaft verstanden.[930] In dieser Tradition werden heute solche Unternehmen als gemeinwirtschaftlich qualifiziert, die institutionell dazu bestimmt sind, unmittelbar dem Wohl einer übergeordneten Gesamtheit zu dienen, denen sie ihre Leistungen oder ihre Ergebnisse widmen.[931] Ein ähnliches Begriffsverständnis von Gemeinwirtschaft kennt die Volkswirtschaftslehre.[932]

Nicht erforderlich ist, dass gemeinwirtschaftliche Betriebe staatlich festgelegte Bedürfnisse befriedigen oder staatlicher Lenkung unterworfen sind. Auch liegt dem Grundgesetz nicht der Gedanke zugrunde, dass die deutsche Volkswirtschaft gemeinwirtschaftlich organisiert sein muss. Dies wäre mit der wirtschaftlichen Neutralität des Grundgesetzes nicht in Einklang zu bringen.[933] Der Gemeinwirtschaft kommt stattdessen eine Komplementärfunktion im privatkapitalistischen Wirtschaftssystemen zu.[934] Sie verlangt die Überführung der Wirtschaftsmacht auf wirtschaftliche Verwaltungskörper, in welchen die Allgemeinheit durch die verschiedenen Wirtschaftsbeteiligten vertreten ist.[935] Allein die Vereinigung der Produktionsmittel auf den Staat schafft jedoch keine ausbeutungsfreien Produktionsverhältnisse, sondern nur Staatsmonopolismus.[936]

II. Inhalt der Gemeinwirtschaft

Gemeinwirtschaft stellt den Oberbegriff verschiedener Wirtschaftsformen dar[937] und steht nicht für ein festes Wirtschaftssystem.[938] So ist es dem Gesetzgeber im Rahmen des Art. 15 GG möglich, sich von veralteten Ge-

930 *Schliesky*, in: Bonner Kommentar zum Grundgesetz, Art. 15 Rn. 46.
931 *Von Loesch*, in: FS Hans Ritschl, 1972, S. 79.
932 *Seeberger*, Inhalt und Schranken der Sozialisierung, S. 72.
933 *Seeberger*, Inhalt und Schranken der Sozialisierung, S. 73.
934 *Bäumler*, GewArch 1980, 287 (288).
935 *Huber*, Wirtschaftsverwaltungsrecht, S. 158.
936 *Vilmar*, in: Schwan, Demokratischer Sozialismus für Industriegesellschaften, S. 73.
937 *Becker*, in: Stern/Becker, Grundrechte-Kommentar, Art. 15 Rn. 26; *Frotscher*, JuS 1981, 890 (894); *Bryde*, in: v. Münch/Kunig, Kommentar zum Grundgesetz, Art. 15 Rn. 14; *Detterbeck*, Öffentliches Recht, Rn. 538; *Schell*, Art. 15 GG im Verfassungsgefüge, S. 64; *Wieland*, in: Dreier, Kommentar zum Grundgesetz, Art. 15 Rn. 29; *Huck*, Die Sozialisierung nach Art. 15 GG, S. 10.
938 *Klein*, Eigentumsbindung, S. 20.

meineigentumsvorstellungen zu lösen, und verschafft ihm zugleich Experimentiermöglichkeiten.[939] Gemeinwirtschaft ist insbesondere nicht gleichzusetzen mit Zentralverwaltungswirtschaft.[940] Sie schließt Privatwirtschaft nicht aus,[941] sondern kann neben ihr existieren.[942]

Andere Formen der Gemeinwirtschaft können solche darstellen, bei denen das Eigentum zwar nicht auf eine überindividuelle Gesamtheit übergeht, aber die gesellschaftliche Kontrolle über die Eigentumsnutzung und deren Gemeinwohlorientierung gesetzlich garantiert wird.[943] Diese Formen sind stets mit einer übergeordneten, dem gesellschaftlichen Gesamtinteresse dienenden Planung eines Wirtschaftszweigs verbunden.[944]

Teilweise wird auch vertreten, die Gemeinwirtschaft könne sich durch Ge- und Verbote realisieren, welche die Dispositionsfreiheit der Eigentümer einschränken.[945] Voraussetzung sei nur, dass die für die Gemeinwirtschaft erforderlichen Bedingungen erfüllt werden.[946] Denn alle zulässigen Formen der Gemeinwirtschaft müssten mindestens auf Bedarfsdeckung ohne Gewinnerzielungsabsicht angelegt und in einer solchen Form organisiert sein, welche das gemeinwirtschaftliche Handeln dauerhaft gewährleistet.

1. Auf Bedarfsdeckung ausgelegt

Gemeinwirtschaft bedeutet den Übergang von reiner Privatwirtschaft zu einer Wirtschaftsform, welche die soziale Funktion der Wirtschaft in den Vordergrund stellt. Damit ist sie auf Deckung des allgemeinen Bedarfes an

939 *Krüger*, in: Bettermann/Nipperdey/Scheuner, Die Grundrechte, S. 287; *Haaß*, LKV 2019, 145 (146).

940 *Bryde*, in: v. Münch/Kunig, Kommentar zum Grundgesetz, Art. 15 Rn. 13.

941 *Rittstieg*, in: Alternativer Kommentar zum Grundgesetz, Art. 14/15 Rn. 232.

942 *Bäumler*, GewArch 1980, 287 (288); *Rittstieg*, in: Alternativer Kommentar zum Grundgesetz, Art. 15 Rn. 232; *Sieckmann*, in: Friauf/Höfling, Berliner Kommentar zum Grundgesetz, Art. 15 Rn. 12.

943 *Sieckmann*, in: Friauf/Höfling, Berliner Kommentar zum Grundgesetz, Art. 15 Rn. 12; *Berkemann*, in: Umbach/Clemens, Kommentar zum Grundgesetz, Art. 15 Rn. 76; *Dietlein*, in: Stern, Staatsrecht der Bundesrepublik Deutschland, Band IV/1, S. 2310.

944 *Depenheuer/Froese*, in: v. Mangoldt /Klein/Stark, Kommentar zum Grundgesetz, Art. 15 Rn. 22.

945 *Bäumler*, GewArch 1980, 287 (290).

946 Als Beispiel könne nach Meinung von *Schliesky* die Überführung von Atomkraftwerken für das zunächst bestehende Ziel einer Sicherstellung der Energieversorgung dienen, um anschließend auf die Verwendung erneuerbarer Energien umzusteuern, *Schliesky*, in: Bonner Kommentar zum Grundgesetz, Art. 15 Rn. 45.

Wirtschaftsgütern gerichtet.[947] Diese Bedarfsdeckung ist das erklärte Ziel der Gemeinwirtschaft[948] und richtet sich ihrerseits nach den Regeln der Gemeinnützigkeit.[949] Sie ist gleichzeitig auch das entscheidende Kriterium zur Abgrenzung gegenüber der Verstaatlichung;[950] sie muss zur Veränderung der Bewirtschaftungsweise führen.[951] Gemeinwirtschaft ist daher erst verwirklicht, wenn primär gewinnorientiertes Handeln durch auf Bedarfsdeckung ausgerichtetes Handeln abgelöst wurde.[952] Es bedarf dazu einer gemeinschaftlichen Entscheidung, welcher Bedarf befriedigt werden soll (sog. kollektivierte Bedarfsdefinitionskompetenz).[953]

Allerdings müssen die Bedarfsdeckung und damit auch die Gemeinwirtschaft im Rahmen des Art. 15 GG modifiziert werden. Denn die Beschränkung der in Art. 15 GG genannten Objekte deutet auf eine nur beschränkte Gemeinwirtschaft hin.[954] Gemeinwirtschaftliche Unternehmen nach Art. 15 GG können nur zur Deckung menschlicher Grundbedürfnisse betrieben werden. Dies ergibt sich unmittelbar aus den in Art. 15 GG genannten Objekten, die zur Erfüllung menschlicher Grundbedürfnisse benötigt werden. Insofern zielt die Gemeinwirtschaft des Art. 15 GG auch nur auf solche Wirtschaftszweige ab, die zur Deckung menschlicher Grundbedürfnisse notwendig sind.

Dagegen ist es grundsätzlich möglich, jedes Unternehmen freiwillig gemeinwirtschaftlich zu führen. Dies zeigen die gemeinwirtschaftlichen Unternehmen *„Neuen Heimat“*, die *„Bank für Gemeinwirtschaft“* oder die gemeinnützigen Wohnungsgesellschaften.[955] Bund und Länder, aber auch Privatpersonen, können unabhängig von Art. 15 GG durch eigene Betriebe ein System schaffen, welches nicht von Gewinnerzielungsabsicht geprägt, sondern lediglich auf Bedarfsdeckung angelegt ist. So beteiligte sich die

947 *Schell*, Art. 15 GG im Verfassungsgefüge, S. 66.

948 *Krüger*, in: Bettermann/Nipperdey/Scheuner, Die Grundrechte, S. 288; *Becker*, in: Stern/Becker, Grundrechte-Kommentar, Art. 15 Rn. 28; *Bäumler*, GewArch 1980, 287 (289).

949 *Lörler*, NJ 2019, 273 (275).

950 *Bryde*, in: v. Münch/Kunig, Kommentar zum Grundgesetz, Art. 15 Rn. 15; *Detterbeck*, Öffentliches Recht, Rn. 539.

951 *Becker*, in: Stern/Becker, Grundrechte-Kommentar, Art. 15 Rn. 30.

952 *Depenheuer/Froese*, in: v. Mangoldt /Klein/Stark, Kommentar zum Grundgesetz, Art. 15 Rn. 17.

953 *Depenheuer/Froese*, in: v. Mangoldt /Klein/Stark, Kommentar zum Grundgesetz, Art. 15 Rn. 22.

954 *Bäumler*, GewArch 1980, 287 (290).

955 *Von Loesch*, in: Harms, Alternativökonomie und Gemeinwirtschaft, S. 107 f.

öffentliche Hand nach dem Ersten Weltkrieg in großem Umfang an Kapitalgesellschaften der gemeinnützigen Wohnungswirtschaft.[956] Mitte der 1970er Jahre wurden große Teile des gemeinnützigen Wohnungsbestandes zumindest mittelbar durch die öffentliche Hand kontrolliert.[957] Dabei gehen die gemeinnützigen Wohnungsunternehmen auf freie und liberale Bürgerinitiativen zurück, nicht auf die Initiative der öffentlichen Hand.[958] Dieser Zusammenschluss des Staates und der privaten Unternehmen zur gemeinnützigen Bereitstellung von Wohnraum stellt eine Form der Gemeinwirtschaft dar.[959] Im Gegensatz dazu setzt ein Gesetz nach Art. 15 GG immer auch einen Zwangszugriff auf die Wirtschaftsgüter des Betroffenen voraus.[960]

Der Gesetzgeber darf ein Gesetz nach Art. 15 GG zudem nicht erlassen, wenn nur ein abstrakter oder zukünftiger Bedarf befriedigt werden soll. Das Merkmal der Bedarfsdeckung zwingt den Gesetzgeber vielmehr, Art. 15 GG nur bei einem konkreten Bedarf nach den überführungsfähigen Objekten anzuwenden.[961] Dies folgt aus der Regel-Ausnahme-Beziehung zwischen Art. 15 GG und Art. 14 Abs. 1 S. 1 GG. Denn reicht ein abstrakter Bedarf aus, könnte der Gesetzgeber jedes genannte Objekt überführen, weil dieses möglicherweise irgendwann zur Bedarfsdeckung benötigt würde. Damit wäre der Schutz des Art. 14 Abs. 1 S. 1 GG für privates Eigentum an Produktionsmitteln durch Art. 15 GG entwertet. Gemeinwirtschaft im Sinne des Art. 15 GG zielt zudem auf die unmittelbare Bedarfsdeckung ab;[962] eine mittelbare Bedarfsdeckung ist nicht ausreichend. Auch der aus verstaatlichten Gegenständen gezogene Nutzen kommt dem Staat und damit der Allgemeinheit zugute. Gemeinwirtschaft im Sinne des Art. 15 GG soll dagegen nicht mit der Verstaatlichung gleichgesetzt werden, sondern zu einer gesellschaftlichen Teilhabe an wichtigen Gütern führen.

956 *Leisner*, Wohnungsgemeinnützigkeit, S. 55.
957 *Leisner*, Wohnungsgemeinnützigkeit, S. 56.
958 *Leisner*, Wohnungsgemeinnützigkeit, S. 29.
959 *Von Loesch*, in: Harms, Alternativökonomie und Gemeinwirtschaft, S. 105; a. A. *Leisner*, Wohnungsgemeinnützigkeit, S. 58 f., der nur solche Unternehmen für in gemeinwirtschaftlicher Form erachtet, die durch ein Gesetz nach Art. 15 GG überführt wurden.
960 BVerwGE 17, 306 (314).
961 *Sodan*, in: Sodan, Grundgesetzkommentar, Art. 15 Rn. 8.
962 *Depenheuer/Froese*, in: v. Mangoldt /Klein/Stark, Kommentar zum Grundgesetz, Art. 15 Rn. 16; *Frotscher*, JuS 1981, 890 (894); *Bryde*, in: v. Münch/Kunig, Kommentar zum Grundgesetz, Art. 15 Rn. 14.

Was indes unter „*konkretem Bedarf*" verstanden werden kann, erschließt sich nur aus Inhalt und Zweck des Art. 15 GG. Ein marktorientierter Bedarf an Luxusgegenständen stellt keine tragfähige Arbeitsgrundlage für Gemeinwirtschaft nach Art. 15 GG dar. Maßgeblich ist der menschliche Grundbedarf. Darunter sind Wohnen, Nahrung, Kleidung und Arbeit zu verstehen, eine ausreichende Versorgung mit Elektrizität, Gas und Wasser, die Abwasser- wie auch die Abfallentsorgung und die medizinische Grundversorgung. Der Bedarf des Einzelnen an einem persönlichen (Elektro-)Auto wird dagegen kaum als Voraussetzung für ein gemeinwirtschaftliches Unternehmen im Sinne des Art. 15 GG angenommen werden können.

Allein die Bedarfsdeckung reicht zudem nicht für eine Qualifizierung als Gemeinwirtschaft aus. Denn auch die Marktwirtschaft will den Bedarf am Markt versorgen.[963] Dies beruht allerdings auf dem Gedanken der Gewinnmaximierung und nur mittelbar, um den Markt zu bedienen.[964]

2. Gewinnverzicht bei Gemeinwirtschaft

Gemeinwirtschaftliche Unternehmen dürfen nicht unmittelbar auf Gewinnerzielung angelegt sein.[965] Stattdessen sollen sie für die Allgemeinheit notwendige Güter bewirtschaften oder erzeugen. Die Erwirtschaftung eines möglichem Gewinns ist dann lediglich eine *conditio sine qua non* für das Primärziel der Gemeinwohlförderung.[966]

Es wird allerdings auch vertreten, Gemeinwirtschaft könne einen pauschalen Ausschluss wirtschaftlicher Gewinne nicht rechtfertigen. Entscheidend sei vielmehr die Gewinnverwendung.[967] Auch gemeinwirtschaftliche Unternehmen dürften danach Gewinne erwirtschaften, wenn sie diese zugunsten der Bedarfsdeckung weiter investieren. Als Beispiel für den Gewinneinsatz können der Erwerb weiterer Gegenstände zur Bedarfsdeckung, die Vergünstigung der Gegenstände gegenüber dem Konsumenten sowie

963 *Ahlers*, Sozialisierung von Grund und Boden, S. 101.

964 *Krüger*, in: Bettermann/Nipperdey/Scheuner, Die Grundrechte, S. 289; *Depenheuer/Froese*, in: v. Mangoldt /Klein/Stark, Kommentar zum Grundgesetz, Art. 15 Rn. 16; *Bäumler*, GewArch 1980, 287 (289).

965 *Depenheuer/Froese*, in: v. Mangoldt /Klein/Stark, Kommentar zum Grundgesetz, Art. 15 Rn. 16.

966 *Von Loesch*, in: FS Hans Ritschl, 1972, S. 78.

967 *Heinemann*, Ziele und Gefahren der Sozialisierung, S. 8; *von Loesch*, in: Harms, Alternativökonomie und Gemeinwirtschaft, S. 98; *Schell*, Art. 15 GG im Verfassungsgefüge, S. 67; *Leisner*, Wohnungsgemeinnützigkeit, S. 51; *Hesselbach*, Die gemeinwirtschaftliche Unternehmung, S. 143.

die Verbesserung oder Instandhaltung der Produktion genannt werden. Nicht erlaubt ist eine profitorientierte Gewinnerzielung zugunsten der verantwortlichen Manager oder sonstigen Führungspersonen.

3. Organisationsformen

Gemeinwirtschaft setzt schließlich eine besondere Organisationsform voraus. Den sonstigen gemeinwirtschaftlichen Unternehmen außerhalb des Anwendungsbereichs des Art. 15 GG ist es jederzeit möglich, auf gewinnorientierte Wirtschaftsformen umzuschwenken. Eine solche Änderung der Bewirtschaftungsweise darf im Rahmen des Art. 15 GG nicht geschehen. Bei dieser Organisationsform muss sichergestellt werden, dass der Gemeinwohlzweck dauerhaft erreicht wird.[968] Dabei muss die Organisationsform auch in besonderem Maße die Allgemeininteressen berücksichtigen[969] und auf Dauer angelegt sein.[970] Solche Organisationsformen können insbesondere juristische Personen des öffentlichen Rechts oder auch Genossenschaften erfüllen.[971] In Abgrenzung zur Privatwirtschaft muss der Gesetzgeber aber die Gemeinwirtschaft materiell-rechtlich konstitutiv ausgestalten. Eine nur satzungsmäßige gemeinwirtschaftliche Zweckbindung reicht nicht aus.[972] Weitere Beschränkungen der Organisationsform bestehen jedoch nicht.

a. Privatrechtliche Ausgestaltung der Gemeinwirtschaft

In der Literatur wird teilweise vertreten, privatrechtliche Gesellschaftsformen seien als zulässige Organisationsformen ausgeschlossen.[973] Dies ist jedoch abzulehnen. Denn mit Ausnahme des Gemeineigentums muss Gemeinwirtschaft im Rahmen des Art. 15 GG nicht vom Staat betrieben werden. Andere Formen der Gemeinwirtschaft setzten auch nicht die Übertragung von Eigentum auf staatliche Institutionen voraus. Gemeinwirtschaft

---

968 *Leisner*, in: Isensee, Schriften zum Eigentum, S. 239; *Schliesky*, in: Bonner Kommentar zum Grundgesetz, Art. 15 Rn. 43.

969 *Klein*, Eigentumsbindung, S. 21.

970 *Lörler*, NJ 2019, 273 (276).

971 *Durner*, in: Dürig/Herzog/Scholz, Kommentar zum Grundgesetz, Art. 15 Rn. 55.

972 *Berkemann*, in: Umbach/Clemens, Kommentar zum Grundgesetz, Art. 15 Rn. 76.

973 *Berkemann*, in: Umbach/Clemens, Kommentar zum Grundgesetz, Art. 15 Rn. 77.

kann durch staatliche Mitwirkung ausgeübt werden,[974] sie muss es jedoch nicht. So kann etwa die Beteiligung kirchlicher Verbände, Arbeitnehmervertretungen, gewerkschaftlicher Betriebe oder privater Initiativen, die gemeinnützig organisiert sind, zu *„anderen Formen der Gemeinwirtschaft“* führen. So kommen als Rechtsformen gemeinwirtschaftlicher Unternehmen neben Genossenschaften auch GbR, GmbH[975] oder GmbH & Co. KG sowie die Kombination von GmbH und Verein in Betracht.[976]

b. Aktiengesellschaften

Möglicherweise lässt sich jedoch eine Aktiengesellschaft (AG) nicht gemeinwirtschaftlich betreiben. Denn AGs sind nach ihrer Grundausrichtung darauf ausgelegt, möglichst Gewinne zu erwirtschaften.[977] Dies ist gemeinwirtschaftlich organisierten Unternehmen aufgrund ihrer Ausrichtung am Allgemeinbedürfnis grundsätzlich verwehrt.

Diese Gewinnerzielung ergibt sich aus § 76 Abs. 1 AktG, welcher die Rechte und Pflichten des AG-Vorstandes regelt.[978] Der Vorstand hat unter eigener Verantwortung die AG zu leiten. Als juristische Person ist die AG Inhaber des Unternehmens im Sinne einer auf die Verwirklichung eines bestimmten Zwecks gerichteten wirtschaftlichen Einheit. Die Leitungsfunktion des Vorstandes bezieht sich auf dieses Unternehmen.[979] Dabei ist der Vorstand an den Gesellschaftszweck der AG gebunden.[980]

---

974 Parlamentarischer Rat, Akten und Protokolle, Band 5/2, Ausschuss für Grundsatzfragen, S. 944 f.

975 Ein Beispiel, wie eine GmbH gemeinwirtschaftlich ausgerichtet sein kann, zeigt ein Modell aus Schleswig-Holstein. Um die Akzeptanz von On-Shore Windkraftanlagen (Windkraftanlagen auf dem Festland) zu erhöhen, sind die Betreiber der Windparks verpflichtet, einen Teil der GmbH-Geschäftsanteile an die unmittelbar anliegenden Anwohner zu übertragen. Die Anwohner werden damit am Gewinn der GmbH beteiligt. Vorlage war Dänemark, wo das Modell zur Erhöhung der Akzeptanz von Windkraftanlagen eingeführt wurde. Ob das Modell die Akzeptanz tatsächlich erhöht, wird sich noch zeigen, *Milstein*, ZUR 2016, 269 (270).

976 Die Förderung von Allgemeininteressen mit Gesellschaftsmitteln ist zulässig, wie sie ausdrücklich mit dem Gesellschaftszweck in Einklang steht, *Beurskens*, in: Noack/Servatius/Haas, Kommentar zum GmbHG, § 43 Rn. 28.

977 *Grigoleit*, in: Grigoleit, Kommentar zum Aktiengesetz, § 1 Rn. 7.

978 *Chorongiewski*, Kartellrechts-Compliance für Manager, S. 26 f.

979 *Spindler*, in: Münchener Kommentar zum Aktiengesetz, § 76 Rn. 14.

980 *Grigoleit*, in: Grigoleit, Kommentar zum Aktiengesetz, § 76 Rn. 17.

Die vom Vorstand verfolgten Ziele seiner Unternehmensleitung müssen sich primär am Gesellschaftswohl wie auch an den Interessen der Anteilsinhaber messen lassen.[981] Soweit sich nichts anderes aus der Gesellschaftssatzung ergibt, bildet die Gewinnerzielung das zentrale Kriterium der ordnungsgemäßen Geschäftsleitung.[982] Dies unterscheidet den unternehmerischen Beurteilungsspielraum des Vorstandes von der Privatautonomie natürlicher Personen.[983] Auch ein Landesgesetzgeber könnte hiervon keine abweichenden Regelungen treffen, da der Bund bei Schaffung des Aktien- und Gesellschaftsrechts umfassend von seinen Kompetenzen aus Art. 74 Abs. 1 Nr. 11 GG Gebrauch gemacht hat.[984]

Dem Vorstand kommt allerdings ein gewisser Spielraum zu, wie er die Gewinnerzielungsabsicht verfolgt. Da ein Unternehmen immer auch in die Gesamtwirtschaft eingebunden ist, darf der Vorstand durch eigenverantwortliche Leitungsbefugnis bei der Abwägung der verschiedenen Belange von Aktionären, Arbeitnehmerschaft, Gläubigern und Geschäftspartnern auch das Gesamtinteresse oder das Gemeinwohl berücksichtigen, ohne gegen seine Pflichten zu verstoßen.[985] Somit darf er auch sozialorientierte Unternehmensführung betreiben. Unzulässig ist es jedoch, die Leitung der AG einseitig auf die Verfolgung öffentlicher Belange auszurichten, ohne die Interessen der an der AG beteiligten Personen zu berücksichtigen.[986]

Im Ergebnis kann daher eine AG auch gemeinwirtschaftlich organisiert und betrieben werden. Denn ein gemeinwirtschaftliches Unternehmen darf Gewinne erzielen, solange die Gewinne im gemeinwirtschaftlichen Sinn verwendet werden. Ausgeschlossen ist die Gewinnerzielung zur Profitmaximierung. Würde beispielsweise eine AG, deren Geschäftsbetrieb in der Vermietung von Wohnraum besteht, aufgrund ihrer Satzung sozialschwächere Mieter als Anteilsinhaber der AG berücksichtigen und die erzielten Gewinne an diese ausschütten oder zu ihren Gunsten im Immobilienbestand verwenden, beinhaltete dies wesentliche Merkmale eines gemeinwirtschaftlichen Unternehmens. Den Mietern würden zudem Mitbestimmungsrechte über den Immobilienbestand eingeräumt, der ihren Bedarf an Wohnen abdeckt. Tritt zugleich der Staat als Großaktionär ein, sodass ihm eine

---

981 *Spindler*, in: Münchener Kommentar zum Aktiengesetz, § 76 Rn. 72.

982 *Grigoleit*, in: Grigoleit, Kommentar zum Aktiengesetz, § 76 Rn. 17.

983 *Grigoleit*, in: Grigoleit, Kommentar zum Aktiengesetz, § 76 Rn. 17.

984 BVerfGE 98, 145, (157).

985 Dies diene als Beleg der sozialen Eingebundenheit einer AG, *Spindler*, in: Münchener Kommentar zum Aktiengesetz, § 76 Rn. 66.

986 *Spindler*, in: Münchener Kommentar zum Aktiengesetz, § 76 Rn. 87.

Sperrminorität gegenüber den weiteren Anteilsinhabern zusteht, wäre eine gemeinwirtschaftliche Organisationsform dauerhaft gesichert.

4. Zwischenergebnis

Gemeinwirtschaft stellt eine auf Bedarfsdeckung gerichtete Wirtschaftsform dar, die sich durch allgemeinwohlorientierte Gewinnverwendung sowie eine besondere Organisationsform auszeichnet. Gemeinwirtschaft ist danach auch in privater Organisationsform zulässig, solange die Voraussetzungen der Gemeinwirtschaft gesichert werden. Allerdings kann durch Gemeinwirtschaft im Rahmen des Art. 15 GG nur solcher Bedarf gefördert und erfüllt werden, der für menschliche Grundbedürfnisse notwendig ist.

Allein eine allgemeinwohlorientierte Verwendung der Gewinne begründet noch keine gemeinwirtschaftliche Wirtschaftsform. Denn auch verstaatlichte Unternehmen sollen die Gewinne im Sinne des Staates und des Gemeinwohls verwenden. Gewinne als Nebenfolge der Bedarfsdeckung sind indes sinnvoll und zulässig. An die Stelle der Gewinnmaximierung muss aber das Prinzip einer angemessenen und insbesondere gemeinwohlverpflichteten Gewinnerzielung treten.[987] Bei der konkreten Ausgestaltung sind sowohl Körperschaften des öffentlichen Rechts wie auch privatrechtliche Gesellschaftsformen denkbar. Nach den vorstehenden Maßstäben ist daher auch die im Vergesellschaftungsgesetz genannte AöR als gemeinwirtschaftliche Organisation anzusehen, da sie ohne Gewinnerzielungsabsicht die Mietwohnungen zur Bedarfsdeckung verwalten soll.

III. Kritik an gemeinwirtschaftlichen Unternehmen

Allerdings ist fraglich, ob gemeinwirtschaftliche Unternehmen das mit Art. 15 GG bezweckte Partizipieren Vieler an den überführungsfähigen Objekten ernsthaft erfüllen können. Denn gemeinwirtschaftliche Unternehmen haben kaum oder keine Kostenvorteile gegenüber erwerbswirtschaftlichen Unternehmen.[988] Arbeitnehmer eines gemeinwirtschaftlichen Unternehmens fühlen sich diesem nicht mehr verpflichtet als Arbeitnehmer privatwirtschaftlicher Unternehmen. Sie leisten keine bessere Arbeit. Auch

987 *Schell*, Art. 15 GG im Verfassungsgefüge, S. 67 f.
988 *Von Loesch*, in: FS Hans Ritschl, 1972, S. 97.

die Organisation und Kapitalstruktur der gemeinwirtschaftlichen Unternehmen sind nicht notwendigerweise besser. Eher besteht durch die staatliche Einflussnahme eine hohe Bürokratisierungsgefahr.[989] Ebenso muss ein gemeinwirtschaftliches Unternehmen Steuern und Abgaben zahlen. Kosten für Hausmeisterdienste, Gebäudeverwaltung und Reparaturen bleiben bei gemeinwirtschaftlichen Unternehmen nicht aus. Es wird lediglich auf Gewinne verzichtet bzw. die erwirtschafteten Gewinne werden im Sinne der Gemeinwirtschaft verwendet.

Gemeinwirtschaftliche Unternehmen zählen außerdem zu den mikroökonomischen Instrumenten, wirken also nur auf einem kleinen Teilbereich. Sie können keine makroökonomischen Probleme lösen.[990] Gemeinwirtschaftliche Unternehmen sollen eine antizyklische Preis- und Investitionspolitik betreiben. Genau diese Funktion können gemeinwirtschaftliche Unternehmen jedoch nicht erfüllen, da auch sie den marktwirtschaftlichen Grundsätzen unterworfen sind. Ziel der partiellen Marktregulierung durch gemeinwirtschaftliche Unternehmen kann vielmehr nur sein, privatwirtschaftliche Unternehmen zum Nachziehen auf das Preisniveau der gemeinwirtschaftlichen Unternehmen zu bewegen. Dies setzt jedoch voraus, dass gemeinwirtschaftliche Unternehmen Wettbewerbsvorteile gegenüber privatwirtschaftlichen Unternehmen aufweisen.

Schließlich führen gemeinwirtschaftliche Unternehmen auch nicht in jedem Fall zu dem von ihnen gewünschten Erfolg. Gemeinwirtschaftliche Unternehmen stehen wie jedes Unternehmen im Spannungsfeld zwischen politischen und ökonomischen Kräften.[991] Insbesondere verhindern gemeinwirtschaftliche Unternehmen nicht, dass ihre Führungsriegen Gelder veruntreuen, unterschlagen, zweckwidrig verwenden oder Dritte bereichern.[992] Der Gewinnverzicht eines gemeinwirtschaftlichen Unternehmens

989 Dies ist einer der Hauptgründe, warum unmittelbar nach dem ersten Weltkrieg die meisten Sozialisierungsvorhaben nicht weiterverfolgt wurden, vgl. *Klönne*, Die Deutsche Arbeiterbewegung, S. 177.

990 *Von Loesch*, in: FS Hans Ritschl, 1972, S. 97.

991 *Von Loesch*, in: FS Hans Ritschl, 1972, S. 98.

992 Exemplarisch kann hier auf das gemeinwirtschaftliche Unternehmen „Neue Heimat“ verwiesen werden, *Weinert*, Das Ende der Gemeinwirtschaft, S. 29; auch der weiter fortschreitende Missbrauch von Geldern im Rahmen der Frankfurter AWO kann herangezogen werden, hessenschau, Nachricht vom 07.09.2021, zuletzt abgerufen am 01.03.2022 unter https://www.hessenschau.de/panorama/cdu-politiker-und-tochter-in-awo-affaere-in-wiesbaden-angeklagt,awo-anklage-100.html.

stellt nicht das gemeinwirtschaftliche Verhalten des Führungspersonals sicher.[993]

IV. Gemeineigentum als Form der Gemeinwirtschaft

Der Begriff „*Gemeineigentum*“[994] findet seinen Ursprung in den Sozialismustheorien des 19. Jahrhunderts.[995] Die sozialisierten Gegenstände bzw. ihr Nutzen sollten nicht mehr dem privaten Nutzen des Eigentümers dienen, sondern der gesellschaftlichen Bedarfsdeckung oder der Verfolgung sonstiger Gemeinwohlziele.[996] Die historische Umwandlung der Produktionsverhältnisse war dabei auf die völlige Aufhebung des Privateigentums an Produktionsmitteln in Großkonzernen gerichtet.[997] Der Parlamentarische Rat verstand dagegen Gemeineigentum in einem weitesten Sinne. Er bezog damit auch das öffentliche Eigentum mit ein,[998] also Gegenstände, die im Eigentum des Staates standen, jedermann zugänglich[999] und den Vorschriften des Bürgerlichen Gesetzbuches entzogen waren,[1000] ohne zugleich Gemeineigentum zu sein. Vom Gemeineigentum umfasstes öffentliches Eigentum sollte so der demokratischen Kontrolle und Mitbestimmung sowie der Wirtschaftsplanung unterliegen.[1001]

Gemeineigentum im Sinne des Art. 15 GG stellt eine zulässige Form der Gemeinwirtschaft dar.[1002] Es handelt sich um Eigentum, welches in Händen einer überindividuellen Gesamtheit liegt, die das Eigentum im Interesse

993 *Rittstieg*, in: Alternativer Kommentar zum Grundgesetz, Art. 15 Rn. 235, mit dem gemeinwirtschaftlichen Unternehmen „Neue Heimat“ als Beispiel, das zum Ende der 1980er-Jahre bedingt durch Korruptionsvorwürfe und Fehlwirtschaft Insolvenz anmeldete.

994 Teilweise auch „*Kollektiveigentum*“, *Huber*, Wirtschaftsverwaltungsrecht, S. 169; *Wieland*, in: Dreier, Kommentar zum Grundgesetz, Art. 15 Rn. 29.

995 *Heyers*, Gemeineigentum, S. 117.

996 *Depenheuer/Froese*, in: v. Mangoldt /Klein/Stark, Kommentar zum Grundgesetz, Art. 15 Rn. 19.

997 *Zacher*, Die Entstehung des Wirtschaftsrechts in Deutschland, S. 115.

998 *Schliesky*, in: Bonner Kommentar zum Grundgesetz, Art. 15 Rn. 43.

999 *Brückner*, in: Münchener Kommentar zum BGB, § 903 Rn. 18; zur Begriffsgeschichte des öffentlichen Eigentums siehe *Schmidt-Jortzig*, NVwZ 1987, 1025 (1026 f.).

1000 BVerfGE 24, 367 (388).

1001 *Goldberg*, Neue Heimat, Gemeinwirtschaft, Gewerkschaften, S. 39.

1002 *Detterbeck*, Öffentliches Recht, Rn. 538.

der Gesamtheit ausübt[1003] und einen gemeinwirtschaftlichen Gebrauch gewährleistet.[1004] Damit soll es nicht einer konkreten Gruppe von Eigentümern zustehen, sondern der Allgemeinheit.[1005] Die Verfügungsbefugnis des vormaligen Eigentümers wird zugunsten des Gemeineigentums vollständig aufgehoben und auf den neuen Rechtsträger übertragen,[1006] wodurch Gemeineigentum als Gegenbegriff zum Privateigentum zu verstehen ist.[1007]

Das Gemeineigentum wird zudem durch die Bestimmung „*oder andere Formen der Gemeinwirtschaft*“ als eine der möglichen Ausformungen der Gemeinwirtschaft genannt, die gleichwertig mit den anderen auf einer Stufe steht.[1008] Der Träger des Gemeineigentums darf die Gegenstände daher nicht bloß ansammeln, sondern muss sie im Sinne der Gemeinwirtschaft verwenden.[1009] Er muss sie ohne Gewinnerzielungsabsicht und auf Bedarfsdeckung angelegt der Allgemeinheit zur Verfügung stellen.[1010] Gemeineigentum und Gemeinwirtschaft unterscheiden sich damit nur in der Frage des Trägers, da lediglich Bund,[1011] Länder und Körperschaften des öffentli-

---

1003 *Huber*, Wirtschaftsverwaltungsrecht, S. 169; *Hamann*, Wirtschaftsverfassungsrecht, S. 168; *Schell*, Art. 15 GG im Verfassungsgefüge, S. 73.

1004 *Heyers*, Gemeineigentum, S. 118.

1005 *Klein*, Eigentumsbindung, S. 17; *Brückner*, in: Münchener Kommentar zum BGB, § 903 Rn. 12; *Thiel*, Grundflächen und Rohstoffe im Spannungsfeld zwischen Privat- und Gemeineigentum, S. 29.

1006 *v. Mangoldt*, in: VVDStRL 10 (1951), S. 161: Die Beteiligung Privater an den in Gemeineigentum gehaltenen Gegenständen war nach Auffassung des Parlamentarischen Rates nicht gewünscht; a. A. *Ipsen*, in: VVDStRL 10 (1951), S. 111; *Klein*, Eigentumsbindung, S. 17; *Huck*, Die Sozialisierung nach Art. 15 GG, S. 15, die zumindest bei Kapitalgesellschaften Miteigentum Privater zur Begründung von Gemeineigentum ausreichen lassen wollen, wenn der öffentliche Träger die Mehrheit der Anteile auf sich vereint. In der Sache selbst ist die Terminologie jedoch unerheblich, da Mehrheitsinhaberschaft an Anteilen unzweifelhaft auch als „*andere Form der Gemeinwirtschaft*“ gilt.

1007 *Becker*, in: Stern/Becker, Grundrechte-Kommentar, Art. 15 Rn. 30.

1008 A. A. *Goldberg*, Neue Heimat, Gemeinwirtschaft, Gewerkschaften, S. 133, wonach Gemeinwirtschaft immer auf Gemeineigentum fußen muss. Gemeineigentum sei daher die Voraussetzung für Gemeinwirtschaft. Das Grundgesetz kommt ausweislich des Wortlautes dieser Sichtweise jedoch nicht nach, indem Gemeineigentum als eine mögliche Form der Gemeinwirtschaft genannt wird.

1009 *Ipsen*, in: VVDStRL 10 (1951), S. 111.

1010 *Schliesky*, in: Bonner Kommentar zum Grundgesetz, Art. 15 Rn. 43.

1011 Teilweise wird in der Literatur vertreten, dass nur Körperschaften des öffentlichen Rechts als Gemeineigentumsträger in Betracht kommen und nur dies Gemeineigentum und gleichzeitig Staatseigentum darstellt. Dem ist jedoch zu widersprechen. Gemeineigentum ist kein reines Staatseigentum, selbst wenn der Staat sein Eigentum nur zur Allgemeinwohlförderung verwenden darf, *Goldberg*, Neue Heichen Rechtes[1012] (soweit sie dem Einfluss gemeinwirtschaftlicher Organe unterworfen sind[1013]) Gegenstände in Gemeineigentum halten können. Im Gegensatz dazu kann bei der Gemeinwirtschaft das Eigentum auch bei Privatpersonen verbleiben.

Art. 15 GG enthält daneben schließlich keine Rangordnung hinsichtlich der tatsächlichen Ausformung der Gemeinwirtschaft.[1014] Dies wäre mit dem Ziel eines möglichst weiten Spielraums des Gesetzgebers unvereinbar.

V. Entprivatisierung durch Gemeinwirtschaft

Teilweise wird vertreten, Art. 15 GG sei auf die *„Entprivatisierung des Eigentums“* und auf *„Aufhebung der Privatnützigkeit“* gerichtet.[1015] Unter Privatnützigkeit versteht das Bundesverfassungsgericht die private Zugehörigkeit eines Gegenstandes zu einem Rechtsträger.[1016] Gerade diese Zuordnung kann Art. 15 GG jedoch nicht aufheben.

Wie Art. 15 GG selbst bestimmt, wird bei der Überführung in Gemeineigentum das private Eigentum nur auf einen *neuen* Rechtsträger übertragen. Auch nach der Überführung stehen die Gegenstände im Eigentum nur *eines* Rechtsträgers. Die Privatnützigkeit im Sinne der Zugehörigkeit zu nur einem Rechtsträger verändert sich deswegen nicht. Auch bei Gemeineigentum entscheidet über die Bewirtschaftungsform weiterhin ausschließlich der eine, *neue* Rechtsträger. Dies gilt selbst dann, wenn der Rechtsträger demokratisch kontrolliert oder die Entscheidung aufgrund demokratischen

---

mat, Gemeinwirtschaft, Gewerkschaften, S. 43 f; *Heyers*, Gemeineigentum, S. 119; *Klein*, Eigentumsbindung, S. 17.

1012 *Berkemann*, in: Umbach/Clemens, Kommentar zum Grundgesetz, Art. 15 Rn. 80; *Schliesky*, in: Bonner Kommentar zum Grundgesetz, Art. 15 Rn. 43.

1013 *Huber*, Wirtschaftsverwaltungsrecht, S. 169; *Klein*, Eigentumsbindung, S. 17; *Schell*, Art. 15 GG im Verfassungsgefüge, S. 76; *Wendt*, in: Sachs, Kommentar zum Grundgesetz, Art. 15 Rn. 5.

1014 *Klein*, Eigentumsbindung, S. 18.

1015 *Klein*, Eigentumsbindung, S. 5; *Schliesky*, in: Bonner Kommentar zum Grundgesetz, Art. 15 Rn. 36; *Wieland*, in: Dreier, Kommentar zum Grundgesetz, Art. 15 Rn. 1; *Berkemann*, in: Umbach/Clemens, Kommentar zum Grundgesetz, Art. 15 Rn. 2.

1016 BVerfGE 70, 191 (200); 91, 294 (308); 100, 226 (241).

Beschlusses getroffen wird. Die unmittelbare Verfügung wird nur durch die juristische Person getroffen, der die Gegenstände übertragen wurden.[1017]

Damit schaltet ein Gesetz nach Art. 15 GG, wie *Krüger* zutreffend erkennt, gerade nicht die Privatnützigkeit aus.[1018] Auch Gemeinwirtschaft ändert nicht die rechtliche Zugehörigkeit des Gegenstandes zu nur einem Rechtsträger. Stattdessen werden etwa staatliche Mitbestimmungsrechte eingeräumt. Der konkrete Eigentumsbestand des Rechtsträgers wird hierdurch jedoch nicht berührt. Dasselbe gilt für Nutzungsbefugnisse.[1019]

Somit ist fraglich, wie das „*Aufheben der Privatnützigkeit*" und die „*kollektive Herrschaft über einen Gegenstand*" im Hinblick auf Art. 15 GG mit den realen Gegebenheiten in Einklang zu bringen sind. Richtigerweise kann sich das „*Aufheben der Privatnützigkeit*" nur in der Partizipation vieler Menschen am Nutzen oder am Gewinn *aus* dem Eigentum realisieren, nicht jedoch in der Aufhebung der subjektiven Zugehörigkeit zu einem Rechtsträger. Diese Partizipation erfüllt sich dadurch, dass die überführten Gegenstände gemeinwirtschaftlich bewirtschaftet und dadurch Früchte, Nutzen und Gewinn aus dem Eigentum einem möglichst weiten Personenkreis zugänglich gemacht werden,[1020] während das Eigentum von einem Rechtsträger gehalten wird. Dies führt jedoch weder zur Aufhebung des Privateigentums an den überführten Gegenständen noch zur unmittelbaren Umverteilung unter Privaten. Art. 15 GG kann höchstens zur Aufhebung von Eigentum Privater an Produktionsmitteln führen. Denn falls ein Gesetz nach Art. 15 GG die subjektive Zugehörigkeit eines Gegenstandes zu einer Person beseitigen sollte, könnte der Gegenstand nach Überführung auch nicht im Eigentum des Staates oder einer Anstalt öffentlichen Rechts stehen. Selbst „*Kollektiveigentum*" setzt eine subjektive Zugehörigkeit eines Gegenstandes zu einer bestimmten Personengruppe voraus. Umverteilung zwischen Gesellschaftsklassen, so wie historisch mit der Sozialisierung gefordert, ist über Art. 15 GG nicht möglich.

1017 Abzulehnen ist jedoch, dass sich ein Gesetz nach Art. 15 GGnur sinnvoll in Form der Gemeinwirtschaft vollziehen könne, so etwa *Krüger*, in: Bettermann/Nipperdey/Scheuner, Die Grundrechte, S. 299.

1018 *Krüger*, in: Bettermann/Nipperdey/Scheuner, Die Grundrechte, S. 299.

1019 *Huck*, Die Sozialisierung nach Art. 15 GG, S. 16; *Krüger*, in: Bettermann/Nipperdey/Scheuner, Die Grundrechte, S. 299.

1020 So im Ergebnis auch *Seiler*, in: Epping/Hillgruber, Kommentar zum Grundgesetz, Art. 74 Rn. 56.

VI. Abgrenzung „zum Zwecke der Vergesellschaftung“

Art. 15 GG bestimmt, dass eine Überführung in Gemeinwirtschaft nur zum Zwecke der Vergesellschaftung möglich ist. Dabei ist strittig, wie das Merkmal *„zum Zwecke der Vergesellschaftung“* verstanden werden muss.

Teilweise werden den Begriffen *„Gemeinwirtschaft“* und *„Vergesellschaftung“* identische Funktionen beigemessen. Dabei soll der Begriff *„Vergesellschaftung“* den Oberbegriff für die verschiedenen Formen bilden, durch die eine gemeinwirtschaftliche Bewirtschaftung erfolgt.[1021] Was *„Vergesellschaftung“* bedeute, sei jedoch unklar. Der Begriff sei zudem inhaltsleer[1022] und deshalb ausfüllungsbedürftig.[1023] Die überwiegende Auffassung sieht in der *„Vergesellschaftung“* nur ein anderes Wort für Sozialisierung. *„Vergesellschaftung“* beziehe sich unmittelbar auf Art. 15 GG selbst.[1024]

Andere sind der Ansicht, mit der Vergesellschaftung als Zweck normiere das Grundgesetz ein finales Kriterium für den Gesetzgeber zur Überführung in Gemeineigentum.[1025] Die Vergesellschaftung müsse der ausschließliche Zweck der Maßnahme sein, die genannten Gegenstände in Gemeineigentum oder andere Formen der Gemeinwirtschaft zu überführen.[1026] Vergesellschaftung stelle das materielle Ziel der Überführung in Gemeineigentum dar.[1027] Hierdurch sollen die bisher ausgeschlossenen sozialen Gruppen als Repräsentanten der Gesamtheit im Interesse der Gesamtgesellschaft die Verfügungs- und Nutzungsbefugnisse ausüben.[1028] Vergesellschaftung

1021 *Depenheuer/Froese*, in: v. Mangoldt /Klein/Stark, Kommentar zum Grundgesetz, Art. 15 Rn. 11.

1022 Parlamentarischer Rat, Akten und Protokolle, Band 2, Herrenchiemsee, S. 257.

1023 *Krüger*, in: Bettermann/Nipperdey/Scheuner, Die Grundrechte, S. 270; *Schell*, Art. 15 GG im Verfassungsgefüge, S. 53.

1024 *Klein*, Eigentumsbindung, S. 4; *Bryde*, in: v. Münch/Kunig, Kommentar zum Grundgesetz, Art. 15 Rn. 10; *Rittstieg*, in: Alternativer Kommentar zum Grundgesetz, Art. 15 Rn. 238; *Heinemann*, Ziele und Gefahren der Sozialisierung, S. 4; *Depenheuer/Froese*, in: v. Mangoldt /Klein/Starck, Kommentar zum Grundgesetz, Art. 15 Rn. 11; *Seeberger*, Inhalt und Grenzen der Sozialisierung nach Art. 15 S. 5.

1025 *Schliesky*, in: Bonner Kommentar zum Grundgesetz, Art. 15 Rn. 35.

1026 *Schliesky*, in: Bonner Kommentar zum Grundgesetz, Art. 15 Rn. 35; *Krüger*, in: Bettermann/Nipperdey/Scheuner, Die Grundrechte, S. 287; *Schell*, Art. 15 GG im Verfassungsgefüge, S. 53; *Huck*, Die Sozialisierung nach Art. 15 GG, S. 26; *Kühling/Litterst*, DVBl 2022, 871 (878).

1027 *Krüger*, in: Bettermann/Nipperdey/Scheuner, Die Grundrechte, S. 270.

1028 *Ahlers*, Sozialisierung von Grund und Boden, S. 107.

drücke so den Gegensatz zur Privateigentumsordnung aus.[1029] Daraus folge auch, dass dem Vergesellschaftungszweck bei der Gemeinwirtschaft keine materielle Bedeutung zukomme.[1030] Bei *„richtiger"* Auslegung diene er nur der Klarstellung, habe aber ansonsten keine eigene Bedeutung.[1031] Es sollen nur Erwägungen wie etwa der Umsturz der Gesellschaftsordnung ausgeschlossen werden.[1032] Denn wenn die Gemeinwirtschaft durch eine fehlende erwerbswirtschaftliche Zweckrichtung, also durch eine Orientierung nicht am Gewinn, sondern am Gemeinwohl gekennzeichnet sei, dann sei damit zugleich das wesentliche Merkmal der Vergesellschaftung erfüllt.[1033] Wesentlich entscheidender seien die Worte *„Gemeineigentum"* und *„Gemeinwirtschaft"*.[1034]

Den vorstehenden Ansichten ist jedoch nur bedingt zu folgen. *„Vergesellschaftung"* bildet weder den Oberbegriff, noch ist die Formulierung überflüssig. Zutreffend ist, dass Vergesellschaftung der Gemeinwirtschaft keine weitere Komponente hinzufügt. Die *„Überführung"* in Gemeinwirtschaft, nicht die Gemeinwirtschaft selbst, darf nach Art. 15 S. 1 GG nur zum Zweck der Vergesellschaftung erfolgen. Ein Unternehmen kann jedoch auch ohne ein Gesetz nach Art. 15 GG gemeinwirtschaftlich geführt werden.[1035] Damit stellt *„Vergesellschaftung"* gerade kein Merkmal der Gemeinwirtschaft dar. Die oben für die Gemeinwirtschaft im Rahmen des Art. 15 GG dargestellten Einschränkungen folgen aus den dort genannten Objekten, nicht aus dem Merkmal *„zum Zwecke der Vergesellschaftung"*. Daher sind *„Vergesellschaftung"* und *„Gemeinwirtschaft"* auch nicht deckungsgleich. Der Zweck der Vergesellschaftung ist die Grundlage, auf welcher der Gesetzgeber über Art. 15 GG Gegenstände überführen darf, und zielt auf die Willensbildung des Gesetzgebers. Gemeinwirtschaft und Gemeineigentum zielen dagegen auf das *„wie"* der Bewirtschaftung. Sie bezeichnen das Wirtschaftssystem, mit welchem der Gesetzgeber sein Ziel erreichen darf. Damit ist inhaltlich zwischen den Begriffen Gemeinwirtschaft und Vergesellschaftung zu un-

1029 *Rittstieg*, in: Alternativer Kommentar zum Grundgesetz, Art. 14/15 Rn. 238; *Sodan*, in: Sodan, Grundgesetzkommentar, Art. 15 Rn. 7.

1030 *Rittstieg*, in: Alternativer Kommentar zum Grundgesetz, Art. 14/15 Rn. 238.

1031 *Ahlers*, Sozialisierung von Grund und Boden, S. 99; *Detterbeck*, Öffentliches Recht, Rn. 538.

1032 *Dietlein*, in: Stern, Staatsrecht der Bundesrepublik Deutschland, Band IV/1, S. 2311; *Frotscher*, JuS 1981, 890 (894).

1033 *Frotscher*, JuS 1981, 890 (894).

1034 *Ahlers*, Sozialisierung von Grund und Boden, S. 99.

1035 *Klein*, Eigentumsbindung, S. 16.

terscheiden, auch wenn die Gemeinwirtschaft die Merkmale der Vergesellschaftung verwirklicht.

Die Formulierung „*zum Zwecke der Vergesellschaftung*“ ist auch nicht überflüssig. Der Gesetzgeber kann stattdessen nur dann ein Gesetz auf Art. 15 GG stützen, wenn er die Gegenstände in den Kreis der Gemeinschaft überführen und damit für die Allgemeinheit nutzbar machen will. „*Vergesellschaftung*“ stellt ein besonderes Zulässigkeitskriterium auf und ist Voraussetzung für die Überführung. Als Zulässigkeitsvoraussetzung ist sie jedoch nicht der Zweck eines Gesetzes nach Art. 15 GG, ebenso wenig wie das Allgemeinwohl der Zweck der Enteignung ist. Für diese Sichtweise spricht, dass die historische Sozialisierung zunächst nie als Ziel betrachtet worden ist. Vielmehr war Sozialisierung das „*Mittel*“, um bestimmte Ziele zu erreichen.[1036] Denn sowohl „*Überführen*“ als auch „*Gemeinwirtschaft*“ sind an ein Handeln gebunden. „*Gemeineigentum*“ steht für eine Veränderung des Wirtschaftens. Mit der gemeinwirtschaftlichen Bewirtschaftung erfüllt der Gesetzgeber die von ihm verfolgten Ziele. Vergesellschaftung daher als den Zweck eines Gesetzes nach Art. 15 GG anzusehen bedeutet, ein Mittel zum Zwecke eines Mittels einsetzen zu wollen. Dies erscheint jedoch wenig sinnvoll. Denn ein Mittel soll Ziele erreichen oder Zwecke fördern.

Versteht man unter „*Vergesellschaftung*“ nur die verfassungsrechtliche Möglichkeit zum Erlass eines Gesetzes nach Art. 15 GG, wäre der Zusatz, wie teilweise auch vertreten,[1037] überflüssig. Der Parlamentarische Rat hat diesem Begriff jedoch Bedeutung beigemessen. Denn bis zur Fassung des Fünfer-Ausschusses enthielt Art. 15 GG diese Formulierung nicht. Erst der Fünfer-Ausschuss fügte „*Zum Zwecke der Vergesellschaftung*“ ein und ersetzte damit das vorherige „*zum Wohl der Allgemeinheit*“. Diese Formulierung war noch an die Enteignung angelehnt. Wie das Wohl der Allgemeinheit ein besonderes Zulässigkeitskriterium für die Enteignung schafft, sollte die Formulierung „*zum Zwecke der Vergesellschaftung*“ ein besonderes Zulässigkeitskriterium für ein Gesetz nach Art. 15 GG schaffen. Ein

1036 *Bernstein*, Flugblatt von Anfang 1919, zitiert nach *Korsch*, Was ist Sozialisierung, S. 36; *Berkemann*, in: Umbach/Clemens, Kommentar zum Grundgesetz, Art. 15 Rn. 2; *Vilmar*, in: Schwan, Demokratischer Sozialismus für Industriegesellschaften, S. 64; *Huck*, Die Sozialisierung nach Art. 15 GG, S. 3; *Heyers*, Gemeineigentum, S. 138; *Rittstieg*, in: Alternativer Kommentar zum Grundgesetz, Art. 15 Rn. 231.

1037 *Ahlers*, Sozialisierung von Grund und Boden, S. 99; *Detterbeck*, Öffentliches Recht, Rn. 538; *Frotscher*, JuS 1981, 890 (894).

auf Art. 15 GG gestütztes Gesetz ist daher erst dann verfassungskonform, wenn der Gesetzgeber den Nutzen, die Früchte oder die Gewinne der Gegenstände für die Allgemeinheit nutzbar machen will. Andere Zwecke sind dem Gesetzgeber verwehrt. „*Zum Zwecke der Vergesellschaftung*" engt damit die Überführungsmöglichkeiten in Gemeinwirtschaft ein. Ohne diese Formulierung wäre es dem Staat möglich gewesen, zukünftige Rüstungsindustrien (Produktionsmittel) unter seine Kontrolle (Gemeineigentum) zu bringen.[1038] Zugleich wird durch diese Auslegung eine Machtzusammenfassung von Gütern auf den Staat vermieden.

Für diese Auslegung sprechen auch das Übergewicht der liberalen/bürgerlichen Parteien gegenüber der SPD (3/2) im Fünfer-Ausschuss sowie die Erfahrungen aus der NS-Zeit, als Unternehmen zwangsweise zusammengeschlossen und Verbandsorganisationen der NSDAP unterstellt wurden.[1039] Auf diese Weise hatte der NS-Staat in kurzer Zeit Zugriffsmöglichkeiten auf wesentliche Wirtschaftszweige. Ebenso spricht ein gesetzestechnischer Vergleich mit der Enteignung für diese Sichtweise, da beiden Eingriffsmöglichkeiten eine besondere Zweckbestimmung vorgeschaltet wurde.

Schließlich verwendete schon die WRV in Art. 156 Abs. 1 den Begriff „*Vergesellschaftung*". Danach konnten „*zur Vergesellschaftung geeignete private wirtschaftliche Unternehmen*" in Gemeineigentum überführt werden. Art. 15 GG ist dagegen anders ausgestaltet, da Art. 156 Abs. 1 WRV ausdrücklich nur Unternehmen benannte sowie Sozialisierungsreife forderte. Schließlich konnte unter der WRV auch auf die Entschädigung verzichtet werden. Versteht man „*Vergesellschaftung*" als die unter der jeweils geltenden Verfassung mögliche Form der Sozialisierung, würden zwei inhaltlich abweichende Formen unter den Begriff „*Vergesellschaftung*" gefasst. Dies erscheint nicht sachgerecht. Sieht man hingegen „*Vergesellschaftung*" als den gesetzgeberischen Willen zur Nutzbarmachung zugunsten der Allgemeinheit an, fügt sich dies auch unter der WRV widerspruchsfrei ein. Art. 15 GG und Art. 156 Abs. 1 WRV sind damit zumindest insoweit vergleichbar, als sie auf den gesetzgeberischen Willen Bezug nehmen und der historischen Forderung nach Sozialisierung zugleich Zulässigkeitsvoraussetzung (Entschädigung, Begrenzung auf bestimmte Objekte) hinzufügen.[1040]

1038 Der gesellschaftliche Bedarf ließe sich mit dem Erfordernis der notwendigen Verteidigungsbereitschaft des Landes bejahen.

1039 *Ambrosius*, in: North, Deutsche Wirtschaftsgeschichte, S. 328.

1040 Dem widersprich auch nicht, dass Art. 156 Abs. 1 WRV die Formulierung „[...] *für die Vergesellschaftung geeignete Unternehmen* [...]" gewählt hat. Schon die poli-

Daher sind insbesondere die nachfolgenden Absichten eines Gesetzgebers für ein Gesetz nach Art. 15 GG ausgeschlossen.

1. Bildung von Gemeineigentum oder Gemeinwirtschaft

Art. 15 GG kann nicht herangezogen werden, um die gesamte deutsche Volkswirtschaft gemeinwirtschaftlich umzugestalten. Die Gemeinwirtschaft stellt nach Art. 15 GG das Wirtschaftssystem dar, mit welchem der Gesetzgeber die mit dem Gesetz beabsichtigten Ziele verfolgen darf. Die Gemeinwirtschaft ist damit als die Umsetzung zu verstehen, mit welcher der Gesetzgeber die überführten Gegenstände der Allgemeinheit zukommen lassen will. Gemeinwirtschaft selbst ist aber kein Ziel eines Gesetzes nach Art. 15 GG.[1041] Denn Anknüpfungspunkt und Gegenstand dieses Gesetzes sind die in Art. 15 GG genannten Objekte. Diese sind für die Allgemeinheit von besonderem Interesse und sollen deswegen nicht mehr nur privatnützigem Gewinnstreben dienen.

2. Fiskalische Gründe

Auch fiskalische Gründe stellen kein legitimes Ziel eines Gesetzes nach Art. 15 GG dar.

Die Bundesrepublik ist gem. Art. 105 ff. GG ein Steuerstaat.[1042] Steuern stellen ihre primäre Einnahmequelle dar, mit welchen sie ihre Aufgaben erfüllen muss. Zudem dient die Steuergesetzgebung als klassisches Instrument der Umverteilung übermäßiger Vermögensmassen.[1043] Die Überführung der genannten Objekte ist dagegen nur zum Zwecke der Vergesellschaftung zulässig. Der Zweck der Vergesellschaftung ist es jedoch nicht, Staatseigentum zu fördern oder zu begründen. Eine Überführung in Gemeineigentum oder andere Formen der Gemeinwirtschaft allein aus fiskali-

---

tische Forderung nach Sozialisierung bezog sich nicht auf alle Wirtschaftsteile, sondern nur auf die Großindustrie. Erst, wenn den Unternehmen ein gewisses Gewicht zu kam, sollte sich die politisch gewollte Sozialisierung auf sie erstrecken.

1041 *Klein*, Eigentumsbindung, S. 21; *Seeberger*, Inhalt und Schranken der Sozialisierung, S. 77.

1042 *Seiler*, in: Dürig/Herzog/Scholz, Kommentar zum Grundgesetz, Art. 105 Rn. 43; *Depenheuer/Froese*, in: v. Mangoldt /Klein/Stark, Kommentar zum Grundgesetz, Art. 14 Rn. 453.

1043 *Lörler*, NJ 2019, 273 (273).

schen Gründen ist daher, ähnlich wie bei der Enteignung,[1044] unzulässig.[1045] Ebenso bildet Art. 15 GG keine Ermächtigungsgrundlage zur Bildung von Finanzmonopolen oder zur Verschaffung von Verwaltungsvermögen.[1046] Auch rechtfertigt das fiskalische Interesse des Staates keine Entschädigungsreduktion.[1047] Der Staat darf sich durch ein Gesetz nach Art. 15 GG nicht vergünstigt in den Besitz von Gegenständen bringen, die er anderweitig zum Marktwert hätte erwerben müssen. Gerade dieses Verbot der Staatsbereicherung ist auch bei der Entschädigung zu berücksichtigen.

3. Sonstige unzulässige Absichten

Der Gesetzgeber darf ein Gesetz nach Art. 15 GG nicht als Selbstzweck betreiben.[1048] Denn ein Gesetz nach Art. 15 GG ist gerade nicht Ziel, sondern Mittel des Gesetzgebers zur Erreichung höherer, insbesondere der zuvor dargestellten Ziele.[1049] Auch ist Art. 15 GG nicht darauf angelegt, Gewinne zu konfiszieren, jedwedes Vermögen umzuschichten[1050] oder gar als Strafmaßnahme Eigentum zu entziehen.[1051] Eine rein konfiskatorische Entziehung des Eigentums soll nicht möglich sein, da der Gesetzgeber in jedem Fall dem Betroffenen eine Entschädigung zu zahlen hat. Ein Gesetz nach Art. 15 GG verlangt stattdessen, dass die erzielten Gewinne durch Gemeinwirtschaft im Sinne des Allgemeinwohls verwendet werden. Denn nur so führt ein Gesetz nach Art. 15 GG zu einem gerechten Ausgleich unter den Gesellschaftsgruppen. Ansonsten privilegiert ein solches Gesetz nur die, die zufällig einem betroffenen Unternehmen angehören

---

1044 BVerfGE 38, 175 (179 f.).

1045 *Leisner*, in: Isensee, Schriften zum Eigentum, S. 241; *Bryde*, in: v. Münch/Kunig, Kommentar zum Grundgesetz, Art. 15 Rn. 15; *Schliesky*, in: Bonner Kommentar zum Grundgesetz, Art. 15 Rn. 37; *Hamann*, Wirtschaftsverfassungsrecht, S 167; *Klein*, Eigentumsbindung, S. 9; *Hofmann*, in: Schmidt/Bleibtreu, Kommentar zum Grundgesetz, Art. 15 Rn. 17.

1046 *Klein*, Eigentumsbindung, S. 9.

1047 *Haaß*, LKV 2019, 145 (147).

1048 *Krüger*, in: Bettermann/Nipperdey/Scheuner, Die Grundrechte, S. 292; *Sodan/Ferlemann*, LKV 2019, 193 (195); *Battis*, in: Gutachten im Auftrag des Neue Wege für Berlin e.V. vom 22.09.2021, S. 58, zuletzt abgerufen am 27.09.2021 unter https://neue-wege-fuer-berlin.de/staatsrechtler-ulrich-battis-enteignungs-volksentscheid-nicht-umsetzbar/; a. A. *Sachs*, Verfassungsrecht II, Grundrechte, S. 594 Rn. 58.

1049 *Vilmar*, in: Schwan, Demokratischer Sozialismus für Industriegesellschaften, S. 74.

1050 *Friauf*, DÖV 1976, 624 (627).

1051 *Huber*, Wirtschaftsverwaltungsrecht, S. 159; *Klein*, Eigentumsbindung, S. 10.

oder von diesen abhängig sind.[1052] Schließlich lässt sich Art. 15 GG auch nicht zur Rettung insolventer Unternehmen heranziehen, an denen der Staat zu deren Stützung Anteile erwerben will.[1053] Denn derartige staatliche Maßnahmen dienen nur dem Schutz der Unternehmen und der mit den Unternehmen zusammenhängenden Arbeitsplätzen.

4. Zwischenergebnis

Art. 15 GG erlaubt dem Gesetzgeber nur dann eine Überführung in Gemeinwirtschaft, wenn er den Nutzen, die Früchte oder die Gewinne aus den genannten Gegenständen der Allgemeinheit zugänglich machen will. Ein Gesetz nach Art. 15 GG darf nicht zum Selbstzweck ergehen.[1054] Eine anlasslose Überführung von Gegenständen in Gemeinwirtschaft oder ausschließlich zur Sicherung staatlichen Einflusses wäre ebenfalls unzulässig. Ein Gesetz nach Art. 15 GG darf auch nicht aus der Motivation erfolgen, privatwirtschaftliche Konkurrenz zu verdrängen oder den Wettbewerb zu verzerren. Allerdings soll ausweislich der Ziele der Bürgerinitiative das Vergesellschaftungsgesetz auch zur Verdrängung von Großanbietern am Markt führen. Dabei handelt es sich sogar um einen gewünschten Effekt. Denn Immobilieninvestoren und Immobilienunternehmen sollen vom Berliner Wohnungsmarkt verdrängt oder schon am Zutritt gehindert werden.[1055] Hierdurch soll Spekulationen mit Wohnraum verhindert werden. Für diese Fälle kann ein Gesetz nach Art. 15 GG seinem Wesen nach jedoch nicht eingesetzt werden. Denn auch Sozialisierung nach dem historischen Vorbild sollte nicht einseitig den Markt verändern oder Wettbewerber abschrecken, sondern lediglich notwendige Güter umverteilen.

D. Ziele und Grenzen eines Gesetzes nach Art. 15 GG

Von der gesetzgeberischen Willensbildung zur Überführung in Gemeinwirtschaft sind allerdings die Ziele und Motive zu unterscheiden, weshalb der Gesetzgeber die Allgemeinheit an den in Art. 15 GG genannten Ge-

---

1052 *Heinemann*, Ziele und Gefahren der Sozialisierung, S. 8.
1053 *Engels*, BKR 2009, 365 (368).
1054 *Sodan/Ferlemann*, LKV 2019, 193 (195).
1055 Ziele der Initiative „Deutsche Wohnen und Co. Enteignen", zuletzt abgerufen am 03.01.2021 unter https://www.dwenteignen.de/warum-enteignen/.

genständen partizipieren lassen möchte. Diese hängen ausschließlich von seinen politischen Erwägungen ab. Sie sind nahezu unbegrenzt,[1056] müssen sich aber mit dem Grundgesetz und dessen Wertungen vereinbaren lassen.[1057]

Krüger unterscheidet zwischen idealen und realen Zielen eines Gesetzes nach Art. 15 GG.[1058] Als ideale Ziele kommen historisch betrachtet insbesondere die Herstellung eines sozialen Friedens oder die Befreiung des Arbeiters aus den Händen des Kapitalisten in Betracht. Als reale Ziele kommen die Vermeidung wirtschaftlicher Machtzusammenfassung an den überführungsfähigen Objekten, die Förderung des Sozialstaatsprinzips und die Beteiligung Aller am gesellschaftlichen Produkt in Betracht.

I. Gerechte Gesellschaftsordnung

Sozialismus will diejenigen vertreten, deren Interessen von den bürgerlichen Gesellschaftsschichten nicht ausreichend repräsentiert werden. Daher wird der Sozialisierung oftmals eine *„friedensstiftende Funktion"* im Hinblick auf die verschiedenen Gesellschaftsgruppen zugedacht.[1059] Schon *Menzel* sprach davon, dass Sozialisierung zu dauerhaftem Frieden führen könne.[1060] Dieser Friede werde durch die Umschichtung der überführten Objekte erreicht, der Reichtum auf Mehrere verteile.[1061] So käme Allen ein gerechter Anteil an lebenswichtigen Gütern zu, wodurch sich eine gerechte Gesellschaftsordnung verwirklichen würde. Auch würden die durch den Kapitalismus ausgelösten Ressourcenkämpfe überflüssig.[1062] Die Teilhabe Aller sichere überdies die freie Entfaltung des Menschen. Denn wenn alle Menschen ausreichend mit Gütern ausgestattet seien, könne jeder Mensch sein Leben nach seinen Vorstellungen führen. Dies könne sich etwa dadurch verwirklichen, dass den Arbeitern bestimmte Nutzungs-, Be-

1056 *Diessner*, Die Sozialisierung der Banken, S. 97.

1057 *Krüger*, in: Bettermann/Nipperdey/Scheuner, Die Grundrechte, S. 281; *Diessner*, Die Sozialisierung der Banken, S. 98.

1058 *Krüger*, in: Bettermann/Nipperdey/Scheuner, Die Grundrechte, S. 270 ff.

1059 *Potthoff/Miller*, Kleine Geschichte der SPD, S. 187.

1060 Parlamentarischer Rat, Akten und Protokolle, Band 9, Verhandlungen des Plenums, S. 528 f.

1061 *Schell*, Art. 15 GG im Verfassungsgefüge, S. 54 f.; *Engels*, Die Grundsätze des Kommunismus, zitiert nach *Marx/Engels*, Manifest der Kommunistischen Partei, S. 118.

1062 *Krüger*, in: Bettermann/Nipperdey/Scheuner, Die Grundrechte, S. 270.

stimmungs- und Verfügungsmächte an den Unternehmen, also ein Mitbestimmungsrecht gewährt werde.[1063] Ebenso könnten schädliche Auswirkungen schrankenlos gewährter Freiheiten verhindert[1064] und zugleich neue Technologien gefördert werden, die einer freien Entfaltung menschlicher Fähigkeiten dienten.[1065]

II. Vermeidung wirtschaftlicher Machtzusammenfassung

Der Staat soll grundsätzlich privatwirtschaftliche Machtzusammenfassungen begrenzen.[1066] Ein wesentliches, gar entscheidendes Ziel eines Gesetzes nach Art. 15 GG sei daher die Vermeidung wirtschaftlicher Machtzusammenfassungen.[1067] Im Gegensatz zu den Landesverfassungen verfolgt Art. 15 GG dieses Ziel jedoch nicht.[1068] Daraus wird zum Teil gefolgert, dass die Landesverfassungen, die auf wirtschaftliche Machtzusammenfassungen Bezug nehmen, nicht mit Art. 15 GG konform sind und daher nichtig seien.[1069] Aus der Entstehungsgeschichte des Art. 15 GG ergebe sich jedoch, dass er auch zur Vermeidung wirtschaftlicher Machtzusammenfassungen eingesetzt werden solle.[1070] Der konfiskatorische Charakter in Verbindung mit der marxistischen Klassenkampfideologie sei im Rahmen der historischen Sozialisierung sogar besonders wichtig gewesen.[1071] Diese Zweckrichtung hat Art. 15 GG jedoch nur begrenzt aufgenommen, da er jeden Eingriff unter Vorbehalt einer angemessenen Entschädigung stellt.[1072] Zudem unterscheidet das Grundgesetz in Art. 74 Abs. 1 GG zwischen der

1063 *Huber*, Wirtschaftsverwaltungsrecht, S. 158; das Bundesverfassungsgericht hat in der Arbeitnehmermitbestimmung jedoch ausdrücklich keine „Sozialisierung“ gesehen, BVerfGE 50, 290 (290 ff.).

1064 *Schell*, Art. 15 GG im Verfassungsgefüge, S. 57.

1065 *Rittstieg*, in: Alternativkommentar zum Grundgesetz, Art. 14/15 Rn. 233; *Engels*, Die Grundsätze des Kommunismus, zitiert nach *Marx/Engels*, Manifest der Kommunistischen Partei, S. 119.

1066 *Diessner*, Die Sozialisierung der Banken, S. 99; *Sachs*, NJW 2015, 601 (603).

1067 *Ridder*, in: VVDStRL 10 (1951), S. 143, *Huber*, Wirtschaftsverwaltungsrecht, S. 157; *Diessner*, Die Sozialisierung der Banken, S. 98; *Vilmar*, in: Schwan, Demokratischer Sozialismus für Industriegesellschaften, S. 74; *Berkemann*, in: Umbach/Clemens, Kommentar zum Grundgesetz, Art. 15 Rn. 62.

1068 *Huber*, Wirtschaftsverwaltungsrecht, S. 159.

1069 *Huber*, Wirtschaftsverwaltungsrecht, S. 159.

1070 *Potthoff/Miller*, Kleine Geschichte der SPD, S. 187.

1071 *Klönne*, Die deutsche Arbeiterbewegung, S. 298.

1072 *Weber*, NJW 1950, 401 (403).

Kompetenz zur Überführung von Grund und Boden, Naturschätzen und Produktionsmitteln in Gemeineigentum oder andere Formen der Gemeinwirtschaft (Nr. 15) und der Verhütung des Missbrauchs wirtschaftlicher Machtstellung (Nr. 16). Eine grundsätzliche Vermeidung wirtschaftlicher Machtzusammenfassung wird sich daher aus Art. 15 GG nicht entnehmen lassen. Wohl allerdings ist es über ihn möglich, wirtschaftliche Machtzusammenfassungen an Objekten mit gesteigerter Sozialbindung abzubauen und zu vermindern.

III. Förderung des Sozialstaates

Art. 15 GG kommt im Rahmen des Sozialstaatsprinzips eine wichtige Stellung zu. Art. 20 Abs. 1 GG erklärt die Bundesrepublik zum sozialen Bundesstaat. Daraus leitet sich das Sozialstaatsprinzip ab. Es unterfällt Art. 79 Abs. 3 GG und ist damit unabänderlich; auch die Landesverfassungen sind über Art. 28 Abs. 1 GG daran gebunden. Es bildet eines der tragenden Staatsprinzipien für die Bundesrepublik Deutschland[1073] und verpflichtet alle Staatsgewalten, insbesondere den Gesetzgeber, dem Gebot sozialer Sicherheit und sozialer Gerechtigkeit ausreichend Rechnung zu tragen. Dies geschieht durch Hilfe gegen Not und Armut sowie Schutz vor typischen Wechselfällen des Lebens.[1074] Insbesondere bei der Schaffung einer gerechten Sozialordnung, die aus dem Sozialstaatsprinzip folgt, kann der Gesetzgeber in begrenztem Maß Umverteilung von Gütern vornehmen.[1075]

Prinzipiell ist das grundgesetzliche Menschenbild gekennzeichnet durch Selbstbestimmung und Eigenverantwortung.[1076] Das Sozialstaatsprinzip verlangt jedoch aufgrund der Eingebundenheit des Einzelnen in die soziale Gemeinschaft, dass diese Gemeinschaft Lasten mitträgt, die dem Einzelnen

---

1073 *Voßkuhle/Wischmeyer*, JuS 2015, 693 (693); historisch gesehen wurde die Sozialstaatlichkeit als zentraler Bestandteil eines Staates und einer Rechtsordnung verstanden, welche die tatsächlichen Voraussetzungen und Bedingungen der verfassungsrechtlich geschützten und garantierten Freiheitsausübung in den Blick nehmen. Angestoßen und als notwendig erachtet durch die Soziale Frage, schuf *Bismarck* 1883 die ersten Sozialversicherungen in Deutschland, *Grzeszick*, in: Dürig/Herzog/Scholz, Kommentar zum Grundgesetz, Art. 20 Rn. 17; *Huster/Rux*, in: Epping/Hillgruber, Kommentar zum Grundgesetz, Art. 20 Rn. 206; *Robbers*, in: Bonner Kommentar zum Grundgesetz, Art. 20 Rn. 1301.

1074 *Detterbeck*, Öffentliches Recht, Rn. 77.

1075 *Robbens*, in: Bonner Kommentar zum Grundgesetz, Art. 20 Rn. 1503.

1076 BVerfGE 117, 71 (89), *Geminn*, VerwArch 2020, 552 (558).

durch äußere Eingriffe entstehen und nur zufällig einige Individuen oder bestimmte Gruppen treffen.[1077] Die soziale Gemeinschaft hat zu verantworten, dass dem Grunde nach für alle die gleichen Voraussetzungen geschaffen werden. Gleichzeitig muss die Gemeinschaft Gefahren wie wirtschaftlichen Machtmissbrauch[1078] durch Ausnutzen und Ausbeuten sowie dem Versagen im familiären Umfeld entgegenwirken. Insbesondere soll sie die Gefahr von „*Riesenvermögen in der Hand von Wenigen*" verhindern.[1079] Das Sozialstaatsprinzip verlangt daher einen Ausgleich, wo sich durch Arbeitslosigkeit,[1080] Krankheit oder Tod eine gerechte Gesellschaftsordnung nicht verwirklicht.[1081] Der Betroffene soll dabei vor allem Hilfe zur Selbsthilfe erhalten.[1082]

Wie sich das Sozialstaatsprinzip verwirklicht, legt das Grundgesetz nicht fest.[1083] Dies bleibt dem Gesetzgeber überlassen.[1084] Es steht ihm frei, zur Zielerreichung gegebenenfalls auch die Mithilfe privater Wohlfahrtsorganisationen in Anspruch zu nehmen.[1085] Dem Gesetzgeber steht ein weiter Ermessenspielraum zu.[1086] Das Sozialstaatsprinzip ist auch keiner bestimmten Sozialauffassung verpflichtet. Aus ihm lassen sich für den Betroffenen keine subjektiven Rechte ableiten,[1087] da es zu weit und zu unbestimmt ist.[1088] Ferner steht es unter dem Vorbehalt des Möglichen.[1089] Andererseits lassen sich allein aus dem Sozialstaatsprinzip grundsätzlich auch keine Befugnisse des Gesetzgebers ableiten, in die Rechte der Bürger einzugreifen.[1090]

1077 BVerfGE 27, 253 (283); 102, 254 (298).

1078 BVerfGE 5, 85 (198).

1079 *Sachs*, NJW 2015, 601 (603).

1080 Das Ziel, Arbeitslosigkeit zu vermeiden, hat über das Sozialstaatsprinzip Verfassungsrang, BVerfGE 116, 202 (223).

1081 *Zacher*, in: Isensee/Kirchhof, Handbuch des Staatsrechtes, § 28 Rn. 27.

1082 *Robbers*, in: Bonner Kommentar zum Grundgesetz, Art. 20 Rn. 1466.

1083 *Grzeszick*, in: Dürig/Herzog/Scholz, Kommentar zum Grundgesetz, Art. 20 Rn. 18.

1084 *Wollenschläger*, in: Schmidt/Wollenschläger, Kompendium Öffentliches Wirtschaftsrecht, § 2 Rn. 98.

1085 BVerfGE 22, 180 (204).

1086 BVerfGE 10, 354 (371).

1087 BVerfGE 1, 97 (104); 43 108 (121); 82, 60 (81); *Sachs*, NJW 2015, 601 (604); *Voßkuhle/Wischmeyer*, JuS 2015, 693 (694).

1088 *Robbers*, in: Bonner Kommentar zum Grundgesetz, Art. 20 Rn. 1441.

1089 *Baer*, NZS 2014, 1 (3).

1090 *Windthorst*, in: Gröpl/Windthorst/von Coelln, Studienkommentar zum Grundgesetz, Art. 20 Rn. 248; *Stober/Korte*, Öffentliches Wirtschaftsrecht, Allgemeiner Teil, Rn. 147.

Stattdessen findet das Sozialstaatsprinzip seine Ausprägung in anderen grundgesetzlichen Normen. Zu diesen zählen Art. 3 Abs. 2 S. 2 GG und Art. 6 Abs. 4 GG.[1091] Diese Normen seien im Wesentlichen eine Begrenzung der Grundrechte, statt ein Handlungsauftrag an den Gesetzgeber.[1092] Erst wenn der Staat willkürlich und evident gegen das Gebot sozialstaatlichen Handelns verstößt, kommt ausnahmsweise aus dem Sozialstaatsprinzip in Verbindung mit Art. 1 Abs. 1 GG ein einklagbarer Anspruch in Betracht.[1093]

Zur Verwirklichung des Sozialstaatsprinzips darf der Staat in die Rechte der Bürger eingreifen, soweit es zum Ausgleich sozialer Ungleichheiten, zur Steuerung gesellschaftlicher Entwicklung und gesellschaftlichen Wohlstandes notwendig ist.[1094] Das Sozialstaatsprinzip modifiziert die Grundrechte und schränkt sie ein.[1095] Es kann damit als kollidierendes Verfassungsrecht wirken und Grundrechtseingriffe rechtfertigen.[1096] Der Einzelne muss sich die Schranken gefallen lassen, welche der Gesetzgeber zur Pflege und Förderung des sozialen Zusammenlebens in den Grenzen des allgemein Zumutbaren zieht. Einschränkungen können indes nur erfolgen, wenn die Eigenständigkeit der Person gewahrt bleibt.[1097] Unter diesem Blickwinkel ist auch ein Gesetz nach Art. 15 GG zu sehen. Art. 15 GG stellt neben Art. 14 Abs. 1 S. 2, Abs. 2 und Abs. 3 GG die grundgesetzliche Konkretisierung des Sozialstaatsprinzips hinsichtlich der Eigentumsordnung dar.[1098] Er ist nach überwiegender Auffassung eine Norm zur Verwirklichung des Sozialstaatsprinzips.[1099] Zum Teil versteht man ihn sogar als Generalklausel des Sozialstaatsprinzips.[1100] Denn soweit Art. 15 GG dem sozialen Frieden zwischen den Gesellschaftsgruppen dient, eine Teilhabe Vieler am gesellschaftlichen Produkt verfolgt und die Freiheit und Selbstbestimmtheit des Einzelnen fördert, verwirklicht er auch das Sozialstaatsprinzip.

1091 *Voßkuhle/Wischmeyer*, JuS 2015, 693 (693).

1092 *Sachs*, in: Sachs, Kommentar zum Grundgesetz, Art. 20 Rn. 53.

1093 *Detterbeck*, Öffentliches Recht, Rn. 78; *Baer*, NZS 2014, 1 (3).

1094 *Böckenförde*, NJW 1974, 1529 (1538).

1095 *Böckenförde*, NJW 1974, 1529 (1538).

1096 *Voßkuhle/Wischmeyer*, JuS 2015, 693 (694).

1097 BVerfGE 4, 7 (16).

1098 *Bryde*, in: v. Münch/Kunig, Kommentar zum Grundgesetz, Art. 15 Rn. 9; *Ipsen*, in: VVDStRL 10 (1951), S. 84 ff.; *Schliesky*, in: Bonner Kommentar zum Grundgesetz, Art. 15 Rn. 7.

1099 *Klein*, Eigentumsbindung, S. 4; *Bryde*, in: v. Münch/Kunig, Kommentar zum Grundgesetz, Art. 15 Rn. 9; *Ipsen*, in: VVDStRL 10 (1951), S. 84 ff.; *Robbers*, in: Bonner Kommentar zum Grundgesetz, Art. 20 Rn. 1402; *Berkemann*, in: Umbach/Clemens, Kommentar zum Grundgesetz, Art. 15 Rn. 39.

1100 *Huber*, Wirtschaftsverfassungsrecht, S. 149; *Klein*, Eigentumsbindung, S. 4.

IV. Keine Verwirklichung eines Grundrechts auf Wohnen

Art. 15 GG verbürgt hingegen kein Grundrecht auf Wohnen an einem bestimmten Ort. Wohnen ist unbestritten ein Grundbedürfnis des Menschen.[1101] Es besitzt eine gesteigerte Dringlichkeit.[1102] Eine Wohnung hat für den Menschen eine überragende Bedeutung.[1103] Sie stellt seinen Lebensmittelpunkt und den seiner Familie dar.[1104] Das Grundgesetz verzichtet jedoch auf ein subjektives Recht auf Wohnen im Sinne eines konkreten Anspruchs des Einzelnen gegen den Staat.[1105] Ein solches ergibt sich nur in Ausnahmefällen aus der Menschenwürde und einer unmittelbaren Gefahr für die körperliche Unversehrtheit.

Ebenso gewährt Art. 13 Abs. 1 GG kein Recht auf Wohnen an einem bestimmten Ort, sondern garantiert nur den Schutz der vorhandenen Wohnung vor staatlichem Eingriff.[1106] Dasselbe gilt auch für Art. 14 Abs. 1 S. 1 GG. Solange sich der Mieter vertragstreu verhält, ist auch dessen Besitzrecht an der Wohnung im Verhältnis zum Staat und mittelbar auch zum Vermieter über Art. 14 Abs. 1 S. 1 GG geschützt; allerdings sichert Art. 14 Abs. 1 S. 1 GG nur das bereits begründete Mietrecht, er gewährt hingegen kein Recht auf Überlassen einer Wohnung.[1107] Gleiches gilt für Art. 11 Abs. 1 GG. Dieser umfasst den grundgesetzlichen Schutz der Freizügigkeit, wovon der Zuzug an einen bestimmten Ort sowie der Verbleib an diesem umfasst wird.[1108] Weder beinhaltet Art. 11 GG jedoch ein Recht auf Heimat,[1109] noch einen Anspruch auf Wohnraum an einem bestimmten Ort. Denn Art. 11 Abs. 1 GG stellt bloß ein Abwehrrecht gegenüber staatlichem Handeln dar.[1110]

Auch ein sonstiges Grundrecht auf Wohnen existiert nicht.[1111] Dies folgt auch daraus, dass Grundrechte zunächst Abwehrrechte gegenüber dem

---

1101 *Drohsel*, KJ 2020, 30 (42); *Schröer/Kummer*, NVwZ 2019, 1577 (1580).
1102 *Schuldt*, Mietpreisbremse, S. 49.
1103 BVerfG, Nichtannahmebeschluss vom 18.07.2019 – 1 BvR 1/18 -, juris, Rn. 71.
1104 *Ziebarth*, WuM 2019, 481 (488); *Lörler*, NJ 2019, 273 (276).
1105 *Derleder*, WuM 2009, 615 (616).
1106 *Papier*, in: Dürig/Herzog/Scholz, Kommentar zum Grundgesetz, Art. 13 Rn. 1.
1107 BVerfGE 134, 242 (331); *Derleder*, WuM 2009, 615 (616).
1108 BVerfGE 134, 242 (324).
1109 BVerfGE, 134, 242 (328).
1110 *Durner*, in: Dürig/Herzog/Scholz, Kommentar zum Grundgesetz, Art. 11 Rn. 94.
1111 Dass das Grundgesetz bisher kein Grundrecht auf Wohnen enthält, wird durch einen Gesetzesentwurf der Fraktion DIE LINKE vom 14.01.2020 deutlich. Darin fordert die Fraktion einen neuen Art. 14a GG, der ein subjektives Recht auf Woh-

Staat sind. Bei einem Grundrecht auf Wohnen handelt es sich jedoch um ein Leistungsrecht gegenüber dem Staat. Solche Leistungsrechte werden nur sehr eingeschränkt gewährt.[1112] Zwar enthalten einzelne Landesverfassungen Bestimmungen, wonach den Einwohnern das Recht auf angemessenen Wohnraum gegenüber dem Land zustehen soll, wie etwa Art. 28 der Berliner Verfassung. Allerdings ist umstritten, ob diese landesverfassungsrechtlichen Regelungen ein subjektives Recht auf Wohnen begründen. Dies wird überwiegend verneint.[1113] Es handele sich bei diesen Normen lediglich um eine vom Gesetzgeber zu beachtende Staatszielbestimmung, die bei seinem Handeln zu berücksichtigen seien.[1114] Andere verweisen auf die systematische Stellung der Vorschriften im Rahmen der landesverfassungsrechtlichen Grundrechte und begründen so ein subjektives Recht. Jedoch sei dieses „*Grundrecht*" mit der Zeit zu einem Programmsatz herabgestuft worden.[1115] Auch aus den Landesverfassungen lässt sich danach kein subjektives Recht auf Wohnen ableiten. Ein Gesetz nach Art. 15 GG kann daher ein Grundrecht auf Wohnen an einem bestimmten Ort nicht verwirklichen, da ein solches weder im Grundgesetz noch in den Landesverfassungen besteht. Wohl aber kann ein Gesetz nach Art. 15 GG dem Grundbedürfnis „*Wohnen*" dienen.[1116]

E. Anwendungsbereich des Art. 15 GG

Bei Art. 15 GG handelte es sich ursprünglich um die verfassungsrechtliche Möglichkeit zur begrenzten Verwirklichung einer politischen Forderung, gerichtet auf Umgestaltung des produktiven Eigentums. Dennoch wurde

---

nen jedem einzelnen Bürger einräumen soll. Ein solches Grundrecht auf Wohnen soll Verdrängung Einhalt gebieten und vor Zwangsräumung schützen, soweit die Räumung zur Wohnungslosigkeit führen würde, vgl. Bundestagdrucksache 19/16479 vom 14.01.2020, S. 3.

1112 Etwa Art. 6 Abs. 4 GG, der jedoch keinen subjektiven Anspruch gegen den Staat begründet, sondern gegen die Gemeinschaft. Damit fehlt allerdings ein tauglicher Anspruchsgegner, *Kotzur/Vasel*, in: Stern/Becker, Grundrechte-Kommentar, Art. 6 Rn. 83.

1113 *Wolfers/Opper*, DVBl. 2019, 542 (544).

1114 *Papier*, in: Dürig/Herzog/Scholz, Kommentar zum Grundgesetz, Art. 13 Rn. 7; *Guckelberger*, in: Merten/Papier, Handbuch der Grundrechte, § 235 Rn. 61.

1115 *Derleder*, WuM 2009, S. 615 (616).

1116 *Schell*, Art. 15 GG im Verfassungsgefüge, S. 113 f.; *Ahlers*, Sozialisierung von Grund und Boden, S. 91.

Art. 15 GG selbst zu der Zeit nicht angewandt, als die SPD die Bundesregierung 1969-1982 stellte, was sich auf den Erfolg der sozialen Marktwirtschaft zurückführen lässt. Zwar steht es jedem Gesetzgeber frei, ein eigenes Wirtschaftssystem zu etablieren, solange er die Grundrechte beachtet. Dennoch wird wohl auch in Zukunft nicht mit der vollständigen Wirtschaftsumgestaltung zu rechnen sein, da der gesamtdeutsche Wohlstand, einschließlich dem Steueraufkommen, auf der sozialen Marktwirtschaft beruht. Auch ist die heutige Arbeitnehmersituation nicht mit der Zeit der industriellen Revolution vergleichbar. Umfangreiche Gesetzgebung und Rechtsprechung regeln einen dem Grunde nach fairen Interessenausgleich. Eine einseitige Abhängigkeit des Arbeitnehmers vom Arbeitgeber besteht zumindest bei guter Ausbildung nicht. Derzeit werden Fachkräfte dringend gesucht.[1117] Schließlich hat auch der bisher real praktizierte Sozialismus nicht gezeigt, dass er ein überlegenes Wirtschaftssystem darstellt. Im Gegenteil, häufig waren Mangelwirtschaft und Mangelverwaltung die Folge. Stellt man zudem auf die in Art. 15 GG genannten Objekte ab, kann diesem heute eine *„wirtschaftsverfassungsrechtliche Konträr- und Korrekturfunktion"* nicht mehr beigemessen werden,[1118] da der weit überwiegende Teil der deutschen Wirtschaft im Dienstleitungssektor tätig ist.[1119] Berücksichtigt man die Motive der historischen Sozialisierung, die Begründung, warum mit Art. 15 GG auf die genannten Objekte zugegriffen werden kann,[1120] die Veränderung der Wirtschaftsweise durch Gemeinwirtschaft sowie das heute vorherrschende Wirtschaftssystem und die oben genannten Auslegungsgrundsätze des Bundesverfassungsgerichts zur Weiterentwicklung der Grundrechte, erhält Art. 15 GG einen eigenen, auch aktuellen Anwendungsbereich.

Art. 15 GG stellt mit der Überführung von Grund und Boden, Naturschätzen und Produktionsmitteln in Gemeinwirtschaft eine Möglichkeit zur wirtschaftlichen Teilhabe an Früchten, Nutzen und Gewinnen aus dem Eigentum dar, welches zur Erfüllung von menschlichen Grundbedürfnissen

---

1117 Mitteilung des Bundeswirtschaftsministeriums, zuletzt abgerufen am 12.10.2021 unter https://www.bmwi.de/Redaktion/DE/Dossier/fachkraeftesicherung.html.

1118 *Wendt*, in: Sachs, Kommentar zum Grundgesetz, Art. 15 Rn. 23, unter Verweis auf *Püttner*, Gemeinwirtschaft, S. 24.

1119 Ca. 69,3 % des BIP entstammten 2019 aus dem Dienstleistungssektor, aus dem produzierenden Gewerbe lediglich 24,2 % + 5,6 % aus dem Baugewerbe, vgl. Statista, zuletzt abgerufen am 15.09.2022 unter https://de.statista.com/statistik/daten/studie/255082/umfrage/struktur-des-bruttoinlandsprodukts-in-deutschland/.

1120 *Tuschl*, Verstaatlichung von Banken, S. 294.

notwendig ist.[1121] Eine Aufhebung der Privatnützigkeit des Eigentums ist durch Art. 15 GG jedoch nicht möglich, nur die Aufhebung von Eigentum in Händen Privater. Durch die Entschädigungspflicht des Staates gegenüber dem Betroffenen enthält sich Art. 15 GG zudem jeglicher Werturteile über die überführbaren Objekte.[1122] Ein Gesetz nach Art. 15 GG kann dabei als Korrekturmaßnahme für solche Verwerfungen genutzt werden, die eine gewinnorientierte Marktwirtschaft hervorruft. Dies gilt insbesondere für solche Fälle, in denen mit den in Art. 15 GG genannten Objekten wirtschaftlicher Machtmissbrauch betrieben wird oder werden kann, wenn etwa ein großer Personenkreis einem kleinen Personenkreis gegenübersteht und entsprechende Abhängigkeiten entstanden sind. Die Beispiele hierfür sind zahlreich. Darunter können Private-Equity-Fonds (Heuschrecken) verstanden werden, die mit ihrem Anteilseigentum aus Profitgier Einfluss auf Unternehmen mit einem besonders sozialen Tätigkeitsfeld ausüben und zugleich zu Lasten kleinerer Anteilsinhaber oder zur Lasten der Arbeitnehmerschaft entscheiden. Auch können grundsätzlich solche Fälle erfasst werden, in denen einzelne Vermieter durch die Größe ihres Wohnungsbestandes viele Mieter von sich abhängig gemacht haben. Schließlich können auch solche Fälle Art. 15 GG unterfallen, in denen Pharmakonzerne Patente an wirksamen Medikamenten halten, sie jedoch zur Profitmaximierung anderen vorenthalten. Zusammenfassend lässt sich sagen: Wenn wirtschaftliche Profitmaximierung zur Beeinträchtigung menschlicher Grundbedürfnisse führt, kann der Gesetzgeber durch Art. 15 GG korrigierend eingreifen. Art. 15 GG ist damit entgegen der Auffassung von *Ridder*[1123] auch nicht durch „*Nicht-Anwendung*" obsolet geworden. Zwar hat der Bundesgesetzgeber bisher von der Ermächtigungsgrundlage des Art. 15 GG keinen Gebrauch gemacht. Verfassungsrechtlich ist die Norm aber weiterhin gültiges Recht.[1124] Denn Verfassungsnormen verlieren nicht durch „*Nicht-Anwendung*" ihre Gültigkeit, sie wirken durch ihre Existenz.[1125] Auch die

1121 *Lörler*, NJ 2019, 273 (274).

1122 *Benda*, Industrielle Herrschaft und sozialer Staat, S. 362.

1123 *Ridder*, in: VVDStRL 10 (1951), S. 147, wobei die Behauptung insofern zutreffend ist, dass Art. 15 GG bisher in politischer Hinsicht obsolet geworden ist; *Bryde*, in: v. Münch/Kunig, Kommentar zum Grundgesetz, Art. 15 Rn. 3.

1124 *Bryde*, in: v. Münch/Kunig, Kommentar zum Grundgesetz, Art. 15 Rn. 3; *Schliesky*, in: Bonner Kommentar zum Grundgesetz, Art. 15 Rn. 12.

1125 *Bryde*, in: v. Münch/Kunig, Kommentar zum Grundgesetz, Art. 15 Rn. 3; *Wieland*, in: Dreier, Kommentar zum Grundgesetz, Art. 15 Rn. 20; *Leisner*, in: Isensee, Schriften zum Eigentum, S. 241.

Aufnahme ähnlicher Bestimmungen in die Landesverfassungen der neuen Bundesländer lässt auf die Aktualität des Art. 15 GG schließen.[1126] Schließlich gibt es kein Anzeichen, dass Art. 15 GG im Gefüge der Verfassung nicht mehr angewendet werden soll. Er ist bis heute unverändert im Grundrechteteil geblieben.[1127] Änderungsanträge oder Streichung blieben hingegen erfolglos.

1126 *Berkemann*, in: Umbach/Clemens, Kommentar zum Grundgesetz, Art. 15 Rn. 24.

1127 *Schede/Schuldt*, ZRP 2019, 78 (78); *Axer*, in: Epping/Hillgruber, Kommentar zum Grundgesetz, Art. 15 Rn. 1.

Kapitel 4 – Erlass eines Gesetzes nach Art. 15 GG und Wirkung auf die Mietverhältnisse

Nachdem sich die vorherigen Kapitel mit Inhalt und Anwendungsmöglichkeiten des Art. 15 GG auseinandergesetzt haben, wird im Folgenden der Erlass eines Gesetzes nach Art. 15 GG einschließlich des konkreten Vorschlags eines Vergesellschaftungsgesetzes der Bürgerinitiative untersucht.

A. Verfassungsrechtliche Anforderungen

I. Ermessensspielraum des Gesetzgebers

Der Erlass eines Gesetzes nach Art. 15 GG steht im Ermessen des Gesetzgebers. Teile der Literatur haben indes versucht, aus Art. 15 GG eine Pflicht für den Gesetzgeber zum Tätigwerden abzuleiten. „*Können*" im Rahmen des Art. 15 GG bedeute nicht, dass der Gesetzgeber nicht auch zum Handeln verpflichtet sei.[1128] Denn öffentliches Recht gehe insbesondere auch mit öffentlicher Pflicht einher.[1129] So sei ein Gesetz nach Art. 15 GG dann verpflichtend, wenn und soweit es das bestgeeignete Mittel sei, die Ziele der Sozialisierung zu verwirklichen.[1130] Dies gelte selbst dann, wenn der Gesetzgeber grundsätzlich frei sei zu bestimmen, inwieweit er von der Möglichkeit des Art. 15 GG Gebrauch mache. Allerdings könne von der Verletzung einer dem Gesetzgeber auferlegten Verpflichtung nur die Rede sein, wenn er willkürlich ein Gesetz nach Art. 15 GG unterlasse.[1131]

1128 *Ipsen*, in: VVDStRL 10 (1951), S. 104; *Ahlers*, Sozialisierung von Grund und Boden, S. 194; *Krüger*, in: Bettermann/Nipperdey/Scheuner, Die Grundrechte, S. 309.

1129 *Krüger*, in: Bettermann/Nipperdey/Scheuner, Die Grundrechte, S. 309.

1130 *Ahlers*, Sozialisierung von Grund und Boden, S. 194 mit Verweis auf *Hamann*, Wirtschaftsverfassungsrecht, S. 167.

1131 *Ahlers*, Sozialisierung von Grund und Boden, S. 194; Allerdings erkennt *Ahlers* selbst an, dass diese Auffassung nur schwer vertretbar und nicht anhand objektiver Kriterien nachprüfbar sei; *Krüger*, in: Bettermann/Nipperdey/Scheuner, Die Grundrechte, S. 309.

Im *„Volkswagen-Privatisierungsurteil"* stellte das Bundesverfassungsgericht[1132] dagegen fest, dass Art. 15 GG nur eine Ermächtigung an den Gesetzgeber enthält, nicht aber eine Pflicht oder einen Verfassungsauftrag.[1133] Es sei dem Gesetzgeber überlassen, ob er diesen Weg beschreite. Zu Recht wird daher eine *„Pflicht zur Sozialisierung"* verneint.[1134] Da es sich bei einem Gesetz nach Art. 15 GG außerdem um einen hochpolitischen Akt handele, wäre eine Untätigkeitsprüfung des Bundesverfassungsgerichts gegenüber dem Gesetzgeber kaum möglich. Keinesfalls könnte der Gesetzgeber durch eine diesbezügliche Klage zum Handeln verpflichtet werden.[1135] Ob ein Gesetz nach Art. 15 GG ergeht, hängt daher allein von wirtschaftlichen, politischen und weltanschaulichen Erwägungen des Gesetzgebers ab.

Das Bundesverfassungsgericht kontrolliert nur, ob sich Gesetze im Rahmen des Grundgesetzes bewegen.[1136] Hiernach ist auch der Gesetzgeber bei seinen verfassungsrechtlichen Entscheidungen hinsichtlich seines Ob und Wie der Ermessensentscheidungen gebunden. Darin ist nach teilweise vertretener Auffassung zugleich eine Einschränkung für den Gesetzgeber zu sehen. Denn wenn das Grundgesetz jede wirtschaftssystematische Argumentation in wirtschaftspolitischen Fragen ausschließe, dann bedeute dies für das *„kann"* in Art. 15 GG, dass nicht wirtschaftssystematische, sondern nur andersartige Überlegungen den Anstoß und die Richtschnur für die in Art. 15 GG zugelassenen Gesetze geben dürften.[1137]

Art. 15 GG ist zudem nach der abwehrrechtlichen Konzeption der Grundrechte sowie dem Ausnahmecharakter der Norm[1138] restriktiv auszulegen. Der Gesetzgeber muss berücksichtigen, ob der Eigentümer beispielsweise Missbrauch mit seiner durch das Eigentum verliehenen Verfügungsmacht ausübt. Denn besonders der Machtmissbrauch rechtfertigt den erleichterten Entzug an den überführungsfähigen Objekten. Auf diese Weise gelingt auch ein Interessenausgleich zwischen den Interessen des Einzelnen an erlaubter Gewinnmaximierung und den Interessen der Allgemeinheit.

1132 BVerfGE 12, 354 (354 ff.).

1133 BVerfGE 12, 354 (365 f.).

1134 Siehe auch: *Huber*, Wirtschaftsverwaltungsrecht, S. 155; *Berkemann*, in: Umbach/Clemens, Kommentar zum Grundgesetz, Art. 15 Rn. 59.

1135 *Krüger*, in: Bettermann/Nipperdey/Scheuner, Die Grundrechte, S. 309.

1136 BVerfGE 1, 97 (101).

1137 *Krüger*, Staatsverfassung und Wirtschaftsverfassung, zitiert nach *Scheuner*, Die staatliche Einwirkung auf die Wirtschaft, S. 127.

1138 *Becker*, in: Stern/Becker, Grundrechte-Kommentar, Art. 14 Rn. 237.

II. Überführung nur durch Gesetz

Das Grundgesetz sieht die Überführung in Gemeinwirtschaft ausschließlich durch ein Gesetz vor.[1139] „*Überführen in Gemeinwirtschaft*" bedeute dabei nicht das Errichten eines gemeinwirtschaftlichen Systems, sondern nur das Festlegen und Verwirklichen einer spezifischen Zweckbestimmung.[1140] Administrativüberführungen sind mit dem Grundgesetz nicht vereinbar.

Erst die Überführung der Gegenstände in Gemeinwirtschaft stellt den Eingriff in die Rechte des Betroffenen dar. Das Merkmal „*Überführung*" ist nach überwiegender Auffassung nicht naturalistisch zu verstehen. Sofern dem Gesetzgeber die Möglichkeit zu anderen Formen der Gemeinwirtschaft eingeräumt wird, die nicht notwendigerweise mit einem vollständigen Eigentümerwechsel einhergehen, bedarf es keiner Überführung im tatsächlichen Sinne. Der Gesetzgeber kann auch durch die Veränderung des Eigentumsinhaltes ohne Wechsel der Trägerschaft eine Überführung bewirken.[1141] „*Überführen*" deutet schließlich darauf hin, dass die Gegenstände gegen den Willen des Betroffenen in Gemeineigentum und somit zwangsweise übertragen werden.[1142] Freiwillige Zusammenschlüsse von Unternehmen oder Gesellschaften, gerichtet auf Herstellung gemeinwirtschaftlicher Betriebe, sind damit nicht an Art. 15 GG zu messen.

Teilweise wird vertreten, ein Gesetz nach Art. 15 GG müsse ein materielles Gesetz sein, also eine allgemeine, für eine Vielzahl von Fällen nach abstrakten Merkmalen gleichartig regelnde Norm darstellen.[1143] Hiergegen lässt sich jedoch einwenden, dass sich die Überführung auch nur auf bestimmte Gegenstände oder bestimmte Unternehmen eines Wirtschaftszweiges beziehen kann.[1144] Notwendige Voraussetzung ist jedoch, dass das Gesetz ein förmliches Parlamentsgesetz ist.[1145] Zugleich muss es Art und Ausmaß der Entschädigung regeln. Es darf auch nicht in unzulässiger Weise

1139 *Püttner*, Gemeinwirtschaft, S. 8; *Drohsel*, KJ 2020, 30 (33).

1140 *Klein*, Eigentumsbindung, S. 21; *Seeberger*, Inhalt und Schranken der Sozialisierung, S. 77.

1141 *Krüger*, in: Bettermann/Nipperdey/Scheuner, Die Grundrechte, S. 290.

1142 BVerwGE 17, 306 (314).

1143 *Huber*, Wirtschaftsverwaltungsrecht, S. 157.

1144 *Antoni*, in: Hömig/Wolff, Kommentar zum Grundgesetz, Art. 15 Rn. 4; *Durner*, in: Dürig/Herzog/Scholz, Kommentar zum Grundgesetz, Art. 15 Rn. 83.

1145 *Durner*, in: Dürig/Herzog/Scholz, Kommentar zum Grundgesetz, Art. 15 Rn. 79.

die Überführungsentscheidung auf die Exekutive übertragen, sondern muss unmittelbar selbst regeln, was in Gemeinwirtschaft überführt wird.[1146]

1. Verbot der Einzelfallgesetzgebung und Zitiergebot, Art. 19 Abs. 1 GG

Umstritten ist, ob für ein Gesetz nach Art. 15 GG das Verbot der Einzelfallgesetzgebung gilt. Denn ein Individualgesetz sei kein Gesetz, sondern nur ein (unzulässigerweise) in Gesetzesform gekleideter Einzelakt. Etwa dort, wo nur ein einzelnes Unternehmen überführt werden soll, könne von einem Individualgesetz gesprochen werden.[1147]

Art. 15 GG ist jedoch als Spezialvorschrift gegenüber dem Verbot der Einzelfallgesetzgebung anzusehen.[1148] Dies ergibt sich aus dem Vergleich mit der Legalenteignung. Für Legalenteignungen gilt das Verbot der Einzelfallgesetze aus Art. 19 Abs. 1 S. 1 GG wegen der Widerspruchsfreiheit der Verfassung nicht.[1149] Das Bundesverfassungsgericht hat für die Legalenteignung einen Verstoß gegen das Verbot der Einzelfallgesetzgebung verneint.[1150] Dazu führte es aus, das Verhältnis des Art. 19 Abs. 1 S. 1 GG zu der Legalenteignung des Art. 14 Abs. 3 S. 2 GG sei aus dem Zusammenhang der beiden Rechtssätze unter Berücksichtigung des besonderen Schutzcharakters des Art. 19 Abs. 1 S. 1 GG zu verstehen. Art. 19 Abs. 1 S. 1 GG diene der Sicherung derjenigen Grundrechte, die aufgrund eines speziellem im Grundgesetz enthaltenen Vorbehaltes durch Gesetz oder aufgrund Gesetzes eingeschränkt werden könnten. Soweit ein solcher Vorbehalt bestehe, dürfe ein Gesetz nicht nur für den Einzelfall gelten. Art. 14 GG enthalte einen solchen Vorbehalt dagegen nicht. Gegenstand und Umfang der Eigentumsgarantie würden durch Art. 14 Abs. 1 S. 2 GG und Art. 14 Abs. 3 GG bestimmt. Zunächst sei es Aufgabe des Gesetzgebers, Inhalt und Schranken unter

---

1146 *Krüger*, in: Bettermann/Nipperdey/Scheuner, Die Grundrechte, S. 312.

1147 *Huber*, Wirtschaftsverwaltungsrecht, S. 157; der Gesetzgeber könne sich im Falle eines Individualgesetz ansonsten immer darauf berufen, es gebe keine vergleichbaren Tatbestände. Dies ließe dem Missbrauch der Gesetzesform freien Lauf. Wenn Art. 15 GG einem Wesensübel mit einer Wesenswandlung zu begegnen versuche, dann könne ein Gesetz danach nur eine allgemeine Maßnahme sein, *Krüger*, in: Bettermann/Nipperdey/Scheuner, Die Grundrechte, S. 315; *Huber*, Wirtschaftsverwaltungsrecht, S. 157.

1148 *Becker*, in: Stern/Becker, Grundrechte-Kommentar, Art. 15 Rn. 35; *Schliesky*, in: Bonner Kommentar zum Grundgesetz, Art. 15 Rn. 61.

1149 *Dederer*, in: Bonner Kommentar zum Grundgesetz, Art. 14 Rn. 620 m. w. N.

1150 BVerfGE 24, 367 (395 f.).

Beachtung der Grundsatzentscheidung des Verfassungsgebers festzulegen. Soweit dies in verfassungskonformer Weise erfolge, liege keine Einschränkung des Eigentumsgrundrechts vor.[1151]

Nur das gesetzlich ausgeformte Eigentum sei verfassungsrechtlich geschützt. Das Spannungsverhältnis zwischen den Interessen des Einzelnen und den Belangen der Allgemeinheit habe das Grundgesetz dahingehend selbst entschieden, dass im Konfliktfall das Wohl der Allgemeinheit den Vorrang vor der Rechtsstellung des Eigentümers haben könne und dass im äußersten Fall der Eigentümer die Entziehung bestimmter Gegenstände dulden müsse. Berücksichtige man diese Zusammenhänge, so enthalte Art. 14 Abs. 3 S. 2 GG keinen Vorbehalt für den Gesetzgeber zur Einschränkung des Grundrechts, wie ihn Art. 19 Abs. 1 S. 1 GG voraussetzte. Aufgrund der unabänderlichen Voraussetzungen schütze Art. 14 Abs. 3 GG das Eigentum vor solchen Eingriffen, die über Art. 14 Abs. 3 GG hinausgingen. Ein Eingriff sei danach nur zulässig, wenn er sich an Art. 14 Abs. 3 GG messen lassen könne. Eine Pflicht zu Duldung des Eingriffs bestehe für den Eigentümer nur dann, wenn der Eingriff mit den Voraussetzungen des Art. 14 Abs. 3 GG konform sei. Der Betroffene sei daher über Art. 14 Abs. 3 GG bereits geschützt. Ebenso entfalle das Zitiergebot nach Art. 19 Abs. 1 S. 2 GG für derartige Gesetze.[1152]

Diese Argumentation lässt sich auch auf ein Gesetz nach Art. 15 GG übertragen. Das Grundgesetz legt fest, dass durch Art. 15 GG in die Rechte an Grund und Boden, Naturschätzen und Produktionsmitteln eingegriffen werden kann. Art. 15 GG stellt keinen Vorbehalt für Eingriffe in Art. 14 Abs. 1 S. 1 GG auf, sondern ist ähnlich der Enteignung nach dem Grundgesetz eine zulässige Eingriffsmöglichkeit. Auch sind die Eingriffsvoraussetzungen des Art. 15 GG unveränderlich. Ein Eingriff in das Eigentum darf nicht weiter erfolgen als durch Art. 15 GG erlaubt. Art. 15 GG schützt den Betroffenen damit insoweit, wie ein Eingriff über Art. 15 GG hinausgeht. Daher bedarf es hier des Verbots des Einzelfallgesetzes nicht.[1153]

1151 BVerfGE 24, 367 (396).

1152 BVerfGE 24, 367 (396); das Bundesverfassungsgericht nahm keine Stellung zur Frage, ob tatsächlich ein Einzelfallgesetz vorlag, da jedenfalls nach dem Deichordnungsgesetz alle Eigentümer von Deichgrundstücken erfasst waren. Auch die Initiative versucht, alle Wohnungsgesellschaften mit mehr als 3.000 Wohnungen zu vergesellschaften, sodass ein Einzelfallgesetz wohl zu verneinen sein dürfte.

1153 *Becker*, in: Becker/Stern, Grundrechte-Kommentar, Art. 15 Rn. 35; *Berkemann* in: Umbach/Clemens, Kommentar zum Grundgesetz, Art. 15 Rn. 84.

2. Wesensgehalt des Eigentums, Art. 19 Abs. 2 GG

Grundrechte dürfen wegen der Wesensgehaltsgarantie des Art. 19 Abs. 2 GG und der abwehrrechtlichen Konzeption niemals so sehr eingeschränkt werden, dass sie faktisch nicht mehr existieren. Worin aber der Wesensgehalt liegt, ist für jedes Grundrecht individuell aus seiner besonderen Bedeutung im Gesamtsystem der Grundrechte zu ermitteln.[1154] Art. 19 Abs. 2 GG bestimmt nur, dass die rechtliche Gewährleistung nicht in ihrem Wesensgehalt angegriffen werden dürfe. Das Verbot beziehe sich auf die Garantie, nicht auf den Gegenstand.[1155]

Beim Eigentum ist der Wesensgehalt nicht durch die Verfassung vorgegeben. Die Eigentumsgarantie legt keine objektive Eigentumsrechtslage fest. Der Gesetzgeber ist befugt, die Eigentumslage frei zu gestalten. Er kann gem. Art. 14 Abs. 1 S. 2 GG Inhalt und Schranken des Eigentums festlegen und bestimmen. Art. 15 GG stellt daneben eine Ermächtigungsgrundlage für Eingriffe in das Eigentum dar,[1156] ohne Inhalts- und Schrankenbestimmung zu sein. Allerdings schränken weder Art. 15 GG selbst noch die auf seiner Grundlage erlassenen Gesetze den Wesensgehalt des Eigentums ein. Denn Art. 15 GG gestattet nur bestimmtes, durch die Verfassung geschütztes Eigentum zu entziehen. Dadurch, dass Art. 15 GG seinerseits verfassungsrechtlich zulässig ist und die Bestimmung von Inhalt und Schranken des Eigentums primär dem Gesetzgeber überlassen ist, ermächtigt er zu keinen Gesetzen, die den Wesensgehalt des Eigentums antasten.

Die dem Gesetzgeber bei der Ausgestaltung des Eigentums gezogenen Grenzen ergeben sich unmittelbar aus der Instituts- und Bestandsgarantie des Art. 14 Abs. 1 S. 1 GG und dem Verhältnismäßigkeitsgrundsatz. Werden diese Grenzen eingehalten, liegt kein Verstoß gegen Art. 19 Abs. 2 GG vor.[1157] Eine vollständige Eigentumsabschaffung ist dem Gesetzgeber jedoch wegen der Institutsgarantie des Art. 14 Abs. 1 S. 1 GG verwehrt.[1158] Der Gesetzgeber ist danach immer verpflichtet, einen Grundbestand an Normen aufrecht zu erhalten, die die Bezeichnung „*Eigentum*" verdienen.[1159] Der Gesetzgeber muss daher den Institutskern des Eigentums unangetas-

---

1154 *Hofmann*, in: Schmidt/Bleibtreu, Kommentar zum Grundgesetz, Art. 19 Rn. 17.

1155 *Wunderlich*, Rechtsprechung des Bundesverfassungsgerichts zur Eigentumsgarantie, S. 127.

1156 *Krüger*, in: Bettermann/Nipperdey/Scheuner, Die Grundrechte, S. 316.

1157 BVerfGE 58, 300 (348); *Detterbeck*, Öffentliches Recht, Rn. 530.

1158 *Axer*, in: Epping/Hillgruber, Kommentar zum Grundgesetz, Art. 14 Rn. 19.

1159 BVerfGE 24, 367 (389).

tet lassen und einen angemessenen Ausgleich zwischen Privatnützigkeit und Sozialpflichtigkeit herstellen.[1160] Ebenfalls verbietet die Institutsgarantie, solche Sachbereiche der Privatrechtsordnung zu entziehen, die zum elementaren Bestand grundrechtlich geschützter Betätigung im vermögensrechtlichen Bereich gehören.[1161] Daher kann Art. 15 GG nur auf einen limitierten Kreis an Objekten abstellen, nicht aber auf die gesamte Privatrechtsordnung.

3. Verstoß gegen den Bestimmtheitsgrundsatz

Ein Gesetz nach Art. 15 GG muss schließlich hinreichend bestimmt sein. Der aus dem Rechtsstaatsprinzip folgende Bestimmtheitsgrundsatz[1162] zwingt den Gesetzgeber jedoch nicht, einen Tatbestand mit genau erfassbaren Merkmalen zu umschreiben. Gesetzliche Vorschriften müssen nur so bestimmt sein, wie dies nach der Eigenart des zu regelnden Sachverhaltes mit Rücksicht auf den Normzweck notwendig ist; es genügt, dass der Betroffene die Rechtslage erkennen und sein Verhalten danach ausrichten kann.[1163] Auch soll der Einzelne vor uferlosen, abstrakt generellen Regelungen der Exekutive geschützt werden.[1164] Die Verwendung von Generalklauseln, unbestimmten Rechtsbegriffen und Ermessen ist unausweichlich, darf jedoch die Grundsätze der Normenklarheit und Justitiabilität nicht unterlaufen.[1165] Insbesondere darf bei einem Gesetz nach Art. 15 GG durch die Verwendung unbestimmter Rechtsbegriffe oder der Eröffnung von Ermessensspielräumen der Verwaltung kein eigener Entscheidungsraum eingeräumt werden, welche Gegenstände überführt werden. Diese Entscheidung muss unmittelbar durch das Gesetz ergehen. Ein Verstoß gegen den Bestimmtheitsgrundsatz in Bezug auf Art. 15 GG dürfte allerdings dann nicht vorliegen, wenn das Gesetz die Begriffe „*Gemeineigentum*", „*Gemeinwirtschaft*" oder „*Produktionsmittel*" enthält. Begriffe, die das Grundgesetz verwendet, können nur schwerlich im Sinne des Bestimmtheitsgrundsatzes unbestimmt sein.

1160 *Wunderlich*, Rechtsprechung des Bundesverfassungsgerichts zur Eigentumsgarantie, S. 132.

1161 BVerfGE 24, 367 (367); *Detterbeck*, Öffentliches Recht, Rn. 512.

1162 BVerwGE 148, 133 (Rn. 20 f.).

1163 BVerfGE 87, 234 (263).

1164 *Stober/Korte*, Öffentliches Wirtschaftsrecht, Allgemeiner Teil Rn. 183.

1165 BVerfGE 78, 214 (226 m. w. N.); *Sommermann*, in: v. Mangoldt /Klein/Stark, Kommentar zum Grundgesetz, Art. 20 Rn. 289 f.

III. Sonstiges zu beachtendes Verfassungs- und Europarecht

Auch darf ein auf Art. 15 GG gestütztes Gesetz nicht gegen anderweitiges Verfassungsrecht oder Europarecht verstoßen. Im Fall des Vergesellschaftungsgesetzes könnte dies die Schuldenbremse oder eine Freiheit nach dem AEUV sein.

1. Schuldenbremse, Art. 109 Abs. 3 GG

Um Staatsverschuldung zu vermeiden, wurde 2009 mit Art. 109 Abs. 3 GG die „*Schuldenbremse*" in das Grundgesetz aufgenommen. Danach müssen Bund und Länder grundsätzlich ohne Kredite auskommen. Nur in den in Art. 109 Abs. 3 S. 2 GG genannten Fällen sind Bund und Länder befugt, zusätzliche Regelungen zur Aufnahme von Krediten vorzusehen. Gem. Art. 109 Abs. 3 S. 4 GG dürfen abgesehen von den Ausnahmefällen des Art. 109 Abs. 3 S. 2 GG nicht mehr als 0,35 % des nominalen Bruttoinlandprodukts als Kredit aufgenommen werden. Art. 109 Abs. 3 GG trat mit Ablauf der Übergangsfrist des Art. 143d Abs. 1 S. 4 GG ab dem Haushaltsjahr 2020 in Kraft.[1166]

Soweit die Bürgerinitiative plant, mittels Kreditaufnahme durch die AöR die Überführung zu finanzieren, könnte hier die Schuldenbremse entgegenstehen. Dementsprechend wird in der Literatur vertreten, das Vergesellschaftungsgesetz verstoße gegen die Schuldenbremse.[1167] Die Schuldenbremse gelte für den gesamten öffentlichen Haushalt, einschließlich Sondervermögen, da der haushaltsrechtliche Vollständigkeitsgrundsatz darauf abstelle, Einnahmen- und Ausgabenkreisläufe außerhalb des Budgets zu verhindern.[1168] Dies gelte umso mehr für die Bundesländer, da diesen durch Art. 109 Abs. 3 GG strengere Vorgaben gemacht werden.[1169] Denn den Ländern ist es gem. Art. 109 Abs. 3 S. 5 GG bei der Ausgestaltung ihrer Haushalte im Gegensatz zum Bund vollständig untersagt, Kredite

---

1166 *Haaß*, LKV 145 (150).

1167 *Schmidt*, DÖV 2019, 508 (512); *Haaß*, LKV 145 (150); *Klöpfer*, NJW 2019, 1656 (1662); *Schede/Schuldt*, ZRP 2019, 78 (81); *Battis*, in: Gutachten im Auftrag des Neue Wege für Berlin e.V. vom 22.09.2021, S. 62 f., zuletzt abgerufen am 27.09.2021 unter https://neue-wege-fuer-berlin.de/staatsrechtler-ulrich-battis-enteignungs-volksentscheid-nicht-umsetzbar/.

1168 *Haaß*, LKV 145 (150).

1169 *Schmidt*, DÖV 2019, 508 (512).

aufzunehmen. Allerdings führt selbst die Verletzung der Schuldenbremse-Vorgaben nicht zur Verfassungswidrigkeit des Vergesellschaftungsgesetzes, sondern würde lediglich die sich hieraus ergebenden Ansätze im Haushaltsgesetz verfassungswidrig machen.[1170]

2. Verstoß gegen Europarecht

Nach herrschender Auffassung verstößt Art. 15 GG nicht gegen Europarecht.[1171] Die Europäische Union hat sich in Art. 3 EUV zur sozialen Marktwirtschaft als Wirtschaftsform bekannt. Allerdings lässt Art. 346 AEUV[1172] die Eigentumsordnung der Mitgliedstaaten unberührt. Jedoch könnte ein Gesetz nach Art. 15 GG mit Europarecht unvereinbar sein, wenn dies in die Europäischen Grundfreiheiten eingreifen würde. Es könnten Eingriffe in die Freiheit des Warenverkehrs, der Dienstleistungs- und Niederlassungsfreiheit vorliegen.

Ein Eingriff in die Warenverkehrsfreiheit scheidet jedoch aus, da Waren nur solche körperlichen[1173] Erzeugnisse darstellen, die einen Geldwert haben und Gegenstand von Handelsgeschäften sind.[1174] Wohnungen dagegen sind kein Gegenstand von Handelsgeschäften. Auch die Dienstleistungsfreiheit ist nicht betroffen. Denn es fehlt am grenzüberschreitenden Sachverhalt. Dieser ist erst dann gegeben, wenn Erbringer und Empfänger einer Leistung in verschiedenen Ländern ansässig sind und die Leistung über die Grenze erbracht wird.[1175] Von dem europarechtlichen Begriff der Dienstleistung sind insbesondere die deutschen Dienst-, Werk-, Werklieferungs- und Geschäftsbesorgungsverträge umfasst.[1176] Mietverträge fallen hingegen nicht unter die Dienstleistungsfreiheit, da es an einer grenzüberschreitenden Leistung fehlt. Schließlich würde durch das Vergesellschaftungsgesetz auch nicht in die Niederlassungsfreiheit eingegriffen. Denn auch hier muss

1170 *Klöpfer*, NJW 2019, 1656 (1662).

1171 *Drohsel*, KJ 2020, 30 (32); *Wieland*, in: Dreier, Kommentar zum Grundgesetz, Art. 15 Rn. 12; *Axer*, in: Epping/Hillgruber, Kommentar zum Grundgesetz, Art. 15 Rn. 9; *Antoni*, in: Hömig/Wolff, Kommentar zum Grundgesetz, Art. 15 Rn. 1; *Derksen*, in: EuZW 2022, 157 (158).

1172 Wie schon zuvor Art. 222 EWG-Vertrag, *Püttner*, Gemeinwirtschaft, S. 17.

1173 EuGH, Urteil vom 14.07.1977 – 1/77.

1174 EuGH, Urteil vom 10.12.1968 – 7/68.

1175 *Hakenberg*, Europarecht, S. 112 Rn. 435.

1176 BGH NJW 2017, 1024 (1027).

ein grenzüberschreitender Sachverhalt vorliegen.[1177] Dazu müsste sich ein betroffenes Unternehmen eines anderen Mitgliedstaates in Berlin niederlassen wollen.[1178] Zwar sind auch mittelbare wirkende Umstände, die die Niederlassung erschweren, nach Art. 49 AEUV verboten. Dies können Begleitumstände der Niederlassung sein, etwa das Verhindern der Büroanmietung.[1179] Allerdings ist nicht erkennbar, dass sich ein vom Vergesellschaftungsgesetz betroffenes Unternehmen in Berlin niederlassen möchte. Damit liegt kein Verstoß gegen die Niederlassungsfreiheit vor.[1180]

IV. Rückübertragung bei Zweckverfehlung

Den vom Vergesellschaftungsgesetz betroffenen Unternehmen könnte im Falle der Zweckverfehlung des Gesetzes ein Rückübertragungsanspruch hinsichtlich der überführten Gegenstände zustehen. Dies gilt zumindest bei der Enteignung,[1181] lässt sich aber auch auf Art. 15 GG übertragen. Die Enteignungsentschädigung des Art. 14 Abs. 3 GG steht im Verhältnis zur Eigentumsgarantie. Die Eigentumsgarantie sichert dabei den konkreten Bestand in der Hand des einzelnen Eigentümers. Der Bürger muss unter den Voraussetzungen des Art. 14 Abs. 3 GG den Zugriff auf sein Eigentum durch den Staat dulden. Wird die öffentliche Aufgabe, der die Enteignung dienen soll, nicht wahrgenommen, so entfällt die aus Art. 14 Abs. 3 S. 1 GG herzuleitende Legitimation für den Eingriff und zugleich der Rechtsgrund für den Eigentumserwerb durch die öffentliche Hand. Damit entfaltet Art. 14 Abs. 1 S. 1 GG wieder seine Schutzfunktion.[1182] Aufgrund dieser wiederauflebenden Schutzfunktion kann der Betroffene die Wiederherstellung

1177 *Korte*, in: Calliess/Ruffert, Kommentar zum EUV/AEUV, Art. 49 Rn. 22 f.; *Derksen*, in: EuZW 2022, 157 (161).

1178 *Schlag*, in: Schwarze, Kommentar zum AEUV, Art. 49 Rn. 42.

1179 *Haratsch/Koenig/Pechtstein*, Europarecht, S. 517 Rn. 1026.

1180 Zur Frage, ob das Vergesellschaftungsgesetz in die Kapitalverkehrsfreiheit eingreift, siehe *Battis*, in: Gutachten im Auftrag des Neue Wege für Berlin e.V. vom 22.09.2021, S. 44 ff., zuletzt abgerufen am 27.09.2021 unter https://neue-wege-fuer-berlin.de/staatsrechtler-ulrich-battis-enteignungs-volksentscheid-nicht-umsetzbar/.

1181 BVerfGE 38, 175 (181); *Rittstieg*, in: Alternativer Kommentar zum Grundgesetz, Art. 15 Rn. 225.

1182 BVerfGE 38, 175 (181); *Dietlein*, in: Stern, Staatsrecht der Bundesrepublik Deutschland, Band IV/1, S. 2284.

des verfassungsgemäßen Zustandes, d. h. die Rückübereignung des Grundstücks fordern.[1183]

Die Rückübertragung resultiert somit aus der Schutzfunktion des Art. 14 Abs. 1 S. 1 GG und gilt damit auch für ein Gesetz nach Art. 15 GG.[1184] Werden durch die Überführung der Objekte die Ziele des Gesetzgebers nicht gefördert, kann dies daher die Rückübertragung der zuvor überführten Wohnbestände nach sich ziehen. Bei der Enteignung wird dabei eine im enteignenden Gesetz geregelte Frist für den Gesetzgeber gefordert, um einen gerichtlichen Prüfungszeitraum vorzugeben.[1185] Gleiches gilt auch für ein Gesetz nach Art. 15 GG.

Um einer Gefahr der Rückübertragung vorzubeugen, muss der neue Rechtsträger nach der Überführung der Gegenstände dafür Sorge tragen, dass diese dauerhaft im Sinne des Art. 15 GG genutzt werden.[1186]

B. Übergang der Mietverhältnisse

Ein bisher kaum behandeltes Thema stellt die zivilrechtliche Folgewirkung des Vergesellschaftungsgesetzes dar. Insbesondere ist fraglich, ob die Mietverhältnisse fortbestehen oder durch das Vergesellschaftungsgesetz aufgelöst werden. Regelmäßig entspricht es nicht den Mieterinteressen, das Mietverhältnis aufzuheben, da sie ansonsten Ersatzwohnraum finden müssten. Da das Vergesellschaftungsgesetz auf dem überhitzten Wohnungsmarkt in Berlin seine Wirkung entfaltet, wäre es regelmäßig schwer, geeigneten Ersatzraum zu finden. Dies könnte verhindert werden, wenn § 566 Abs. 1 BGB auch auf ein Gesetz nach Art. 15 GG entsprechend Anwendung findet.

Wird Wohnraum nach der Überlassung an den Mieter an Dritte veräußert, so tritt der Dritte gem. § 566 Abs. 1 BGB in die sich aus dem Mietverhältnis ergebenden Rechte und Pflichten ein. Die Schutzvorschrift des § 566 Abs. 1 BGB soll verhindern, dass Mieter durch den Wohnungsverkauf verdrängt werden.[1187] Wenngleich die Norm Ausnahmecharakter hat, ist sie Ausfluss eines allgemeinen Rechtsgedankens.[1188] Veräußern ist dabei

---

1183 BVerfGE 38, 175 (181).

1184 *Durner*, in: Dürig/Herzog/Scholz, Kommentar zum Grundgesetz, Art. 15 Rn. 92.

1185 BVerfGE 38, 175 (186).

1186 *Durner*, in: Dürig/Herzog/Scholz, Kommentar zum Grundgesetz, Art. 15 Rn. 90; *Bryde*, in: v. Münch/Kunig, Kommentar zum Grundgesetz, Art. 15 Rn. 18.

1187 *Streyl*, in: Schmidt-Futterer, Kommentar zum Mietrecht, § 566 Rn. 7.

1188 BGH NJW 2008, 2773 (2773).

nicht wörtlich zu verstehen, sondern umfasst jeden rechtsgeschäftlichen Übergang,[1189] wie etwa Schenkungen und Tausch. Maßgeblicher Zeitpunkt ist der Vollzug der dinglichen Eigentumslage, also die Eintragung des neuen Eigentümers im Grundbuch.[1190]

Nach § 566 Abs. 1 BGB gehen nur solche Regelungen auf den Erwerber über, die als Rechte und Pflichten des Vermieters aus dem Miet- und Pachtverhältnis begründet wurden. Rechte und Pflichten der ursprünglichen Parteien hinsichtlich sonstiger Abreden gehen nicht mit über.[1191]

Der Bundesgerichtshof wendet § 566 Abs. 1 BGB analog auf den gesetzlichen Eigentumserwerb[1192] oder im Rahmen der Enteignung an.[1193] Denn für den Mieter ist es unerheblich, ob der Eigentumsübergang aufgrund eines Rechtsgeschäfts oder aufgrund Gesetzes oder behördlicher Verfügung erfolgt. Maßgeblich ist nur, dass dem Mieter ohne sein Zutun ein neuer Eigentümer präsentiert wird, der dem Mieter ohne § 566 Abs. 1 BGB keine Wohnung schulden würde. Diese Erwägungen lassen sich auch auf ein Gesetz nach Art. 15 GG übertragen, soweit ein Eigentümerwechsel stattfindet. Sowohl Art. 14 Abs. 3 GG als auch Art. 15 GG bezüglich des Gemeineigentums unterscheiden sich beim Eigentumsentzug hinsichtlich ihrer Anforderungen, nicht aber in der Wirkung gegenüber Mietern. In beiden Fällen geht das Eigentum auf einen neuen Rechtsträger über. Da schuldrechtliche Verträge jedoch nur zwischen deren Parteien wirken, besteht für den Mieter die Gefahr, durch den neuen Eigentümer nach § 985 BGB verdrängt zu werden.[1194] Diese Gefahr besteht auch bei Art. 15 GG im Rahmen des Gemeineigentums. Dies gilt selbst dann, wenn Gemeineigentum im Sinne des Art. 15 GG grundsätzlich am Grundbedarf des menschlichen Lebens ausgerichtet ist und die Gefahr für den Mieter vor Verdrängung durch ein Gesetz nach Art. 15 GG zunächst nicht bestehen soll. Trotzdem besteht bei einem Gesetz nach Art. 15 GG die Gefahr, dass der Träger des Gemeineigentums den überführten Wohnraum unter Einkommensschwächeren umverteilen und anbieten will. Damit sind die bisherigen Bestandsmieter allerdings auch der Gefahr vor Verdrängung ausgesetzt. Da diese Situation für den

---

1189 *Emmerich*, in: Staudinger, Kommentar zum BGB, § 566 Rn. 26; *Riecke*, in: Schmid/Harz, Kommentar zum Mietrecht, § 566 Rn. 11.

1190 *Riecke*, in: Schmid/Harz, Kommentar zum Mietrecht, § 566 Rn. 17.

1191 *Emmerich*, in: Staudinger, Kommentar zum BGB, § 566 Rn. 54.

1192 *Harke*, in: Gsell/Krüger/Lorenz/Reymann, Kommentar zum BGB, § 566 Rn. 37.

1193 BGH, NJW 2008, 2773 (2773); *Emmerich*, in: Staudinger, Kommentar zum BGB, § 566 Rn. 26.

1194 *Lehr*, in: Schach/Schultz/Schüller, Kommentar zum Mietrecht, § 566 Rn. 1.

Mieter vergleichbar mit einem sonstigen Auswechseln des Vermieters ist, muss § 566 Abs. 1 BGB auch für ein Gesetz nach Art. 15 GG gelten. Die Mietverhältnisse gehen daher kraft Gesetzes gemäß § 566 Abs. 1 BGB auf den neuen Rechtsträger über. Folglich schafft das Vergesellschaftungsgesetz auch keinen *freien* Wohnraum. Neueinweisung oder Umverteilung unter weniger einkommensstarken Mietern sind erst dann möglich, wenn den Bestandsmietern gekündigt wird oder diese kündigen.

C. Zwischenergebnis

Das Verbot der Einzelfallgesetzgebung besteht für ein Gesetz nach Art. 15 GG nicht. Auch greift das Vergesellschaftungsgesetz nicht in die Europäischen Grundfreiheiten ein. Soweit es gegen die Schuldenbremse verstößt, führt der Verstoß nur zur Nichtigkeit entsprechender Haushaltsgesetze, nicht aber zur Verfassungswidrigkeit des Vergesellschaftungsgesetzes selbst. Durch ein Gesetz nach Art. 15 GG wird allerdings kein freier Wohnraum geschaffen, da § 566 Abs. 1 BGB hier entsprechend gilt.

Kapitel 5 – Verfassungsmäßigkeit des Vergesellschaftungsgesetzes

Ein wesentlicher Streitpunkt des Vergesellschaftungsgesetzes ist das Verhältnis zwischen der Schwere des Eingriffs für die Betroffenen und den erzielten Vorteilen für die Begünstigten. Deshalb soll im Folgenden die Frage behandelt werden, in welche Grundrechte das beabsichtigte Vergesellschaftungsgesetz eingreift und ob dieser Eingriff gerechtfertigt werden kann. Hierbei ist besonders fraglich und umstritten, ob für ein Gesetz nach Art. 15 GG und damit auch für das Vergesellschaftungsgesetz der Verhältnismäßigkeitsgrundsatz gilt.

A. Grundrechtseingriffe durch das Vergesellschaftungsgesetz

I. Eigentum, Art. 14 Abs. 1 S. 1 GG

Das Eigentum an den in Art. 15 GG genannten Gegenständen wird durch Art. 14 Abs. 1 S. 1 GG geschützt. Dies ergibt sich aus Art. 14 Abs. 1 S. 1 GG, der das gesamte Eigentum umfasst, nicht nur besondere Eigentumsgegenstände. Art. 15 GG lässt hingegen nur Eingriffe in Eigentum zu. Auch wäre Art. 15 GG überflüssig, würden die genannten Gegenstände nicht von der Eigentumsgarantie umfasst werden. In diesem Fall könnte der Gesetzgeber bereits nach Belieben mit den genannten Gegenständen verfahren.

Da Art. 15 GG zum Eingriff aufgrund der besonderen Sozialpflichtigkeit dieser Gegenstände ermächtigt, würde durch das Vergesellschaftungsgesetz den Unternehmen das Eigentum an ihren Wohnungsbeständen entzogen. Mit diesem Eigentumsentzug greift das Vergesellschaftungsgesetz in den Schutzbereich des Art. 14 Abs. 1 S. 1 GG ein.

II. Freiheiten aus Art. 12 Abs. 1 GG

Das Vergesellschaftungsgesetz greift in seiner konkreten Ausgestaltung aber nicht nur in das Eigentum ein. Es berührt auch die Berufsfreiheit sowie die daraus folgende Unternehmens- und Wettbewerbsfreiheit. Denn mit dem Entzug der Wohnungsbestände ist es dem Unternehmen kaum noch möglich, als Teilnehmer am Markt aufzutreten und Leistungen anzubieten.

Dabei ist zunächst umstritten, in welchem Verhältnis Art. 15 GG zu Art. 12 Abs. 1 GG steht. Teilweise wurde im Parlamentarischen Rat vertreten, dass Art. 15 GG gemeinwirtschaftliche Vorstellungen trotz der Gewährleistung von Berufs- und Eigentumsfreiheit ermöglichen soll.[1195] Daraus wird abgeleitet, Art. 15 GG sei sowohl gegenüber Art. 14 GG als auch gegenüber Art. 12 GG *lex specialis*.[1196]

Dies ist jedoch abzulehnen. Art. 15 GG kann nicht als *lex specialis* gegenüber Art. 12 GG gesehen werden. Durch Art. 15 GG werden andere Grundrechte weder dispensiert noch derogiert.[1197] Dies gilt insbesondere für die Gewerbe- und Berufsfreiheit.[1198] Art. 15 GG relativiert allein hinsichtlich der in ihm genannten Gegenstände den Schutz des Art. 14 Abs. 1 S. 1 GG.[1199] Für andere Grundrechte gilt diese Einschränkung nicht.[1200] Dies folgt aus der historischen Auslegung, da die Sozialisierung nur an das (bürgerliche) Privateigentum an Produktionsmitteln anknüpft.

Ebenso spricht Art. 156 Abs. 1 S. 2 WRV gegen den Vorrang des Art. 15 GG vor Art. 12 Abs. 1 GG. Art. 156 Abs. 1 S. 2 WRV nannte selbstständige Einwirkungsformen zur Sicherung der staatlichen Einflussnahme auf die Wirtschaft. Diese griffen damit zugleich in die Berufsfreiheit ein. Eine sinngleiche Regelung enthält Art. 15 GG jedoch gerade nicht.[1201] Die *„anderen Formen der Gemeinwirtschaft"* sind nicht gleichzusetzen mit der in Art. 156 Abs. 1 S. 2 WRV angelegten staatlichen Einflussnahme auf Unternehmen. Denn im Gegensatz zu Art. 15 GG konnte sich das Reich mit Art. 156 Abs. 1 S. 2 WRV die staatliche Einflussnahme auch ohne gemeinwirtschaftliche Umgestaltung des Unternehmens sichern.

Schließlich soll Art. 15 GG auch nicht den von Art. 12 Abs. 1 GG geschützten Wettbewerb ausschließen. Daher kann bereits im Hinblick auf

---

1195 Dazu *Depenheuer/Froese*, in: v. Mangoldt /Klein/Stark, Kommentar zum Grundgesetz, Art. 15 Rn. 2.

1196 *Wieland*, in: Dreier, Kommentar zum Grundgesetz, Art. 15 Rn. 32.

1197 *Sieckmann*, in: Friauf/Höfling, Berliner Kommentar zum Grundgesetz, Art. 15 Rn. 36; *Hofmann*, in: Schmidt/Bleibtreu, Kommentar zum Grundgesetz, Art. 15 Rn. 24; *Schliesky*, in: Bonner Kommentar zum Grundgesetz, Art. 15 Rn. 60; wohl auch *Bryde*, in: v. Münch/Kunig, Kommentar zum Grundgesetz, Art. 15 Rn. 23; *Axer*, in: Epping/Hillgruber, Kommentar zum Grundgesetz, Art. 15 Rn. 24.

1198 *Wendt* in: Sachs, Kommentar zum Grundgesetz, Art. 15 Rn. 21; *Dietlein*, in: Stern, Staatsrecht der Bundesrepublik Deutschland, Band IV/1, S. 2319; *Durner*, in: Dürig/Herzog/Scholz, Kommentar zum Grundgesetz, Art. 15 Rn. 77 f.

1199 *Dietlein*, in: Stern, Staatsrecht der Bundesrepublik Deutschland, Band IV/1, S. 2319.

1200 *Wendt*, in: Sachs, Kommentar zum Grundgesetz, Art. 15 Rn. 21.

1201 *Durner*, in: Dürig/Herzog/Scholz, Kommentar zum Grundgesetz, Art. 15 Rn. 78.

die Wettbewerbsfreiheit nicht von einer Verdrängung des Art. 12 Abs. 1 GG durch Art. 15 GG gesprochen werden.[1202] Zudem wurde die Berufsfreiheit als Grundrecht zeitlich vor der Eigentumsfreiheit und Art. 15 GG in den Herrenchiemsee-Entwurf aufgenommen. Auch dies deutet darauf hin, dass Art. 15 GG unmittelbar nur die Eigentumsgarantie betrifft und dispensiert.

1. Schutzbereich der Berufsfreiheit

Art. 12 Abs. 1 GG schützt eine für die arbeitsteilige Gesellschaft äußerst wichtige Freiheit. Die Berufsfreiheit gewährleistet dem Einzelnen das Recht, jede Tätigkeit, für die er sich geeignet glaubt, als Beruf zu ergreifen und so zur Grundlage seiner privaten Lebensführung zu machen.[1203] Art. 12 Abs. 1 GG normiert so ein Grundrecht, nicht die Gewerbefreiheit als Prinzip der Gesellschafts- und Wirtschaftsordnung. Denn dem Einzelnen wird mehr als die Freiheit zur selbstständigen Ausübung seines Gewerbes garantiert.[1204] Art. 12 Abs. 1 GG sieht die Arbeit als Beruf, also in ihrer Beziehung zum Menschen im Ganzen. Sie entfaltet sich erst dann vollends, wenn der Einzelne sich einer Tätigkeit widmet, die für ihn Lebensaufgabe und -grundlage darstellt und durch die er seinen Beitrag zur gesellschaftlichen Gesamtleistung erbringt.[1205]

Aufgrund seiner sozialen Bedeutung ist der Begriff „*Beruf*" weit auszulegen.[1206] Er umfasst nicht nur alle klassischen und tradierten Berufe, sondern auch die vom Einzelnen frei gewählten untypischen Tätigkeiten, aus denen sich dann immer wieder neue, feste Berufsbilder ergeben.[1207] Umfasst ist jede Tätigkeit, die auf Dauer angelegt ist und der Schaffung oder Aufrechterhaltung einer Lebensgrundlage dient.[1208] Die Berufsfreiheit steht so in besonderer Nähe zur freien Entfaltung der Person, gleichzeitig aber auch zur Struktur der wirtschaftlichen Abläufe. Während die Eigentumsfreiheit den Schutz vorhandener Rechtspositionen gewährleistet, schützt und konkretisiert Art. 12 Abs. 1 GG die Möglichkeit zur freien Persönlich-

---

1202 *Schliesky*, in: Bonner Kommentar zum Grundgesetz, Art. 15 Rn. 60.
1203 BVerfGE 7, 377 (397).
1204 BVerfGE 7, 377 (397).
1205 BVerfGE 7, 377 (397).
1206 BVerfGE 7, 377 (397).
1207 BVerfGE 7, 377 (397); BVerfG, Beschluss vom 23.03.2022 – 1 BvR 1187/17 -, juris, Rn. 43.
1208 BVerfGE 97, 228 (252); BVerfG, Beschluss vom 23.03.2022 – 1 BvR 1187/17 -, juris, Rn. 43.

keitsentfaltung im Bereich der individuellen Leistung und Existenzerhaltung.[1209] Die Berufsfreiheit ist damit in hohem Maße „*zukunftsgerichtet*".[1210] Berufs- und Eigentumsfreiheit verdrängen sich nicht;[1211] sie sind beide funktionell aufeinander bezogen,[1212] haben jedoch selbstständige Bedeutungen.

Wirtschaftsverfassungsrechtlich gewährleistet die Berufsfreiheit vor allem, im Rahmen freier Berufswahl und freier Berufsausübung prinzipiell jede wirtschaftliche Tätigkeit und zugleich jede Grundform aller gewerblichen oder unternehmerischen Betätigungen auszuüben. Dies sichert die Markt-, Wettbewerbs- und privatnützige Erwerbsfreiheit.[1213] Art. 12 Abs. 1 GG sichert so auch die Teilnahme am Wettbewerb zu Erwerbszwecken.[1214] Auch das An- und Verkaufen, Vermieten und Handeln mit Immobilien ist eine durch Art. 12 Abs. 1 GG geschützte Tätigkeit, da sie auf Dauer angelegt ist und zur Schaffung und Erhaltung der Erwerbsgrundlage dient.

2. Unternehmensfreiheit

Die (auch) aus Art. 12 Abs. 1 GG resultierende Unternehmensfreiheit stellt die wirtschaftliche Handlungsfreiheit der unternehmerischen Betätigung dar, sofern es sich um eine Tätigkeit nach den allgemeinen Voraussetzungen eines Berufs handelt.[1215] Art. 12 Abs. 1 GG ist seinem Wesen nach im Sinne des Art. 19 Abs. 3 GG auch auf inländische juristische Personen des Privatrechts anwendbar.[1216] Die Rechtsprechung zum Diskriminierungsverbot EU-ausländischer Gesellschaften gilt entsprechend.[1217] Neben Art. 12 Abs. 1 GG wird die Unternehmensfreiheit allerdings auch aus Art. 2 Abs. 1 GG[1218] sowie, wenn es den Schutz des Eigentums betrifft, aus Art. 14 Abs. 1 S. 1 GG abgeleitet. Danach ist bei der Möglichkeit zur

---

1209 BVerfGE 30, 292 (334).
1210 BVerfGE 30, 292 (335).
1211 BVerfGE 50, 290 (365).
1212 BVerfGE 50, 290 (365).
1213 *Scholz*, in: Dürig/Herzog/Scholz, Kommentar zum Grundgesetz, Art. 12 Rn. 87.
1214 BVerfG, Nichtannahmebeschluss vom 28.07.2004 – 1 BvR 2566/95 -, juris, Rn. 25 ff.
1215 BVerfGE 50, 290 (363); *Hoffmann*, BB 1995, 53 (53).
1216 BVerfGE 30, 292 (312); 50, 290 (363); 97, 228 (253).
1217 *Mann/Worthmann*, JuS 2013, 385 (386).
1218 *Badura*, Staatsrecht, C 81.

Grundrechtseinschränkung zu unterscheiden. Die Schranken der Unternehmensfreiheit ergeben sich aus dem jeweiligen Grundrecht, in das eingegriffen wird. Der Schutzbereich des Art. 2 Abs. 1 GG ist insbesondere dann eröffnet, wenn staatliche Maßnahmen keinen spezifischen Bezug zur jeweiligen beruflichen Tätigkeit, also zu einer bestimmten Wirtschaftsbranche aufweisen.[1219] Dadurch verbleibt für Art. 2 Abs. 1 GG ein selbstständiger Anwendungsbereich, wenn staatliche Maßnahmen in allgemeiner Form die wirtschaftliche Tätigkeit regeln oder beeinflussen.[1220]

Nach Ansicht des Bundesverfassungsgerichts umfasst die Unternehmensfreiheit des Art. 12 Abs. 1 GG bei juristischen Personen die Freiheit, eine Erwerbszwecken dienende Tätigkeit, insbesondere ein Gewerbe, zu betreiben, soweit diese Erwerbstätigkeit ihrem Wesen und ihrer Art nach in gleicher Weise von einer juristischen wie von einer natürlichen Person ausgeübt werden kann.[1221] Geschützt sind ebenso die Gründung und Führung jedweder Betriebsgrößen.[1222] Zur unternehmerischen Freiheit der Konzernleitung gehören die Bestimmung des Konzernaufbaus, seine Organisation und die Festsetzung des wirtschaftlichen Betätigungsfeldes.[1223] Auch der Einsatz von Betriebs- und Investitionsmitteln wird geschützt[1224] sowie die Auswahl der produzierten Waren und angebotenen Dienstleistungen.[1225] Schließlich gehört auch das Recht, die unternehmerische Berufstätigkeit vertraglich und organisatorisch zu gestalten sowie die Unternehmensleistung wirtschaftlich zu verwerten, zur Unternehmensfreiheit.[1226] Art. 12 Abs. 1 GG schützt jedoch nicht vor Konkurrenz.[1227] Ein Eingriff in die Berufsfreiheit ist erst dann anzunehmen, wenn die unternehmerische Betätigung des Staates die privatwirtschaftliche Betätigung in unerträgli-

1219 *Hoffmann*, BB 1995, 53 (57).

1220 *Hoffmann*, BB 1995, 53 (57).

1221 BVerfGE 21, 261 (266).

1222 Dies aus Art. 14 Abs. 1 S. 1 GG ableitend BVerfGE 50, 290 (363); anders jedoch BVerfG, Beschluss vom 23.03.2022 – 1 BvR 1187/17 -, juris, Rn. 43, wonach die *„Unternehmensfreiheit im Sinne freier Gründung und Führung von Unternehmen"* aus der Berufsfreiheit abgeleitet wird.

1223 BVerfGE 14,263 (281).

1224 *Di Fabio*, in: Dürig/Herzog/Scholz, Kommentar zum Grundgesetz, Art. 2 Rn. 126 m.w.N.

1225 *Klöpfer*, Staatsrecht, Band II, Grundrechte, § 70 Rn. 44.

1226 BVerfG, Beschluss vom 23.03.2022 – 1 BvR 1187/17 -, juris, Rn. 43.

1227 *Achatz*, Grundrechtliche Freiheit im Wettbewerb, S. 35; *Mann/Worthmann*, JuS 2013, 385 (388).

chem Maß einschränkt, eine Auszehrung der privaten Konkurrenz vorliegt oder eine Monopolstellung der öffentlichen Hand entsteht.[1228]

3. Wettbewerbsfreiheit

Die Wettbewerbsfreiheit schützt und gewährleistet die freie Teilnahme am wirtschaftlichen Wettbewerb.[1229] Wettbewerb lässt sich als mit *„jemandem in Wettbewerbsbeziehung stehen“* umschreiben. Der Wettbewerber muss dazu auf demselben sachlichen oder räumlichen Markt tätig sein und gleiche oder austauschbare Produkte oder Dienstleistungen anbieten.[1230]

Aus welchen Grundrechten sich die Wettbewerbsfreiheit[1231] ergibt, ist allerdings auch hier umstritten.[1232] Teilweise wird auf Art. 2 Abs. 1 GG abgestellt,[1233] überwiegend aber auf Art. 12 Abs. 1 GG oder Art. 14 Abs. 1 GG.[1234] Das Bundesverwaltungsgericht geht davon aus, dass die allgemeine Handlungsfreiheit für das Wirtschaftsleben von maßgeblicher Bedeutung sei und dass die in der Verfassung nicht ausdrücklich genannte Vertrags- und Wettbewerbsfreiheit zu den grundgesetzlich geschützten Freiheiten des Einzelnen im Sinne des Art. 2 Abs. 1 GG gehört.[1235] Folgt man dieser Auffassung, wäre der Eingriff in die Wettbewerbsfreiheit durch das Gesetz nach Art. 15 GG nicht an Art. 12 GG zu messen.

1228 BVerwGE 39, 329 (336); BVerwG, Beschluss vom 21.03.1995 - VII C 122.66 -, juris, Rn. 11; OVG Münster, NVwZ 2003, 1520 (1523).

1229 BVerwGE 65, 167 (174); 79, 326 (330).

1230 *Mattfeld*, in: Münchener Handbuch des Gesellschaftsrechts, Band 1, § 52 Rn. 11.

1231 Zu Inhalt und Funktion des Wettbewerbs siehe auch *Chorongiewski*, Kartellrechts-Compliance für Manager, S. 16 f.

1232 *Wahl/Schütz*, in: Schoch/Schneider, Kommentar zur VwGO, § 42 Rn. 291.

1233 BVerwGE 17, 306 (308 f.); 30, 191 (198); offen gelassen BVerwGE 71, 183 (189); *Dreier*, in: Dreier, Kommentar zum Grundgesetz, Art. 2 Rn. 38; *Mann/Worthmann*, JuS 2013, 385 (387).

1234 *Achatz*, Grundrechtliche Freiheit im Wettbewerb, S. 17.

1235 Die Wettbewerbsfreiheit unterliege daher nur den Vorbehaltsschranken des Art. 2 Abs. 1 GG, wobei unter die verfassungsmäßige Ordnung auch Gesetze fallen können, die den Wettbewerb regeln. Ein schrankenloser Wettbewerb ist nicht verfassungsgerecht, da er im Widerspruch zum Sozialstaatsprinzip steht. Das Staatsleitbild des sozialen Rechtsstaats, dass in Art. 20 Abs. 1, Abs. 3, 28 Abs. 1 GG seinen Ausdruck gefunden habe, gilt für alle Rechtsbereiche, somit auch für den Wettbewerb. Die grundgesetzlich garantierte wirtschaftliche Handlungsfreiheit lässt Eingriffe in die Wettbewerbsfreiheit zu, vorausgesetzt, solche Eingriffe verletzen nicht die Würde des Menschen, lassen die Eigenständigkeit der Persönlichkeit unberührt und tasten ihre wirtschaftliche Freiheit nicht im Wesensgehalt an, BVerwG, NJW 1958, 1551 (1552); BVerwGE 17, 306 (309).

Teile der Lehre sehen Art. 12 Abs. 1 GG und Art. 14 Abs. 1 S. 1 GG als die spezielleren Grundrechte in Bezug auf die Wettbewerbsfreiheit.[1236] Nur wenn eine in den Wettbewerb eingreifende Maßnahme keine berufsregelnde Tendenz aufweise, sei ein Rückgriff auf Art. 2 Abs. 1 GG geboten.

Auch das Bundesverfassungsgericht leitet die Wettbewerbsfreiheit aus Art. 12 Abs. 1 GG ab.[1237] Danach ist die Frage, ob ein bestimmtes Verhalten im Einzelfall als sittenwidriger Wettbewerb anzusehen ist, unter steter Beachtung des Freiheitsgehaltes des Art. 12 Abs. 1 GG zu entscheiden.[1238] Es komme zwar auf die Umstände des Einzelfalles an, an welchem Grundrecht ein Eingriff in die Wettbewerbsfreiheit zu messen sei. Jedenfalls dann, wenn der Eingriff in die Wettbewerbsfreiheit berufsregelnde Tendenzen aufweist, ist Art. 12 Abs. 1 GG *lex specialis*.[1239]

Bei der Wettbewerbsfreiheit im Sinne von Art. 12 Abs. 1 GG handelt es sich um die Möglichkeit, sich als verantwortlicher Unternehmer wirtschaftlich zu betätigen oder zu anderen Unternehmen in Konkurrenz zu treten.[1240] Das Bundesverfassungsgericht umgrenzt dies durch das weitere Merkmal „*Wettbewerb nach Maßgabe seiner Funktionen*".[1241] Danach liegt kein Eingriff in die Wettbewerbsfreiheit vor, wenn der Staat lediglich die Funktionsbedingungen des Wettbewerbs sichere.[1242] Die Vergabe staatlicher Konzessionen an neue Konkurrenten oder auch staatliche Betätigung als Konkurrenz stellten ebenfalls keinen Eingriff dar.[1243] Wenngleich die Wettbewerbsfreiheit die Freiheit des Einzelnen auf Teilnahme am Wettbewerb schützt, hat der einzelne Wettbewerber keinen grundrechtlichen Anspruch auf eine erfolgreiche Marktteilhabe oder auf Sicherung künftiger Erwerbs-

---

1236 *Dreier*, in: Dreier, Kommentar zum Grundgesetz, Art. 2 Rn. 38; *Klöpfer*, Staatsrecht, Band II, Grundrechte, § 70 Rn. 45.

1237 BVerfGE 32, 311 (317); ebenso *Bryde*, NJW 1984, 2177 (2179); *Breuer*, in: Isensee/Kirchhof, Handbuch des Staatsrechtes, § 170 Rn. 89; *Achatz*, Grundrechtliche Freiheit im Wettbewerb, S. 29.

1238 BVerfGE 32, 311 (317); *Leistner/Facius/Loschelder*, in: Gloy/Loschelder/Danckwerts, Wettbewerbsrecht, § 14 Rn. 5.

1239 *Leistner/Facius/Loschelder*, in: Gloy/Loschelder/Danckwerts, Wettbewerbsrecht, § 14 Rn. 5; *Di Fabio*, in: Dürig/Herzog/Scholz, Kommentar zum Grundgesetz, Art. 2 Rn. 116.

1240 *Mann/Worthmann*, JuS 2013, 385 (388).

1241 BVerfGE 105, 252 (265); BVerfG, Nichtannahmebeschluss vom 28.07.2004 - 1 BvR 2566/95 -, juris, Rn. 27.

1242 *Leistner/Facius/Loschelder*, in: Gloy/Loschelder/Danckwerts, Wettbewerbsrecht, § 14 Rn. 9.

1243 BVerwGE 71, 183 (191 m.w.N.).

möglichkeiten.[1244] Vielmehr unterliegen die Wettbewerbspositionen sowie die geplanten Erträge dem Risiko laufender Veränderungen je nach Verhältnissen am Markt und nach Maßgabe seiner Funktionsbedingungen.[1245]

4. Eingriff in die Schutzbereiche des Art. 12 Abs. 1 GG

Art. 12 Abs. 1 GG schützt vor unmittelbaren und zielgerichteten Eingriffen in die Berufstätigkeit, insbesondere vor Ge- und Verboten.[1246] Eingriffe können grundsätzlich durch Rechtsakte und Realakte erfolgen.[1247] Neben unmittelbaren Eingriffen kommen grundsätzlich auch mittelbare Eingriffe in Betracht. Hiergegen schützt Art. 12 Abs. 1 GG jedoch nur begrenzt. Ansonsten drohe, dass die in Art. 12 Abs. 1 GG geschützte Berufsfreiheit konturlos werde.[1248] Der Schutz beschränkt sich daher auf solche Regelungen oder Akte, die zumindest eine objektiv berufsregelnde Tendenz aufweisen.[1249]

Berufsregelnde Tendenz enthalten solche Regelungen, die auf die berufliche Betätigung abzielen.[1250] Dazu muss die eingreifende Regelung nach ihrer Entstehungsgeschichte und ihrem Inhalt im Schwerpunkt solche Tätigkeiten berühren, die typischerweise beruflich ausgeübt werden[1251] oder die sich als rechtliche Rahmenbedingungen für die Berufsausübung verstehen.[1252] Finalität der Regelung ist nicht erforderlich,[1253] es reicht, dass sie beiläufig wirkt.

Wird den Unternehmen durch das Vergesellschaftungsgesetz der Wohnungsbestand entzogen, stellt dies keinen unmittelbaren Eingriff in die Berufsfreiheit dar. Die Unternehmen können sich grundsätzlich weiter im Rahmen ihres Berufsfeldes wirtschaftlich betätigen. Ein Berufsverbot ist hierin nicht zu sehen. Stattdessen liegt nur ein mittelbarer Eingriff in die Berufsfreiheit vor. Der Entzug der Wohnungsbestände weist jedoch berufsregelnde Tendenzen auf. Den betroffenen Unternehmen wird die

---

1244 *Achatz*, Grundrechtliche Freiheit im Wettbewerb, S. 58.
1245 BVerfGE 105, 252 (265).
1246 *Hufen*, Staatsrecht II, § 35 Rn. 17.
1247 *Klöpfer*, Staatsrecht, Band II, Grundrechte, § 70 Rn. 54.
1248 BVerfG, Beschluss vom 23.03.2022 – 1 BvR 1187/17 -, juris, Rn. 47.
1249 St. Rspr., BVerfGE 95, 267 (302); 97, 228 (254); BVerfG, Beschluss vom 23.03.2022 – 1 BvR 1187/17 -, juris, Rn. 47.
1250 BVerfGE 13, 181 (185 f.); *Klöpfer*, Staatsrecht, Band II, Grundrechte, § 70 Rn. 55.
1251 BVerfGE 97, 228 (254).
1252 BVerfGE 128, 1 (58).
1253 *Epping*, Grundrechte, Rn. 400.

Grundlage ihrer wirtschaftlichen Betätigung genommen. Ohne diese Güter ist es den Unternehmen vorerst nicht mehr möglich, ihre wirtschaftliche Tätigkeit auszuüben, sodass die rechtlichen Rahmenbedingungen der unternehmerischen Tätigkeit beschränkt werden.

Zugleich greift das Vergesellschaftungsgesetz in die Unternehmensfreiheit aus Art. 12 Abs. 1 GG ein. Zwar schränkt auch hier das Gesetz nicht unmittelbar die Unternehmensführung oder den Unternehmensbetrieb als solchen ein. Den Unternehmen ist es weiterhin möglich, Ersatzgüter zu beschaffen und neuen Wohnraum am Markt anzubieten. Dennoch ist es den betroffenen Unternehmen durch den Wohnungsentzug zunächst unmöglich, ihre wirtschaftliche Tätigkeit auszuüben und fortzusetzen. Insbesondere können sie den ursprünglichen Unternehmenszweck *„Halten, Verwalten und Vermieten von Wohnungen"* nicht verwirklichen. Damit weist das Vergesellschaftungsgesetz eine berufsregelnde Tendenz auf, da zwar nicht die unternehmerische Tätigkeit als solche beschränkt, wohl aber die unternehmerische Tätigkeit vorübergehend unmöglich gemacht wird.

Schließlich greift das Vergesellschaftungsgesetz auch in die Wettbewerbsfreiheit der Unternehmen ein. Durch den Wohnungsentzug wird den Unternehmen zwar nicht die Möglichkeit genommen, mit anderen Wohnungsunternehmen in Konkurrenz am Markt zu treten. Den betroffenen Unternehmen bleibt der Zukauf von neuen Wohnungsbeständen weiterhin möglich. Berufsregelnde Tendenzen sind allerdings auch hier erkennbar, da der Entzug der Wohnungen die unternehmerische Tätigkeit betrifft und das Auftreten am Markt auch gegenüber der Konkurrenz vorübergehend unmöglich macht.

5. Qualifizierung der Eingriffe

Seit dem Apothekenurteil[1254] richtet sich die Prüfung eines Eingriffs in Art. 12 Abs. 1 GG einschließlich der Verhältnismäßigkeitsprüfung nach der sog. Drei-Stufen-Theorie. Unterschieden werden die Stufen *„Berufsausübungsregelung"*, *„subjektive Berufswahlregelung"* und *„objektive Berufswahlregelung"*.[1255] Dieser Prüfungsaufbau ist in Art. 12 Abs. 1 GG angelegt. Danach haben alle Deutschen das Recht, den Beruf, den Arbeitsplatz und/oder die Ausbildungsstätte frei zu wählen. Die Berufsausübung kann durch

1254 BVerfGE 7, 377.
1255 *Detterbeck*, Öffentliches Recht, Rn. 470 ff.

Gesetz oder aufgrund eines Gesetzes geregelt werden. Art. 12 Abs. 1 GG unterscheidet zwischen der Berufsausübung, in die durch oder aufgrund eines Gesetzes eingegriffen wird, von der grundsätzlich freien Wahl des Berufes. Da die Berufswahl aber denklogisch auch den ersten Schritt der Berufsausübung darstellt, kann der Gesetzgeber hierzu ebenfalls Regelungen treffen, wenngleich sehr viel beschränkter.[1256]

Berufsausübungsregelungen betreffen die Art und Weise, wie eine berufliche Tätigkeit ausgeübt wird.[1257] Typischerweise handelt es sich um Regelungen hinsichtlich des Arbeitsortes, des Inhalt und Umfang, der Dauer der äußeren Erscheinungsform oder der Verfahrensweisen.[1258] Berufsausübungsregeln sind nur insoweit zulässig, wie sie von vernünftigen Erwägungen des Gemeinwohls gedeckt sind und dem Verhältnismäßigkeitsgrundsatz genügen. Hierfür ist es ausreichend, wenn der Gesetzgeber ein nach dem Grundgesetz legitimes Ziel verfolgt.[1259] Bei der Verhältnismäßigkeit im engeren Sinne ist eine Gesamtabwägung zwischen der Schwere des Eingriffs und dem Gewicht der den Eingriff rechtfertigenden Gründe vorzunehmen. Dabei muss der Gesetzgeber die Grenze des Zumutbaren wahren.[1260]

Auf der zweiten Stufe stehen subjektive Berufswahlregelungen. Dies sind solche Regelungen, die die Aufnahme oder Fortsetzung der Berufstätigkeit von der Erfüllung bestimmter Voraussetzungen abhängig machen, die in der Sphäre des Einzelnen liegen.[1261] Sie knüpfen insbesondere an die Vor- und Ausbildung oder sonstige fachliche Befähigung des Bewerbers an.[1262] Sie lassen sich damit rechtfertigen, dass bestimmte Berufe besondere Kenntnisse und Fähigkeiten erfordern, bei denen ansonsten der Allgemeinheit Schäden drohen (bspw. Rechtsanwälte, Ärzte, Architekten, Apotheker).[1263] Subjektive Berufswahlregelungen müssen dem Schutz (besonders) wichtiger Gemeinwohlinteressen dienen, die der Freiheit des Einzelnen vorgehen. Außerdem müssen sie dem Verhältnismäßigkeitsgrundsatz genügen. Allerdings kann ein grundsätzlich verhältnismäßiger Eingriff auch

---

1256 BVerfGE 7, 377 (401); zur vertieften Darstellung der Drei-Stufen-Theorie siehe *Detterbeck*, Öffentliches Recht, Rn. 470 ff., 477 ff.; *Epping*, Grundrechte, Rn. 402 ff.

1257 *Hufen*, Staatsrecht II, § 35 Rn. 18.

1258 *Mann/Worthmann*, JuS 2013, 385 (390).

1259 *Detterbeck*, Öffentliches Recht, Rn. 477 f.

1260 BVerfGE 102, 197 (220); 121, 317 (355).

1261 BVerfGE 7, 377 (406).

1262 BVerfGE 7, 377 (406).

1263 BVerfGE 7, 377 (406).

dann gegen Art. 12 GG verstoßen, wenn bestimmte Personengruppen in zahlenmäßig begrenzten Fällen ohne hinreichende tatsächliche Gründe stärker belastet werden als andere.[1264]

Die dritte Stufe stellen objektive Berufswahlregelungen dar. Die Zulassung sowie der Verbleib im Beruf ist dabei von außerhalb des Bewerbers liegenden Umständen abhängig.[1265] Diese Berufswahlregelungen knüpfen an objektive Bedingungen an und sind durch den Bewerber weder beeinflussbar noch von ihm zu verantworten.[1266] Objektive Berufswahlregelungen sind nur zur Abwehr von nachweisbaren oder höchstwahrscheinlich eintretenden schweren Gefahren für ein überragend wichtiges Gemeinschaftsgut zulässig. Außerdem müssen auch sie dem Verhältnismäßigkeitsgrundsatz genügen. Zur Abgrenzung der Stufen ist eine generalisierende Betrachtungsweise geboten, die nicht auf einzelne Interessenlagen abstellt, sondern auf die Wirkung der Regelung für den gesamten Wirtschaftszweig.[1267]

Fraglich ist, wie unter Berücksichtigung der vorstehenden Maßgaben das Vergesellschaftungsgesetz einzuordnen ist. Denn je nach konkreter Ausgestaltung kann ein Gesetz nach Art. 15 GG als Berufswahl- oder als Berufsausübungsregelung qualifiziert werden.[1268] Zunächst ist daher das Vergesellschaftungsgesetz im vorgenannten Kontext einzuordnen. Eine Berufswahlregelung kommt nur in Betracht, wenn das Vergesellschaftungsgesetz Vorgaben über Anfang oder Ende der in Rede stehenden Berufstätigkeit trifft. Hierfür ist wiederum entscheidend, wie der Beruf des Unternehmens definiert wird.[1269] Danach stellt sich die Frage, ob der Unternehmensberuf auch bis zu einem Wohnungsbestand von 2.999 Wohneinheiten sinnvoll ausgeführt werden kann. In diesem Fall würde es sich um eine Berufsausübungsregelung handeln; es käme dann nicht mehr auf subjektive oder objektive Kriterien an.

Wie dargelegt, handelt es sich bei dem Begriff „*Beruf*" um die auf Dauer angelegte Tätigkeit zur Schaffung oder Erhaltung einer Lebensgrundlage. Innerhalb einer Berufsgruppe ist zu prüfen, ob es sich um eine derart spezifizierte Berufsart handelt, dass diese nicht mehr am Maßstab der

1264 BVerfGE 121, 317 (358).
1265 *Klöpfer*, Staatsrecht, Band II, Grundrechte, § 70 Rn. 79.
1266 BVerfGE 7, 377 (406); *Hufen*, Staatsrecht II, § 35 Rn. 23; *Stein/Frank*, Staatsrecht, § 43 III S. 371.
1267 *Mann/Worthmann*, JuS 2013, 385 (390).
1268 *Huck*, Die Sozialisierung nach Art. 15 GG, S. 105.
1269 *Epping*, Grundrechte, Rn. 415.

Gesamtberufsgruppe gemessen werden kann.[1270] Diese dauerhaft angelegte Tätigkeit stellt bei den vom Vergesellschaftungsgesetz betroffenen Unternehmen die Vermietung und Überlassung von Wohnungen gegen Entgelt dar. Durch die Mieten werden zugleich die Wohnungen refinanziert. Die Mietverhältnisse sind auf Dauer angelegt, um für die Unternehmen Einnahmen zu generieren. Mit diesen Einnahmen arbeitet das Unternehmen und verwendet sie zur Investition, zum Schuldenabbau oder zur Bildung von Rücklagen oder zur Gewinnausschüttung. Die Vermietung des Wohnungsbestandes stellt damit eine auf Dauer angelegte Tätigkeit dar, die als wirtschaftliche Lebensgrundlage der Unternehmen dient. Wohnungsunternehmen mit mehr als 3.000 Wohnungen heben sich dabei nicht derart vom Kreis der Wohnungsvermieter unterhalb der 3.000 Wohneinheiten ab, dass eine eigenständige Einordnung als besonderer Beruf gerechtfertigt wäre.

Der Zugang zum und der Verbleib im Beruf „*Wohnungsvermietung durch Unternehmen*" wird durch das Vergesellschaftungsgesetz nicht verhindert. Es steht weiterhin jedem frei, ein Unternehmen zu gründen, ohne dafür bestimmte fachliche Qualifikationen vorweisen zu müssen. Erst wenn das Unternehmen durch Wachstum oder Zukauf 3.000 Wohneinheiten erreicht, greift das Vergesellschaftungsgesetz. Das Vergesellschaftungsgesetz stellt damit keine Berufswahlregelung dar.

Zwar werden durch das Vergesellschaftungsgesetz zugleich de facto die zehn größten Unternehmen um ihren vollständigen[1271] Wohnungsbestand gebracht. Für das Einordnen einer Norm als Berufsausübungs- oder Berufswahlregelung kommt es jedoch nicht auf die Wirkung gegenüber dem einzelnen betroffenen Unternehmen an, sondern auf die Wirkung auf den Gesamtbestand aller betroffenen Unternehmen. Im konkreten Fall ist das Vergesellschaftungsgesetz als Berufsausübungsregelung zu verstehen. Denn es bleibt den vom Vergesellschaftungsgesetz betroffenen Unternehmen unbenommen, durch die Entschädigung neue Wohneinheiten zu erwerben. Soweit sie einen Bestand von 3.000 Wohnungen nicht überschreiten, können sie daher weiter Wohnraum am Wohnungsmarkt anbieten.[1272]

1270 BVerfGE 11, 30 (30 ff.).

1271 Vgl. § 1 Abs. 1 des Vergesellschaftungsgesetz-Entwurfes: „*Der Bestand an Wohnimmobilien vergesellschaftungsreifer Unternehmen wird in Gemeineigentum überführt.*" Eine Grenze, wonach nur der Immobilienbestand des betroffenen Unternehmens oberhalb der 3.000-Schwelle überführt wird, enthält das Gesetz nicht.

1272 Soweit jedoch die Überführung ganzer Wirtschaftszweige erfolgt, führt ein Gesetz nach Art. 15 GG zu einer Berufssperre. In diesem Fall würde es auch als objektive Berufswahlregelung begriffen werden müssen.

III. Negative Koalitionsfreiheit, Art. 9 GG

Das Vergesellschaftungsgesetz könnte zudem in die negative Koalitionsfreiheit der Unternehmen eingreifen. Nach Art. 9 Abs. 3 GG wird das Recht, Vereinigungen zur Wahrung und Förderungen von Arbeits- und Wirtschaftsbedingungen zu bilden (Koalitionen)[1273], für jedermann und jeden Beruf gewährleistet. Damit garantiert das Grundgesetz nicht nur die individuelle, sondern auch die kollektive Koalitionsfreiheit.[1274] Art. 9 Abs. 3 GG stellt eine Konkretisierung des Sozialstaatsprinzips dar.[1275] Aus dieser Freiheit werden nicht nur aktive Rechte, sondern auch Abwehrrechte des Einzelnen abgeleitet.[1276] Die negative Koalitionsfreiheit schützt den Einzelnen vor Zwangsvereinigungen und gewährt ihm ein Recht, Koalitionen fern zu bleiben.[1277] Das Grundgesetz verhindert so, dass Nicht-Organisierte zwangsweise einer solchen Vereinigung beitreten müssen.[1278] Allerdings werden nur solche Vereinigungen von Art. 9 Abs. 3 GG erfasst, die unabhängig genug sind, Interessen ihrer Mitglieder auf arbeits- und sozialrechtlichem Gebiet nachhaltig und konsequent zu vertreten. Der Sinn der Koalitionsfreiheit liegt in der Gewährleistung eines kontradiktorischen Verfahrens zwischen Grundrechtsträgern auf Arbeitnehmer- und Arbeitgeberseite.[1279] Daher können sich auch Arbeitgeber zu Vereinigungen im Sinne des Art. 9 Abs. 3 GG zusammenschließen.[1280] Dies gilt auch, wenn sie juristische Personen des Privatrechts sind.[1281]

Mit Blick auf das Vergesellschaftungsgesetz gilt Folgendes: Soweit – wie derzeit beabsichtigt – nur Wohnungsbestände überführt werden sollen, greift das Vergesellschaftungsgesetz nicht in die Koalitionsfreiheit der Arbeitgeber ein, da die Arbeitgeber in Form der juristischen Person weiter existieren und sie auch weiter koalieren können. Überführt man jedoch ganze Unternehmen in Gemeineigentum, wäre es den Unternehmern und

---

1273 BVerfGE 84, 212 (224); *Linsenmaier*, in: Erfurter Kommentar zum Arbeitsrecht, Art. 9 Rn. 21 ff.

1274 *Scholz*, Paritätische Mitbestimmung und Grundgesetz, S. 102.

1275 *Kittner*, in: Alternativer Kommentar zum Grundgesetz, Art. 9 Rn. 20.

1276 *Huck*, Die Sozialisierung nach Art. 15 GG, S. 116 f.

1277 BVerfGE 116, 202 (218); *Huck*, Die Sozialisierung nach Art. 15 GG, S. 116; *Scholz*, Paritätische Mitbestimmung und Grundgesetz, S. 102.

1278 BVerfGE 116, 202 (218).

1279 BVerfGE 4, 96 (106); *Scholz*, Paritätische Mitbestimmung und Grundgesetz, S. 104; *Huck*, Die Sozialisierung nach Art. 15 GG, S. 118.

1280 BVerfGE 84, 212 (212 ff.).

1281 *Winkler*, in: v. Münch/Kunig, Kommentar zum Grundgesetz, Art. 9 Rn. 160 ff.

Arbeitgebern nicht mehr möglich, sich in Koalitionen zusammenzuschließen. Statt ihnen sind Repräsentanten des Gemeinwesens die leitenden Entscheidungsorgane. Arbeitnehmervertretungen existieren in gemeinwirtschaftlichen Unternehmen weiter. Den Unternehmer einschließlich seiner Arbeitgeberinteressen (etwa Gewinnerzielung) gibt es in einem in Gemeineigentum nach Art. 15 GG überführten Unternehmen jedoch nicht mehr. Die Überführung ganzer Unternehmen greift daher in die Freiheit der Arbeitgeber und Unternehmer hinsichtlich der Bildung von Koalitionen ein, ebenso hinsichtlich der Koalitionsbetätigung.[1282]

IV. Allgemeine Wirtschaftsfreiheit, Art. 2 Abs. 1 GG

Schließlich greift das Vergesellschaftungsgesetz in die allgemeine Wirtschaftsfreiheit der Unternehmen aus Art. 2 Abs. 1 GG ein.

Art. 2 Abs. 1 GG gewährleistet jedem die allgemeine Handlungsfreiheit, solange er nicht Rechte anderer verletzt oder gegen die verfassungsmäßige Ordnung und das Sittengesetz verstößt. Die allgemeine Handlungsfreiheit umfasst auch die Freiheit zur Teilnahme am Wirtschaftsverkehr.[1283]

Aus Art. 2 Abs. 1 GG folgt auch die Freiheit zur wirtschaftlichen Disposition.[1284] Schließlich werden auch die Preis- und Vertragsfreiheit des Unternehmers geschützt.[1285] Vertragsfreiheit und die damit korrespondierende Preisfreiheit werden allerdings nur aus Art. 2 Abs. 1 GG hergeleitet, soweit dieser nicht durch speziellere Grundrechte verdrängt wird. Erst wenn diese keine Anwendung finden, ist subsidiär ein Rückgriff auf Art. 2 Abs. 1 GG er-

1282 *Huck*, Die Sozialisierung nach Art. 15 GG, S. 118; *Huber*, Wirtschaftsverwaltungsrecht, S. 151; *Schell*, Art. 15 GG im Verfassungsgefüge, S. 203.

1283 *Badura*, Staatsrecht, C 81.

1284 *Dreier*, in: Dreier, Kommentar zum Grundgesetz, Art. 2 Rn. 38.

1285 *Di Fabio*, in: Dürig/Herzog/Scholz, Kommentar zum Grundgesetz, Art. 2 Rn. 102; a. A. *Breuer*, in: Isensee/Kirchhof, Handbuch des Staatsrechtes, § 170 Rn. 89; *Wollenschläger*, in: Schmidt/Wollenschläger, Kompendium Öffentliches Wirtschaftsrecht, § 2 Rn. 87; *Bryde*, NJW 1984, 2177 (2179), der die Vertragsfreiheit mit Verweis auf BVerfGE 50, 290 (290 ff.) unter Art. 12 GG fasst. Allerdings lässt sich die These anhand des Urteils nicht belegen. Das Bundesverfassungsgericht behandelt im Rahmen des Art. 12 GG nicht die Vertragsfreiheit. Stattdessen widmet es sich im Rahmen des Art. 2 Abs. 1 GG der allgemeinen Handlungsfreiheit, die auch auf dem wirtschaftlichen Gebiet gelte, wenngleich sie den Schranken des Art. 2 Abs. 1 S. 2 GG unterworfen sei, BVerfGE 50, 290 (366).

laubt.[1286] Schützen speziellere Grundrechte die wirtschaftliche Freiheit der Unternehmen, verdrängen sie den allgemeineren Art. 2 Abs. 1 GG.[1287] Zudem ist der Grundrechtsschutz der allgemeinen Handlungsfreiheit nur innerhalb der Schranken der verfassungsmäßigen Ordnung gewährleistet.[1288]

Einschränkungen der allgemeinen Handlungsfreiheit und der allgemeinen Wirtschaftsfreiheit müssen sich am Verhältnismäßigkeitsgrundsatz messen lassen.[1289] Beeinträchtigungen müssen daher einem legitimen Zweck dienen, geeignet und erforderlich sein und dürfen zum angestrebten Zweck nicht außer Verhältnis stehen. Eine Einschränkung der allgemeinen Handlungsfreiheit ist aufgrund eines Gesetzes möglich, das formell und materiell verfassungsmäßig ist und der Verhältnismäßigkeit entspricht.[1290] Eine solche Beeinträchtigung liegt unter anderem dann vor, wenn dem Betroffenen kein angemessener Spielraum verbleibt, sich als verantwortlicher Unternehmer wirtschaftlich zu entfalten.[1291]

Soweit durch das Vergesellschaftungsgesetz der Wohnungsbestand der betroffenen Unternehmen überführt wird, greift es auch in deren allgemeine Wirtschaftsfreiheit ein. Ihnen wird die Möglichkeit genommen, Verträge über ihren Wohnungsbestand abzuschließen oder die Wohnungen anderweitig zu verkaufen und damit frei über sie zu verfügen. Ferner beeinflusst das Vergesellschaftungsgesetz den Unternehmenswert und somit den Wert einzelner Unternehmensanteile. Durch den Werteinbruch des Unternehmens kann es diesem schwerer fallen, Geschäftsbeziehungen mit anderen Unternehmen einzugehen, etwa beim Einkauf von Vermögensgegenständen. Damit sind Unternehmen in ihrer wirtschaftlichen Betätigungsmöglichkeit beeinträchtigt.

1286 BVerfGE 50, 290 (366); *Papier/Shirvani*, in: Dürig/Herzog/Scholz, Kommentar zum Grundgesetz, Art. 14 Rn. 361.

1287 BVerfGE 8, 274 (328); *Hofmann*, in: Schmidt/Bleibtreu, Kommentar zum Grundgesetz, Art. 2 Rn. 44.

1288 BVerfGE 4, 7 (15); 12, 341 (346).

1289 BVerfGE 44, 353 (373); 80, 137 (153).

1290 BVerfGE 6, 32 (37); 6, 389 (433); 10, 354 (363); *Klöpfer*, Staatsrecht, Band II, Grundrechte, § 56 Rn. 36.

1291 BVerfGE 4, 7 (16); 12, 341 (346 f.).

V. Allgemeiner Gleichbehandlungsgrundsatz aus Art. 3 Abs. 1 GG

Das Vergesellschaftungsgesetz könnte zudem in mehreren Konstellationen zu einem Verstoß gegen den allgemeinen Gleichbehandlungsgrundsatz aus Art. 3 Abs. 1 GG führen.

Nach Art. 3 Abs. 1 GG sind alle Menschen vor dem Gesetz gleich. Der allgemeine Gleichheitssatz gebietet so für den Gesetzgeber, wesentlich Gleiches gleich und wesentlich Ungleiches ungleich zu behandeln.[1292] Verboten ist auch ein gleichheitswidriger Begünstigungsausschluss, bei dem Begünstigungen nur einem bestimmten Personenkreis gewährt werden, einem anderen Personenkreis jedoch nicht.[1293] Damit gewährt Art. 3 Abs. 1 GG ein Grundrecht auf Gleichbehandlung und in Ausnahmefällen auch ein Recht auf Ungleichbehandlung.[1294] Inländische juristische Personen des Privatrechts wie auch privatrechtliche juristische Personen mit Sitz in der EU[1295] können sich auf Art. 3 Abs. 1 GG berufen, (sonstige) ausländische juristische Personen des Privatrechts hingegen nicht.[1296] Anders als Freiheitsrechte hat das allgemeine Gleichheitsrecht aber keinen feststehenden sachlichen Schutzbereich. Gewährleistet wird ein Verhältnis, nämlich die Gleichheit in Bezug auf andere und die daraus folgende Gleichbehandlungspflicht für alle Träger öffentlichen Rechts.[1297]

Eine Ungleichbehandlung im Sinne des Art. 3 Abs. 1 GG könnte darin zu sehen sein, dass nur Unternehmen mit einem Bestand von mehr als 3.000 Wohnungen überführt werden. Zugleich werden öffentliche Unternehmen vom Vergesellschaftungsgesetz ausgenommen. Ebenfalls könnte es eine Ungleichbehandlung darstellen, wenn Mieter, die nicht bei einem betroffenen Unternehmen mieten, und solche, die dort mieten, unterschiedlich behandelt werden (Sicherung der Mieten bzw. deren Absenkung gegenüber steigenden Mieten am Wohnungsmarkt). Schließlich könnte es auch eine unzulässige Gleichbehandlung darstellen, wenn sowohl wirtschaftlich schwächere Mieter wie auch wirtschaftlich besser gestellte Mieter in gleicher Weise von dem Vergesellschaftungsgesetz profitieren.

1292 BVerfGE 138, 136 (180).

1293 BVerfGE 110, 412 (431); 116, 164 (180); 127, 263 (280); 138, 136 (180).

1294 *Detterbeck*, Öffentliches Recht, Rn. 342.

1295 BVerfGE 129, 78 (97).

1296 BVerfGE 23, 229 (236).

1297 *Gröpl*, in: Gröpl/Windthorst/von Coelln, Studienkommentar zum Grundgesetz, Art. 3 Rn. 26.

1. Nachteilige Betroffenheit und Ungleichbehandlung

Zunächst ist umstritten, ob die Ungleichbehandlung für den Betroffenen mit einem Nachteil verbunden sein muss.[1298] Für die Fälle der Ungleichbehandlung der Unternehmen mit mehr oder weniger als 3.000 Wohneinheiten sowie von Mietern verschiedener Wohnungsunternehmen kann die Antwort auf die Frage zunächst offenbleiben. Denn bezüglich solcher Unternehmen mit 3.000 Wohnungen oder mehr stellt das Vergesellschaftungsgesetz unzweifelhaft einen Wettbewerbsnachteil dar.

Auch in Bezug auf die Mieter, die nicht in Wohnungen eines durch das Vergesellschaftungsgesetz betroffenen Unternehmens wohnen, kann von einer nachteiligen Betroffenheit gesprochen werden. Diese werden zwar durch das Vergesellschaftungsgesetz nicht unmittelbar berührt. Ihr Wohnbestand bleibt ebenso wie ihre Mietverhältnisse unangetastet. Damit kommt diese Gruppe allerdings auch nicht in den *„Genuss"* der Begünstigungen. Art. 3 Abs. 1 GG verbietet dagegen auch einen gleichheitswidrigen Ausschluss von Begünstigten, bei dem ein Personenkreis Begünstigungen erhält, die einem anderen, wesentlich gleichen Personenkreis vorenthalten bleiben. Daran gemessen sind sowohl die betroffenen Unternehmen wie auch die Mieter nicht betroffener Unternehmen vom Vergesellschaftungsgesetz nachteilig betroffen.

Problematisch erscheint lediglich, ob im konkreten Fall wirtschaftlich stärkere und wirtschaftlich schwächere Mieter der vom Vergesellschaftungsgesetz betroffenen Unternehmen ungleich behandelt werden und ob – wenn dies der Fall ist – sich hieraus für die Betroffenen Nachteile ergeben. Hieraus könnte eine Gleichbehandlung von im wesentlichen ungleichen Personen resultieren. Diese ist jedoch im Falle des Vergesellschaftungsgesetzes nicht unzulässig. Wirtschaftlich schlechter gestellte Mieter profitieren gleichfalls von dem Vergesellschaftungsgesetz, möglicherweise sogar stärker als wirtschaftlich bessergestellte Mieter. Denn für die wirtschaftlich schwächeren Mieter besteht besonders die Gefahr, aufgrund steigender Mieten aus ihren Wohnungen verdrängt zu werden. Zugleich finden sie auf dem Wohnungsmarkt kaum bezahlbare Ersatzwohnungen. Wirtschaftlich stärkere Mieter kommen zwar ebenso in den *„Genuss"* des Vergesellschaftungsgesetzes. Ein subjektiver Nachteil im Sinne des Art. 3 Abs. 1 GG

1298 Dafür BVerfGE 130, 151 (174 f.); *Jarass*, in: Jarass/Pieroth, Kommentar zum Grundgesetz, Art. 3 Rn. 110; dagegen *Wollenschläger*, in: v. Mangoldt /Klein/Starck, Kommentar zum Grundgesetz, Art. 3 Rn. 67.

für wirtschaftlich schwächere Mieter ist darin aber nicht zu erkennen. Der Umstand, dass wirtschaftlich stärkere Mieter nicht unbedingt von dem Vergesellschaftungsgesetz profitieren sollen, ist kein Nachteil für wirtschaftlich schwächere Mieter. Mit dem Bundesverfassungsgericht ist jedoch eine nachteilige Betroffenheit derjenigen zu fordern, die sich gegen die Ungleichbehandlung wehren.[1299]

2. Vergleichsgruppen und Oberbegriff

Als notwendige Prüfungsschritte für eine Ungleichbehandlung sind zunächst Vergleichsgruppen zu bilden und diese unter einen gemeinsamen Oberbegriff zu fassen.[1300] Für die Vergleichsgruppen sind gemeinsame Merkmale zu finden. Solche können zwischen zwei Personen oder Personengruppen in Bezug auf bestimmte Eigenschaften, Situationen, Sachverhalte[1301] oder Fallkonstellationen bestehen, die zur wesentlichen Gruppengleichheit und damit zur Vergleichbarkeit untereinander führen.[1302] Es ist dem Gesetzgeber überlassen, die Merkmale zu bestimmen, nach denen Sachverhalte als hinreichend gleich oder ungleich angesehen werden.[1303] Eine Vergleichbarkeit verschiedener Sachverhalte besteht nur in Fällen, in denen ein gemeinsamer Oberbegriff für beide Sachverhalte besteht.[1304] Neben dem gemeinsamen Bezugspunkt muss außerdem ein Unterscheidungsmerkmal vollständig und abschließend sichtbar werden, da ansonsten Inhalt, Ausmaß und möglicher Grund der Ungleichbehandlung nicht deutlich würden.[1305] Zwar darf der Gesetzgeber insbesondere bei Grenzziehung typisieren.[1306] Dies gilt jedoch nur dann, wenn die Abgrenzung sachlich

1299 BVerfGE 131, 66 (86 f.); BVerfG, Nichtannahmebeschluss vom 27.01.2011 – 1 BvR 3222/09 -, juris, Rn. 21 ff.; *Nußberger*, in: Sachs, Kommentar zum Grundgesetz, Art. 3 Rn. 84.

1300 *Epping*, Grundrechte, Rn. 782 f.

1301 BVerfGE 130, 151 (174 f.); *Jarass*, in: Jarass/Pieroth, Kommentar zum Grundgesetz, Art. 3 Rn. 11.

1302 *Gröpl*, in: Gröpl/Windthorst/von Coelln, Studienkommentar zum Grundgesetz, Art. 3 Rn. 27.

1303 BVerfGE 49, 148 (165); *Stein/Frank*, Staatsrecht, § 49 III, S. 407.

1304 *Klöpfer*, Staatsrecht, Band II, Grundrechte, § 59 Rn. 70.

1305 *Klöpfer*, Staatsrecht, Band II, Grundrechte, § 59 Rn. 70; *Epping*, Grundrechte, Rn. 782.

1306 *Epping*, Grundrechte, Rn. 789.

vertretbar ist.[1307] Ein gemeinsamer Oberbegriff muss dabei möglichst eng gewählt werden, um das Differenzierungskriterium deutlich sichtbar zu machen.[1308]

a. Wohnungsunternehmen

Unternehmen mit einem Wohnungsbestand von mehr und weniger als 3.000 Wohnungen lassen sich zunächst zu einer Vergleichsgruppe zusammenfassen. Beide Unternehmensgruppen sind auf demselben Markt (Berliner Wohnungsmarkt) tätig, beide bieten dieselbe Leistung (Wohnraum) an. Beide Gruppen sind grundsätzlich gewinnorientiert tätig. Als gemeinsamer Oberbegriff lassen sie sich als „*Gewinnorientierte Wohnungsunternehmen auf dem Berliner Wohnungsmarkt*“ begreifen.

b. Mieter

Auch die Mieter von Unternehmen, die vom Vergesellschaftungsgesetz betroffen sind oder nicht, lassen sich zu Vergleichsgruppen zusammenfassen. Beide Gruppen wohnen in Berlin bzw. haben dort ihre Mietwohnung. Beide Gruppen sind denselben Regeln und Bedingungen des Wohnungsmarktes, wie Mieterhöhungen, Verdrängung und mangelndem Ersatzwohnraum ausgeliefert.

3. Ungleichbehandlung

Die gebildeten Vergleichsgruppen werden durch das Vergesellschaftungsgesetz ungleich behandelt. Denn der einen Unternehmensgruppe wird das Eigentum entzogen. Der anderen Unternehmensgruppe bleibt das Eigentum erhalten.

Auch die Mieter werden unterschiedlich behandelt. Den Mietern der vom Vergesellschaftungsgesetz betroffenen Unternehmen drohen auf Dauer keine steigenden Mieten. Sofern möglich, sind auch Mietsenkungen geplant. Jedenfalls soll nur in Ausnahmefällen gegenüber den Mietern ge-

1307 *Klöpfer*, NJW 2019, 1656 (1661); *Englisch*, in: Stern/Becker, Grundrechte-Kommentar, Art. 3 Rn. 271.

1308 *Epping*, Grundrechte, Rn. 783.

kündigt und geräumt werden. Diese Mieter sind damit gegen Einflüsse des Wohnungsmarktes relativ abgesichert. Dagegen sind Mieter von Wohnungsunternehmen mit weniger als 3.000 Wohnungen weiterhin den Risiken des Wohnungsmarktes ausgesetzt. Ihnen drohen Mieterhöhungen oder der Verlust der Wohnung.

Schließlich erfolgt die Ungleichbehandlung auch durch denselben Rechtsträger,[1309] nämlich durch das Land Berlin.

4. Zwischenergebnis

Das beabsichtigte Vergesellschaftungsgesetz greift sowohl in die Eigentumsfreiheit wie auch die Berufs-, Unternehmens- und Wettbewerbsfreiheit sowie in die allgemeine Wirtschaftsfreiheit der Unternehmen ein. Zugleich behandelt es wesentlich gleiche Unternehmen oder Mieter ungleich.

B. Rechtfertigungsmaßstab der Eingriffe und Ungleichbehandlung

Der Eingriff in die unterschiedlichen Schutzbereiche kann jedoch gerechtfertigt sein. Daher werden im Folgenden diese Möglichkeiten für die jeweiligen Eingriffe in Grundrechte bzw. die Rechtfertigung der Ungleichbehandlung dargestellt.

I. Eigentum

Ein Eingriff in die Eigentumsgarantie ist gerechtfertigt, wenn das eingreifende Gesetz formell und materiell verfassungsgemäß ist und die Anforderung der materiellen Verhältnismäßigkeit wahrt. Das Eigentum an Wohneinheiten in seiner Bedeutung als individuelles Freiheitsrecht ist für Wohnungsunternehmen durch seine Sozialpflichtigkeit beschränkt. Dieses Eigentum dient nach seiner Eigenart und Funktion nur in geringem Maße der persönlichen Freiheit der Unternehmen. Es handelt sich vielmehr um ein unternehmerisches Eigentum mit einem besonders ausgeprägten sozialen Bezug. Denn das Eigentum an Wohnungen dient der Versorgung der Bevölkerung mit Wohnraum und damit der Erfüllung von menschlichen

1309 *Epping*, Grundrechte, Rn. 793.

Grundbedürfnissen. Dabei ist zugleich zu beachten, dass der soziale Bezug gerade den Eingriff durch ein Gesetz nach Art. 15 GG ermöglicht.

II. Freiheiten aus Art. 12 Abs. 1 GG

Wie gezeigt, stellt das Vergesellschaftungsgesetz zwar einen Eingriff in die Berufs-, Unternehmens- und Wettbewerbsfreiheit dar. Dieser gesetzliche Eingriff in Form einer Berufsausübungsregelung ist jedoch gerechtfertigt, wenn das Gesetz formell und materiell verfassungsgemäß ist. In materieller Hinsicht muss das Gesetz insbesondere von vernünftigen Erwägungen des Gemeinwohls getragen sein und dem Verhältnismäßigkeitsgrundsatz genügen. Je stärker die Berufsausübung beeinträchtigt wird, desto höhere Anforderungen werden an die Dringlichkeit des öffentlichen Interesses gestellt.[1310] Zur Rechtfertigung einer Berufsausübungsregelung sind die öffentlichen Belange mit der Intensität der Beeinträchtigung des Betroffenen abzuwägen, etwa hinsichtlich der Verdienstchancen und Wettbewerbsmöglichkeiten. Je wertiger das durch den Eingriff zu schützende Rechtsgut ist, desto intensiver darf einerseits der Eingriff erfolgen. Je stärker andererseits die Berufsangehörigen beeinträchtigt werden, desto gewichtiger muss das verfolgte öffentliche Interesse sein. Kommt zudem eine Berufsausübungsregelung einer Berufswahlregelung gleich, gelten nochmals gesteigerte Anforderungen. In einem solchen Fall müssen auch die für die Berufswahlregelungen geltenden Voraussetzungen erfüllt sein.[1311] So verhält es sich etwa, wenn die gesetzliche Regelung in die wirtschaftliche Dispositionsfreiheit einer ganzen Gruppe von Unternehmen eingreift und diese nicht mehr in der Lage sind, den gewählten Beruf zur Grundlage ihrer unternehmerischen Erwerbstätigkeit zu machen.[1312]

III. Allgemeine Wirtschaftsfreiheit

Schließlich greift das Vergesellschaftungsgesetz auch in die allgemeine Wirtschaftsfreiheit des Art. 2 Abs. 1 GG der Betroffenen ein. Allerdings kann der Eingriff auch hier gerechtfertigt sein, wenn das Gesetz formell und materiell verfassungsgemäß ist.

1310 BVerfGE 11, 30 (30 ff.).
1311 BVerfGE 11, 30 (42 f., 44 f.); 30, 292 (313 f.), 32, 1 (34 f.); 36, 47 (58 f.); 82, 09 (228 f.).
1312 BVerfGE 25, 1 (12); 30, 292 (314).

IV. Ungleichbehandlung

Ebenfalls könnten die durch das Vergesellschaftungsgesetz verursachten Ungleichbehandlungen gerechtfertigt sein. Ungleichbehandlungen sind am Maßstab der sog. Neuen Formel des Bundesverfassungsgerichts zu prüfen. In Abkehr zur vormaligen Willkür-Formel[1313] ist eine Ungleichbehandlung nur dann mit Art. 3 Abs. 1 GG vereinbar, wenn zwischen den ungleich behandelten Gruppen von Normadressaten Unterschiede von solcher Art und solchem Gewicht bestehen, dass sie die Ungleichbehandlung rechtfertigen können. Außerdem müssen Ungleichbehandlung und rechtfertigender Grund in einem angemessenen Verhältnis zueinanderstehen.[1314] Hieraus folgert das Bundesverfassungsgericht die sog. Stufenlos-Formel, wonach sich für den Gesetzgeber je nach Regelungsgegenstand und Differenzierungsmerkmalen unterschiedliche Anforderungen ergeben, die fließend sind von lockeren Anforderungen (Willkürverbot) bis zu strengen Verhältnismäßigkeitsanforderungen.[1315] Eine strenge Bindung des Gesetzgebers ist etwa dann anzunehmen, wenn die Differenzierung an Persönlichkeitsmerkmale anknüpft, wobei sich die verfassungsrechtlichen Anforderungen umso mehr verschärfen, je weniger die Merkmale für den Einzelnen beherrschbar sind oder je mehr sie sich an die in Art. 3 Abs. 3 GG genannten Merkmale annähern.[1316] Willkürverbot und Verhältnismäßigkeit stellen jeweils einen Teil eines einheitlichen Rechtfertigungsmaßstabs dar.[1317]

Für die Rechtfertigung des Vergesellschaftungsgesetzes ist die Eigenart des zu regelnden Sachverhaltes ausschlaggebend, d. h., was sachlich vertretbar oder sachfremd ist.[1318] Dem Gesetzgeber sind engere Grenzen gesetzt, je stärker sich die Ungleichbehandlung von Personen oder Sachverhalten nachteilig auf die Ausübung grundrechtlich geschützter Freiheiten

---

1313 Nach der früheren Willkürformel des Bundesverfassungsgerichts mussten sich nur solche sachlichen Gründe finden lassen, die Willkür ausschließen, vgl. BVerfGE 17, 210 (219). Diese Rechtsprechung wurde jedoch in der Lehre aufgrund der Unbestimmtheit und Wertungsoffenheit abgelehnt und seit 1980 durch die „*Neue Formel*“ ersetzt, *Boysen*, in: v. Münch/Kunig, Kommentar zum Grundgesetz, Art. 3 Rn. 104 f.; *Albers*, JuS 2008, 945 (945).

1314 BVerfGE 82, 126 (146); 129, 49 (69); *Albers*, JuS 2008, 945 (946).

1315 BVerfGE 121, 317 (369); 129, 49 (69).

1316 BVerfGE 88, 87 (96 f.); 138, 136 (181).

1317 vgl. *Kischel*, in: Epping/Hillgruber, Kommentar zum Grundgesetz, Art. 3 Rn. 26; *Detterbeck*, Öffentliches Recht, Rn. 350 ff.

1318 BVerfGE 6, 84 (91), 75, 108 (157); 99, 165 (178).

auswirkt.[1319] Auch bei der Ungleichbehandlung von Personengruppen unterliegt der Gesetzgeber regelmäßig einer strengen Bindung.[1320]

In Bezug auf wirtschaftslenkende Gesetze liegt allerdings nicht schon deshalb eine ungerechtfertigte Ungleichbehandlung vor, weil sie die Wettbewerbsgrundlage verändern. Sie können auch im Interesse einzelner Personengruppen erlassen werden, jedoch nur, wenn dies durch das Allgemeinwohl geboten ist und schutzwürdige Interessen anderer nicht willkürlich vernachlässigt werden.[1321] Der Gesetzgeber hat einen großen Gestaltungsspielraum, wenn er ein wirtschafts-, sozial-, umwelt- oder gesellschaftspolitisches Verhalten der Bürger fördern will.[1322]

C. Relevanz der Verhältnismäßigkeit

Die vorstehenden Ausführungen zur Rechtfertigung des Eingriffs zeigen grundsätzlich, dass bei jedem Eingriff bzw. bei jeder Ungleichbehandlung eine Abwägung der Belange in Form einer Verhältnismäßigkeitsprüfung vorgenommen werden muss. Allerdings ist fraglich, ob und inwieweit der Verhältnismäßigkeitsgrundsatz im Rahmen eines Gesetzes nach Art. 15 GG überhaupt zu Anwendung gelangt. Hierüber herrscht Uneinigkeit in der Literatur, da von seiner Anwendung mitunter die Umsetzbarkeit des Vergesellschaftungsgesetzes abhängt. Wäre der Verhältnismäßigkeitsgrundsatz nicht anwendbar, fände ein Eingriff nach Art. 15 GG seine Schranken allein in den dort enthaltenen Tatbestandsmerkmalen.

I. Argumente gegen die Anwendung des Verhältnismäßigkeitsgrundsatzes

Teilweise wird vertreten, bei einem Gesetz nach Art. 15 GG sei der Verhältnismäßigkeitsgrundsatz nicht zu berücksichtigen.[1323] Dies folge aus

1319 BVerfGE 118, 97 (100).
1320 BVerfGE 118, 97 (100).
1321 BVerfGE 4, 7 (Leitsatz).
1322 BVerfGE 17, 210 (216); 118, 97 (100).
1323 *Bryde*, in: v. Münch/Kunig, Kommentar zum Grundgesetz, Art. 15 Rn. 13; *Kingreen/Poscher*, Grundrechte Staatsrecht II, Rn. 1250; *Rittstieg*, in: Alternativer Kommentar zum Grundgesetz, Art. 15 Rn. 243; *Ahlers*, Sozialisierung von Grund und Boden, S. 154; *Röhmer*, KJ 2020, 16 (19); *Klöpfer*, Staatsrecht, Band II, Grundrechte, § 72 Rn. 186.

der Formulierung des Art. 15 GG durch den parlamentarischen Rat als eigenständige Grundgesetzbestimmung gegenüber Art. 14 Abs. 1 S. 1 GG.[1324] Die hierin zum Ausdruck kommende Bedeutung des Art. 15 GG gegenüber Art. 14 Abs. 1 S. 1 GG lasse den Schluss zu, Art. 15 GG stehe über Art. 14 Abs. 1 S. 1 GG.

Hinzu komme, dass Art. 15 GG ein Instrument des Staates zur Wahrnehmung sozialstaatlicher Aufgaben sei. Wegen der herausragenden Bedeutung der Sozialstaatlichkeitsklausel müsse Art. 15 GG die Funktion haben, Vergesellschaftungsmaßnahmen zu ermöglichen, welche aus rechtsstaatlichen Gründen sonst nicht möglich wären. Die Rechtstaatlichkeit einschließlich des daraus folgenden Verhältnismäßigkeitsgrundsatzes müsse insoweit hinter der in Art. 15 GG zum Ausdruck kommenden Sozialstaatlichkeit zurücktreten. Gerade weil durch Art. 15 GG sozialstaatliche Aufgaben wahrgenommen würden, dürfe dieser nicht zugunsten der Eigentümer ausgelegt werden.[1325] Ferner wird angeführt, die SPD habe sich 1949 bei entsprechenden Mehrheiten im Parlament für eine grundlegende Umgestaltung der Wirtschaftsordnung ausgesprochen. Die Umgestaltung der Wirtschaftsordnung wäre und würde jedoch durch die Bindung an den Verhältnismäßigkeitsgrundsatz erheblich erschwert oder beinahe unmöglich gemacht werden.[1326]

Dieser Argumentation könne auch nicht entgegengehalten werden, der Gesetzgeber müsse bei der Enteignung den Verhältnismäßigkeitsgrundsatz beachten.[1327] Dieser gelte im Enteignungsrecht deshalb, weil die Enteignung nur zum Wohl der Allgemeinheit zulässig sei. Das Allgemeinwohlerfordernis folge unmittelbar aus Art. 14 Abs. 3 GG.[1328] Um den Widerstreit zwischen Eigentümer und Allgemeinwohl zu lösen, müsse der Verhältnismäßigkeitsgrundsatz beachtet werden. Art. 15 GG sehe hingegen keine Bindung an das Allgemeinwohl vor. Damit bestehe keine Konfliktlage, die der Verhältnismäßigkeitsgrundsatz ausgleichen müsse.

Überwiegend wird von diesem Teil der Literatur vertreten, in Art. 15 GG selbst sei bereits das Ergebnis einer Verhältnismäßigkeitsprüfung angelegt.[1329] So sei legitimer Zweck des Gesetzes nach Art. 15 GG die Verge-

1324 *Kingreen/Poscher*, Grundrechte Staatsrecht II, Rn. 1250; *Klöpfer*, Staatsrecht, Band II, Grundrechte, § 72 Rn. 186.
1325 *Ahlers*, Sozialisierung von Grund und Boden, S. 155.
1326 *Kingreen/Poscher*, Grundrechte Staatsrecht II, Rn. 1250.
1327 *Bryde*, in: v. Münch/Kunig, Kommentar zum Grundgesetz, Art. 15 Rn. 13.
1328 *Bryde*, in: v. Münch/Kunig, Kommentar zum Grundgesetz, Art. 15 Rn.13.
1329 *Röhmer*, KJ 2020, 16 (19).

sellschaftung *selbst.* Die Überführung sei auch geeignet, das Ziel der Vergesellschaftung zu erreichen. Ebenfalls sei kein milderes Mittel ersichtlich, um die Vergesellschaftung zu ermöglichen, da nur die Überführung in Gemeineigentum oder andere Formen der Gemeinwirtschaft vorgesehen sei.[1330] Dass die Vergesellschaftung ein grundsätzlich legitimes Ziel des Gesetzgebers sei, ergebe sich aus Art. 74 Abs. 1 Nr. 15 GG.[1331]

II. Argumente für die Geltung des Verhältnismäßigkeitsgrundsatzes

Überwiegend wird die Anwendbarkeit des Verhältnismäßigkeitsgrundsatzes befürwortet.[1332] Der Verhältnismäßigkeitsgrundsatz ergebe sich unmittelbar aus dem Rechtsstaatsprinzip, dem Grunde nach bereits aus den Grundrechten selbst und habe in der Bundesrepublik verfassungsmäßigen Rang.[1333] Er umfasse alle Vorgänge der gestaltenden, leitenden und planenden Staatstätigkeit[1334] und sei Ausdruck des unmittelbaren Freiheitsrechts der Bürger gegen den Staat. Dieses Freiheitsrecht könne nur insoweit durch staatliche Maßnahmen eingeschränkt werden, wie es zum Schutz öffentli-

1330 *Bryde*, in: v. Münch/Kunig, Kommentar zum Grundgesetz, Art. 15 Rn. 13; *Rittstieg*, in: Alternativer Kommentar zum Grundgesetz, Art. 15 Rn. 243.

1331 *Dietlein*, in: Stern, Staatsrecht der Bundesrepublik Deutschland, Band IV/1, S. 2303.

1332 *Depenheuer/Froese*, in: v. Mangoldt /Klein/Stark, Kommentar zum Grundgesetz, Art. 15 Rn. 39;
Becker, in: Stern/Becker, Grundrechte-Kommentar, Art. 14 Rn. 256; *Klöpfer*, NJW 2019, 1656 (1659); *Schede/Schuldt*, ZRP 2019, 78 (80); *Sodan/Ferlemann*, LKV 2019, 193 (197); *Wolfers/Opper*, DVBl. 2019, 542 (548); *Schmidt*, DÖV 2019, 508 (510); *Ipsen*, NVwZ 2019, 527 (528 f.); *Sodan*, in: Sodan, Grundgesetzkommentar, Art. 15 Rn. 9; *Gröpl*, in: Gröpl/Windthorst/von Coelln, Studienkommentar zum Grundgesetz, Art. 15 Rn. 19; *Schliesky*, in: Bonner Kommentar zum Grundgesetz, Art. 15 Rn. 38; *Lörler*, NJ 2019, 273 (275); dahin tendierend *Haaß*, LKV 2019, 145 (147); *Axer*, in: Epping/Hillgruber, Kommentar zum Grundgesetz, Art. 15 Rn. 20; *Tuschl*, Verstaatlichung von Banken, S. 287; Gutachten des Wissenschaftlichen Dienst des Abgeordnetenhauses von Berlin, S. 14, zuletzt abgerufen am 19.05.2021 unter https://www.parlament-berlin.de/C1257B55002B290D/vwContentByKey/W2BFNGZZ691WEBSDE/$File/20190821-Forderungen_Initiative_Deutsche_Wohnen.pdf; *Battis*, in: Gutachten im Auftrag des „Neue Wege für Berlin e.V. vom 22.09.2021, S. 11 ff., zuletzt abgerufen am 27.09.2021 unter https://neue-wege-fuer-berlin.de/staatsrechtler-ulrich-battis-enteignungs-volksentscheid-nicht-umsetzbar/.

1333 BVerfGE 19, 342 (348); 23, 127 (127 ff.); 61, 126 (140).

1334 *Kingreen/Poscher*, Grundrechte Staatsrecht II, Rn. 413.

cher Interessen unabdingbar sei.[1335] Aus dem Rechtstaatsprinzip folge auch, dass hoheitliche Eingriffe in Freiheit oder Eigentum des Bürgers einer effektiven Rechtskontrolle unterliegen müssten.[1336]

Auch wird vorgetragen, das in Art. 20 Abs. 3, Art. 28 Abs. 1 S. 1 GG enthaltene Rechtsstaatsprinzip unterliege der Ewigkeitsklausel des Art. 79 Abs. 3 GG. Daraus könne man auf die überragende Bedeutung des Verhältnismäßigkeitsgrundsatzes schließen.[1337] Da das Rechtstaatsprinzip durch die Ewigkeitsklausel geschützt sei, stehe es im Rang über Art. 15 GG.[1338] Dazu werde durch Art. 1 Abs. 3 GG deutlich, dass staatliches Handeln umfassend an die Grundrechte gebunden sei.[1339] Dies gelte umso mehr nach dem Niedergang der sozialistischen Wirtschaftssysteme. Ein Anspruch, politische Ziele ohne Bindung an die Grundrechte und andere Verfassungsprinzipien durchzusetzen, sei unter dem Grundgesetz nicht anzuerkennen.[1340]

Schließlich sei die Sozialisierung auch nicht der legitime Vorläufer der Sozialstaatsklausel, sondern höchstens eine ihrer geistigen Ahnen. Der soziale Staat lehne klassenkämpferisch motivierte Eigentumseingriffe ab und lasse die historischen klassenkämpferischen Forderungen nur nach dem im Staat verkörperten Gesamtinteresse des sozialen Ganzen zu.[1341] Das Sozialstaatsprinzip enthalte keine Ermächtigung zur Sozialrevolution. Art. 15 GG sei auch nicht die Konkretisierung des Sozialstaatsprinzips. Er stehe eher im Widerspruch dazu.[1342] Denn bei der (zumindest historischen Forderung nach) Sozialisierung gehe es nicht darum, dem Berechtigten sein Eigentum zu entziehen, um es in die Hände des Staates zu legen, der jedoch bei allen Gefahren der Zentralisierung und Bürokratisierung dem Gemeinwohl verpflichtet sei. Stattdessen gehe es darum, Eigentum einiger auf andere soziale Gruppen in deren Sonderinteresse umzuverteilen. Gerade damit

1335 BVerfGE 91, 342 (349); *Wolfers/Opper*, DVBl. 2019, 542 (548).
1336 BVerfGE 30, 1 (40).
1337 Allerdings unterliegt auch das Sozialstaatsprinzip der Ewigkeitsgarantie.
1338 *Schmidt*, DÖV 2019, 508 (510).
1339 *Sieckmann*, in: Friauf/Höfling, Berliner Kommentar zum Grundgesetz, Art. 15 Rn. 5.
1340 *Sieckmann*, in: Friauf/Höfling, Berliner Kommentar zum Grundgesetz, Art. 15 Rn. 5.
1341 *Robbers*, in: Bonner Kommentar zu Grundgesetz, Art. 20 Rn. 1297.
1342 *Benda*, Industrielle Herrschaft und sozialer Staat, S. 363 f.

handele es sich aber nicht um die Erfüllung sozialstaatlicher Ideen,[1343] sondern letztlich um begünstigende Umverteilung.

III. Nur beschränkte Anwendbarkeit des Verhältnismäßigkeitsgrundsatzes

Teilweise wird eine nur (sehr) eingeschränkte Prüfung des Verhältnismäßigkeitsgrundsatzes verlangt.[1344] Aus dem Fehlen materieller Sozialisierungsvoraussetzungen folge, dass eine Prüfung der Geeignetheit bei einem Gesetz nach Art. 15 GG für die Verfolgung des Gemeinwohls nicht möglich sei, denn Ziel und Mittel seien identisch.[1345] Ferner ergäbe sich keine Einschränkung hinsichtlich der Geeignetheit, da Ziel des Eingriffs die Überführung darstelle. Das Gesetz nach Art. 15 GG in Form der Überführung in Gemeineigentum oder andere Formen der Gemeinwirtschaft fördere dieses Ziel. Sollte dies nicht der Fall sein, läge bereits kein Akt nach Art. 15 GG vor.[1346] Die punktuelle Umgestaltung der Wirtschaft sei daher der verfassungsrechtlich aus sich heraus legitimierter Zweck des Art. 15 GG. Zielsetzung, Erfolgsprognose und Zumutbarkeit seien von Verfassungswegen der Politik überlassen.[1347] Zu prüfen sei danach nur, ob das Gesetz nach Art. 15 GG tatsächlich dem angegebenen Zweck entspreche und ob dieser Zweck in verhältnismäßiger Weise erreicht werden könne,[1348] also andere Vergesellschaftungsmaßnahmen nicht denselben Zweck erfüllten. Entsprechend könnten Erforderlichkeit und Angemessenheit zumindest auf

1343 *Benda*, Industrielle Herrschaft und sozialer Staat, S. 364.

1344 *Wieland*, Rechtsgutachten für die Bundestagsfraktion DIE LINKE, August 2019, S. 22, zuletzt abgerufen am 08.10.2019 unter https://www.linksfraktion.berlin/gutachten/; *Berkemann*, in: Umbach/Clemens, Kommentar zum Grundgesetz, Art. 15 Rn. 91; *Durner*, in: Dürig/Herzog/Scholz, Kommentar zum Grundgesetz, Art. 15 Rn. 95; *Rittstieg*, in: Alternativer Kommentar zum Grundgesetz, Art. 15 Rn. 241; *Sieckmann*, in: Friauf/Höfling, Berliner Kommentar zum Grundgesetz, Art. 15 Rn. 5; *Sachs*, Verfassungsrecht II, Grundrechte, S. 594 Rn. 58; *Burgi*, NVwZ 2020, 257 (262).

1345 *Durner*, in: Dürig/Herzog/Scholz, Kommentar zum Grundgesetz, Art. 15 Rn. 95; so auch, *Rittstieg*, in: Alternativer Kommentar zum Grundgesetz, Art. 15 Rn. 241, der aber im Ergebnis vollständig auf die Verhältnismäßigkeitsprüfung verzichten will.

1346 *Sieckmann*, in: Friauf/Höfling, Berliner Kommentar zum Grundgesetz, Art. 15 Rn. 29, verweist auf *Jarass*, in: Jarass/Pieroth, Kommentar zum Grundgesetz, Art. 15 Rn. 5.

1347 *Berkemann*, in: Umbach/Clemens, Kommentar zum Grundgesetz, Art. 15 Rn. 91.

1348 *Becker*, in: Stern/Becker, Grundrechte-Kommentar, Art. 15 Rn. 25.

die Modalitäten des Gesetzes nach Art. 15 GG angewandt werden.[1349] Lasse sich durch eine andere Form der Gemeinwirtschaft der Zweck ebenso erreichen, so sei diese Form der eingriffsintensiveren Form vorzuziehen.[1350]

IV. Stellungnahme

Wie jedes Gesetz muss auch ein auf Art. 15 GG gestütztes Gesetz dem Verhältnismäßigkeitsgrundsatz genügen. Die Auffassung, wonach der Verhältnismäßigkeitsgrundsatz auf Art. 15 GG keine Anwendung finden soll, ist abzulehnen.

Dem zunächst im Polizeirecht entwickelten[1351] Verhältnismäßigkeitsgrundsatz kommt im deutschen Rechtssystem eine überragende Bedeutung zu.[1352] Er verteidigt die individuelle Rechts- und Freiheitssphäre des Einzelnen.[1353] Nach der Entscheidung des Bundesverfassungsgerichts vom 15.12.1965[1354] stellt er ein Prinzip von Verfassungsrang dar. Im Wirtschaftsrecht wird er dahingehend modifiziert, dass er einen gerechten Ausgleich zwischen den grundrechtlichen Wirtschaftsfreiheiten und der Gebundenheit des Wirtschaftssubjektes im Interesse des Gemeinwohls schaffen soll.[1355] Staatliches Handeln, unerheblich ob national oder supranational,[1356] muss sich dennoch immer an ihm messen lassen, soweit es in Grundrechte eingreift.[1357] Dies bestätigt sich aufgrund der nachfolgenden Ausführungen.

1349 *Durner*, in: Dürig/Herzog/Scholz, Kommentar zum Grundgesetz, Art. 15 Rn. 95; *Sieckmann*, in: Friauf/Höfling, Berliner Kommentar zum Grundgesetz, Art. 15 Rn. 29.
1350 *Durner*, in: Dürig/Herzog/Scholz, Kommentar zum Grundgesetz, Art. 15 Rn. 95.
1351 *Ahlers*, Sozialisierung von Grund und Boden, S. 152.
1352 *Jarass*, in: Jarass/Pieroth, Kommentar zum Grundgesetz, Art. 20 Rn. 112.
1353 *Antoni*, in: Hömig/Wolff, Kommentar zum Grundgesetz, Art. 20 Rn. 13.
1354 BVerfGE 19, 342 (348).
1355 *Stober/Korte*, Öffentliches Wirtschaftsrecht, Allgemeiner Teil Rn. 187.
1356 BVerfG, Urteil vom 05. Mai 2020 – 2 BvR 859/15 Rn. 124.
1357 BVerfGE 24, 367 (404); *Grzeszick*, in: Dürig/Herzog/Scholz, Kommentar zum Grundgesetz, Art. 20 Rn. 109; *Voßkuhle/Kaufhold*, JuS 2010, 116 (118).

I. Zweck des Verhältnismäßigkeitsgrundsatzes

Die Anwendbarkeit des Verhältnismäßigkeitsgrundsatz auf ein Gesetz nach Art. 15 GG ergibt sich zunächst aus seinem Zweck. Er wirkt als Schranken-Schranke gegenüber staatlichem Handeln. Er beschränkt staatliches Handeln und gilt für Eingriffe sowohl der Verwaltung als auch des Gesetzgebers.[1358] Seine Anwendung beruht auf dem Gedanken, dass verfassungsrechtliche Ermächtigungen zur Grundrechtseinschränkung nie die völlige Preisgabe des Grundrechtsschutzes bedeuten kann. Andernfalls würde die in Art. 1 Abs. 3 GG festgelegte Bindung aller staatlichen Gewalt an die Grundrechte leerlaufen.[1359] Zudem stellt die Verhältnismäßigkeitsprüfung ein wesentliches Element der Einzelfallgerechtigkeit dar,[1360] wobei Einzelfall nicht nur *„einen einzelnen Fall"* bedeutet.[1361] Soweit der Gesetzgeber ein bestimmtes Wirtschaftssystem etablieren und praktizieren will, muss er auch hierbei den vollen Grundrechtsschutz gewährleisten. Art. 1 Abs. 3 GG bindet den Gesetzgeber umfassend an die Grundrechte, auch im Bereich des Wirtschaftssystems.[1362] Das Bundesverfassungsgericht wendet den Verhältnismäßigkeitsgrundsatz insbesondere auch dann an, wenn zwei für den Rechtsstaat gleichwertige Prinzipien kollidieren.[1363] Eigentums-, Berufs-, Koalitions- und allgemeine Wirtschaftsfreiheiten wie auch Art. 15 GG stellen selbstständige Verfassungsinstitute dar, die gleichwertig auf einer Stufe und im Spannungsverhältnis zueinander stehen. Nur der Verhältnismäßigkeitsgrundsatz kann in diesem Spannungsfeld zwischen Freiheiten und Art. 15 GG einen vernünftigen Ausgleich schaffen.

1358 *Kingreen/Poscher*, Grundrechte, Staatsrecht II, Rn. 413 ff.

1359 *Sachs*, Verfassungsrecht II, Grundrechte, S. 191 Rn. 36.

1360 *Hufen*, Staatsrecht II, § 9 Rn. 14 ff.

1361 *Ahlers*, Sozialisierung von Grund und Boden, S. 153, der den Verhältnismäßigkeitsgrundsatz reduziert verstanden haben will, da die Einzelmaßnahme aus dem Polizeirecht nicht mit der gesetzgeberischen Situation vergleichbar wäre.

1362 BVerfGE 4, 7 (18); 7, 377 (400); 50, 290 (338).

1363 BVerfGE 19, 342 (350).

2. Interessenausgleich

Für die Anwendung des Verhältnismäßigkeitsgrundsatzes auf Art. 15 GG spricht auch die Funktion der Grundrechte als Abwehrrechte.[1364] Grundrechtseingriffe sollen und müssen die Ausnahme, garantierte Freiheiten dagegen die Regel bleiben.[1365] Es darf nie zu einem vollständigen Entzug der Grundrechtsposition kommen.[1366] Der Verhältnismäßigkeitsgrundsatz wird daher auch bei der Sozialpflichtigkeit des Eigentums im Anwendungsbereich des Art. 14 Abs. 2 S. 2 GG vollständig geprüft.[1367] Denn der Staat ist bei Grundrechtseingriffen in der Rechtfertigungspflicht. Die Verhältnismäßigkeitsprüfung stellt sicher, dass der Gesetzgeber seine Maßnahmen auf jeder Stufe rechtfertigen muss und sich auch tatsächlich rechtfertigt.[1368] Daher muss sich jeder Grundrechtseingriff am Verhältnismäßigkeitsgrundsatz messen lassen.[1369] Ein Gesetz nach Art. 15 GG stellt einen besonders schwerwiegenden Grundrechtseingriff dar, da er nicht an das Allgemeinwohlerfordernis gebunden ist. Es lässt sich daher nicht begründen, warum der Verhältnismäßigkeitsgrundsatz gerade hier nicht gelten soll.[1370] Dies gilt umso mehr, da hinsichtlich der Intensität kein Unterschied zu anderen Grundrechtseingriffen besteht.

Ferner findet der Verhältnismäßigkeitsgrundsatz auch bei solchen Normen Anwendung, die einen Grundrechtseingriff bereits vom Vorliegen weiterer Tatbestandsmerkmale abhängig machen. So wird die allgemeine Handlungsfreiheit nach Art. 2 Abs. 1 GG durch die verfassungsmäßige Ordnung, die Rechte Dritter und das Sittengesetz eingeschränkt. Trotz dieser schon vorgegebenen Einschränkung wendet das Bundesverfassungsgericht

---

1364 *Dietlein*, in: Stern, Staatsrecht der Bundesrepublik Deutschland, Band IV/1, S. 2317, der ein Gesetz nach Art. 15 GG aber als Unterfall der Enteignung ansieht und daraus eine zwingende Verhältnismäßigkeitsprüfung ableitet.

1365 *Epping*, Grundrechte, Rn. 48.

1366 *Huck*, Die Sozialisierung nach Art. 15 GG, S. 95.

1367 *Dietlein*, in: Stern, Staatsrecht der Bundesrepublik Deutschland, Band IV/1, S. 2247.

1368 *Ipsen*, NVwZ 2019, 527 (529).

1369 BVerfGE 24, 367 (404); *Schliesky*, in: Bonner Kommentar zum Grundgesetz, Art. 15 Rn. 38; *Antoni*, in: Hömig/Wolff, Kommentar zum Grundgesetz, Art. 20 Rn. 13.

1370 *Hummel*, JuS 2008, 1065 (1070).

hier den Verhältnismäßigkeitsgrundsatz an.[1371] Danach sind auch solche Eingriffe in Art. 2 Abs. 1 GG verfassungswidrig, die zwar durch die verfassungsmäßige Ordnung gedeckt, im Einzelfall aber eine unverhältnismäßige Belastung für den Betroffenen darstellen. Auch bei der Enteignung hat der Gesetzgeber den Verhältnismäßigkeitsgrundsatz zu beachten.[1372] Die Enteignung ist nur zum Wohl der Allgemeinheit zulässig und setzt ein besonders hohes schützenswertes Interesse voraus. Art. 15 GG statuiert dagegen eine schwächere Anforderung als das Allgemeinwohl. Ist aber trotz der offensichtlich hohen Hürden für den Gesetzgeber der Verhältnismäßigkeitsgrundsatz bei der Enteignung zu beachten, erscheint es widersprüchlich, einen an geringere Anforderungen gebundenen Eigentumseingriff nicht dem Verhältnismäßigkeitsgrundsatz zu unterwerfen. Dies gilt umso mehr, als selbst bei noch weitreichenderen Eingriffsmöglichkeiten wie im Falle des Art. 2 Abs. 1 GG der Verhältnismäßigkeitsgrundsatz zu beachten ist.

Auch ist der Gesetzgeber bei einem Gesetz nach Art. 15 GG gezwungen, die Interessen der Allgemeinheit zu ermitteln und diese den Interessen des Betroffenen gegenüberzustellen. Denn gem. Art. 15 S. 2 GG gelten Art. 14 Abs. 3 S. 3 und S. 4 GG entsprechend, wonach sich auch bei einem Gesetz nach Art. 15 GG die Entschädigung nach gerechter Abwägung zwischen den Interessen der Allgemeinheit und den Betroffenen richtet.[1373]

Abzulehnen ist auch die Auffassung, wonach nur eine beschränkte Form der Verhältnismäßigkeitsprüfung erfolgt. Denn die *„Vergesellschaftung"* stellt gerade kein legitimes *Ziel* für den Gesetzgeber dar. Zum einen ist die historische Sozialisierung ihrerseits nur *Mittel* zum höheren Zweck. Zum anderen wird Art. 15 GG durch die Formulierung *„zum Zwecke der Vergesellschaftung"* um ein weiteres Zulässigkeitskriterium ergänzt. Erst wenn der Gesetzgeber die Überführung in Gemeinwirtschaft vornimmt, um den Nutzen, den Gewinn und die Früchte dieser Gegenstände durch Gemeinwirtschaft der Allgemeinheit zukommen zu lassen, darf er sie überführen.

Schließlich lässt sich auch nicht erkennen, dass der Parlamentarische Rat mit Art. 15 GG das Ergebnis einer Verhältnismäßigkeitsprüfung fest-

1371 BVerfGE 44, 353 (373); 80, 137 (153); *Klöpfer*, Staatsrecht, Band II, Grundrechte, § 56 Rn. 42; *Hofmann*, in: Schmidt/Bleibtreu, Kommentar zum Grundgesetz, Art. 2 Rn. 10.

1372 BVerfGE 24, 367 (404).

1373 *Ipsen*, NVwZ 2019, 527 (528).

legen wollte.[1374] Zum Zeitpunkt der Beratungen wurde dem Verhältnismäßigkeitsgrundsatz kein Verfassungsrang zuerkannt. Erst das Bundesverfassungsgericht hat das Übermaßverbot als *„geglücktes Richterrecht"*[1375] auf die Ebene des Verfassungsrechts gehoben.[1376] Dass der Parlamentarische Rat in Art. 15 GG das Ergebnis einer Verhältnismäßigkeitsprüfung festlegen wollte, ohne sich der heutigen Bedeutung der Verhältnismäßigkeit bewusst zu sein, erscheint nur schwer vorstellbar.

Nach der hier vertretenen Auffassung findet daher der Verhältnismäßigkeitsgrundsatz auf ein Gesetz nach Art. 15 GG uneingeschränkt Anwendung. Dies gilt besonders dann, wenn der Kreis der überführungsfähigen Objekte weiter ausgelegt wird.[1377] Nichts anderes gilt für den hiesigen Ansatz einer am Telos der Norm orientierten Auslegung der überführungsfähigen Objekte. Zu beachten ist allerdings auch der weite Ermessensspielraum, der dem Gesetzgeber eingeräumt wird.[1378]

D. Verhältnismäßigkeit des Vergesellschaftungsgesetzes

Die Prüfung des Verhältnismäßigkeitsgrundsatzes gliedert sich nach ständiger Rechtsprechung des Bundesverfassungsgerichts in vier Prüfungsschritte. Zunächst muss ein legitimer Zweck bestehen, der mit der Maßnahme verfolgt werden soll. Sodann muss die Maßnahme geeignet, erforderlich

---

1374 So auch *Battis*, in: Gutachten im Auftrag des Neue Wege für Berlin e.V. vom 22.09.2021, S. 15 f., zuletzt abgerufen am 27.09.2021 unter https://neue-wege-fuer-berlin.de/staatsrechtler-ulrich-battis-enteignungs-volksentscheid-nicht-umsetzbar/.

1375 *Hufen*, Staatsrecht II, § 9 Rn. 17.

1376 BVerfGE 19, 342 (348); wobei sich erste Hinweise auf die Verhältnismäßigkeit bereits im Lüth-Urteil des Bundesverfassungsgerichts erkennen lassen, BVerfGE 7, 198 ff. Der darin dargestellte Streit, wie weit Meinungsfreiheit und ein gesetzlich geschütztes Verhalten im Widerspruch stehen würden, sei durch eine Güterabwägung zu lösen, BVerfGE 7, 198 (210).

1377 *Kühling/Litterst*, DVBl. 2022, 871 (876).

1378 *Kingreen/Poscher*, Grundrechte, Staatsrecht II, Rn. 419; zu beachten ist auch, dass der Verhältnismäßigkeitsgrundsatz zwar den Gerichten einen weiten Entscheidungsspielraum einräumt. Im Gegensatz zum Gesetzgeber repräsentieren Gerichte jedoch nicht die unmittelbare Entscheidung des Wahlvolkes. Sie werden auch nicht von diesem gewählt. Es besteht daher durch den weiten Entscheidungsspielraum die Gefahr, dass Gerichte ihre eigenen Vorstellungen realisieren anstatt den Entscheidungen des demokratisch legitimierten Gesetzgebers. Daher ist beim Verhältnismäßigkeitsgrundsatz Zurückhaltung geboten, *Epping*, Grundrechte, Rn. 49.

und angemessen sein.[1379] Das Bundesverfassungsgericht hat allerdings bei der verfassungsrechtlichen Beurteilung von Normen, insbesondere auf dem Gebiet der Wirtschaftsordnung, den weiten Gestaltungsspielraum des Gesetzgebers und dessen Einschätzungs- und Prognosevorrang betont.[1380] Es ist vornehmlich Sache des Gesetzgebers, auf Grundlage seiner wirtschaftspolitischen Vorstellungen und Ziele und unter Beachtung der Sachgesetzlichkeiten des betreffenden Gebietes zu entscheiden, welche Maßnahmen er im Interesse des Gemeinwohls ergreifen will. Gleiches gilt für das Spannungsverhältnis zwischen der sozialstaatlichen Ordnung und dem Schutz der Einzelfreiheiten.[1381] Auch bei der Prognose und Einschätzung bestimmter der Allgemeinheit drohender Gefahren billigt die Verfassung dem Gesetzgeber einen Beurteilungsspielraum zu, den er nur dann überschreitet, wenn die Erwägungen so offensichtlich falsch sind, dass sie vernünftigerweise keine Grundlage für gesetzgeberische Maßnahmen bilden können.[1382] Dies gilt auch hinsichtlich der Eignung und der Erforderlichkeit des gewählten Mittels.[1383]

I. Legitimer Zweck

Es muss ein legitimer Zweck für die Maßnahme bestehen, der verfassungsrechtlich unbedenklich ist.[1384] Nur solche Zielsetzungen sind ausgeschlossen, die im Widerspruch zum Grundgesetz stehen. Die legitimen Ziele müssen nicht ausdrücklich im Grundgesetz erwähnt sein. Vielmehr kommen auch außerhalb des Grundgesetzes liegende Zielsetzungen in Betracht, die der Gesetzgeber für sich formuliert.[1385] Dies können wirtschaftliche, kulturelle oder soziale Ziele, Gesundheits-, Jugend-, oder Minderheitenschutz ebenso wie Umwelt- und Tierschutz sein. Auch die Förderung oder Herstellung sozialen Friedens und sozialer Gerechtigkeit, die Verwirklichung von Freiheiten oder der Abbau wirtschaftlicher Machtzusammenfassungen sind legitime Zwecke.

1379 *Sommermann*, in: v. Mangoldt /Klein/Starck, Kommentar zum Grundgesetz, Art. 20 Rn. 314; *Jarass*, in: Jarass/Pieroth, Kommentar zum Grundgesetz, Art. 20 Rn. 116 f.

1380 BVerfGE 25, 1 (17 f.); 37, 1 (20); 50, 290 (332).

1381 BVerfGE 113, 167 (215).

1382 BVerfGE 25, 1 (18 ff.) 30, 292 (316); 77, 84 (106).

1383 BVerfGE 25, 1 (12); 30, 250 (263 f.).

1384 *Hufen*, Staatsrecht II, § 9 Rn. 19.

1385 *Sachs*, Verfassungsrecht II, Grundrechte, S. 192 Rn. 37.

Für ein Gesetz nach Art. 15 GG wäre es zunächst unzulässig, dieses mit der Begründung auszuschließen, es verstoße gegen den Gedanken des Grundgesetzes. Denn das Grundgesetz lässt in Art. 15 GG die Möglichkeit zur Überführung in Gemeinwirtschaft ausdrücklich zu. Umgekehrt kann ein Gesetz nach Art. 15 GG nicht darauf gestützt werden, es sei eine notwendige Konsequenz eines bestimmten Wirtschaftssystems.[1386] Insbesondere ist Art. 15 GG kein verfassungslegitimer Selbstzweck.[1387] Vielmehr soll er lediglich ermöglichen, ganz oder teilweise ein Wirtschaftssystem zu etablieren, wodurch andere verfassungsrechtliche Wertevorstellungen, aber auch im Einklang mit der Verfassung stehende, außerverfassungsrechtliche Ziele, verfolgt werden können.[1388]

Die Bürgerinitiative will durch das Vergesellschaftungsgesetz bezahlbaren Wohnraum mit dem Verzicht auf Mietsteigerungen gewährleisten.[1389] Gleichzeitig sollen Kleingewerbe, die im Kiez untergebracht sind, durch die Vergesellschaftung geschützt werden. Große Ketten und Franchiseunternehmen sollen aus diesen Gebieten ferngehalten werden.[1390] Auch soll ein Teil der freiwerdenden Wohnungen Härtefällen vorbehalten bleiben[1391] und z. B. als Fluchtraum für Frauen vor häuslicher Gewalt dienen. Zudem soll barrierefreies Wohnen ermöglicht werden.[1392]

Schließlich soll der geschaffene Wohnbestand Zwangsräumungen bei Mietrückständen und drohende Obdachlosigkeit verhindern. Bestehende Obdachlosigkeit werde durch vorrangige Einweisung von Obdachlosen in Wohnbestände verhindert.[1393] Mietrückstände führten erst dann zur Räu-

---

1386 *Krüger*, in: Bettermann/Nipperdey/Scheuner, Die Grundrechte, S. 284.

1387 *Sodan/Ferlemann*, LKV 2019, 193 (195).

1388 So auch *Sieckmann*, in: Friauf/Höfling, Berliner Kommentar zum Grundgesetz, Art. 15 Rn. 4 f.

1389 Initiative „Deutsche Wohnen und Co. Enteignen", zuletzt abgerufen am 03.01.2021 unter https://www.dwenteignen.de/2020/01/vergesellschaftung-und-gemeinwirtschaft-loesungen-fuer-die-berliner-wohnungskrise/.

1390 Initiative „Deutsche Wohnen und Co. Enteignen", zuletzt abgerufen am 03.01.2021 unter https://www.dwenteignen.de/2020/01/vergesellschaftung-und-gemeinwirtschaft-loesungen-fuer-die-berliner-wohnungskrise/.

1391 Initiative „Deutsche Wohnen und Co. Enteignen", zuletzt abgerufen am 03.01.2021 unter https://www.dwenteignen.de/2020/01/vergesellschaftung-und-gemeinwirtschaft-loesungen-fuer-die-berliner-wohnungskrise/.

1392 Initiative „Deutsche Wohnen und Co. Enteignen", zuletzt abgerufen am 03.01.2021 unter https://www.dwenteignen.de/2020/01/vergesellschaftung-und-gemeinwirtschaft-loesungen-fuer-die-berliner-wohnungskrise/.

1393 Initiative „Deutsche Wohnen und Co. Enteignen", „Warum Enteignen", zuletzt abgerufen am 03.01.2021 unter https://www.dwenteignen.de/warum-enteignen/.

mung, wenn kein Wille zur Behebung der Mietrückstände durch den Mieter erkennbar sei. Drohe Obdachlosigkeit, sei auch die Zwangsräumung unzulässig. In jedem Fall müsse man Ersatzwohnraum anbieten, in angemessener Entfernung zur alten Wohnung.[1394] Ebenfalls will die Bürgerinitiative Machtzusammenfassung brechen sowie Mietspekulanten und Großkonzerne vom Berliner Wohnungsmarkt vertreiben. Dies sind überwiegend solche Motive, die mit den Zielen eines Gesetzes nach Art. 15 GG korrespondierten, insbesondere die Vermeidung wirtschaftlicher Machtzusammenfassung an den überführungsfähigen Objekten.[1395] Auch der Schutz der Mieter vor Verdrängung ist ein legitimes Ziel, welches sich aus dem Sozialstaatsgedanken rechtfertigt. Direkte oder indirekte Verdrängung wirtschaftlich weniger leistungsfähiger Bevölkerungsgruppen aus stark nachgefragten Wohnquartieren durch Begrenzung der Miethöhen bei Wiedervermietung zu verhindern, ist ein legitimes Ziel des Gesetzgebers.[1396] Einen legitimem Zweck stellt abschließend auch die Versorgung der Berliner Bevölkerung mit Wohnraum dar.[1397]

II. Geeignetheit des Vergesellschaftungsgesetzes

Das Vergesellschaftungsgesetz müsste zur Verfolgung der oben genannten Zwecke geeignet sein. Geeignet ist eine Maßnahme, wenn sie den gewünschten legitimen Zweck erreichen oder zumindest fördern kann.[1398] Unerheblich ist, ob durch das Gesetz der Erfolg in jedem Einzelfall tatsächlich erreicht wird.[1399] Die Möglichkeit der Zweckerreichung ist für die Geeignetheit ausreichend.[1400] Ebenfalls unbeachtlich ist, dass möglicherweise

1394 Initiative „Deutsche Wohnen und Co. Enteignen", zuletzt abgerufen am 03.01.2021 unter https://www.dwenteignen.de/2020/01/vergesellschaftung-und-gemeinwirtschaft-loesungen-fuer-die-berliner-wohnungskrise/.

1395 Die Forderung *„wir wollen unsere Häuser zurück"* deutet nicht unbedingt darauf hin, dass hiermit ein sozialer Friede erreicht werden soll, Deutsche Wohnen und Co Enteignen, „Warum Enteignen", zuletzt abgerufen am 03.01.2021 unter https://www.dwenteignen.de/warum-enteignen/.

1396 BVerfG, Nichtannahmebeschluss vom 18.07.2019 – 1 BvR 1/18 -, juris, Rn. 60; *Heusch*, NZM 2020, 357 (361).

1397 *Drohsel*, KJ 2020, 30 (35).

1398 BVerfGE 30, 292 (316); 33, 171 (187); 67, 157 (173); 103, 293 (307); 143, 246 (348).

1399 BVerfGE 67, 157 (173); 113, 167 (234); *Sachs*, Verfassungsrecht II, Grundrechte, S. 192 Rn. 40.

1400 BVerfGE 33, 171 (187); 67, 157 (173); 113, 167 (234).

besser geeignete Mittel zur Verwirklichung des legitimen Zweckes bestehen.[1401] Eine Regelung ist erst dann nicht mehr geeignet, wenn sie das Erreichen des Gesetzeszwecks nicht mehr fördert oder sogar das Gegenteil bewirkt.[1402]

Dem Gesetzgeber steht bei der Geeignetheitsprognose ein weiter Ermessensspielraum zu.[1403] Er darf auch Konzepte erproben.[1404] Grenze seines Handelns bilden erst willkürliches Verhalten[1405] oder solche Konzepte, in denen der Mensch zum Objekt staatlichen Handelns degradiert und damit in seiner Menschenwürde verletzt wird.[1406] Über die Eignung des Mittels hat demnach primär der Gesetzgeber selbst zu entscheiden.[1407]

Das Grundgesetz legt die Motive, warum die in Art. 15 GG genannten Objekte der Allgemeinheit zugutekommen sollen, nicht selbst fest. Diese Motive stehen im Ermessen des Gesetzgebers. Daher ist ein hinter dem Vergesellschaftungsgesetz stehender legitimer Zweck notwendig, der den Eingriff nach Art. 15 GG rechtfertigt. Die Überführung von Wohnungen in Gemeineigentum zum Zwecke der Vergesellschaftung müsste daher geeignet sein, die oben genannten Ziele des Gesetzes nach Art. 15 GG zumindest zu fördern.[1408] Dies wird im Folgenden geprüft.

1. Schutz der Mieter vor Mieterhöhung und Verdrängung

Die Überführung der Wohnungen in Gemeineigentum soll einen Wohnbestand in öffentlicher Hand bilden, der das Mietniveau stabilisiert. Mit der Wohnungsüberführung in Gemeineigentum ändert sich der Rechtsträger. Statt einer gewinnorientierten Ausrichtung der Wohnungsbewirtschaftung steht es dem neuen Eigentümer frei, andere Wirtschaftsmaßstäbe anzule-

1401 BVerfGE 63, 88 (115), 79, 256 (270); 103, 293 (307); 118, 277 (374).

1402 BVerfG, Beschluss vom 23.03.2022 – 1 BvR 1187/17 -, juris, Rn. 110.

1403 BVerfGE 25, 1 (12); *Jarass*, in: Jarass/Pieroth, Kommentar zum Grundgesetz, Art. 20 Rn. 123; *Schulze-Fielitz*, in: Dreier, Kommentar zum Grundgesetz, Art. 20 Rn. 191; *Hufen*, Staatsrecht II, § 9 Rn. 20; *Sieckmann*, in: Friauf/Höfling, Berliner Kommentar zum Grundgesetz, Art. 15 Rn. 31; *Burgi*, NVwZ 2020, 257 (262).

1404 *Schulze-Fielitz*, in: Dreier, Kommentar zum Grundgesetz, Art. 20 Rn. 191.

1405 BVerfGE 78, 232 (248).

1406 *Sieckmann*, in: Friauf/Höfling, Berliner Kommentar zum Grundgesetz, Art. 15 Rn. 35.

1407 *Hufen*, Staatsrecht II, § 9 Rn. 20.

1408 *Wieland*, Rechtsgutachten für die Bundestagsfraktion DIE LINKE, August 2019, S. 22, zuletzt abgerufen am 08.10.2019 unter https://www.linksfraktion.berlin/gutachten/.

gen. Insbesondere könnte er auf Mieterhöhungen verzichten. Denn Mieterhöhungen stellen grundsätzlich einseitige Anpassungen der Leistung im Vertragsverhältnis zwischen Vermieter und Mieter dar. Bei der Indexmiete nach § 557b BGB richtet sich die Höhe der Miete nach dem vom Statistischen Bundesamt ermittelten Preisindex für die Lebenshaltung aller privaten Haushalte in Deutschland. Allerdings tritt die Mieterhöhung nur bei Erklärung des Vermieters ein. Sie ist im Gegensatz zu § 557a Abs. 1 BGB keine selbstständige Rechtsfolge.[1409] Ein Schutz vor Mieterhöhungen besteht allerdings dort nicht, wo eine Staffelmiete nach § 557a Abs. 1 BGB vereinbart wurde. Im Fall der Staffelmiete tritt die Mieterhöhung ohne Mieterhöhungsverlangen des Vermieters ein.[1410] Der Vermieter könnte hier allerdings darauf verzichten, Mieterhöhung einzufordern oder die Mieterhöhung erlassen.

So kann das Vergesellschaftungsgesetz ähnlich der Mietpreisbremse[1411] Mietpreisspitzen bei überführten Wohnungen brechen. Damit kann es zumindest die Voraussetzung für die Marktteilnahme einkommensschwächerer Mieter schaffen. Zum anderen obliegt es dem Vermieter, den Mietern zu kündigen. Unterlässt der Vermieter Kündigungen und verzichtet er auf Mieterhöhungen, liegt es am Mieter, ob er sich aus dem Vertragsverhältnis lösen möchte oder nicht. Es besteht ebenso die Möglichkeit, bei Neuvermietung der Wohnungen Menschen mit geringerem Einkommen zu berücksichtigen.[1412] Das geplante Vergesellschaftungsgesetz dient damit dem legitimen Ziel, Mieter vor Mieterhöhungen oder Verdrängung zu schützen.

2. Fluchträume und Schutz vor Obdachlosigkeit

Auch ist das Vergesellschaftungsgesetz geeignet, den Zweck, Fluchträume zu schaffen und durch freiwerdenden Wohnraum bestehende Obdachlosigkeit zu verhindern, zumindest zu fördern. Sobald die geplante AöR über den Wohnungsbestand verfügt und Verträge abschließen kann, können bestimmte Bevölkerungsgruppen besondere Berücksichtigung bei der Wohnraumvermietung finden. Auch kann die AöR entscheiden, zu welchem Zeitpunkt sie Kündigungsrechte gegenüber den säumigen Mietern ausübt. Allerdings wird durch das Vergesellschaftungsgesetz kein Wohnraum frei,

1409 *Weidenkaff*, in: Grüneberg, Kommentar zum BGB, § 557b Rn. 13.
1410 *Weidenkaff*, in: Grüneberg, Kommentar zum BGB, § 557a Rn. 9.
1411 BVerfG, Nichtannahmebeschluss vom 18.07.2019 – 1 BvR 1/18 -, juris, Rn. 63.
1412 *Drohsel*, KJ 2020, 30 (35).

der nach Vorstellung der Bürgerinitiative genutzt werden könnte. Zudem war der Wohnungsbestand der Deutsche Wohnen SE 2019 zu über 98 % vermietet.[1413] Um freiwerdenden Wohnraum nutzen zu können, wie von der Bürgerinitiative beabsichtigt, müsste zunächst einem Teil der Bestandsmieter gekündigt werden oder diese selbst kündigen. Letzteres erscheint auf einem angespannten Wohnungsmarkt unwahrscheinlich.

3. Abbau sozialer Ungleichheiten

Die Bekämpfung sozialer Ungerechtigkeiten gehört nach dem Sozialstaatsprinzip zu den Staatsaufgaben.[1414] Sie stellt einen legitimen Zweck dar.[1415] Zudem soll Art. 15 GG zur Überwindung des Kapitalismus einen wesentlichen Beitrag leisten.[1416] Soweit die Überführung von Wohnungsbestand die Mieter vor Verdrängung schützt, verwirklicht sich zugleich die sozialpolitische Intention des Gesetzgebers. Besonders Gentrifizierung vorzubeugen, ist ein legitimes Ziel des Gesetzgebers,[1417] welches auf Bundesebene bereits zur Mietpreisbremse berechtigt.[1418] Der Schutz der Mieter ist dabei sozialstaatlich gerechtfertigt.[1419] Auch darf der Gesetzgeber sozialen und wirtschaftlichen Ungleichgewichten entgegenwirken.[1420] Zudem kommt dem Schutz einkommensschwacher Mieter vor Verdrängung mit Blick auf Gentrifizierung ebenfalls Gewicht zu. Dabei handelt es sich um Gemeinwohlbelange.[1421]

4. Vermeidung wirtschaftlicher Machtzusammenfassungen

Das Vergesellschaftungsgesetz könnte zudem geeignet sein, wirtschaftliche Machtkonzentrationen abzubauen. Denn durch den Entzug des Woh-

1413 Destatis, Studie 322470, zuletzt abgerufen am 23.01.2021 unter https://de.statista.com/statistik/daten/studie/322470/umfrage/leerstandsquote-von-wohnungen-der-deutsche-wohnen-nach-regionen/.
1414 *Schell*, Art. 15 GG im Verfassungsgefüge, S. 55.
1415 *Krüger*, in: Bettermann/Nipperdey/Scheuner, Die Grundrechte, S. 283.
1416 *Wieland*, in: Dreier, Kommentar zum Grundgesetz, Art. 15 Rn. 1.
1417 BVerfG, Nichtannahmebeschluss vom 18.07.2019 – 1 BvR 1/18 -, juris, Rn. 60; *Heusch*, NZM 2020, 357 (361).
1418 BVerfG, Nichtannahmebeschluss vom 18.07.2019 – 1 BvR 1/18 -, juris, Rn. 54.
1419 BVerfGE 142, 268 (286).
1420 BVerfGE 142, 268 (285).
1421 BVerfG, Nichtannahmebeschluss vom 18.07.2019 – 1 BvR 1/18 -, juris, Rn. 72.

nungsbestandes würde die „*wirtschaftliche Machtzusammenfassung*“ der bisherigen Eigentümer gebrochen.

Der Mietwohnungsmarkt ist aufgrund einer Vielzahl von Anbietern und Nachfragern ein Markt mit mehreren Strömungen und Polen.[1422] Durch diese verschiedenen Anbieter besteht keine monopolartige Marktmacht, denn keiner besitzt *einen* hohen Marktanteil. Selbst das größte Unternehmen am Berliner Wohnungsmarkt, die Deutsche Wohnen SE, besitzt lediglich 110.000 Wohnungen.[1423] In Bezug auf ca. 1,9 Millionen Gesamtwohnungen am Berliner Wohnungsmarkt[1424] beträgt der Anteil der Deutsche Wohnen SE etwa 5,78 %.[1425] Vonovia SE mit 41.000 Wohnungen weist einen Marktanteil von etwa 2,1 %[1426] auf.[1427] Selbst nach der (durch das Bundeskartellamt gebilligten)[1428] Übernahme der Mehrheitsanteile durch Vonovia SE an der Deutsche Wohnen SE besitzen diese lediglich einen Marktanteil von etwa 8 % auf dem Berliner Wohnungsmarkt. Zusammen mit den anderen von der Bürgerinitiative betroffenen Wohnungsgesellschaften mit mehr als 3.000 Wohnungen stellen diese zusammen ca. 15 % des Berliner Wohnungsmarktes dar. Fast 85 % des Marktes befinden sich danach in Händen von Unternehmen oder Privaten mit weniger als 3.000 Wohnungen.[1429] Insbesondere gehörten zum 31.12.2019 etwa 322.000 Wohnungen kommunalen Immobilienunternehmen, etwa 189.000 Wohnungen waren in genossenschaftlicher Hand.[1430] Diese Auffächerung auf eine Vielzahl von Anbietern ist darauf zurückzuführen, dass Investitionen in den Wohnungsbau sehr hohe Kapitaleinsätze erfordern, die lange eingesetzt werden müssen und es so einem einzelnen Anbieter erschweren, eine marktbeherrschende Stellung aufzubauen.[1431] Schließlich verzeichnen auch Hochschulstädte, in denen große Wohnungskonzerne keine oder kaum Wohnungen in ihrem

---

1422 *Schuldt*, Mietpreisbremse, S. 100.

1423 Homepage Deutsche Wohnen SE, zuletzt abgerufen am 14.09.2022 unter https://www.deutsche-wohnen.com/ueber-uns/unternehmen/immobilien-portfolio/.

1424 Statistik Berlin Brandenburg, bezogen auf Ende 2020, zuletzt abgerufen am 15.09.2022 unter https://www.statistik-berlin-brandenburg.de/152-2021.

1425 100 % / 1.900.000 * 110.000 = 5,78 % Marktanteil.

1426 100 % / 1.900.000 * 40.000 = 2,1 % Marktanteil.

1427 Selbst, wenn Vonovia SE nunmehr Mehrheitseigner an den Anteilen der Deutsche Wohnen SE ist, halten die Unternehmen etwas unter 8 % des Gesamtmarktes an Wohnungen.

1428 *Kühling/Litterst*, DVBl. 2022, 871 (876).

1429 *Sodan/Ferlemann*, LKV 2019, 193 (197).

1430 *Kühling/Litterst*, DVBl. 2022, 871 (876).

1431 *Schuldt*, Mietpreisbremse, S. 100.

Bestand haben, einen signifikanten Anstieg der Mieten. Die ortsübliche Miete richtet sich daher nach anderen Faktoren als nach der Größe eines Wohnungsunternehmens. Die Mietpreise richten sich in erster Linie nach Angebot und Nachfrage.[1432]

Auch setzt das Vergesellschaftungsgesetz eine Entschädigung voraus. Die Höhe der Entschädigung richtet sich dabei grundsätzlich nach dem Verkehrswert der überführten Gegenstände unter Berücksichtigung von Wertsteigerungen durch unpersönliche Leistung unter gleichzeitiger Beachtung des Verbotes fiskalischer, staatsbereichernder Maßnahmen. Damit ist zwar eine Entschädigung unterhalb des Verkehrswertes zulässig und möglich, allerdings keineswegs deutlich darunter. Dies gilt insbesondere bei Entzug des Eigentums. Wirtschaftliche Machtzusammenfassung wird daher durch die gleichzeitige Verpflichtung zur Entschädigung nicht gebrochen. Es wird stattdessen Ware gegen Geld getauscht, auch wenn die Höhe der Entschädigung hinter dem Verkehrswert zurückstehen kann. Damit ist das Vergesellschaftungsgesetz zumindest nicht uneingeschränkt geeignet, wirtschaftliche Machtzusammenfassung zu verhindern.[1433]

Soweit es jedoch den konkreten Wohnungsbestand betrifft, kann das Vergesellschaftungsgesetz zumindest die wirtschaftliche Machtzusammenfassung der betroffenen Unternehmen an den überführungsfähigen Objekten abbauen. Auch kann die Entschädigung nicht sogleich in neuen Wohnungsbestand investiert werden, da dieser in entsprechender Größenordnung nicht am Berliner Wohnungsmarkt verfügbar ist.

III. Erforderlichkeit des Vergesellschaftungsgesetzes

Das Vergesellschaftungsgesetz muss darüber hinaus erforderlich sein. Eine Maßnahme ist dann erforderlich, wenn kein den Adressaten eindeutig[1434] weniger belastendes Mittel zur Verfügung steht, welches den Zweck der Maßnahme zweifelsfrei in gleicher Weise fördert.[1435] Der Gesetzgeber muss

---

1432 *Heusch*, NZM 2020, 357 (361); *Schuldt*, Mietpreisbremse, S. 49.

1433 Aus dieser Überlegung heraus erklärt sich, warum *Krüger* die Sozialisierung grundsätzlich nur durch andere Formen der Gemeinwirtschaft verwirklicht sieht, vgl. *Krüger*, in: Bettermann/Nipperdey/Scheuner, Die Grundrechte, S. 299.

1434 BVerfGE 102, 137 (218); 115, 276 (309); 117, 163 (189); 146, 71, Rn. 117.

1435 BVerfGE 25, 1 (18); 30, 292 (316); 143, 246 (349); BVerfG, Beschluss vom 23.03.2022 – 1 BvR 1187/17 -, juris, Rn. 125; *Sommermann*, in: v. Mangoldt /Klein/ Starck, Kommentar zum Grundgesetz, Art. 20 Rn. 314.

kein besseres Mittel anwenden,[1436] ein Optimierungsgebot besteht nicht.[1437] Es ist lediglich zu prüfen, ob ein eindeutig weniger eingriffsintensives, aber eindeutig ebenso effektives Mittel denkbar wäre.

Dem Gesetzgeber kommt auch bei der Erforderlichkeitsprüfung ein weiter Gestaltungsspielraum zu, der nur eingeschränkt verfassungsgerichtlicher Kontrolle unterliegt.[1438] Denn es ist

> *„vornehmlich Sache des Gesetzgebers, auf Grundlage seiner wirtschafts-, arbeitsmarkt- und sozialpolitischen Vorstellungen und Ziele [...] zu entscheiden, welche Maßnahmen er im Interesse des Gemeinwohls ergreifen will".*[1439]

Dies rechtfertigt, dass der Gesetzgeber nicht die bestmöglichste Maßnahme treffen muss, sondern nur, dass keine ebenso wirksame, den Betroffenen weniger belastende Maßnahme denkbar ist.[1440] Die relevanten Tatsachen müssen dem Gesetzgeber bekannt sein.[1441]

Fraglich erscheint, ob Maßnahmen denkbar sind, die die Ziele hinter dem Vergesellschaftungsgesetz eindeutig gleichermaßen fördern und für die Betroffenen eindeutig weniger belastend sind. Zu diesen Maßnahmen könnten etwa ein bundeseinheitlicher Mietendeckel, die Förderung von Wohnungseigentum für Mieter, das städtebauliche Baugebot aus § 176 BauGB sowie der privatwirtschaftliche Erwerb oder der Neubau von Wohnraum ausschließlich in öffentlicher Hand zählen.[1442] Diese Maßnahmen könnten der Erforderlichkeit einer Vergesellschaftung entgegenstehen.

1. Mietendeckel

Eine ebenso zweckfördernde Maßnahme wie das Vergesellschaftungsgesetz könnte eine Berliner Mietendeckelung[1443] sein.

1436 BVerfG, Nichtannahmebeschluss vom 18.07.2019 – 1 BvR 1/18 -, juris, Rn. 66.

1437 BVerfGE 113, 167 (234).

1438 BVerfGE 104, 337 (347 f.); 116, 202 (225); 134, 242 (292 f.); *Sachs*, Verfassungsrecht II, Grundrechte, S. 193 Rn. 42.

1439 BVerfGE 113, 167 (252).

1440 BVerfGE 103, 293 (308); 116, 202 (225).

1441 BVerfGE 116, 202 (225).

1442 Weitere mögliche Maßnahmen in *Burgi*, NVwZ 2020, 257 (259 f.).

1443 *Börstinghaus*, in: Blank/Börstinghaus, Kommentar zum BGB, Vorbemerkung §§ 557 – 561 Rn. 18a.

Im Februar 2020 hat das Land Berlin ein Gesetz zur Mietbegrenzung im Wohnungswesen beschlossen. Das Gesetz sah ein Verbot von Mieterhöhung auf dem Berliner Wohnungsmarkt vor, soweit das Mietverhältnis vor 2014 begründet wurde.[1444] Der Mietendeckel sollte die Mieten für fünf Jahre einfrieren und so Mietsteigerungen entgegenwirken.

Gegen den Berliner Mietendeckel wurde frühzeitig eingewandt, er sei verfassungswidrig. Das Land Berlin besitze nicht die Kompetenz für ein solches Rechtsinstrument.[1445] Der Mietendeckel habe seine kompetenzrechtliche Grundlage in Art. 74 Abs. 1 Nr. 1 GG. Auf diesem Gebiet habe der Bundesgesetzgeber bereits abschließende Regelungen im BGB erlassen. Auch das soziale Mietrecht einschließlich der Mietpreisbremse seien davon umfasst und bundesrechtlich abschließend geregelt.[1446]

Das Bundesverfassungsgericht hat mit Beschluss vom 25.03.2021 den Berliner Mietendeckel als verfassungswidrig eingestuft.[1447] Dabei folgte das Bundesverfassungsgericht im Wesentlichen der Argumentation, wonach der Bund von seinem Kompetenztitel aus Art. 74 Abs. 1 Nr. 1 GG abschließend Gebrauch gemacht habe.[1448] Damit scheidet ein Berliner Mietendeckel als Alternative zum Vergesellschaftungsgesetz aus verfassungsrechtlichen Gesichtspunkten aus.

Auf die Möglichkeit eines bundesweiten gesetzlichen Mietendeckels darf der Berliner Gesetzgeber nicht verwiesen werden. Denn als potentiell weniger belastende gesetzliche Maßnahme kommen denklogischer Weise nur solche Gesetze in Betracht, für die der Berliner Gesetzgeber die Kompetenz besitzt. Zudem ließe ein bundeseinheitlicher Mietendeckel den Bestand der Wohnungsunternehmen unangetastet. Ein bundeseinheitlicher Mieten-

---

1444 *Schneider/Franke*, DÖV 2020, 415 (415).

1445 *Börstinghaus*, in: Blank/Börstinghaus, Kommentar zum BGB, Vorbemerkung §§ 557 – 561 Rn. 18a; *Heusch*, NZM 2020, 357 (364); *Papier*, Rechtsgutachten zum Berliner Mietendeckel (Teil 2), zuletzt abgerufen am 14.09.2022 unter https://www.gdw.de/downloads/gutachten/papier-gutachten-teil-2/; *Kühling*, DVBl. 2020, 842 (848); a. A. *Schneider/Franke*, DÖV 2020, 415 (421), die die Regelungen des Bundesgesetzgebers zur Mietpreisbremse nicht als abschließende Maßnahme verstanden haben wollen, sondern Raum für landesrechtliche Sonderregeln sehen.

1446 *Kühling*, DVBl. 2020, 842 (845).

1447 BVerfGE 157, 223 (223 ff.); ebenso BayVerfGH NVwZ 2020, 981 (981 ff.) zum Volksbegehren „*Mietendeckel*“ in Bayern; zur Frage möglicher Rechtsfolgen *Klöpfer*, in: NVwZ 2021, 1513 (1513 ff.).

1448 BVerfGE 157, 223, Rn. 78 ff.

deckel schließt somit die Erforderlichkeit des Vergesellschaftungsgesetz im Sinne der Verhältnismäßigkeitsprüfung nicht aus.[1449]

2. Förderung von Wohneigentum

Die Förderung von Wohneigentum würde den Mietern gegen steigende Mieten und vor Verdrängung schützen und selbst zu Eigentümern machen. Jedoch können sich nur wenige Mieter Wohneigentum leisten. Zwar finanzieren Banken für Private Darlehen auch ohne Eigenanteil. Der Wohnungsmarkt hat jedoch die Kosten für Immobilien derart hochgetrieben, dass bereits Gutverdiener nur noch schwer selbst Wohneigentum erwerben können.[1450] Schließlich schützt die Förderung von Wohneigentum die Mieter der betroffenen Unternehmen auch nicht ebenso effektiv wie das Vergesellschaftungsgesetz. Durch dieses würde mit Inkrafttreten Wohnungsbestand überführt werden und Mieten nicht mehr erhöht. Die Förderung von Wohneigentum ist daher zwar sinnvoll, sie ist jedoch keine zweifelsfrei ebenso wirksame Maßnahme wie das Vergesellschaftungsgesetz. Zugleich ist es nicht gleich effektiv zur Vermeidung von wirtschaftlicher Machtzusammenfassung an den überführungsfähigen Objekten.

3. Baugebot aus § 176 BauGB

Das Baugebot nach § 176 Abs. 1 BauGB ermöglicht Gemeinden, Grundstückseigentümer im Geltungsbereich eines Bebauungsplans zur Bebauung ihrer Grundstücke nach Anforderung des Bebauungsplans zu verpflichten. Von dieser Möglichkeit plant insbesondere die Stadt Tübingen Gebrauch zu machen.[1451] Das Baugebot begründet eine Handlungspflicht des bauunwilligen Grundstückeigentümers zur Realisierung planungsrechtlich zulässiger Vorhaben.[1452] Es stellt eine Inhalts- und Schrankenbestim-

---

1449 Soweit bereits in Deutschland eine Preisregulierung auf dem Wohnungsmarkt kurz nach Ende des Zweiten Weltkriegs bestand, führte diese nur zur Verknappung von Neubauten, da sich der Hausbesitz nicht mehr rentierte. *Hesselbach*, Die gemeinwirtschaftliche Unternehmung, S. 99.

1450 Die Zeit, Meldung vom 09.08.2019, zuletzt abgerufen am 12.01.2021 unter https://www.zeit.de/wirtschaft/2019-08/immobilienmarkt-wohneigentum-ersterwerb-finanzierung-nebenkosten?utm_referrer=https%3A%2F%2Fwww.google.de%2F.

1451 Stadt Tübingen, Anzeige vom 26. April 2019, zuletzt abgerufen am 14.09.2022 unter https://www.tuebingen.de/24347.html#/25392.

1452 *Shirvani*, DVBl. 2020, 172 (174).

mung des Eigentums dar.[1453] Die Anordnung eines Baugebotes setzt voraus, dass die Maßnahme aus städtebaulichen Gründen erforderlich ist, § 175 Abs. 2 S. 1 BauGB.[1454] Nach § 175 Abs. 2 S. 2 BauGB kann bei der Anordnung auch der dringliche Wohnbedarf der Bevölkerung berücksichtigt werden.

Das Baugebot schützt die Mieter jedoch nicht vor Mieterhöhungen oder vor Verdrängung wie das Vergesellschaftungsgesetz. Die Schaffung neuen Wohnraums durch die Anordnung des Baugebotes nimmt zu viel Zeit in Anspruch. Ob der neue Wohnraum dann zur Mietenstabilisation beiträgt und die Mieter so vor Verdrängung schützt, ist fraglich. Ferner würden die privaten Eigentümer durch das Baugebot nur zum Bau verpflichtet, nicht jedoch zum gemeinwirtschaftlichen Betrieb der Immobilie. Ebenso ist das Baugebot auf den Kooperationswillen des Eigentümers angewiesen. Stellt sich dieser gegen eine Bebauung, kann zwar ein Zwangsgeld verhängt oder das Grundstück enteignet werden. Die erforderliche Entschädigung hat sich aber grundsätzlich am Verkehrswert des Grundstücks zu orientieren, der in Städten mit angespannter Wohnungslage deutlich erhöht sein dürfte.[1455]

Auch verhindert das Baugebot die wirtschaftliche Machtzusammenfassung an den überführungsfähigen Objekten nicht, da der Wohnungsbestand der Unternehmen unangetastet bliebe. Damit ist auch das Baugebot keine gleich wirksame Maßnahme wie das Vergesellschaftungsgesetz.

4. Gemeindliches Vorkaufsrecht, § 24 Abs. 1 BauGB

Gemäß § 24 Abs. 1 BauGB steht den Gemeinden in bestimmten Gebieten ein gesetzliches Vorkaufsrecht an Grundstücken zu. In seiner anfänglichen Konzeption orientiert es sich am schuldrechtlichen Vorkaufsrecht nach §§ 464 ff. BGB.[1456] Bei Ausübung des Vorkaufsrechts ist der im Kaufvertrag festgesetzte Kaufpreis auch für die Gemeinde bindend, § 28 Abs. 2 S. 2 BauGB i.V.m. § 464 Abs. 2 BGB. Ausnahmen gelten nur, soweit der Kaufpreis den Verkehrswert des Grundstücks wesentlich überschreitet, § 28 Abs. 3 S. 1 BauGB. Auch das gemeindliche Vorkaufsrecht

1453 BVerwGE 7, 297 (299).
1454 *Shirvani*, DVBl. 2020, 172 (174).
1455 *Shirvani*, DVBl. 2020, 172 (175).
1456 *Stock*, in: Ernst/Zinkahn/Bielenberg/Krautzberger, Kommentar zum BauGB, § 24 Rn. 3.

setzt voraus, dass der Grundstückseigentümer verkaufen will.[1457] Die Ausübung des gemeindlichen Vorkaufrechts ist daher weniger effektiv als das Vergesellschaftungsgesetz, bei welchem es nicht auf den Verkaufswillen der Eigentümer ankommt.

5. Rechtsgeschäftlicher Erwerb von Wohnungen

Der rechtsgeschäftliche Erwerb der Wohnungen scheitert an fehlender Verkaufsbereitschaft der Eigentümer. Ferner würde man in diesem Fall einen Kaufpreis mindestens zum Marktwert der Wohnungen einschließlich Kaufnebenkosten ansetzen. Dieser übersteigt die im Rahmen des Art. 15 GG zu zahlende Entschädigung, die sich nicht zwingend am Marktwert zu orientieren hat, sondern eine gerechte Entschädigung darstellen soll.

Als Beispiel für einen solchen rechtsgeschäftlichen Erwerb kann der im September 2021 vollzogene Verkauf von 14.000 Wohnungen durch Vonovia SE und Deutsche Wohnen SE an die landeseigene Berlinovo, Howoge und Dewego angeführt werden. Dabei betrug der Kaufpreis für 14.000 Wohnungen ca. 2,4 Milliarden Euro.[1458] Zwar stellt der Rückkauf für die Betroffenen eine weniger eingriffsintensive Maßnahme als das Vergesellschaftungsgesetz dar. Allerdings würde der Kaufpreis bei Wohnungsrückkauf[1459] wohl deutlich über der Vergesellschaftungsentschädigung liegen. Außerdem setzt der Wohnungsrückkauf die Verkaufsbereitschaft der Eigentümer voraus. Schließlich könnten nicht innerhalb kürzester Zeit weitere 229.000 Wohnungen zurückgekauft werden, sodass keine zweifelsfrei gleich wirksame Maßnahme gegeben ist. Auch führt der rechtsgeschäftliche Erwerb der Wohnungen nur bedingt zur Vermeidung wirtschaftlicher Machtzusammenfassung, da den Unternehmen eine äquivalente Leistung in Form des Kaufpreises bezahlt würde. Damit ersetzt der rechtsgeschäftliche Erwerb von Wohnungen nicht das Vergesellschaftungsgesetz.

1457 *Drohsel*, KJ 2020, 30 (35).

1458 Süddeutsche Zeitung, Meldung vom 15.09.2021, zuletzt abgerufen am 27.09.2021 unter https://www.sueddeutsche.de/wirtschaft/immobilien-berlin-gericht-senat-muss-details-zum-kauf-von-wohnungen-nennen-dpa.urn-newsml-dpa-com-20090101-210915-99-231649.

1459 14.000 Wohnungen zum Preis von 2,4 Milliarden Euro bedeuten pro Wohnung einen Preis von ca. 171.428,58,- Euro. Im Hinblick auf 243.000 Wohnungen beläuft sich deren Marktwert damit auf ca. 41,657 Milliarden Euro. Rechnet die Initiative zugleich mit einer Entschädigung von max. 13 Milliarden Euro, stellt dies nicht mal ein Drittel des derzeitigen Verkehrswertes dar.

6. Neubau von Wohnungen

Auch ein kommunaler Wohnungsneubau durch das Land Berlin führt nur bedingt zur Sicherung der Mieten. Es würden jedoch nicht zweifelsfrei diejenigen Mieter begünstigt, die nun vom Vergesellschaftungsgesetz profitieren.

Zwar würde Neubau den Druck auf den Wohnungsmarkt lindern.[1460] Auch entsteht durch das Vergesellschaftungsgesetz kein neuer Wohnraum, denn bisheriger Wohnraum wechselt lediglich den Eigentümer. Zudem könnte das Land Berlin mit der zu zahlenden Entschädigung bis zu 230.000 Wohnungen neu bauen.[1461] Allerdings würde die Umsetzung eines Bauprogrammes viel Zeit in Anspruch nehmen und nur verzögert wirken.[1462] Das Land Berlin müsste unter Umständen neue Bauflächen ausweisen. Demgegenüber schützt die Überführung der Wohnungen die Mieter der betroffenen Unternehmen schneller und effektiver vor ansteigenden Mieten. Ferner würde durch den Neubau in kommunaler Trägerschaft die vermeintlich bestehende Machtzusammenfassung in Händen der großen Immobiliengesellschaften nicht verhindert. Aufgrund dauerhaften Zuzugs müsste das Land Berlin zudem fortlaufend Wohnraum schaffen, bis ein Überangebot an Wohnraum entstanden ist. Der Wohnungsneubau stellt deshalb kein ebenso effektives Mittel wie das Vergesellschaftungsgesetz dar.

7. Überführung von Anteilseigentum auf das Land Berlin

Schließlich könnte es eine eindeutig weniger belastende, aber zweifelsfrei gleich effektive Maßnahme darstellen, wenn das Land Berlin einen Teil der Unternehmensanteile der ansonsten durch das Vergesellschaftungsgesetz betroffenen Unternehmen auf sich vereinigt und zugleich Mietern Unternehmensanteile einräumt. Zumindest die Unternehmensanteile von Großaktionären mit unternehmensbeherrschendem Einfluss fallen unter die Produktionsmittel. Vereinigt das Land Berlin diese Unternehmensantei-

---

1460 *Burgi*, NVwZ 2020, 257 (260).

1461 *Wolters/Opper*, DVBl. 2019, 542 (548); dabei stellen 230.000 Wohnungen ungefähr den Bedarf an Berliner Wohnungen in den nächsten zehn Jahre dar, vgl. Statista, Studie 15060, S. 11, zuletzt abgerufen am 27.03.2020 unter https://de.statista.com/statistik/studie/id/15606/dokument/wohnimmobilienmarkt-in-berlin-statista-dossier/.

1462 *Schuldt*, Mietpreisbremse, S. 53.

le auf sich, kann es zugleich die wirtschaftliche Ausrichtung der Unternehmen und den Mietenanstieg beeinflussen. Eine solche Einflussnahme wäre jedoch nur möglich, wenn die jeweiligen Anteilsinhaber in Berlin leben bzw. eingetragen wären. Erst in diesem Fall würden sie einem Berliner Landesgesetz unterfallen. Da sich die Anteile von Deutsche Wohnen SE zu einem nicht unerheblichen Teil in Streubesitz befinden bzw. Vonovia SE mit Sitz in Bochum über 35 % der Anteile hält,[1463] kann ein Berliner Gesetz auf diese Anteile nicht zugreifen. Diese Art eines Vergesellschaftungsgesetzes wäre zwar in der Wirkung gleich effektiv, tatsächlich aber nicht durch Landesrecht zu realisieren.

8. Zwischenergebnis

Weder ein Mietendeckel noch die Förderung von Wohnungseigentum, Neubau oder die sonst vorgenannten Maßnahmen stellen eindeutig effektivere, zweifelsfrei weniger belastende Maßnahmen zur Sicherung der Mieter vor Mieterhöhungen und Verdrängung dar. Damit sind neben dem Vergesellschaftungsgesetz in Bezug auf die legitimen Ziele keine zweifelsfrei gleichwertigen Mittel im Sinne der Erforderlichkeit erkennbar. Durch den Schutz der Mieter erfüllt sich zugleich auch der Sozialstaatsgedanke, sodass auch in diesem Sinne das Vergesellschaftungsgesetz erforderlich ist. Schließlich führt keine der oben genannten Maßnahmen ebenso effektiv zur Vermeidung wirtschaftlicher Machtzusammenfassung wie das Vergesellschaftungsgesetz.

IV. Verhältnismäßigkeit des Vergesellschaftungsgesetzes im engeren Sinne

Das geplante Vergesellschaftungsgesetz müsste schließlich aber auch angemessen sein (Verhältnismäßigkeit im engeren Sinne).[1464] Ein Grundrechtseingriff ist danach angemessen, wenn er nicht außer Verhältnis zum verfolgten Zweck steht.[1465] Eingriffe in grundrechtlich geschützte Freiheiten

1463 Aktionärsstruktur Deutsche Wohnen SE, zuletzt abgerufen am 27.09.2021 unter https://ir.deutsche-wohnen.com/websites/dewohnen/German/1400/aktionaersstruktur.html.

1464 *Sieckmann*, in: Friauf/Höfling, Berliner Kommentar zum Grundgesetz, Art. 15 Rn. 30.

1465 BVerfGE 113, 167 (260).

müssen damit in angemessenem Verhältnis zu den Zwecken stehen, denen die Grundrechtsbeschränkung dienen.[1466] Der Gesetzgeber muss einen Ausgleich zwischen den Interessen des Einzelnen und den Interessen der Allgemeinheit finden.[1467] Denn die Maßnahme darf den Einzelnen nicht übermäßig belasten.[1468]

Es sind daher die durch den Eingriff vermutlich eintretenden positiven Effekte den tatsächlich eintretenden Beeinträchtigungen der Betroffenen gegenüberzustellen.[1469] Je schwerwiegender der Grundrechtseingriff, desto gewichtiger muss das mit der Regelung zu erreichende Ziel sein.[1470] Kommen mehrere Ziele und Belange in Betracht, aber auch mehrere Rechtseingriffe, ist eine gerechte Abwägung geboten.[1471] Jedoch ist zu beachten, dass nicht jeder gedachte positive Effekt einen tatsächlichen Eingriff rechtfertigt.[1472] Sollte die Abwägung dazu kommen, dass eine Maßnahme unangemessen ist, muss diese unterbleiben.[1473] Im Folgenden werden daher die jeweils eintretenden Wirkungen für die Betroffenen den jeweils erhofften Wirkungen des Vergesellschaftungsgesetzes gegenübergestellt:

Unstreitig ermöglicht das Vergesellschaftungsgesetz, Mieter in den überführten Wohnungsbeständen vor Verdrängung zu schützen. Mit der Überführung der Wohnungsbestände und dem Wechsel der Träger wären Mietsteigerungen unwahrscheinlich, zumindest derzeit nicht beabsichtigt. Im Gegenteil, es sollen Mietsenkungen erfolgen. Auch könnte freiwerdender Wohnraum an sozial schwächere Bevölkerungsgruppen vergeben werden, um diese vor Verdrängung zu schützen. Ebenfalls kann das Vergesellschaftungsgesetz bestehende Machtzusammenballungen an überführungsfähigen Objekten durchbrechen. Denn mit der Vergesellschaftung wird Wohnungsbestand im (geschätzten) Marktwert von derzeit über 41 Milliarden Euro in Gemeineigentum überführt. Schließlich verwirklicht sich durch das Vergesellschaftungsgesetz das Sozialstaatsprinzip, wenn Wohnraum für

1466 BVerfGE 113, 348 (382); *Hufen*, Staatsrecht II, § 9 Rn. 23; *Sachs*, Verfassungsrecht II, Grundrechte, S. 194 Rn. 43; *Stein/Frank*, Staatsrecht, § 30 V, S. 246.

1467 BVerfGE 113, 348 (382).

1468 BVerfGE 90, 145 (173).

1469 *Albers*, JuS 2008, 945 (947).

1470 *Sachs*, Verfassungsrecht II, Grundrechte, S. 194 Rn. 43; *Stein/Frank*, Staatsrecht, § 30 V, S. 246.

1471 *Hufen*, Staatsrecht II, § 9 Rn. 23.

1472 *Hufen*, Staatsrecht II, § 9 Rn. 23.

1473 *Stein/Frank*, Staatsrecht, § 30 V, S. 247.

einkommensschwache Mieter zu leistbaren Mieten zur Verfügung gestellt wird.[1474]

Andererseits greift das Vergesellschaftungsgesetz in die Eigentums-, Berufs-, Unternehmens-, Wettbewerbs- und allgemeine Wirtschaftsfreiheit der betroffenen Unternehmen ein. Zugleich werden Unternehmen mit einem Wohnbestand mit 3.000 Wohnungen oder mehr und Unternehmen mit einem Bestand von weniger als 3.000 Wohnungen ungleich behandelt.

Als Folge des Vergesellschaftungsgesetzes wird die wirtschaftliche Betätigungsmöglichkeit der betroffenen Unternehmen massiv beeinträchtigt. Dies wirkt sich ebenso auf die Mitarbeiter der Unternehmen aus. Zugleich sinkt der Marktwert, womit auch das Anteilseigentum an den Unternehmen an Wert verliert. Berücksichtigt man, dass zwar auch Großaktionäre Anteilseigentum halten, allerdings auch ein großer Teil der Anteile in Streubesitz und damit auch dem Normalverdiener bzw. Renten- und Pensionsfonds als Kapitalanlage dienen, wird mittelbar auch in deren Vermögen eingegriffen.

Zu beachten ist auch, dass selbst mit der von der Bürgerinitiative angestrebten Entschädigung von 13 Milliarden Euro der für Berlin notwendige Wohnungsbestand für die nächsten drei bis vier Jahre finanziert werden könnte. Mit der vom Senat errechneten Entschädigung von bis zu 39 Milliarden Euro könnte der für Berlin notwendige Wohnbestand der nächsten zehn Jahre finanziert werden.[1475] Dabei würden Neubauten auch Klimaziele erfüllen, während die bisherigen Wohneinheiten später entsprechend saniert werden müssen.

Die von den Unternehmen betriebenen Mietsteigerungen halten sich zudem grundsätzlich im gesetzlichen Rahmen, insbesondere an die Bestimmungen der Mietpreisbremse. Diese Regelung der Miethöhe und der Mietpreisbremse werden vom Bundesgesetzgeber als gerechter Ausgleich von Mieter- und Vermieterinteressen gewertet.[1476] Sollten die Unternehmen

---

1474 *Battis*, in: Gutachten im Auftrag des Neue Wege für Berlin e.V. vom 22.09.2021, S. 15 f., zuletzt abgerufen am 27.09.2021 unter https://neue-wege-fuer-berlin.de/staatsrechtler-ulrich-battis-enteignungs-volksentscheid-nicht-umsetzbar/.

1475 Statista, Studie 15060, S. 11, zuletzt abgerufen am 27.03.2020 unter https://de.statista.com/statistik/studie/id/15606/dokument/wohnimmobilienmarkt-in-berlin-statista-dossier/; dies ergibt sich, wenn pro Wohnungseinheit Herstellungskosten von 150.000,- Euro angesetzt werden, was leicht unter dem derzeitigen durchschnittlichen Marktmittelwert von ca. 171.000,- Euro liegt.

1476 BVerfG, Nichtannahmebeschluss vom 18.07.2019 – 1 BvR 1/18 -, juris, Rn. 73.

rechtswidrig die Mieten erhöhen, stehen dem Mieter zivilrechtlich (einklagbare) Gegenansprüche zu.

Ebenso stellt der Handel mit Gegenständen, die für menschliche Grundbedürfnisse notwendig sind, einschließlich dem Vermieten von Wohnraum, ein grundsätzlich legales Geschäftsmodell dar, solange die gesetzlichen Grenzen nicht überschritten werden. Dies ist vorliegend jedoch nicht der Fall.

Zudem ist fraglich, ob das Vergesellschaftungsgesetz zu einem nachhaltigen Abbau sozialer Ungleichheiten führen wird. Ein *allgemeiner* Nutzen für die Stadtbevölkerung Berlins würde durch das Vergesellschaftungsgesetz jedenfalls nicht verwirklicht. Denn die Überführung der Wohnungsbestände käme unmittelbar nur denjenigen Mietern zugute, die Mieter bei den betroffenen Unternehmen sind. Dies wiederum führt nicht zum Abbau sozialer Ungleichheiten, sondern zur Privilegierung einer verhältnismäßig kleinen Gruppe von Mietern. Damit würde durch das Vergesellschaftungsgesetz nur ein bestimmter Teil der Berliner Mieterschaft vor Mieterhöhungen und Verdrängung geschützt. Die Mieter außerhalb der betroffenen Unternehmen sind weiterhin von Mieterhöhungen oder Verdrängung bedroht.

Ähnlich der Mietpreisbremse[1477] profitieren von dem Vergesellschaftungsgesetz auch solche Personengruppen, die nicht zu den einkommensschwachen und damit schutzbedürftigen Gruppen gehören. Denn die betroffenen Unternehmen besitzen Wohnungen nicht nur in sozialen Brennpunkten, sondern verfügen über ein breites Portfolio, um auch Besserverdiener anzusprechen.[1478] Das Vergesellschaftungsgesetz führt damit auch zu Begünstigungen, die von der Bürgerinitiative nicht intendiert sind.

Ebenso werden die beabsichtigten Mietensenkungen für die überführten Wohnungsbestände nur gering ausfallen. Notwendige Reparaturen und Investitionen in Wohnungen werden weiterhin auf die Mieter umgelegt. Gleiches gilt für Investitionen, die im Rahmen des Klimaschutzes notwendig werden. Dabei ist zu beachten, dass der zu überführende Wohnbestand teilweise in den 1950er Jahren errichtet wurde und möglicherweise neuen Anforderungen an Wohnungen nicht mehr entspricht. Ebenfalls muss die zu zahlende Entschädigung durch Mietzahlungen refinanziert werden. Selbst wenn die Finanzierung wie von der Bürgerinitiative beabsichtigt auf 40 Jahre angelegt und über Schuldscheinausgaben erfolgen soll, muss hierfür

---

1477 *Kühling*, NZM 2020, 521 (526).

1478 Deutsche Wohnen SE, abgerufen am 14.09.2022 unter https://www.deutsche-wohnen.com/bauen-wohnen/neubau-und-quartiere/unsere-quartiere/.

eine Kapitaldeckung bestehen. Ansonsten wäre die Entschädigung keine Entschädigung, die diesen Namen verdient.

Auch werden durch das Vergesellschaftungsgesetz die Mieten auf dem Berliner Wohnungsmarkt kaum sinken.[1479] Ein Vorbildeffekt, der kleinere Wohnungsgesellschaften zum Nachziehen bewegt, geht von dem Vergesellschaftungsgesetz nicht aus. Zum einen bestimmt allein das Verhältnis von Angebot und Nachfrage die Miethöhe.[1480] Zum anderen knüpft das Vergesellschaftungsgesetz nur an das Angebot an und verknappt dieses. Es lindert jedoch nicht die Nachfrage. Deshalb ist zu befürchten, dass die Mieten durch die Angebotsverknappung noch stärker steigen werden. Denn steigende Mieten stellen für kleinere Wohnungsgesellschaften keine Gefahr dar, selbst überführt zu werden. Das Vergesellschaftungsgesetz knüpft bisher nur an die Größe des Wohnungsbestandes an, nicht an die Miethöhe.

Zu befürchten ist ebenfalls, dass das Vergesellschaftungsgesetz Neubau verhindert.[1481] Denn renditeorientierte Konzerne bauen Wohnungen nur, um sie als Einnahmequelle zu nutzen. Zwar lässt sich hiergegen argumentieren, Unternehmensbestand werde erst ab mehr als 3.000 Wohneinheiten überführt. Die bloße Möglichkeit, den Wohnbestand zu verlieren, lässt Unternehmen jedoch an der Wirtschaftlichkeit von Bauvorhaben im Geltungsbereich des Vergesellschaftungsgesetzes zweifeln. Denn es kann nicht ausgeschlossen werden, dass statt derzeit 3.000 Wohneinheiten möglicherweise später bei verfehlter Wirkung 2.000 oder weniger Wohnungen als Überführungsschwelle vorgesehen werden – zumal vor dem Hintergrund, dass es das erklärte Ziel der Bürgerinitiative ist, Wohnungsunternehmen und Spekulanten von Berlin *„abzuschrecken"*.

Mieter von günstigem und sicherem Wohnraum zeigen zudem kaum oder keine Bereitschaft, ihren Wohnraum mit Dritten zu teilen (etwa als Berufstätigen-WG). Dies sorgt für eine weitere Angebotsverknappung und damit Verschärfung der Wohnraumsituation.[1482]

All diese Umstände sprechen dagegen, dass der vom Vergesellschaftungsgesetz angestrebte Abbau sozialer Ungleichheiten innerhalb der Berliner Stadtgesellschaft in einem nennenswerten Umfang erreicht wird. Vielmehr ist zu befürchten, dass durch intransparente und ideologisch motivierte

1479 Initiative „Deutsche Wohnen und Co. Enteignen", zuletzt abgerufen am 03.01.2021 unter https://www.dwenteignen.de/2020/01/vergesellschaftung-und-gemeinwirtschaft-loesungen-fuer-die-berliner-wohnungskrise/.

1480 *Leuschner*, NJW 2014, 1929 (1933).

1481 *Burgi*, NVwZ 2020, 257 (262); bereits zuvor *Vogel*, NJW 1972, 1544 (1545).

1482 *Kühling*, NZM 2020, 521 (525); *Gsell*, WuM 2017, 305 (307).

Auswahlverfahren willkürlich bestimmte Personen bevorzugt werden. Dies schürt Neid, statt soziale Gerechtigkeit zu schaffen.

Ferner hat das Recht auf Wohnen an einem bestimmten Ort keinen Verfassungsrang. Zwar unterfallen die aus dem Mietvertrag begründeten Rechte des Mieters dem Schutz des Art. 14 Abs. 1 S. 1 GG.[1483] Hieraus erwächst ihm aber keine Abwehrposition gegen rechtmäßige Mieterhöhungen.[1484] Eigentum, Berufsfreiheit, Koalitions- und Wirtschaftsfreiheit der vom Vergesellschaftungsgesetz betroffenen Unternehmen haben hingegen Verfassungsrang. Schließlich kann im Rahmen der Angemessenheit nicht geltend gemacht werden, Eigentum an Grund und Boden weise ein hohes Maß an sozialer Eingebundenheit auf, weswegen der Eigentümer einen Zugriff darauf jederzeit zu dulden habe. Dies gilt hier schon deswegen nicht, da erst dieses Maß sozialer Eingebundenheit den Zugriff durch das Gesetz nach Art. 15 GG ermöglicht. Ist dieser Umstand bereits Tatbestandsvoraussetzung eines Grundrechtseingriffs, kann er nicht zugleich im Rahmen der Angemessenheit nochmals berücksichtigt werden. Eine solche Doppelfunktion verbietet die Funktion der Grundrechte als Abwehrrechte gegenüber staatlichen Eingriffen.

Auch das Merkmal von 3.000 Wohneinheiten als Kriterium zur Überführungsreife erscheint willkürlich.[1485] Jedenfalls wurde bisher von der Bürgerinitiative nicht näher dargelegt, warum gerade diese Unternehmen für das Vergesellschaftungsgesetz besonders geeignet sind. Ferner fehlen nachvollziehbare Belege, dass Unternehmen mit weniger als 3.000 Wohneinheiten ihr Verhalten in Bezug auf Mieterhöhungen ändern würden. Denn die Höhe der Mieten ist gerade kein Kriterium für das Vergesellschaftungsgesetz.

Durch dieses wird weder neuer Wohnraum geschaffen, noch wird es zu Mietsenkungen führen. Auch wird es nicht effektiv die Wohnungsnot lindern. Stattdessen wird für einen zufälligen Teil der Berliner Mieterschaft die Miete gesichert. Keinesfalls sind alle von dem Vergesellschaftungsgesetz Begünstigten auf diese Sicherung angewiesen. Zugleich greift das Vergesellschaftungsgesetz massiv in die Eigentums-, Berufs-, Unternehmens-, Wettbewerbs- und allgemeine Wirtschaftsfreiheit ein. Die nachteiligen Folgen des Vergesellschaftungsgesetzes überwiegen die voraussichtlichen Nutzen deutlich. Im Ergebnis stellt das Vergesellschaftungsgesetz daher sowohl

---

1483 BVerfGE 89, 1 (7 f.); *Ziebarth*, WuM 2019, 481 (495).

1484 A. A. *Ziebarth*, WuM 2019, 481 (495 f.), der Mieterhöhungen ohne Anlass nach § 558 BGB für verfassungswidrig hält, da es sich um eine unverhältnismäßige Inhalts- und Schrankenbestimmung handele.

1485 *Sodan/Ferlemann*, LKV 2019, 193 (197).

einen unverhältnismäßigen Eingriff in grundrechtlich gewährleistete Freiheiten als auch eine nicht gerechtfertigte Ungleichbehandlung dar.

Das Vergesellschaftungsgesetz ist in seiner jetzigen Form verfassungswidrig.

V. Folge der Verfassungswidrigkeit

Das Bundesverfassungsgericht erklärt bei einer ungerechtfertigten Ungleichbehandlung ein Gesetz wegen des dem Gesetzgeber zugutekommenden Gestaltungsspielraums nicht für nichtig, sondern nur für verfassungswidrig. Daher ergeht bei ausschließlich ungerechtfertigten Ungleichbehandlungen regelmäßig eine Unvereinbarkeitsfeststellung mit dem Auftrag an den Gesetzgeber, die Ungleichbehandlung zu beseitigen.[1486] Verstößt ein Gesetz zusätzlich gegen weitere Grundrechte, stellt das Bundesverfassungsgericht abgesehen von wenigen Ausnahmefällen seine Nichtigkeit gem. § 78 S. 1 BVerfGG i. V. m. §§ 82 Abs. 1, 95 Abs. 3 BVerfGG fest. Das Bundesverfassungsgericht würde daher das beabsichtigte Vergesellschaftungsgesetz für nichtig erklären. Der vergesellschaftete Wohnraum müsste dann auf die Unternehmen zurückübertragen werden.

1486 BVerfGE 28, 227 (242 f.); 92, 91 (121); 99, 69 (83); 110, 94 (138 f.), wonach in Ausnahmefällen bei Zusammentreffen mit weiteren Grundrechtseingriffen auch ein Nichtigkeitsurteil ergehen kann, BVerfGE 132, 72 (98).

Kapitel 6 – Entschädigung für ein Gesetz nach Art. 15 GG

Ein Gesetz nach Art. 15 GG muss zugleich Art und Ausmaß der Entschädigung festsetzen. Für die Entschädigung gilt Art. 14 Abs. 3 S. 3 u. 4 GG entsprechend. Die Entschädigung ist danach unter gerechter Abwägung der Allgemeininteressen mit den Interessen der nachteilig Betroffenen zu bemessen. Fehlen Bestimmungen zur Entschädigung, ist das Gesetz nach Art. 15 GG nichtig.[1487]

Durch das Vergesellschaftungsgesetz würden ca. 243.000 Wohnungen überführt werden. Schätzt man wie die Bürgerinitiative die Kosten des Vergesellschaftungsgesetzes auf ca. 9-13 Milliarden Euro, bedeutet dies Kosten von ca. 50.000,- Euro pro Wohneinheit, die zur Sicherung der Bestandsmieten und zur Bildung erforderlich würden. Nach Schätzungen des Berliner Senates beträgt die Entschädigung ungefähr dreimal so viel. Die Höhe der Entschädigung stellt damit einen weiteren Streitpunkt dar.

A. Verfassungsrechtliche Bedeutung

Die Entschädigungsbestimmung des Art. 14 Abs. 3 S. 3 u. 4 GG ist die verfassungsmäßige Garantie des privaten Vermögensrechts. Sie mindert nicht die Schwere des Eingriffs, sondern stellt dessen gesetzlich angeordnete Folge dar.[1488] Die Entschädigung soll das Ergebnis eines gerechten Interessenausgleichs sein und nicht einseitig Interessen der Betroffenen oder der Allgemeinheit widerspiegeln. Das Erfordernis einer gerechten Entschädigung zwingt den Gesetzgeber, auf die jeweiligen Besonderheiten des Sachverhaltes und der Begleitumstände Rücksicht zu nehmen. Der Gesetzgeber muss sich vertieft mit den Entschädigungsregeln befassen; ein pauschaler Verweis auf Art. 14 Abs. 3 S. 3 GG genügt nicht. Er muss stattdessen die in Art. 14 Abs. 3 S. 3 GG genannte Abwägung beachten und diese in das

1487 *Lörler*, NJ 2019, 273 (275).
1488 BVerfGE 38, 175 (184).

Gesetz mit einfließen lassen.[1489] Allerdings kommt dem Gesetzgeber auch hier erneut ein weiter Ermessensspielraum zu.[1490]

Der Gesetzgeber ist dabei grundsätzlich frei, ob er die Entschädigung in Geld oder in Form anderer Gegenstände (Rechte oder bei Grund und Boden Ersatzland)[1491] gewährt und welche Bewertungsmaßstäbe angesetzt werden.[1492] Bezogen auf die oftmals unterschiedliche Beschaffenheit und Nutzbarkeit der entzogenen Grundstücke ist zudem regelmäßig eine individuelle Festsetzung der Entschädigung notwendig.

Da die Entschädigung zwingende Folge eines Eigentumseingriffs nach Art. 14 Abs. 3 GG sowie eines Gesetzes nach Art. 15 GG ist, beeinflusst sie auch nicht deren Verhältnismäßigkeit. Ein Eingriff wird nicht dadurch angemessen, dass die Entschädigung erhöht wird.[1493] Denn die Entschädigung mindert das Gewicht des Eingriffs nicht, sie ist zwingende Folge einer im Übrigen verfassungsgemäßen Entscheidung. Die Entschädigung ist ein Zulässigkeitskriterium,[1494] jedoch kein Abwägungskriterium.

Kommt ein Gericht zur Überzeugung, das Gesetz erfülle nicht die Voraussetzungen einer gerechten Entschädigung, ist das gesamte Gesetz verfassungswidrig, nicht nur die fehlerhafte Entschädigung.[1495] Die Gerichte sind nicht befugt, ein solches Gesetz als verfassungsgemäß zu behandeln und die fehlerhafte Entschädigung durch eigene Festsetzung zu ergänzen.[1496] Denn der Gesetzgeber hat bei den Interessen der Allgemeinheit viele Faktoren wirtschaftlicher, sozialer oder politischer Art zu berücksichtigen, die in einem konkreten Streitfall vom entscheidenden Gericht nicht überblickt werden können.[1497]

1489 BVerfGE 46, 268 (Leitsatz); *Wunderlich*, Rechtsprechung des Bundesverfassungsgerichts zur Eigentumsgarantie, S. 108.

1490 *Thiel*, ZfBR 2021, 523 (526).

1491 *Wunderlich*, Rechtsprechung des Bundesverfassungsgerichts zur Eigentumsgarantie, S. 108; *Becker*, in: Stern/Becker, Grundrechte-Kommentar, Art. 14 Rn. 271; *Jarass*, in: Jarass/Pieroth, Kommentar zum Grundgesetz, Art. 14 Rn. 95.

1492 BVerfGE 24, 367 (419 f.).

1493 BVerfGE 24, 367 (401); 134, 242 (298).

1494 BVerfGE 38, 175 (184).

1495 BVerfGE 4, 219 (236).

1496 BVerfGE 4, 219 (236).

1497 BVerfGE 4, 219 (236).

B. Berechnungsmaßstab

Die Entschädigung soll den Betroffenen im Gegensatz zum Schadensersatz in die Lage versetzen, eine Sache gleicher Art und Güte zu beschaffen und damit seinen Verlust auszugleichen.[1498] Anhaltspunkt für eine gerechte Entschädigung ist der Verkehrswert zum Zeitpunkt des Eigentumsentzugs.[1499] Dies wirke zugleich konfliktabbauend und akzeptanzerhöhend.[1500]

I. Allgemeine Berechnung der Entschädigung

Der Gesetzgeber ist allerdings nicht an den Verkehrswert gebunden.[1501] Vielmehr richtet sich die Bemessung der Entschädigung nach den Grundsätzen des Abwägungsgebotes.[1502] Der Gesetzgeber kann in Höhe des Verkehrswerts entschädigen, er muss es jedoch nicht. Die Entschädigung muss dagegen zwingend einen gerechten Ausgleich zwischen den widerstreitenden Interessen der Betroffenen und der Allgemeinheit bieten und darf

---

1498 BGHZ 140, 200 (204).

1499 BGHZ 31, 238 (238); *Schnöckel*, DÖV 2009, 703 (706).

1500 *Klöpfer*, NJW 2019, 1656 (1659).

1501 *Bryde/Wallrabenstein*, in: v. Münch/Kunig, Kommentar zum Grundgesetz, Art. 14 Rn. 147 ff.; *Wieland*, in: *Dreier*, Kommentar zum Grundgesetz, Art. 15 Rn. 31.

1502 *Bryde/Wallrabenstein*, in: v. Münch/Kunig, Kommentar zum Grundgesetz, Art. 14 Rn. 147 ff.; *Püttner*, Gemeinwirtschaft, S 9.

nicht zu einer reinen Abfindung führen.[1503] In der Regel erfüllt daher der Verkehrswert das Kriterium einer gerechten Entschädigung.[1504]

Der Verkehrswert ist jedoch zum Teil schwer zu ermitteln. Zudem besteht bei Art. 15 GG ein hoher politischer Druck, das Gemeinschaftsinteresse besonders hoch zu gewichten.[1505] Für eine dennoch grundsätzlich am Verkehrswert orientierte Entschädigung spricht auch bei einem Gesetz nach Art. 15 GG, dass der Staat sich ansonsten Eigentum zwangsweise zu nicht marktgerechten Konditionen verschaffen könnte.[1506] Für die Maßgeblichkeit des Verkehrswertes spricht zugleich, dass der Staat durch die Überführung in Gemeineigentum die unmittelbare Verfügungsgewalt über die Objekte erlangt, einschließlich des darin verkörperten Verkehrswerts. Geschieht dies unter Marktwert und verkauft er sie später (etwa an ein rein privat geführtes gemeinwirtschaftliches Unternehmen), so realisiert sich für den Staat der Verkehrswert. Der Staat kann sich so bereichern und dauerhafte Einnahmen generieren. Diese Bereicherung würde unter dem Deckmantel der besonderen Sozialpflichtigkeit erfolgen. Staatsbereicherung gehört jedoch ausdrücklich nicht zu den Zielen, welche den Gesetzgeber zur Überführung im Rahmen des Art. 15 GG berechtigen.

Dagegen soll die Entschädigung dem Betroffenen im Rahmen einer neuen Wirtschafts- und Sozialstruktur unter Berücksichtigung seiner bisherigen Rechtsstellung eine angemessene Existenz ermöglichen.[1507]

1503 *„Anders als die Schadensersatzleistung – die dem Geschädigten in vermögensmäßiger Hinsicht die Stellung verschaffen soll, wie er sie ohne das schädigende Ereignis haben würde – dient die Enteignungsentschädigung dazu, die durch die Enteignung herbeigeführte Vermögensverschiebung auszugleichen. Sie ist also nicht wie die Schadensersatzleistung an einer fiktiven Vermögenslage, sondern allein an dem Wert des durch die Enteignung dem Betroffenen genommenen Rechts ausgerichtet. Dementsprechend ist zu fragen, was ein solches Recht wert ist, d. h. was im allgemeinen Rechtsverkehr ein solches Recht „kostet", welcher Betrag mithin für den Erwerb eines gleichgearteten (Pacht)Rechts aufgewendet werden muss. Es kommt nicht darauf an, ob ein gleichgeartetes Recht überhaupt auf dem Markt zu erwerben war oder zu erwerben ist. Vielmehr soll mit der Bemerkung, die Entschädigung sei nach dem Betrag zu bemessen, der für die Erlangung einer gleichgearteten Rechtsposition bezahlt werden müsse, lediglich gesagt werden, dass die Entschädigung dem vollen Wert des genommenen Rechts in der Hand eines jeden Inhabers entsprechen müsse. Mit anderen Worten muss die Entschädigung das dem Betroffenen Genommene wertmäßig „aufwiegen"“*, BGHZ 59, 250 (258).

1504 *Leisner*, in: Isensee, Schriften zum Eigentum, S. 244; *Püttner*, Gemeinwirtschaft, S. 9.

1505 *Leisner*, in: Isensee, Schriften zum Eigentum, S. 244.

1506 *Schnöckel*, DÖV 2009, 703 (707).

1507 *Weber*, NJW 1950, 401 (402).

Zwar plant die Bürgerinitiative, in der Satzung der AöR eine Privatisierung der Wohnungsbestände oder ihren Verkauf auszuschließen.[1508] Allerdings können diese Regelungen auch geändert werden – insbesondere, wenn sich die politischen Verhältnisse ändern.

II. Besondere Berechnung bei Art. 15 GG

Teilweise wird der Verweis des Art. 15 GG auf Art. 14 Abs. 3 S. 3 u. 4 GG als Fehlkonstruktion des Grundgesetzes angesehen, da Enteignung und Art. 15 GG zwei verschiedene Rechtsinstitute darstellen. Diese Unstimmigkeit könne man nur dadurch beseitigen, dass zwischen einer Enteignungsentschädigung und der Entschädigung für ein Gesetz nach Art. 15 GG deutlich unterschieden und die Besonderheiten des Art. 15 GG angemessen berücksichtigt würden.[1509] Teile der Literatur fordern daher im Rahmen des Art. 15 GG die dauerhafte Abkehr vom Verkehrswert und die Berücksichtigung der Eigenarten einer Sozialisierung.[1510] Die Bemessung der Entschädigung am Verkehrswert mache ein Gesetz nach Art. 15 GG wirtschaftlich unrentabel und nicht durchführbar.[1511] Regelmäßig fehlten für solche Vorhaben die erforderlichen Mittel.[1512] Teilweise ergänzt man, bei der Entschädigung handele es sich lediglich um eine Art *„Billigkeitsentschädigung"*.[1513] Auch dürfe die Entschädigung keine *„Sozialisierungsbremse"* sein.[1514] Ebenso dürften nicht unverdienter Wertzuwachs ohne Zutun der Eigentümer auf Kosten der Allgemeinheit realisiert werden.[1515] Teilweise wurde sogar vertreten, die Entschädigung sei nur auf die Fälle anzuwenden, in denen Gegenstände in Gemeineigentum überführt werden. Begründet

---

1508 Initiative „Deutsche Wohnen und Co. Enteignen", zuletzt abgerufen am 03.01.2021 unter https://www.dwenteignen.de/2018/10/volksentscheid-vorlaeufiger-beschluss text/.

1509 *Weber*, NJW 1950, 401 (403).

1510 *Drohsel*, KJ 2020, 30 (37).

1511 *Wieland*, in: Dreier, Kommentar zum Grundgesetz, Art. 15 Rn. 31; *Bäumler*, GewArch 1980, 287 (290).

1512 *Weber*, NJW 1950, 401 (402), der aber vom Stand des Jahres 1950 ausgeht.

1513 *Ipsen*, in: VVDStRL 10 (1951), S. 172; *Ridder*, in: VVDStRL 10 (1951), S. 145, S. 176; wobei auch *Ridder* im Verlauf der Diskussion von der Bezeichnung *Billigkeitsentschädigung* abrückt.

1514 *Thiel*, DÖV 2019, 497 (500) folgert dies aus BVerfGE 24, 367 (421); *Weber*, in: VVDStRL 10 (1951), S. 164.

1515 *Rittstieg*, in: Alternativkommentar zum Grundgesetz, Art. 14/15 Rn. 223.

wurde dies mit dem Verweis auf Art. 14 Abs. 3 S. 3 GG, der nur für den konkreten Eigentumsentzug gelten soll.[1516]

Dem ist jedoch nur eingeschränkt zu folgen.[1517] Zunächst gilt die Entschädigung sowohl für die Überführung in Gemeineigentum als auch in Gemeinwirtschaft. Denn Art. 15 S. 2 GG sieht eindeutig vor, dass sowohl die Überführung in Gemeineigentum oder in andere Formen der Gemeinwirtschaft nur durch ein Gesetz erfolgen darf, dass zugleich Art und Ausmaß der Entschädigung regelt.[1518] Die Entschädigungspflicht bezieht sich daher ausdrücklich auf beide Vorgänge. Dem kann auch nicht entgegengehalten werden, das Merkmal Gemeinwirtschaft sei erst später in Art. 15 GG aufgenommen worden und sei lediglich eine Rechtsangleichung an Art. 74 Abs. 1 Nr. 15 GG.[1519] Denn durch dessen Aufnahme sollte dem Gesetzgeber ein weites Gestaltungsfeld eröffnet werden, nicht aber die Möglichkeit, sich der Entschädigung zu entziehen. Daher gilt für alle Fälle der Gemeinwirtschaft derselbe Maßstab wie bei der Enteignung, soweit dies die gerechte Abwägung betrifft.[1520]

Auch die Ratio der Junktim-Klausel spricht gegen eine reine Billigkeitsentschädigung. Im Falle der Legalenteignungen oder des Art. 15 GG gilt das Verbot des Einzelfallgesetzes nicht. Ebenfalls entfällt das Zitiergebot.[1521] Diese Schutzfunktion erfüllt das Junktim.[1522] Hierdurch wird dem Gesetzgeber seine Geldzahlungspflicht verdeutlicht (Warnfunktion). Zugleich muss sich der Gesetzgeber darüber Klarheit verschaffen, in welcher Art und Höhe die Entschädigung zu leisten ist (Offenbarungsfunktion).[1523] Wenn auf das Verbot der Einzelfallgesetzgebung verzichtet und kein Verstoß gegen das Zitiergebot vorliegt, muss die Entschädigung zumindest so hoch sein, dass sie die Warn- und Schutzfunktion der Junktim Klausel erfüllt.

Gegen eine dauerhafte Abkehr vom Kriterium des Verkehrswertes spricht zudem, dass der Verfassungsgeber ausdrücklich auf die Abwägungskrite-

1516 *Ipsen*, in: VVDStRL 10 (1951), S. 114; *Huber*, Wirtschaftsverwaltungsrecht, S. 175.

1517 *Dietlein*, in: Stern, Staatsrecht der Bundesrepublik Deutschland, Band IV/1, S. 2318.

1518 *Schliesky*, in: Bonner Kommentar zum Grundgesetz, Art. 15 Rn. 55.

1519 *Diessner*, Die Sozialisierung der Banken, S. 115.

1520 *Schliesky*, in: Bonner Kommentar zum Grundgesetz, Art. 15 Rn. 55; *Depenheuer/Froese*, in: v. Mangoldt /Klein/Stark, Kommentar zum Grundgesetz, Art. 15 Rn. 46.

1521 *Becker*, in: Stern/Becker, Grundrechte-Kommentar, Art. 14 Rn. 237.

1522 *Schnöckel*, DÖV 2009, 703 (708).

1523 BVerfGE 4, 219 (235); *Klöpfer*, Staatsrecht, Band II, Grundrechte, § 72 Rn. 125.

rien des Art. 14 Abs. 3 S. 3 u. 4 GG verwiesen hat.[1524] Der Verweis auf Art. 14 Abs. 3 S. 3 u. 4 GG wurde auf Betreiben der CDU-Fraktion in Art. 15 S. 2 GG aufgenommen, um das Eigentum verfassungsrechtlich abzusichern. Dies musste zugleich zur Beschränkung der Gesetze nach Art. 15 GG führen.

Es wäre außerdem widersinnig, eine Entschädigung festzulegen, gleichzeitig diese aber so gering anzusetzen, dass sie die Bezeichnung „*Entschädigung*" nicht mehr verdient. Denn die Entschädigung soll gerade als „*Sozialisierungsvermeidungsnorm*" wirken,[1525] zumindest aber den Rückgriff auf Art. 15 GG bremsen.[1526] Das Junktim ist zudem Ausdruck des im Art. 15 GG enthaltenen Kompromisses.[1527] Art. 15 GG erlaubt schließlich auch keine Konfiskation wegen angeblich sozialschädlicher Eigentumsnutzung.[1528]

Schließlich spricht gegen eine besondere Berechnung der Entschädigung, dass das Grundgesetz für beide Eigentumsbeeinträchtigungen denselben Maßstab anlegt. Anknüpfungspunkt für die Entschädigung ist der konkrete Eigentumsentzug, nicht die jeweilige Rechtfertigung des Eingriffs. Eine Ungleichbehandlung oder gar eine reduzierte Entschädigung unter Berücksichtigung der Eigenarten des Art. 15 GG ist damit nicht zu rechtfertigen.[1529]

Im Ergebnis muss daher dem Eigentümer auch bei einem Gesetz nach Art. 15 GG eine Entschädigung unter gerechter Abwägung der widerstreitenden Interessen gewährt werden.[1530] Dies gilt selbst dann, wenn sich die Entschädigung als Sozialisierungsbremse erweist. Ein anderer Abwägungsmaßstab als bei der Enteignung darf nicht angelegt werden, da die Verfassung ausdrücklich auf diese Entschädigungsberechnung verweist.[1531]

1524 *Wendt*, in: Sachs, Kommentar zum Grundgesetz, Art. 15 Rn. 18; *Schliesky*, in: Bonner Kommentar zum Grundgesetz, Art. 15 Rn. 55; *Becker*, in: Stern/Becker, Grundrechte-Kommentar, Art. 15 Rn. 34.

1525 *Sodan*, in: Sodan, Grundgesetzkommentar, Art. 15 Rn. 6.

1526 *Kingreen/Poscher*, Grundrechte Staatsrecht II, Rn. 1250.

1527 *Diessner*, Die Sozialisierung der Banken, S. 115.

1528 *Depenheuer/Froese*, in: v. Mangoldt /Klein/Stark, Kommentar zum Grundgesetz, Art. 15 Rn. 46.

1529 *Krüger*, in: Bettermann/Nipperdey/Scheuner, Die Grundrechte, S. 312.

1530 *Becker*, in: Stern/Becker, Grundrechte-Kommentar, Art. 15 Rn. 34; *Axer*, in: Epping/Hillgruber, Kommentar zum Grundgesetz, Art. 15 Rn. 22; *Depenheuer/Froese*, in: v. Mangoldt /Klein/Stark, Kommentar zum Grundgesetz, Art. 15 Rn. 46.

1531 *Depenheuer/Froese*, in: v. Mangoldt /Klein/Stark, Kommentar zum Grundgesetz, Art. 15 Rn. 46; *Dietlein*, in: Stern, Staatsrecht der Bundesrepublik Deutschland, Band IV/1, S. 2318; *Bryde*, in: v. Münch/Kunig, Kommentar zum Grundgesetz,

Im Ergebnis müssen daher alle Belange gegenübergestellt und in gerechten Ausgleich zueinander gebracht werden, ohne die Interessen der Allgemeinheit oder die Interessen des Einzelnen übermäßig zu berücksichtigen.[1532]

III. Abwägungskriterien

Eine starre, allein am Marktwert orientierte Entschädigung ist dem Grundgesetz ebenso fremd wie eine Entschädigung in Höhe des vollen Äquivalents für den genommenen Gegenstand. Der Gesetzgeber kann vollen, aber auch darunter liegenden Ersatz gewähren.[1533] Eine Entschädigung in Höhe des vollen Verkehrswertes ist auch im Falle des Art. 15 GG nicht zwingend.[1534]

Dem Gesetzgeber steht allerdings kein unbegrenzter Ermessenspielraum zu. Denn die Entschädigung hat sich nur an den durch die Verfassung vorgegebenen Gesichtspunkten zu richten. Solche Gesichtspunkte können die individuelle Bedeutung des Objektes für den Betroffenen darstellen. In Betracht kommt auch der Anteil eigener Leistung gegenüber unverdientem Wertzuwachs durch Marktentwicklung[1535] oder öffentliche Planung. Auch darf der Gesetzgeber Wertzuwachs, der ansonsten nicht durch persönliche Leistung erzielt wird, bei der Berechnung der Entschädigung berücksichtigen.[1536] Ferner sind die gesellschaftliche Bedeutung des Eigentums oder seines Nutzens und schließlich auch das schutzwürdige Vertrauen des Eigentümers auf den Bestand seiner Rechte zu beachten.[1537] Von der Entschädigung sind hingegen solche Beträge abzuziehen, die dem Betroffenen im Wege einer entschädigungslosen Sozialbindung hätten auferlegt werden

---

Art. 15 Rn. 25, der jedoch betont, die „*Bremse*" dürfe sich dem Sinn nach nicht zu einem Ausschluss der Sozialisierung entwickeln.

1532 *Leisner*, in: Isensee, Schriften zum Eigentum, S. 245.

1533 BVerfGE 24, 367 (420).

1534 *Schliesky*, in: Bonner Kommentar zum Grundgesetz, Art. 15 Rn. 55.

1535 BVerfGE 143, 246 (365); *Depenheuer/Froese*, in: v. Mangoldt /Klein/Stark, Kommentar zum Grundgesetz, Art. 14 Rn. 456.

1536 *Papier/Shirvani*, in: Dürig/Herzog/Scholz, Kommentar zum Grundgesetz, Art. 14 Rn. 717; hierfür spricht, dass auch nach den Vorstellungen der SPD das durch Leistung erworbene persönliche Eigentum dem Schutz der Eigentumsgarantie unterfallen sollte.

1537 *Rittstieg*, in: Alternativer Kommentar zum Grundgesetz, Art. 14/15 Rn. 223a.

können.[1538] Hingegen stellt es kein legitimes Interesse der Allgemeinheit dar, möglichst günstig Güter beschaffen zu können.[1539] Auch Finanzknappheit rechtfertigt keine verminderte Entschädigung.[1540]

Ebenso muss der Gesetzgeber berücksichtigen, dass Art. 15 GG kein Werturteil über Eigentum treffen soll und insbesondere keine Konfiskation ermöglicht.[1541] Art. 15 GG lässt den Entzug des Eigentums wegen einer gesteigerten Sozialpflichtigkeit des Eigentums zu, nicht jedoch, um Reichtum zu bestrafen. Auch dürfen sich durch das Gesetz nach Art. 15 GG – wie bei der Enteignung[1542] – keine fiskalischen Interessen verwirklichen. Schließlich hat der Gesetzgeber auch die Art des Eingriffs bei der Entschädigung zu beachten. Der vollständige Entzug des Eigentums ist weit stärker zu entschädigen als eine teilweise Nutzungsverteilung auf Mehrere unter gleichzeitigem Erhalt des Eigentums in Händen des Betroffenen. Bei Art. 15 GG ist damit auch zu differenzieren, ob in Gemeineigentum oder in andere Formen der Gemeinwirtschaft überführt wird. Insbesondere im letzten Fall kann eine Entschädigung geringer ausfallen, da dem Eigentümer weiterhin Nutzungsbefugnisse über sein Eigentum erhalten bleiben.

IV. Zwischenergebnis

Der Gesetzgeber muss sich bei der Entschädigung nach Art. 15 GG zunächst am Verkehrswert orientieren. Er kann von ihm jedoch auch abweichen. Dabei ist besonders der nicht auf Eigenleistung beruhende Wertzuwachs zu berücksichtigen. Gleichzeitig darf der Gesetzgeber durch Art. 15 GG keine Staatsbereicherung und auch keine Eigentumskonfiskation wegen der vermeintlichen Sozialschädlichkeit bestimmten Eigentums betreiben.

Im Ergebnis ist eine wie von der Bürgerinitiative beabsichtigte Entschädigung, die bei einem vollständigen Eigentumsentzug mehr als 66 % unter dem Verkehrswert liegt, verfassungswidrig. Auch die Ausgabe von Schuld-

1538 *Depenheuer/Froese*, in: v. Mangoldt /Klein/Stark, Kommentar zum Grundgesetz, Art. 14 Rn. 459; *Papier/Shirvani*, in: Dürig/Herzog/Scholz, Kommentar zum Grundgesetz, Art. 14 Rn. 720; *Bryde/Wallrabenstein*, in: v. Münch/Kunig, Kommentar zum Grundgesetz, Art. 14 Rn. 149.

1539 *Dederer*, in: Bonner Kommentar zum Grundgesetz, Art. 14 Rn. 713.

1540 *Dederer*, in: Bonner Kommentar zum Grundgesetz, Art. 14 Rn. 715.

1541 *Klein*, Eigentumsbindung, S. 10.

1542 *Papier/Shirvani*, in: Dürig/Herzog/Scholz, Kommentar zum Grundgesetz, Art. 14 Rn. 714.

verschreibungen mit einer Laufzeit von 40 Jahren, die jährlich ein Vierzigstel der Entschädigung an die betroffenen Unternehmen auskehren, sind unzulässig, da sie sich an 4,04 Euro (+/- bis zu 0,64 Euro) pro Quadratmeter statt dem derzeitigen Durchschnittsmietpreis von 10,75 Euro pro Quadratmeter orientieren. Damit wäre das Vergesellschaftungsgesetz auch aus diesem Grunde nichtig. Unter Beachtung der vorgenannten Grundsätze müsste eine Entschädigung eher 85 % oder mehr des Verkehrswertes betragen. Damit wäre sie immer noch deutlich unter dem Verkehrswert.

Kapitel 7 – Gesetzgebungskompetenz

Dieses Kapitel befasst sich mit der Frage, ob das Land Berlin zum Erlass eines Gesetzes nach Art. 15 GG berechtigt ist. Schließlich lässt die Berliner Verfassung nur solche Volksbegehren zu, die im Kompetenzbereich des Landes Berlin liegen.

A. Allgemeine Kompetenzverteilung

Die Gesetzgebungskompetenz zur Überführung in Gemeinwirtschaft ist im Grundgesetz eindeutig geregelt. Sie liegt gemäß Art. 74 Abs. 1 Nr. 15 GG im Bereich der konkurrierenden Gesetzgebung. Danach haben grundsätzlich die Länder die Gesetzgebungskompetenz, solange der Bund von seiner Kompetenz keinen Gebrauch gemacht hat.[1543] Zusätzlich müssen im Falle eines Bundesgesetzes die in Art. 72 Abs. 2 GG genannten Voraussetzungen erfüllt sein. Der Bund hat von der Gesetzeskompetenz des Art. 74 Abs. 1 Nr. 15 GG sowie der Ermächtigung des Art. 15 GG allerdings bisher noch keinen Gebrauch gemacht. Insoweit liegt die Kompetenz zur Überführung in Gemeinwirtschaft bei den Ländern.

Das Grundgesetz unterscheidet in Art. 74 Abs. 1 GG zwischen der Überführung von Grund und Boden, von Naturschätzen und Produktionsmitteln in Gemeinwirtschaft oder andere Formen der Gemeinwirtschaft (Nr. 15) und der Verhütung des Missbrauchs wirtschaftlicher Machtstellung (Nr. 16). Soweit Art. 15 GG dem Zweck dient, wirtschaftlichen Machtmissbrauch zu verhindern, folgt die einschlägige Kompetenz aus Art. 74 Abs. 1 Nr. 16 GG. Von dieser Kompetenz könnte aber der Bund bereits durch den Erlass des Gesetzes zur Beschränkung des Wettbewerbs (GWB) Gebrauch gemacht haben.[1544] Zudem ist dem nationalen Gesetzgeber auf diesem Gebiet nur noch geringer Spielraum verblieben, da die

1543 Zum Maßstab, wann trotz bundesgesetzlicher Regelung Raum für landesgesetzliche Regelungen verbleibt siehe BVerfG, Beschluss vom 23.03.2022 – 1 BvR 1187/17 -, juris, Rn. 81 ff.

1544 *Schnapauff/Knobloch*, in: Hömig/Wolff, Kommentar zur Grundgesetz, Art. 74 Rn. 15.

Kompetenz durch Art. 102 AEUV überlagert wird.[1545] Zwar können die Länder auch auf dem Gebiet des Art. 74 Abs. 1 GG Gesetze verabschieden. Dies gilt jedoch – abgesehen in den Fällen des Art. 72 Abs. 3 GG – nur, soweit der Bund von seiner ihm zugewiesenen Kompetenz nicht abschließend Gebrauch gemacht hat. Hinsichtlich des Machtmissbrauchs im Wettbewerb hat der Bundesgesetzgeber allerdings mit dem GWB abschließend Gebrauch von der Kompetenz des Art. 74 Abs. 1 Nr. 16 GG gemacht.[1546]

Wirtschaftliche Machtstellung ist jedoch weiter zu fassen als wirtschaftliche Marktmacht im Wettbewerb. Durch das Anhäufen von Gütern und dem verbundenen Ausschluss Vieler vom Erwerb und Gebrauch solcher Güter gewinnt der Eigentümer eine wirtschaftliche Machtstellung über die Ausgeschlossenen. Solche wirtschaftlichen Machtzusammenfassungen werden jedoch nicht vom GWB erfasst, da dieses nur auf den Wettbewerb abzielt.[1547] Den Ländern ist es daher bei Art. 15 GG auch möglich, sich auf Art. 74 Abs. 1 Nr. 16 GG zu berufen, soweit sie außerhalb des Wettbewerbs liegende wirtschaftliche Machtstellungen an den überführungsfähigen Objekten verhindern wollen.

B. Vergesellschaftungsermächtigung für das Land Berlin

Die meisten Landesverfassungen sehen vergleichbare Regelungen wie Art. 15 GG vor. Beispielsweise haben die Länder Baden-Württemberg, Mecklenburg-Vorpommern, Niedersachsen und Schleswig-Holstein dynamische Verweise auf Art. 15 GG aufgenommen.[1548] Die Landesverfassungen von Bayern (Art. 160), Hessen (Art. 40, 41), Bremen (Art. 42, 43) und Rheinland-Pfalz (Art. 61) enthalten ähnliche Vorschriften; sie wurden vor dem Inkrafttreten des Grundgesetzes erlassen. Nordrhein-Westfalen hat in seiner Verfassung vom 28.06.1950 in Art. 27 eine ähnliche Regelung aufgenommen.[1549] Die Verfassungen der neuen Bundesländer enthalten überwiegend denselben Wortlaut wie Art. 15 GG.

1545 *Degenhart*, in: Sachs, Kommentar zum Grundgesetz, Art. 74 Rn. 65.

1546 OLG Düsseldorf, WuW 2014, 523 (531).

1547 *Thomas*, in: Kling/Thomas, Kartellrecht, § 13 Rn. 1 ff.

1548 *Waldhoff/Neumeier*, LKV 2019, 385 (388).

1549 *Waldhoff/Neumeier*, LKV 2019, 385 (388) zählen hierzu auch die Verfassung des Saarlandes (Art. 52), wobei das Saarland erst 1957 der Bundesrepublik beigetreten ist.

Hinsichtlich der inhaltlichen Ausgestaltung der Landesverfassungen bestehen allerdings erhebliche Unterschiede. Teilweise[1550] soll die Regelung zur Vermeidung von Machtzusammenschlüssen erfolgen. Andere Verfassungen stellen auf die Verwirklichung der Gemeinwirtschaft zur allgemeinen Bedarfsdeckung ab.[1551] Die Verfassung von Rheinland-Pfalz wählt einen Mittelweg.[1552] Die Landesverfassungen von Berlin und Thüringen hingegen enthalten keine vergleichbaren Regelungen. Aus diesem Grund ist umstritten, ob das Land Berlin überhaupt ein Gesetz nach Art. 15 GG erlassen darf.

I. Argumente für eine Berliner Kompetenz zur Vergesellschaftung

Wieland[1553] ist der Ansicht, Art. 15 GG gelte unmittelbar auch in Berlin. Gemäß Art. 31 GG breche Bundesrecht Landesrecht. Die Vorschrift setze voraus, dass bundes- und landesrechtliche Normen auf denselben Sachverhalt anwendbar seien. Sei dies der Fall, breche Bundesrecht jeder Rangordnung selbst Landesverfassungsrecht.[1554] Indem das Grundgesetz auf Art. 15 GG gestützte Gesetze für zulässig erkläre, breche es entgegenstehende, nämlich weitergehende Schutzbestimmungen des Eigentums in der Berliner Verfassung. Art. 15 GG sei zudem nicht nur eine weitere Norm, aufgrund deren in

1550 Insbesondere in Hessen, Nordrhein-Westfalen und Bremen.

1551 Etwa Bayern, Art. 160 BayLV.

1552 Der ursprüngliche Verfassungstext 1947 enthielt in Art. 61 die Formulierung: (1) *„Der Staat hat durch Gesetz, unbeschadet der Pflicht zu angemessener Entschädigung, in sinngemäßer Anwendung der für die Enteignung geltenden Bestimmungen privatrechtliche Schlüsselunternehmungen (Kohlen- Kali- und Erzbergbau, Eisen erzeugende Industrie, Energiewirtschaft sowie das an Schienen oder Oberleitungen gebundene Verkehrswesen) in Gemeineigentum zu überführen, wenn mit diesen Unternehmungen eine so große Macht verknüpft ist, dass sie ohne Gefährdung des Gemeinwohls der Privathand nicht überantwortet bleiben kann. Diese Aufgabe ist unverzüglich nach Inkrafttreten der Verfassung in Angriff zu nehmen.“* Im Gegensatz zum Grundgesetz weist die Landesverfassung dem Landesgesetzgeber einen klaren Auftrag zur Sozialisierung zu. Das Grundgesetz hat im Gegensatz dazu bewusst auf ein *„kann“* abgestellt. Soweit ein Auftrag zur Sozialisierung in einer Landesverfassung bekannt war, hat sich der Parlamentarische Rat anscheinend wissentlich gegen einen solche Regelung an den Gesetzgeber entschieden.

1553 *Wieland*, Gutachten zur Frage der Verfassungsmäßigkeit einer Sozialisierung von Wohnungsunternehmen, zuletzt abgerufen am 14.09.2022 unter https://www.linksfraktion.berlin/gutachten/.

1554 *Wieland*, Gutachten zur Frage der Verfassungsmäßigkeit einer Sozialisierung von Wohnungsunternehmen, zuletzt abgerufen am 14.09.2022 unter https://www.linksfraktion.berlin/gutachten/, S. 28 f.

Art. 14 Abs. 1 S. 1 GG eingegriffen werden könne. Art. 15 GG müsse als Ermächtigung zur Umgestaltung der Wirtschafts- und Gesellschaftsordnung nach Vorstellung der SPD verstanden werden.[1555] Da Art. 15 GG somit Ausdruck der wirtschaftsverfassungsrechtlichen Neutralität des Grundgesetzes sei, könne dieser wegen des Vorrangs des Bundesrechts vor Landesrecht nicht durch die Berliner Verfassung außer Anwendung gesetzt werden.[1556] Die wirtschaftsverfassungsrechtliche Offenheit stehe nicht zur Disposition der Landesgesetzgeber und der Landesverfassungen. Stattdessen müssten die Landesverfassungen hinsichtlich der Eigentums- und Wirtschaftsverfassung ein Mindestmaß an Homogenität mit den grundgesetzlichen Vorgaben waren, dürften dem Grundgesetz also nicht grundsätzlich widersprechen.[1557] Dies folge aus dem Bundesstaatsprinzip. Aus diesem Grund dürfe man aus der Berliner Verfassung auch kein Grundrecht auf „*Nicht-Sozialisierung*" ableiten.[1558] Denn das Sozialisierungs-Vakuum der Berliner Verfassung werde durch Art. 15 GG gefüllt, der auch in Berlin gelte.[1559]

II. Argumente gegen eine Berliner Kompetenz zur Vergesellschaftung

Weite Teile der Literatur verneinen dagegen die Gesetzgebungsbefugnis des Landes Berlin.[1560] Der Eigentumsartikel der Berliner Verfassung ähnle Art. 14 GG mit dem Unterschied, dass auf Legalenteignung verzichtet worden sei. Gleichfalls sehe die Berliner Verfassung durch das Fehlen eines Gegenstückes zu Art. 15 GG eben nicht die Möglichkeit zur Überführung in Gemeinwirtschaft vor. Der Eigentumsschutz der Berliner Verfassung reiche folglich weiter als der des Art. 14 Abs. 1 S. 1 GG.[1561] Dies verstoße

1555 *Wieland*, Gutachten zur Frage der Verfassungsmäßigkeit einer Sozialisierung von Wohnungsunternehmen, zuletzt abgerufen am 14.09.2022 unter https://www.linksfraktion.berlin/gutachten/, S. 28.

1556 *Wieland*, Gutachten zur Frage der Verfassungsmäßigkeit einer Sozialisierung von Wohnungsunternehmen, zuletzt abgerufen am 14.09.2022 unter https://www.linksfraktion.berlin/gutachten/, S. 29.

1557 *Krüger*, in: Bettermann/Nipperdey/Scheuner, Die Grundrechte, S. 321.

1558 *Drohsel*, KJ 2020, 30 (39); *Klöpfer*, NJW 2019, 1656 (1659).

1559 *Klöpfer*, NJW 2019, 1656 (1659).

1560 *Waldhoff/Neumeier*, LKV 2019, 385 (389 f.); *Sodan/Ferlemann*, LKV 2019, 193 (193); *Schmidt*, DÖV 2019, 508 (512); *Wolfers/Opper*, DVBl. 2019, 542 (544); offen gelassen *Schede/Schuldt*, ZRP 2019, 78 (79).

1561 *Schmidt*, DÖV 2019, 508 (512); *Sieckmann*, in: Friauf/Höfling, Berliner Kommentar zum Grundgesetz, Art. 15 Rn. 10; *Battis*, in: Gutachten im Auftrag des Neue auch nicht gegen Art. 142 GG, da das Grundgesetz lediglich einen Minimalstandard vorgebe. Weitergehende Grundrechte seien auch von Art. 142 GG umfasst.[1562]

Zwar begründen *Sodan* und *Ferlemann*[1563] die Gesetzeskompetenz des Landes Berlin mit Art. 72 Abs. 1 GG und Art. 74 Abs. 1 Nr. 15 GG. Danach zeige die weitgehende Übereinstimmung des Art. 74 Abs. 1 Nr. 15 GG mit Art. 15 GG, dass beiden Normen derselbe Tatbestand zugrunde liege, welche das Gesetz nach Art. 15 GG herbeiführen solle. Der Einwand, der Bundesgesetzgeber habe dadurch, dass er von seiner Kompetenz des Art. 74 Abs. 1 Nr. 15 GG bisher keinen Gebrauch gemacht habe, die Länder auf diesem Gebiet bewusst von der konkurrierenden Gesetzgebungsbefugnis ausschließen wollen, sei unzutreffend. Soweit eingewandt werde, der Gesetzgeber habe absichtlich ein Tätigwerden auf dem Gebiet des Art. 74 Abs. 1 Nr. 15 GG unterlassen, spreche wenig dafür. Es bestehe daher keine Sperrwirkung für eine landesrechtliche Regelung.[1564] Allerdings greife Art. 31 GG schon deshalb nicht, da Art. 142 GG die Grundrechtsregelungen der Landesverfassungen vom Geltungsbereich des Art. 31 GG ausnehme. Die Grundrechtsnormen der Landesverfassungen blieben insoweit bestehen, wie sie inhaltlich mit dem Grundgesetz übereinstimmten. Insoweit würde auch der Grundsatz „*Bundesrecht bricht Landesrecht*" modifiziert, sodass Landesverfassungen einen weitergehenden Schutz bieten können als das Grundgesetz.[1565]

Ebenfalls lasse eine historische Auslegung der Berliner Verfassung den Rückschluss zu, das Land Berlin habe absichtlich auf die Aufnahme eines Gegenstücks zu Art. 15 GG verzichtet. Denn sowohl in der Berliner Verfassung von 1950 als auch von 1995 wurde eine solche Norm nicht aufgenommen, obwohl ähnliche Normen in anderen Landesverfassungen sowie

---

Wege für Berlin e.V. vom 22.09.2021, S. 60 f., zuletzt abgerufen am 27.09.2021 unter https://neue-wege-fuer-berlin.de/staatsrechtler-ulrich-battis-enteignungs-volksentscheid-nicht-umsetzbar/.

1562 *Schmidt*, DÖV 2019, 508 (512); *Germann*, in: Epping/Hillgruber, Kommentar zum Grundgesetz, Art. 142 Rn. 11.

1563 *Sodan/Ferlemann*, LKV 2019, 193 (198).

1564 *Sodan/Ferlemann*, LKV 2019, 193 (194); a. A. *Battis*, in: Gutachten im Auftrag des Neue Wege für Berlin e.V. vom 22.09.2021, S. 57 f., zuletzt abgerufen am 27.09.2021 unter https://neue-wege-fuer-berlin.de/staatsrechtler-ulrich-battis-enteignungs-volksentscheid-nicht-umsetzbar/, welcher von einem planmäßigen Unterlassen des Gesetzgebers ausgeht. Dies ergebe sich aus der ausgeprägten Regelungsdichte hinsichtlich der Regelungen zur Miethöhe und Mietpreisbremse.

1565 *Sodan/Ferlemann*, LKV 2019, 193 (199).

Art. 15 GG bekannt waren. In der 1995 geschaffenen Fassung sei zudem aus Rücksicht auf die negativen Erfahrungen aus der Zeit der Deutschen Demokratischen Republik ausdrücklich auf die Aufnahme einer Klausel wie Art. 15 GG verzichtet worden,[1566] ähnlich wie auf die Möglichkeit zur Legalenteignung.[1567]

Außerdem könne man die Ermächtigungsbefugnis des Art. 15 GG weder als Enteignung noch als Inhalts- und Schrankenbestimmung begreifen, womit sie auch nicht unter diese zulässigen Eingriffsmöglichkeiten der Berliner Verfassung falle.[1568] Zwar könnten Bund und Länder die Ermächtigung des Art. 15 GG ausüben. Dies ergebe sich aus der Zuständigkeitsregelung in Art. 74 Abs. 1 Nr. 15 GG. Art. 15 GG entscheide jedoch nur die Frage, inwieweit in die Eigentumsfreiheit aus Art. 14 Abs. 1 S. 1 GG eingegriffen werden könne. Art. 15 GG regele aber nicht, inwieweit das Land nach seiner eigenen Verfassung zu einem solchen Eingriff ermächtigt ist. Dies bleibe eine Frage der jeweiligen Landesverfassungen.[1569]

III. Stellungnahme

Das Land Berlin ist zur Überführung der Wohnungen in Gemeineigentum nach Art. 15 GG nicht berechtigt. *Wieland* ist allerdings darin zuzustimmen, dass Art. 15 GG ein Beleg für die wirtschaftsverfassungsrechtliche Offenheit des Grundgesetzes ist. Aus diesem Grund kann nicht von einem planvollen Unterlassen des einfachen Bundesgesetzgebers gesprochen werden, welches eine Sperrwirkung nach Art. 72 Abs. 1 GG zulasten der Bundesländer begründet.[1570] Denn zum einen enthält sich das Grundgesetz jeder wirtschaftsverfassungsrechtlichen Grundsatzentscheidung. Jeder Bundesgesetzgeber kann das von ihm präferierte Wirtschaftssystem forcieren, solange er dabei die verfassungsrechtlichen Vorgaben, insbesondere die Grundrechte achtet. Die Annahme eines planvollen Unterlassens zulasten anderer Wirtschaftssysteme widerspricht dieser grundgesetzlichen Offenheit. Zum anderen sind die Bundesländer nicht zwingend an das Wirtschaftssystem

---

1566 *Waldhoff/Neumeier*, LKV 2019, 385 (389 f.).

1567 *Sodan*, in: Merten/Papier, Handbuch der Grundrechte, § 247 Rn. 67.

1568 *Waldhoff/Neumeier*, LKV 2019, 385 (392).

1569 *Waldhoff/Neumeier*, LKV 2019, 385 (395).

1570 *Battis*, in: Gutachten im Auftrag des Neue Wege für Berlin e.V. vom 22.09.2021, S. 57, zuletzt abgerufen am 27.09.2021 unter https://neue-wege-fuer-berlin.de/staatsrechtler-ulrich-battis-enteignungs-volksentscheid-nicht-umsetzbar/.

des Bundes gebunden. Dies zeigt sich in Art. 72 Abs. 2 GG, wonach der Bund erst dann auf dem Gebiet der Wirtschaft tätig werden darf, wenn dies zur Herstellung der Wirtschaftseinheit erforderlich ist. Bei einer verpflichtenden Bindung der Länderwirtschaftssysteme an das Bundeswirtschaftssystem wäre die Regelung des Art. 72 Abs. 2 GG überflüssig, da bereits Wirtschaftseinheit bestünde.

Aus der Offenheit des Grundgesetzes lässt sich jedoch kein Zwang für die Landesverfassungen herleiten, ebenso wie das Grundgesetz offen in Wirtschaftsfragen zu sein bzw. dieselben Normen aufzunehmen oder zu streichen, die diese Offenheit begründen. Mehrere Landesverfassungen (Bremen, Hessen und Bayern) enthalten im Unterschied zum Grundgesetz wirtschaftsverfassungsrechtliche Bestimmungen. Diese gehen über das Grundgesetz hinaus. Wollte man die Offenheit des Grundgesetzes auf diese Landesverfassungen übertragen, würden diese in Bezug auf den wirtschaftsverfassungsrechtlichen Teil gegen das Grundgesetz verstoßen. Diese Konsequenz entspricht jedoch nicht der wirtschaftsverfassungsrechtlichen Ausrichtung des Grundgesetzes, wie sich insbesondere am vorstehenden Beispiel des Art. 72 Abs. 2 GG zeigt. Hierfür spricht auch, dass das Grundgesetz vor allem aus Zeitnot auf einen wirtschaftsverfassungsrechtlichen Teil verzichtet hat. Einem solchen Zeitdruck waren die Beratungen über die Landesverfassungen nicht ausgesetzt. Denn diese traten nach dem Grundgesetz in Kraft. Soweit sie dagegen vor dem Grundgesetz in Kraft traten, zeichnete sich der aufkommende Ost-West-Konflikt noch nicht oder noch nicht in der Intensität ab, wie im Zeitpunkt der Beratungen des Grundgesetzes.

Die wirtschaftsverfassungsrechtliche Offenheit des Grundgesetzes folgt zudem nicht aus dem Verhältnis der Freiheitsrechte zu Art. 15 GG. Sie ergibt sich daraus, dass der Gesetzgeber jede ihm sachgerechte Wirtschaftsordnung anstreben darf, soweit er die Grundrechte achtet. Auch das Land Berlin darf danach zunächst jede ihm sachgerechte Wirtschaftsordnung anstreben, solange es die Grundrechte des Grundgesetzes sowie die selbstgewährten Grundrechte beachtet.

Aus der wirtschaftsverfassungsrechtlichen Offenheit des Grundgesetzes lässt sich daher keine unmittelbare Geltung des Art. 15 GG für Berlin herleiten. Auch die nachfolgenden Erwägungen sprechen dagegen.

1. Kompetenzverteilung nach Art. 30, 70 ff. GG

Das Grundgesetz geht zunächst mit Art. 30 GG und Art. 70 GG von der Allzuständigkeit der Länder aus. Gemäß Art. 30 GG ist die Ausübung der staatlichen Befugnisse und die Erfüllung der staatlichen Aufgaben Sache der Länder, soweit das Grundgesetz keine andere Regelung trifft oder zulässt. Art. 70 Abs. 1 GG normiert, dass den Ländern das Recht der Gesetzgebung zusteht, soweit das Grundgesetz nicht dem Bund die Gesetzgebungsbefugnis verleiht. Art. 30, 70 und 74 Abs. 1 Nr. 15 GG regeln das rechtliche „*Können*", wenn der Landesgesetzgeber auf diesem Gebiet tätig werden will. Die Landesverfassungen regeln jedoch das rechtliche „*Dürfen*" in Form konkreter Eingriffsmöglichkeiten in landesverfassungsrechtlich gewährte Grundrechte. Für diese Ansicht spricht, dass Art. 28 Abs. 1 GG den Ländern das Recht zu eigenständigen und autonomen Verfassungen zugesteht. Die Landesverfassungen haben sich lediglich an den im Grundgesetz aufgeführten Staatsprinzipien und den Grundrechten und ihren Eingriffsmöglichkeiten zu orientieren.

2. Kollision im Sinne des Art. 31 GG

Art. 31 GG löst als grundlegende Vorschrift des Bundesstaatsprinzips Widersprüche zwischen Bundes- und Landesrecht. Voraussetzung für die Anwendung des Art. 31 GG ist, dass zwei Normen miteinander *kollidieren*. Beide Normen müssen auf einen Sachverhalt anwendbar sein und bei ihrer Anwendung zu verschiedenen Ergebnissen führen. Ist dies nicht der Fall, besteht kein Bedürfnis für eine besondere Vorschrift, die das Verhältnis der beiden Normen zueinander regelt. Stattdessen ist es dann sogar unmöglich, eine Kollisionsvorschrift anzuwenden, weil es an der Kollision fehlt.[1571]

Können die in ihrem Regelungsbereich sich überschneidenden Normen bei ihrer Anwendung zu unterschiedlichen Ergebnissen führen, so bricht Bundesrecht jeder Rangordnung eine landesrechtliche Regelung auch dann, wenn sie Bestandteil des Landesverfassungsrechts ist.[1572] Echte Normenkollisionen sind bei weiterreichendem landesverfassungsrechtlichem Grundrechtsschutz jedoch selten, da die grundgesetzlichen Grund-

1571 BVerfGE 26, 116 (135); 36, 342 (363).

1572 BVerfGE 96, 345 (364); *Huber*, in: Sachs, Kommentar zum Grundgesetz, Art. 31 Rn. 19; *Sannwald*, in: Schmidt/Bleibtreu, Kommentar zum Grundgesetz, Art. 31 Rn. 22.

rechte nur einen Mindeststandard, nicht jedoch einen Höchststandard normieren.[1573] Soweit die Berliner Landesverfassung keine Möglichkeit nach dem Vorbild des Art. 15 GG vorsieht, widerspricht sie geltendem Bundesrecht.[1574] Allerdings führt dies nicht zur Anwendung zweier bestehender Normen, die im Widerspruch zueinander stehen. Die Besonderheit liegt im Verzicht der Berliner Verfassung auf die Eingriffsmöglichkeit, wie sie Art. 15 GG vorsieht. An einer Kollision fehlt es, da das Grundgesetz einen Sachverhalt regelt, die Berliner Landesverfassung jedoch nicht. Damit besteht keine Kollision im Sinne des Art. 31 GG.

3. Inhalt und Anwendbarkeit des Art. 142 GG

Enthalten Landesverfassungen Grundrechte, die mit den im Grundgesetz gewährleisteten Grundrechten übereinstimmen, so bleiben die Grundrechte der Landesverfassungen nach Art. 142 GG in Kraft und bindet das Land.[1575] Landesverfassungen können daher einen weitergehenden Schutz an Freiheiten bestimmen.[1576] Art. 142 GG wird als *lex specialis* gegenüber Art. 31 GG bezeichnet.[1577] Eine derartige Übereinstimmung liegt vor, wenn der Gewährleistungsbereich und die Schranken des Grundrechts sich nicht widersprechen.[1578] Diese Widerspruchsfreiheit besteht bei Grundrechten, die inhaltsgleich sind. Inhaltsgleich sind Grundrechte, wenn sie denselben Gegenstand im *„gleichen Sinne, mit gleichem Inhalt und gleichem Umfang“* regeln.[1579] Der Begriff der Grundrechte in Art. 142 GG ist weit zu verstehen und umfasst alle Bestimmungen der Landesverfassung, die Rechte des Einzelnen enthalten oder der Verstärkung der Rechte Einzelner dienen.[1580] Erst wenn der Bundesgesetzgeber in einem seiner Regelungskompetenz unterfallendem Bereich die Einschränkungsmöglichkeiten ausschöpft, setzt sich das Bundesrecht gegenüber dem Landesgrundrecht durch.[1581]

1573 *Sacksofsky*, in: Bonner Kommentar zum Grundgesetz, Art. 142 Rn. 40.

1574 *Sodan/Ferlemann*, LKV 2019, 193 (199).

1575 *Lindner*, JuS 2018, 233 (235).

1576 BVerfGE 96, 345 (365); *Korioth*, in: Dürig/Herzog/Scholz, Kommentar zum Grundgesetz, Art. 142 Rn. 14.

1577 *Wolfers/Opper*, DVBl. 2019, 542 (545).

1578 *Krings*, in: Friauf/Höfling, Berliner Kommentar zum Grundgesetz, Art. 142 Rn. 12; *Lindner*, JuS 2018, 233 (235).

1579 BVerfGE 96, 345 (365); Hess. StGH NZA 2017, 727 (728).

1580 *Sacksofsky*, in: Bonner Kommentar zum Grundgesetz, Art. 142 Rn. 31.

1581 *Sacksofsky*, in: Bonner Kommentar zum Grundgesetz, Art. 142 Rn. 41.

Enthalten Landesgrundrechte weitergehenden Grundrechtsschutz, besteht Raum für die Anwendungskontrolle von Bundesrecht durch die Landesstaatsgewalt am Maßstab des Landesgrundrecht allerdings nur, wenn das Bundesrecht dem Gesetzesanwender einen Entscheidungsspielraum belässt, in dem sich die Landesgrundrechte entfalten können.[1582] Allerdings stimmen auch solche Landesgrundrechte mit den Bundesgrundrechten überein, die ebenso wie diese auf Einschränkungsmöglichkeiten verzichten.[1583] Grundsätzlich kollidieren diese Grundrechte nicht miteinander, da der grundgesetzliche Gesetzesvorbehalt nicht als Pflicht zur Einschränkung zu verstehen ist. Anders liegt es dann, wenn der *Bundes*gesetzgeber von dem Gesetzesvorbehalt Gebrauch gemacht hat.[1584] In diesem Fall bricht nach Art. 31 GG das einfache Bundesrecht das Landesverfassungsrecht. Auch liegt es anders, wenn das Bundesgrundrecht einen weitergehenden Schutz des Landesgrundrecht ausschließen wollte.[1585]

Fraglich ist aber, ob eine Verfassung auf eine Parallelnorm zu Art. 15 GG verzichten darf oder ob dies einen Verstoß gegen das Grundgesetz darstellt. Denn wenn das Grundgesetz den Eingriff ausdrücklich erlaubt, darf die Landesverfassung diesen Eingriff möglicherweise nicht ausschließen. Art. 15 GG stellt eine den Gesetzgeber berechtigende Eingriffsnorm dar. Sie ist keine den Bürger begünstigende Norm und kein Grundrecht. Die Landesverfassungen sind damit nicht an sie im Sinne eines vorgeschriebenen Mindeststandards gebunden. Denn dieser sichert lediglich bürgerliche Freiheiten ab. Stattdessen ist Art. 15 GG auch an den Landesverfassungsgeber adressiert mit der Option, dass er sich einen entsprechenden Eingriff in landesverfassungsrechtlich gewährleistete Grundrechte offenhalten kann. Eine Parallelvorschrift zu Art. 15 GG in den Landesverfassungen ist nicht zwingend. Dies wird durch die in Art. 15 GG selbstgewählte Formulierung „*kann*" belegt.

1582 Hess. StGH, NZA 2017, 727 (729); *Lindner*, JuS 2018, 233 (234).

1583 *Kunig/Hanschel*, in: v. Münch/Kunig, Kommentar zum Grundgesetz, Art. 142 Rn. 7; *Birkenmaier*, in: Schmidt/Bleibtreu, Kommentar zum Grundgesetz, Art. 142 Rn. 4; *Pietzcker*, in: Isensee/Kirchhof, Handbuch des Staatsrechtes, § 134 Rn. 74.

1584 *Pietzcker*, in: Isensee/Kirchhof, Handbuch des Staatsrechtes, § 134 Rn. 77.

1585 BVerfGE 96, 345 (365); *Krings*, in: Friauf/Höfling, Berliner Kommentar zum Grundgesetz, Art. 142 Rn. 12.

4. Keine unmittelbare Geltung des Art. 15 GG durch Art. 1 Abs. 3 GG für Berlin

Gemäß Art. 1 Abs. 3 GG werden die Gesetzgebung, die vollziehende Gewalt und die Rechtsprechung an die Art. 1 GG nachfolgenden Grundrechte als unmittelbares Recht gebunden. Auch die Länder werden durch Art. 1 Abs. 3 GG unmittelbar an die Grundrechte des Grundgesetzes gebunden.[1586] Art. 1 Abs. 3 GG räumt allerdings weder dem Bund noch den Ländern Kompetenzen ein. Zur Wahrung der Grundrechte sind Bund und Länder jeweils nur in den Bereichen befugt, die ihnen das Grundgesetz zuweist.[1587] Indes führt Art. 1 Abs. 3 GG nicht zur unmittelbaren Bindung der Landesverfassungen an Art. 15 GG.[1588] Art. 1 Abs. 3 GG bindet nur an Grundrechte, nicht unmittelbar an Eingriffsbefugnisse. Erst, wenn landesverfassungsrechtliche Grundrechte weniger Schutz als die Bundesgrundrechte bieten, gilt wegen Art. 1 Abs. 3 GG der Minimalstandard des Grundgesetzes unmittelbar.[1589]

Ähnlich argumentiert der VerfGH des Landes Berlin. Zwar enthalte die Berliner Verfassung mit Art. 1 Abs. 3 die Formulierung, dass das Grundgesetz und Gesetze der Bundesrepublik Deutschland für das Land Berlin bindend seien. Aus Art. 1 Abs. 3 der Berliner Verfassung könne man jedoch nicht ableiten, dass das Grundgesetz unmittelbar gelte, weil diese Bestimmung lediglich die objektive Geltung des Grundgesetzes und der Gesetze des Bundes in Berlin anordne, nicht aber ihrerseits Rechte begründen.[1590] Damit darf der Landesgesetzgeber auch landesverfassungsrechtlich gewährtes Eigentum nur in den Grenzen des Art. 15 GG einschränken, nicht aber darüber hinaus.[1591] Art. 15 GG gilt daher für die Länder dergestalt unmittelbar, dass das Landesgrundrecht nicht weiter entzogen werden darf, als es Art. 15 GG ermöglicht. Eine Art. 15 GG in Inhalt und Reichweite übertreffende, einfachgesetzliche Norm wäre nicht verfassungskonform. Art. 15 GG gilt jedoch nicht unmittelbar dergestalt, dass er eine Grundlage für den Landesgesetzgeber zum Eigentumseingriff darstellt. Denn ansonsten liefe

1586 BVerfGE 31, 58 (72 f.); *Höfling*, in: Sachs, Kommentar zum Grundgesetz, Art. 1 Rn. 87; *Hillgruber*, in: Epping/Hillgruber, Kommentar zum Grundgesetz, Art. 1 Rn. 64.1.

1587 BVerfGE 12, 205 (249).

1588 *Krüger*, in: Bettermann/Nipperdey/Scheuner, Die Grundrechte, S. 321.

1589 *Korioth*, in: Dürig/Herzog/Scholz, Kommentar zum Grundgesetz, Art. 142 Rn. 14.

1590 VerfGH Berlin, Beschluss vom 08.09.1993 – BeckRS 1993, 10289; VerfGH Berlin, NJW 1998, 3632 (3633).

1591 *Korioth*, in: Dürig/Herzog/Scholz, Kommentar zum Grundgesetz, Art. 142 Rn. 14.

die Vorschrift des Art. 142 GG leer, da ein weiterreichender Schutz durch die Landesverfassungen nicht möglich wäre. Der Landesgesetzgeber wäre ansonsten gezwungen, die Grundrechte seiner Verfassung exakt am Grundgesetz zu orientieren.

5. Abschließender Charakter von Grundrechten

Das Land Berlin kann auch deswegen ein Gesetz nicht unmittelbar auf Art. 15 GG stützen, da ansonsten die Selbstbindung und Selbstbeschränkung des Staates durch die Verfassung und die Garantie der Grundrechte leerliefe. Denn eine Verfassung ist nicht nur ein Regelwerk zum Staatsaufbau, sondern legt gleichzeitig eine Begrenzung der Staatsmacht gegenüber dem Bürger fest.

Grundrechte sichern Freiheitsbereiche, die staatlicher Einwirkung grundsätzlich entzogen und der Willensmacht des Grundrechtsinhabers übergeben werden.[1592] Sie vermitteln Schutz gegenüber dem Staat, der sie in seine Verfassung aufgenommen hat. Die Möglichkeiten zum Eingriff in Grundrechte sind abschließend aufgezählt, besonders im Bereich des Eigentums.[1593] Der Bund darf daher nur in das Eigentum nach Art. 14 GG eingreifen, wenn sich der Eingriff als Inhalts- und Schrankenbestimmung, Enteignung oder unter Art. 15 GG einordnen lässt.

Sind die grundgesetzbezogenen Eingriffsmöglichkeiten des Staates jedoch abschließend aufgezählt, deutet dies darauf hin, dass ein Eingriff in Grundrechte nur möglich ist, wenn sich der Staat diese in seiner Verfassung vorbehält. Dabei muss jede Eingriffsmöglichkeit in der Verfassung selbst angelegt sein, um von Beginn an zu verdeutlichen, in welchem Umfang der Staat die Freiheitsrechte gegenüber dem Bürger garantiert. Steht dem Staat dagegen ein allumfassendes, außerhalb der Verfassung liegendes Eingriffsrecht zu, liefen der Garantiegehalt sowie die Bindungswirkung des Staates an diese Garantie leer.[1594] Dies verdeutlicht sich auch an den Beratungen des Parlamentarischen Rates. Eine allgemeine Eingriffs-Interpretationsregel, die für alle Grundrechte pauschal gelten sollte, hielt man für

1592 *Hillgruber*, in: Isensee/Kirchhof, Handbuch des Staatsrechtes, § 200 Rn. 7.

1593 *Wolfers/Opper*, DVBl. 2019, 542 (543).

1594 Parlamentarischer Rat, Akten und Protokolle, Band 5/1, Ausschuss für Grundsatzfragen, S. 172.

nicht praktikabel und gefährlich, sodass man bewusst darauf verzichtete.[1595] Der Verfassungsgeber entschied sich für grundrechtsspezifische Schrankenbestimmung. Denn wenn der Gesetzgeber durch eine allgemeine Klausel zu Eingriffen in Grundrechte ermächtigt werde, würde den Grundrechten ihr Wert als eine „*wirksame Verbürgung der menschlichen Persönlichkeitsrechte*" weitgehend genommen.[1596] Was einerseits als weite Freiheitssphäre des Einzelnen eingeräumt wurde, dürfe andererseits nicht durch pauschale Ermächtigungen an den Gesetzgeber untergraben werden.[1597] Dementsprechend ist das abgestufte grundrechtliche System,[1598] welches Eingriffe in Freiheitsrechte rechtfertigt, abschließend konzipiert. Der Gesetzgeber darf nicht durch pauschale Rückgriffe auf außerhalb seiner Verfassung liegende Schranken Freiheitsrechte unterlaufen.[1599] Grundgesetzlich nicht vorgesehene oder nicht hinreichend bestimmte Grundrechtsbeschränkungen sind daher dem freiheitsberechtigten Grundrechtsträger nicht zuzumuten.[1600] Zwar können sich Grundrechtseinschränkungen nicht nur aus den ausdrücklichen Vorbehalten im Grundrecht, sondern auch aus der Wirkung anderer Grundrechte ergeben, soweit diese verfassungsimmanenten Schranken durch formelles Gesetz konkretisiert wurden.[1601] Allerdings folgen auch diese Beschränkungen unmittelbar aus dem Wesen der Grundrechte selbst, da der persönliche Freiheitsbereich des Einzelnen immer seine Schranken im Freiheitsbereich seines Nächsten findet. Diese verfassungsimmanenten Schranken sind dort bereits selbst angelegt. Sie stehen nicht zur Disposition des Staates.

Insgesamt handelt es sich mit der abschließenden Möglichkeit zum Eingriff in Grundrechte um einen Schutzmechanismus des Bürgers gegenüber dem Staat, welcher sich unmittelbar aus dem Wesen der Grundrechte ergibt. Damit gilt dies auch für die Landesverfassungen. Enthält eine Lan-

---

1595 *Scholz*, in: Dürig/Herzog/Scholz, Kommentar zum Grundgesetz, Art. 12 Rn. 304; *Böckenförde*, NJW 1974, 1529 (1537).

1596 Parlamentarischer Rat, Akten und Protokolle, Band 5/1, Ausschuss für Grundsatzfragen, S. 172.

1597 Parlamentarischer Rat, Akten und Protokolle, Band 5/1, Ausschuss für Grundsatzfragen, S. 172.

1598 Einfacher Gesetzesvorbehalt, qualifizierter Gesetzesvorbehalt, verfassungsimmanente Schranken oder schrankenlos gewährtes Grundrecht.

1599 *Hillgruber*, in: Isensee/Kirchhof, Handbuch des Staatsrechtes, § 201 Rn. 9.

1600 *Hillgruber*, in: Isensee/Kirchhof, Handbuch des Staatsrechtes, § 201 Rn. 28.

1601 BVerfGE 30, 336 (347); 83, 130 (139) m.w.N.; *Detterbeck*, Öffentliches Recht, Rn. 294 f.; *Hillgruber*, in: Isensee/Kirchhof, Handbuch des Staatsrechtes, § 201 Rn. 104.

desverfassung Grundrechte und entsprechende Eingriffsmöglichkeiten, ist das Land an diese Grundrechte einschließlich ihrer Eingriffsmöglichkeiten gebunden, soweit diese Regelungen nicht den Schutz des Grundgesetzes unterlaufen. Ein Rückgriff auf eine Eingriffsermächtigung des Bundes ist dann nicht mehr möglich, da ansonsten die Bindung des Landes an seine selbst auferlegte Verfassung unterlaufen wird. So verhält es sich in Berlin. Die Berliner Verfassung enthält keine Ermächtigung im Sinne des Art. 15 GG. Die nach ihr möglichen Eingriffe des Landesgesetzgebers in das landesverfassungsrechtlich gewährte Eigentum sind damit Inhalts- und Schrankenbestimmungen sowie die Administrativenteignung.

6. Zwischenergebnis

Im Ergebnis darf das Land Berlin auch deshalb kein Vergesellschaftungsgesetz erlassen, weil eine solche Eingriffsmöglichkeit in der Berliner Verfassung nicht vorgesehen ist. Dieses Ergebnis findet seine Stütze in der Rechtsprechung des Bundesverfassungsgerichtes. Dem Bundesgesetzgeber steht zur Einschränkung der Eigentumsfreiheit nur Art. 15 GG, die Verwirkung nach Art. 18 GG und die in Art. 14 GG genannten Eingriffsmöglichkeiten zur Verfügung.[1602] Darüberhinausgehende Einschränkungen sind mit dem Grundgesetz unvereinbar, da der Gesetzgeber Einschränkungen nicht beliebig erfinden und damit den verfassungsmäßigen Schutz schwächen darf.[1603] Dieser Gedanke muss sich auch in den Landesverfassungen niederschlagen. Die Wirkung der Landesgrundrechte gegenüber dem Landesgesetzgeber ist mit der Wirkung der Bundesgrundrechte gegenüber dem Bund vergleichbar.

Dieser Auslegung steht schließlich auch nicht entgegen, dass einige Bundesländer (Hamburg und Schleswig-Holstein) auf die Aufnahme von Grundrechten in ihren Landesverfassungen verzichtet haben. Für diese Länder gelten nach Art. 1 Abs. 3 GG unmittelbar die Grundrechte des Grundgesetzes einschließlich ihrer Eingriffsmöglichkeiten, da die Landesverfassungen den Minimalstandard des Grundgesetzes nicht gewähren. Dies war jedoch schon bei Inkrafttreten dieser Verfassungen beabsichtigt, sodass sich die Länder den Eingriff in diese Grundrechte gegenüber dem Bürger vorbehalten haben. Im Unterschied dazu hat Berlin eigenständige

1602 BVerfGE 22, 387 (422).
1603 BVerfGE 22, 387 (422).

Grundrechte in seine Landesverfassung aufgenommen, die sowohl auf eine Parallelvorschrift zu Art. 15 GG wie auch auf Legalenteignungen verzichteten. Da beide Rechtsinstitute bei Schaffung der Berliner Verfassung 1995 bekannt waren, die Berliner Verfassung aber dennoch auf ihre Aufnahme verzichtet hat, ist davon auszugehen, dass gerade kein Rückgriff auf Art. 14 Abs. 3 S. 2 GG und Art. 15 GG möglich sein sollte.[1604]

1604 *Schmidt*, DÖV 2019, 508 (512).

Kapitel 8 – Schlussbetrachtung und Thesen

A. Schlussbetrachtung

Das geplante Vergesellschaftungsgesetz ist aus mehreren Gründen verfassungswidrig. Es stellt zunächst einen unverhältnismäßigen und damit ungerechtfertigten Eingriff in die Eigentums-, Berufs-, Unternehmens-, Wettbewerbs- und allgemeine Wirtschaftsfreiheit der betroffenen Unternehmen dar. Die zu erwartenden positiven Effekte rechtfertigen diesen Eingriff nicht. Hinzu kommt, dass das Vergesellschaftungsgesetz weder dauerhaft ein Absinken des Mietniveaus in Berlin bewirken noch freien Wohnraum schaffen kann. Das Vergesellschaftungsgesetz würde lediglich wirtschaftliche Machtkonzentrationen an den in Art. 15 GG genannten Objekten vermindern. Gleichzeitig wären die Betroffenen auch zu entschädigen. Schließlich lindert das Vergesellschaftungsgesetz auch nicht den Druck auf den Wohnungsmarkt, sondern verknappt das Angebot. Nur aber eine Reduzierung der Nachfrage nach Wohnraum oder eine Erhöhung des Wohnraumbestandes und Wohnraumangebotes können den Druck auf den Wohnungsmarkt signifikant verringern. Die Verknappung des Angebots bewirkt das genaue Gegenteil. Außerdem profitieren von dem Vergesellschaftungsgesetz auch solche Mieter, die nicht Gefahr laufen, verdrängt zu werden. Insofern handelt es sich um eine wenig zielgerichtete Maßnahme.

Die durch das Vergesellschaftungsgesetz verursachten massiven Grundrechtseingriffe sowie die Verfehlung wesentlicher Gesetzeszwecke werden nicht durch das sozialpolitisch wünschenswerte Ziel des Mieterschutzes vor Verdrängung gerechtfertigt. Auch die Belastung des Berliner Landeshaushaltes durch die zu leistenden enormen Entschädigungszahlungen für die geplanten Wohnraumüberführungen lässt das Vergesellschaftungsgesetz als unangemessen erscheinen. Wie gezeigt, könnte man bereits mit der von der Bürgerinitiative geschätzten Entschädigungssumme den Berliner Wohnungsneubedarf für mehr als drei Jahre sichern. Neubauten können dabei auch neue Umweltstandards berücksichtigen, während Altbau aufwendig und kostenintensiv saniert werden müsste.

Schließlich fehlt es dem Land Berlin an einer Ermächtigungsgrundlage zum Erlass des Vergesellschaftungsgesetzes. Ein Rückgriff auf Art. 15 GG scheidet aus. Die Berliner Verfassung hat sich gegen ein solches Instrument entschieden. Damit sind landesrechtliche Vergesellschaftungsgesetze, die in die Berliner Landesgrundrechte der betroffenen Unternehmen eingreifen, landesverfassungsrechtlich unzulässig.

Die Forderungen der Bürgerinitiative sind allerdings von einem gewissen Standpunkt aus nachvollziehbar. Wer regelmäßig auf (gesetzlich zulässige) Mieterhöhungen besteht, zugleich aber erforderliche Instandsetzungsarbeiten, Wartungen oder Sicherungsvorkehrungen unterlässt, handelt gefühlsmäßig nicht rechtskonform. Allerdings kommt es bei der Frage der Verfassungsmäßigkeit eines Gesetzes nicht auf die Gefühlslage, Emotionen oder Moralvorstellungen an. Maßgeblich sind alleine die verfassungsrechtlichen Vorgaben.

Die bisherigen Maßnahmen des Bundes und der Länder zur Bekämpfung der Wohnungsnot in bestimmten Gebieten setzen außerdem nicht am eigentlichen Problem an. Mietendeckel, Mietpreisbremse und Vergesellschaftungsgesetz wirken letztlich nur auf der Angebotsseite.[1605] Die gestiegene Wohnraumnachfrage wird durch diese Maßnahmen nicht berührt. Diese Nachfrage bei einem nicht schritthaltenden Angebot führt jedoch erst zum Anstieg der Mieten. Notwendig wären daher auch Instrumente, die die Nachfrage nach Wohnraum in Großstädten reduzieren. Hierzu könnten sowohl die Attraktivitätssteigerung des ländlichen Raumes oder der kleinen oder mittleren Städte außerhalb der Ballungsräume sowie ein signifikant besserer öffentlicher Nahverkehr gehören.[1606] Auch die Förderung von Homeoffice zumindest in Berufsgruppen, in denen ein solches Arbeiten realisierbar ist,[1607] könnte die Nachfrage senken. Ziel muss daher sein, den Wunsch der Bevölkerung nach Zuzug in die Großstadt zu dämpfen bzw. den Zuzug unnötig zu machen. Wenn für Viele die Notwendigkeit des Wohnens in der Großstadt entfällt, lässt sich effektiv der Druck auf die Wohnungsmärkte lindern und die Macht vermeintlich Weniger am Wohnungsmarkt brechen. Sollte dies aber nicht den politischen Vorstellungen des Gesetzgebers zusagen, bliebe als letzte Alternative nur eine signifikante Erhöhung des Angebotes durch Schaffung von neuem Wohnraum. Allerdings ist die Umsetzung entsprechender Neubauobjekte zum einen zeitraubend – insbesondere in Berlin unter den dortigen Verhältnissen einschließlich der angespannten Haushaltslage. Zum anderen wird damit ein

1605 So im Ergebnis auch *Simons/Weiden*, IzR 2016, 263 (273).
1606 *Kühling*, DVBl. 2020, 842 (849).
1607 Wozu auch Richterschaft und Staatsanwaltschaften gehören.

zusätzlicher Anreiz für einen verstärkten Zuzug gesetzt, sodass die Gefahr einer kontraproduktiven Sogwirkung besteht.

B. Thesen

1.) Art. 15 GG normiert die Überführung in Gemeineigentum oder andere Formen der Gemeinwirtschaft zum Zwecke der Vergesellschaftung. Er ist nicht gleichzusetzen mit der historischen Sozialisierungsforderung. Art. 15 GG enthält wesentliche Einschränkungen, die dem historischen Vorbild fremd sind.
2.) Legitime Ziele eines Gesetzes nach Art. 15 GG sind insbesondere sozialer Frieden und Gerechtigkeit, die Verwirklichung des Sozialstaatsprinzips sowie die Vermeidung wirtschaftlicher Machtzusammenballungen an bestimmten sozialgewichtigen Gütern.
3.) Art. 15 GG ist ein eigenständiges Rechtsinstitut und zugleich eine weitere Schranke des Art. 14 Abs. 1 S. 1 GG. Art. 15 GG enthält kein Grundrecht auf „*Nicht-Sozialisierung*".
4.) Art. 15 GG ermöglicht dem Gesetzgeber, Gegenstände, die von besonderer sozialer Bedeutung für menschliche Grundbedürfnisse sind, in Gemeineigentum oder andere Formen der Gemeinwirtschaft zu überführen, um Nutzen, Früchte und Gewinne aus diesen Gegenständen möglichst vielen Menschen zugänglich zu machen. Schlichte Umverteilung unter Privaten ermöglicht Art. 15 GG nicht, solange der neue private Rechtsträger nicht gemeinwirtschaftlich organisiert ist.
5.) Art. 15 GG hebt die Privatnützigkeit im Sinne einer subjektiven Zugehörigkeit eines Gegenstandes zum Eigentümer nicht auf.
6.) Art. 15 GG und Verstaatlichung sind zu unterscheiden. Während Verstaatlichung lediglich die Frage des Eigentümers betrifft, zielt Art. 15 GG auf die Veränderung der Bewirtschaftungsweise ab.
7.) Eine Total-Sozialisierung allen Produktionseigentums kann durch Art. 15 GG nicht gerechtfertigt werden. Die grundrechtlich geschützte Berufsfreiheit, die Freiheit des Eigentums, einschließlich dem an Wirtschaftsgütern, die Koalitionsfreiheit und die Wirtschaftsfreiheit verbieten Planwirtschaft.
8.) Der Begriff der Produktionsmittel ist weit zu verstehen und umfasst auch Anteilseigentum, soweit dieses in Händen Einzelner Verfügungsmacht über Viele bewirkt und das im Anteilseigentum gehaltene Unternehmen gemeinwirtschaftlichen Zwecken dient.

9.) Ein Vergesellschaftungsgesetz allein zur Verdrängung von Mietspekulanten oder Wohnungsgesellschaften ist nicht zulässig, da dies keinen zulässigen Überführungszweck darstellt. Ebenso ist ein Vergesellschaftungsgesetz zum Zwecke der Staatsfinanzierung unzulässig.

10.) Auf ein Gesetz nach Art. 15 GG findet der Verhältnismäßigkeitsgrundsatz uneingeschränkt Anwendung.

11.) Die Entschädigung bemisst sich ausschließlich am Maßstab des Art. 14 Abs. 3 S. 3 u. S. 4 GG. Nur eine gerechte einzelfallbezogene Entschädigung unter Berücksichtigung aller Belange ist verfassungskonform. Eine besondere, über die Abwägung des Art. 14 Abs. 3 S. 3 und S. 4 GG hinausgehende Berücksichtigung des Art. 15 GG ist unzulässig.

12.) Ein Vergesellschaftungsgesetz kann vom Landesgesetzgeber nur erlassen werden, wenn sich das Land diesen Eingriff in seine Landesgrundrechte vorbehalten hat. Ein Rückgriff des Landes auf Art. 15 GG, um in die Landesgrundrechte einzugreifen, ist nicht möglich.

Anlage – Vergesellschaftungsgesetz – Stand Mai 2021[1608]

§ 1 Vergesellschaftung

(1) Der Bestand an Wohnimmobilien vergesellschaftungsreifer Unternehmen wird in Gemeineigentum überführt.

(2) Maßgeblicher Zeitpunkt für die Bestimmung des Bestands nach Absatz 1 ist der 26. September 2021 (Stichtag).

(3) Trägerin des Gemeineigentums ist die Anstalt des öffentlichen Rechts „Gemeingut Wohnen". Die Trägerin besorgt eine gemeinwirtschaftliche Nutzung des Gemeineigentums. Erträge aus der Bewirtschaftung des Gemeineigentums dürfen nicht ausgeschüttet, sondern ausschließlich für die Aufwendungen nach diesem Gesetz sowie für die Erfüllung der gesetzlichen Aufgaben der Trägerin genutzt werden.

(4) Die in Gemeineigentum überführten Wohnimmobilien dürfen nicht auf eine andere natürliche oder juristische Person übertragen werden.

§ 2 Begriffsbestimmungen

(1) Wohnimmobilien im Sinne dieses Gesetzes sind

1. Grundstücke, auf denen Gebäude ausschließlich oder teilweise für Wohnzwecke errichtet sind oder errichtet werden,

2. Wohnungseigentum im Sinne des Wohnungseigentumsgesetzes und

3. unbebaute Grundstücke, auf denen bauplanungs- und -ordnungsrechtlich Gebäude ausschließlich oder teilweise für Wohnzwecke errichtet werden können,

auf dem Gebiet des Landes Berlin.

(2) Unternehmen sind juristische Personen und Personengesellschaften des Privatrechts sowie natürliche Personen.

(3) Kann ein Unternehmen auf ein anderes Unternehmen einen bedeutenden Einfluss ausüben, gelten sie als übergeordnetes und nachgeordnetes

---

1608 Deutsche Wohnen und Co Enteignen, zuletzt abgerufen am 01.02.2023 unter https://content.dwenteignen.de/uploads/202105_Vergesellschaftungsgesetz_a9fd1e119c.pdf.

Unternehmen im Sinne dieses Gesetzes. Ein bedeutender Einfluss wird ausgeübt, wenn mittelbar oder unmittelbar

1. ein beherrschender Einfluss nach § 290 Absatz 2 bis 4 des Handelsgesetzbuchs vorliegt,

2. mindestens 20 % der Kapitalanteile am nachgeordneten Unternehmen gehalten werden,

3. mindestens 20 % der Stimmrechte kontrolliert werden oder

4. ein vergleichbarer Einfluss ausgeübt wird.

Das nachgeordnete Unternehmen eines nachgeordneten Unternehmens ist auch dem übergeordneten Unternehmen nachgeordnet. Mittelbarer Einfluss liegt insbesondere dann vor, wenn entsprechende Anteile oder Stimmrechte kumuliert von anderen nachgeordneten Unternehmen gehalten oder kontrolliert werden.

(4) Im Sinne dieses Gesetzes umfasst der Bestand an Wohnimmobilien eines Unternehmens sein Eigentum an Wohnimmobilien und das Eigentum an Wohnimmobilien seiner nachgeordneten Unternehmen. Eigentümer ist, wer als Eigentümer im Grundbuch eingetragen oder als wirtschaftlich Berechtigter gemäß § 3 Absatz 1 bis 4 des Geldwäschegesetzes anzusehen ist. Besteht Miteigentum an einer Wohnimmobilie, so wird die Wohnimmobilie ungeachtet des Bruchteils oder Anteils zum Bestand gezählt. Bei Wohnimmobilien nach Absatz 1 Nummer 2 zählt nur die im Sondereigentum stehende Wohnung und der Miteigentumsanteil zum Bestand.

§ 3 Vergesellschaftungsreife

(1) Ein Unternehmen ist vergesellschaftungsreif, wenn sein Bestand an Wohnimmobilien am Stichtag dreitausend Wohnungen oder mehr umfasst. Unbebaute Grundstücke nach § 2 Absatz 1 Nummer 3 werden jeweils als eine Wohnung gezählt.

(2) Nicht vergesellschaftungsreif sind

1. die landeseigenen Wohnungsunternehmen im Sinne des Gesetzes über die Neuausrichtung der sozialen Wohnraumversorgung in Berlin,

2. Unternehmen, die ohne Gewinnerzielungsabsicht handeln, insbesondere Körperschaften, Personenvereinigungen und Vermögensmassen im Rahmen einer Befreiung nach § 5 Absatz 1 Nummer 9 des Körperschaftssteuergesetzes wegen der Verfolgung gemeinnütziger, mildtätiger oder kirchlicher Zwecke, und

3. gemeinwirtschaftliche Unternehmen des Privatrechts, insbesondere Genossenschaften im Sinne von § 1 Absatz 1 des Genossenschaftsgesetzes, die ihre Wohnungen überwiegend an Mitglieder und deren Angehörige zum Gebrauch überlassen.

§ 4 Grundsätze der Entschädigung

(1) Entschädigung kann verlangen, wessen Eigentum entzogen wurde (Entschädigungsberechtigter).

(2) Entschädigungsverpflichtete ist die Trägerin des Gemeineigentums. Das Land Berlin haftet für die Verbindlichkeiten der Entschädigungsverpflichteten aus der Entschädigung.

(3) Der Entschädigungsanspruch wird durch Zuteilung von übertragbaren Schuldverschreibungen der Entschädigungsverpflichteten gegenüber dem Entschädigungsberechtigten erfüllt. Die Schuldverschreibungen werden in vierzig gleichen Jahresraten getilgt. Die Senatsverwaltung für Finanzen wird ermächtigt, durch Rechtsverordnung Einzelheiten der Erfüllung des Entschädigungsanspruchs und des Verfahrens (wie z. B. Begebung und Ausgestaltung der Schuldverschreibungen, Form der Tilgung, Zusammenwirken der beteiligten Stellen) zu regeln.

§ 5 Höhe der Entschädigung

(1) Die Höhe der Entschädigung für ein bebautes Grundstück und Wohnungseigentum ergibt sich aus Absatz 2, für ein unbebautes Grundstück aus Absatz 3. Mit dieser Entschädigung sind alle Werte abgegolten, insbesondere Grund und Boden, die wesentlichen Bestandteile und das Zubehör des Grundstücks, die Gebäude und die baulichen Anlagen, einschließlich Außenanlagen und Zubehör, sowie die sonstigen Anlagen.

(2) Die Höhe der Entschädigung für ein bebautes Grundstück setzt sich zusammen aus einer Berechnung für die Entschädigung von Wohnraum und Gewerberaum.

1. Wohnraum wird in Höhe seines Reinertrags aus 40 Jahren auf Grundlage leistbarer Mieten entschädigt. Der Reinertrag errechnet sich aus der leistbaren Nettokaltmiete abzüglich der für eine nachhaltige Bewirtschaftung erforderlichen Kosten. Als leistbar gilt im ersten Jahr eine monatliche Nettokaltmiete in Höhe von 4,04 Euro pro Quadratmeter; hiervon sind bei einfachen Wohnlagen 0,18 Euro und bei mittleren Wohnlagen 0,06 Euro abzuziehen, bei guten Wohnlagen sind 0,47 Euro aufzuschlagen; bei moderner Ausstattung sind 0,64 Euro aufzuschlagen. Die Zuordnung der

Wohnlage erfolgt nach der Wohnlagenkarte des Mietspiegels 2021. Eine moderne Ausstattung liegt vor, wenn der Wohnraum wenigstens drei der folgenden fünf Merkmale aufweist:

a. schwellenlos von der Wohnung und vom Hauseingang erreichbarer Personenaufzug,

b. höchstens 15 Jahre alte Einbauküche,

c. hochwertige Sanitärausstattung,

d. hochwertiger Bodenbelag in der überwiegenden Zahl der Wohnräume,

e. Energieverbrauchskennwert von weniger als 120 kWh/(m^2 a).

Die Bewirtschaftungskosten nach Satz 2 betragen im ersten Jahr monatlich 2,76 Euro pro Quadratmeter. Die leistbare Miete und die Bewirtschaftungskosten werden ab dem zweiten Jahr jährlich mit 0,43 vom Hundert fortgeschrieben.

2. Gewerberaum wird nach seinem Ertragswert auf Grundlage der Ist-Miete entschädigt. Dieser errechnet sich aus dem Fünfzehnfachen der wirksam vereinbarten Jahresnettokaltmiete zum Stichtag. Soweit die vereinbarte Nettokaltmiete den Wert von monatlich 21,48 Euro pro Quadratmeter übersteigt, wird sie bei der Errechnung des Ertragswerts nicht berücksichtigt.

(3) Unbebaute Grundstücke werden mit dem Bodenrichtwert vom 1. Januar 2013 zuzüglich Inflationsausgleich zum Stichtag entschädigt.

(4) Die Entschädigung wird auf das nächste Vielfache von 1.000 Euro abgerundet.

§ 6 Privatrechtliche Verpflichtungen

(1) Bestehende Miet-, Nutzungs- und Pachtverträge der in Gemeineigentum überführten Wohnimmobilien werden fortgeführt. Die Trägerin des Gemeineigentums tritt in die entsprechenden Rechte und Pflichten der Miet-, Nutzungs- und Pachtverhältnisse ein.

(2) Die in Gemeineigentum überführten Wohnimmobilien werden von allen darauf haftenden privatrechtlichen Verpflichtungen frei mit Ausnahme der Wohnrechte, der Wege-, Durch- und Zufahrtsrechte sowie der Leitungsrechte. Bei sonstigen Dienstbarkeiten kann die Durchführungsbehörde im Einvernehmen mit der Trägerin des Gemeineigentums auf Antrag des Berechtigten die privatrechtliche Verpflichtung erneut begründen.

(3) Soweit Rechte nach Absatz 2 erlöschen und nicht erneut begründet werden, besteht ein Anspruch gegen die Trägerin des Gemeineigentums (Drittentschädigung). Die Höhe der Drittentschädigung richtet sich nach dem Berliner Enteignungsgesetz unter Berücksichtigung von § 5 Absatz 4. Die Art der Drittentschädigung richtet sich nach § 4 Absatz 3. Der Anspruch aus Drittentschädigung wird auf den Anspruch des Entschädigungsberechtigten aus §§ 4 und 5 dieses Gesetzes angerechnet.

§ 7 Durchführung

(1) Mit der Durchführung dieses Gesetzes wird die für das Wohnungswesen zuständige Senatsverwaltung betraut (Durchführungsbehörde). Sie kann von Amts wegen alle zur Umsetzung dieses Gesetzes erforderlichen Maßnahmen treffen.

(2) Die Durchführungsbehörde stellt den Übergang in Gemeineigentum per Bescheid fest. Der Feststellungsbescheid ist dem Eigentümer zuzustellen und dem vergesellschaftungsreifen Unternehmen sowie dem Grundbuchamt schriftlich mitzuteilen. Die Mitteilung gilt als Ersuchen der Durchführungsbehörde zur Eintragung des Eigentumsübergangs in das Grundbuch und zur Löschung der privatrechtlichen Verpflichtungen nach § 6 Absatz 2 dieses Gesetzes.

(3) Die Entschädigungshöhe wird per Bescheid festgesetzt. Der Bescheid ist dem Eigentümer zuzustellen und der Entschädigungsverpflichteten mitzuteilen.

(4) Der bisherige Eigentümer ist verpflichtet, die Wohnimmobilie treuhänderisch weiter zu bewirtschaften, bis die Trägerin des Gemeineigentums die Bewirtschaftung übernimmt. Ohne Einwilligung der Durchführungsbehörde darf während der treuhänderischen Bewirtschaftung den Mieterinnen und Mietern, Nutzerinnen und Nutzern sowie Pächterinnen und Pächtern nicht gekündigt werden und es darf keine Miet-, Entgelt- oder Pachterhöhung verlangt werden. Die Durchführungsbehörde wird ermächtigt, Einzelheiten des Besitz- und Bewirtschaftungsverhältnisses in einer Rechtsverordnung festzulegen und Anordnungen zu erteilen.

(5) Unternehmen mit Bestand an Wohnimmobilien sind verpflichtet, der Durchführungsbehörde Auskunft zu erteilen über alle für die Bestandsbestimmung und Entschädigungsberechnung erforderlichen Informationen, hierzu Unterlagen vorzulegen und erforderlichenfalls Kopien anzufertigen. Auskünfte betreffen insbesondere

1. die Gesamtzahl der Wohnungen des Wohnimmobilienbestands,

2. eine Aufschlüsselung aller Wohnimmobilien des Bestands nach Adressen, Grundstücksgrößen, Flurstücken und Eigentümern unter jeweiliger Angabe der Zahl der Wohnungen, ihrer Größe und der Merkmale einer modernen Ausstattung,

3. eine Aufschlüsselung der nachgeordneten Unternehmen einschließlich der Art des bedeutenden Einflusses im Sinne von § 2 Absatz 3 sowie der entsprechenden Informationen nach Nummer 2,

4. Auskünfte, die für eine Abklärung des wirtschaftlich Berechtigten von Bedeutung sind, und

5. die wirksam vereinbarte Jahresnettokaltmiete von Gewerberaum in Wohnimmobilien zum Stichtag.

Die Durchführungsbehörde wird ermächtigt, weitere Auskunftspflichten und Formanforderungen an die Auskunftserteilung in einer Rechtsverordnung festzulegen.

(6) Die Durchführungsbehörde ist befugt, personenbezogene Daten zu verarbeiten und zu übermitteln, soweit dies zur Erfüllung ihrer Aufgaben nach diesem Gesetz erforderlich ist.

(7) Rechtshandlungen zur Durchführung dieses Gesetzes, einschließlich der Eintragungen in öffentliche Bücher und Register, sind frei von Steuern, Gebühren und Abgaben, soweit Bundesrecht nicht etwas anderes vorsieht. Der Steuersatz der Grunderwerbsteuer für Vergesellschaftungen wird auf 0 % gesetzt.

§ 8 Rechtsbehelfe

(1) § 68 Absatz 1 Satz 1 der Verwaltungsgerichtsordnung findet auf Verwaltungsakte der Durchführungsbehörde nach diesem Gesetz Anwendung.

(2) Rechtsbehelfe gegen Verwaltungsakte nach diesem Gesetz haben keine aufschiebende Wirkung.

(3) Die Durchführungsbehörde entscheidet über den Widerspruch gegen einen auf Grundlage dieses Gesetzes erlassenen Verwaltungsakt und damit verbundene Maßnahmen der Verwaltungsvollstreckung.

§ 9 Ordnungswidrigkeit

(1) Ordnungswidrig handelt, wer vorsätzlich oder fahrlässig

1. einer vollziehbaren Anordnung nach § 7 Absatz 1 Satz 2 zuwiderhandelt,

2. entgegen § 7 Absatz 4 Satz 2 kündigt oder eine Miet-, Entgelt- oder Pachterhöhung verlangt,

3. einer Rechtsverordnung nach § 7 Absatz 4 Satz 3 oder einer vollziehbaren Anordnung auf Grund einer solchen Rechtsverordnung zuwiderhandelt, soweit die Rechtsverordnung für einen bestimmten Tatbestand auf diese Bußgeldvorschrift verweist,

4. entgegen § 7 Absatz 5 Satz 1 nicht, nicht richtig, nicht vollständig, nicht in der vorgeschriebenen Weise oder nicht rechtzeitig eine Auskunft erteilt, eine Unterlage vorlegt oder eine Kopie anfertigt,

5. einer Rechtsverordnung nach § 7 Absatz 5 Satz 3 oder einer vollziehbaren Anordnung auf Grund einer solchen Rechtsverordnung zuwiderhandelt, soweit die Rechtsverordnung für einen bestimmten Tatbestand auf diese Bußgeldvorschrift verweist.

(2) Eine Ordnungswidrigkeit kann mit einer Geldbuße von bis zu 20 Millionen Euro geahndet werden.

(3) § 30 Absatz 2 Satz 3 des Gesetzes über Ordnungswidrigkeiten findet Anwendung.

§ 10 Fortführung

Der 26. September des jeweils dritten Jahres nach dem Stichtag, erstmalig der 26. September 2024, ist neuer maßgeblicher Zeitpunkt für die Bestimmung des Bestands nach § 1 Absatz 1. Mit diesem neuen Stichtag finden die §§ 1 bis 9 erneut Anwendung unter der Maßgabe, dass entsprechend § 5 Absatz 2 Nummer 1 Satz 6 die leistbare Miete und die Bewirtschaftungskosten zum neuen Stichtag fortgeschrieben werden. Die Zuordnung der Wohnlage richtet sich nach der Wohnlagenkarte des jeweils zuletzt veröffentlichten Mietspiegels.

§ 11 Inkrafttreten

Dieses Gesetz tritt am Tag nach der Verkündung im Gesetz- und Verordnungsblatt für Berlin in Kraft.

Literaturverzeichnis

Achatz, Anton – Grundrechtliche Freiheiten im Wettbewerb: eine grundrechtsdogmatische Studie zur Verarbeitung von staatlichen Einflüssen auf das Umfeld wirtschaftlicher Betätigung, Berlin 2011.

Ahlers, Jürgen – Die Sozialisierung von Grund und Boden: historische Wurzeln, Zulässigkeit nach dem Grundgesetz sowie Vor- und Nachteile der Durchführung in der Bundesrepublik Deutschland, München 1982.

Albers, Marion – Gleichheit und Verhältnismäßigkeit, in: JuS 2008, 945 ff.

Albrecht, Willy – Die SPD unter Kurt Schumacher und Erich Ollenhauer 1946 bis 1963, Band 1, Bonn 2000.

Anschütz, Gerhard – Die Verfassung des Deutschen Reiches vom 11. August 1919, Kommentar zur Weimarer Reichsverfassung, Dritte Bearbeitung, 13. Auflage, Berlin 1931.

Badura, Peter – Staatsrecht, Systematische Erläuterung des Grundgesetzes, 5. Auflage, München 2012.

Baer, Susanne – Das Soziale und die Grundrechte, in: NZS 2014, 1 ff.

Bäumler, Helmut – Art. 15 GG als Instrument der Wirtschaftslenkung, in: GewArch 1980, 287 ff.

Baur, Fritz/Stürner, Rolf – Sachenrecht, 18. Auflage, München 2009.

Benda, Ernst – Industrielle Herrschaft und sozialer Staat, Göttingen 1966.

Berkemann, Jörg – „Das Deutsche Reich ist eine Republik", in: DÖV 2019, 584 ff.

Bettermann, Karl August/Nipperdey, Hans Carl/Scheuner, Ulrich (Hrsg.) – Die Grundrechte, Handbuch der Theorie und Praxis der Grundrechte, Band 3, Berlin 1958 [zit. *Bearbeiter*, in: Bettermann/Nipperdey/Scheuner, Die Grundrechte, S.].

Beyer, Hans Christoph – Die verfassungspolitische Auseinandersetzung um die Sozialisierung in Hessen 1946, Marburg 1978.

Blank, Hubert/Börstinghaus, Ulf – Miete, Kommentar zum BGB, 6. Auflage, München 2020 [zit. *Bearbeiter*, in: Blank/Börstinghaus, Kommentar zum BGB, § Rn.].

Blankenagel, Alexander/Schröder, Rainer/Spoerr, Wolfgang – Verfassungsmäßigkeit des Instituts und der Ausgestaltung der sog. Mietpreisbremse auf Grundlage des MietNovGE; Gutachten im Auftrag von Haus & Grund Deutschland (Stand: 12. November 2014), in: NZM 2015, 1 ff.

Böckenförde, Ernst- Wolfgang – Grundrechtstheorie und Grundrechtsinterpretation, in: NJW 1974, 1529 ff.

Börstinghaus, Ulf – Die Mietpreisbremse in der Praxis. Vom „Liebling der Politik" hin zum gerichtstatsächlichen Bewährungsprozess, in: NJW 2018, 665 ff.

Börstinghaus, Ulf (Hrsg.) – Schmidt-Futterer, Kommentar zum Mietrecht, 15. Auflage, München 2022 [zit. *Bearbeiter*, in: Schmidt-Futterer, Kommentar zum Mietrecht, § Rn.].

Bofinger, Peter – Grundzüge der Volkswirtschaftslehre, 4. Auflage, München 2015.

Brückner, Martin Lars – Sozialisierung in Deutschland, Verfassungsgeschichtliche Entwicklung und ihre Hintergründe, München 2013.

v. Brünneck, Alexander – Die Eigentumsgarantie des Grundgesetzes, Baden-Baden 1984.

Bryde, Brun-Otto – Art. 12 Grundgesetz – Freiheit des Berufs und Grundrecht der Arbeit, in: NJW 1984, 2177 ff.

Burgi, Martin – Eigentumsordnung und Wohnungsnot: Spielräume für eine wohnraumbezogene Bodenpolitik, in: NVwZ 2020, 257 ff.

Calliess, Christian/Ruffert, Matthias (Hrsg.) – EUV/AEUV – Das Verfassungsrecht der Europäischen Union mit Europäischer Grundrechtecharter, 6. Auflage, München 2022 [zit. *Bearbeiter*, in: Calliess/Ruffert, Kommentar zum EUV/AEUV, Art. Rn.].

Chorongiewski, Natascha – Kartellrechts-Compliance für Manager: Die Haftung von Managern im Hinblick auf das Zivilkartellrecht und Gesellschaftsrecht, Baden-Baden 2021.

Dath, Dietmar – Karl Marx, Ditzingen 2018.

Derksen, Roland – Der unionsrechtliche Rahmen für die Wohnungswirtschaft als Daseinsvorsorge, in: EuZW 2022, 157 ff.

Derleder, Peter – Die Notwendigkeit eines Grundrechts auf Wohnen, in: WuM 2009, 615 ff.

Detterbeck, Steffen – Öffentliches Recht, 12. Auflage, München 2022.

Di Fabio, Udo – Die Weimarer Verfassung, München 2018.

Diessner, Reinhard – Die Sozialisierung der Banken nach Art. 15 GG, 1979.

Dreier, Horst, (Hrsg.) – Kommentar zum Grundgesetz, 3. Auflage, Tübingen 2013 [zit. *Bearbeiter* in: Dreier, Kommentar zum Grundgesetz, Art. Rn.].

Drohsel, Franziska – Über die Frage der Sozialisierung am Beispiel „Deutsche Wohnen und Co. Enteignen", in: KJ 2020, 30 ff.

*Dürig, Günter (*Bgrd.*)/Herzog, Roman/Scholz, Rupert/Herdegen, Matthias/Klein, Hans* (Hrsg.) – Kommentar zum Grundgesetz, Loseblatt, Stand 98. Ergänzungslieferung, München 2022 [zit. *Bearbeiter*, in: Dürig/Herzog/Scholz, Kommentar zum Grundgesetz, Art. Rn.].

Ekardt, Felix – Liberalismus, Besitzindividualismus und Handlungstheorien, Leipzig 2014.

Engelhard, Peter – Die Ökonomie der SPD, Eine Geschichte sozialdemokratischer Wirtschaftspolitik in 45 Porträts, Bielefeld 2010.

Engels, Andreas – „Lex Hypo Real Estate" – Das Finanzmarktstabilisierungsergänzungsgesetz auf verfassungsrechtlichem Prüfstand, in: BKR 2009, 365 ff.

Epping, Volker – Grundrechte, 9. Auflage, Berlin/Heidelberg 2021.

Epping, Volker/Hillgruber Christian (Hrsg.) – Beck Online Kommentar zum Grundgesetz, 22. Auflage München 2022 [zit. *Bearbeiter*, in: Epping/Hillgruber, Kommentar zum Grundgesetz, Art. Rn.].

Ernst, Werner (Bgrd.)/*Zinkahn, Willy* (Bgrd.)/*Bielenberg, Walter* (Bgrd.)/*Külpmann, Christoph* (Hrsg.) – Kommentar zum BauGB, Loseblatt, Stand 146. Ergänzungslieferung, München 2022 [zit. *Bearbeiter*, in: Ernst/Zinkahn/Bielenberg/Krautzberger, Kommentar zum BauGB, § Rn.].

Euchner, Walter/Grebing, Helga (Hrsg.) – Geschichte der sozialen Ideen in Deutschland, 2. Auflage, Wiesbaden 2005.

Feldkamp, Michael F. – Der Parlamentarische Rat 1948 – 1949; Die Entstehung des Grundgesetzes, Göttingen 2008.

Fischer, Wolfram – Wirtschaft und Gesellschaft im Zeitalter der Industrialisierung, Band 1, Göttingen 1972.

Frank, Alexandra – Die Mietpreisbremse: Eine Analyse der Rechtsvorschriften zur Begrenzung der Neu- und Wiedervertragsmiete auf 110 % der ortsüblichen Vergleichsmiete, Marburg 2016.

Freiherr von Gamm, Otto-Friedrich – Der Wettbewerb der öffentlichen Hand, in: GRUR 1959, 303 ff.

Friauf, Karl Heinrich – Unternehmenseigentum und Wirtschaftsverfassung, in: DÖV 1976, 624 ff.

Friauf, Karl Heinrich (Bgrd.)/*Höfling, Wolfram* (Hrsg.)/*Augsberg, Steffen* (Hrsg.)/*Rixen, Stephan* (Hrsg.) – Berliner Kommentar zum Grundgesetz, Band 2, Bearbeitungsstand 2005, Berlin [zit. *Bearbeiter*, in: Friauf/Höfling, Berliner Kommentar zum Grundgesetz, Art. Rn.].

Frotscher, Werner – Grundfälle zum Wirtschaftsverfassungs- und Wirtschaftsverwaltungsrecht, in: JuS 1981, 890 ff.

Gauland, Alexander – Die Verstaatlichung von Banken nach dem Grundgesetz, in: DÖV 1974, 622 ff.

Geminn, Christian L. – Grenzen des Verfassungswandels?, in: VerwArch 2020, 552 ff.

Gloy, Wolfgang (Bgrd.)/Loschelder, Michael (Hrsg.)/*Danckwerts, Rolf* (Hrsg.) – Kommentar zum Wettbewerbsrecht, 5. Auflage, München 2019 [zit. *Bearbeiter*, in: Gloy/Loschelder/Danckwerts, Wettbewerbsrecht, § Rn.].

Goette, Wulf/Habersack, Mathias (Hrsg.) – Münchener Kommentar zum Aktiengesetz, 5. Auflage, München 2019 [zit. *Bearbeiter*, in: Münchener Kommentar zum Aktiengesetz, § Rn.].

Goldberg, Jörg – Neue Heimat, Gemeinwirtschaft, Gewerkschaften. Zwischen Marktwirtschaft und Bankenmacht, Frankfurt am Main 1987.

Graf, Jürgen/Arloth, Frank – Kommentar zum Strafvollzugsrecht, 22. Auflage, München 2022 [zit. *Bearbeiter*, in: Graf, Kommentar zum Strafvollzugsrecht, § 2 StVollzG Rn.].

Grigoleit, Hans Christoph (Hrsg.) – Kommentar zum Aktiengesetz, 2. Auflage, München 2020 [zit. *Bearbeiter*, in: Grigoleit, Kommentar zum Aktiengesetz, § Rn.].

Gröpl, Christoph/Windthorst, Kay/von Coelln, Christian – Studienkommentar zum Grundgesetz, 5. Auflage, München 2022 [zit. *Bearbeiter*, in: Gröpl/Windthorst/von Coelln, Studienkommentar zum Grundgesetz, Art. Rn.].

Groh, Kathrin – Zu den Grundrechten der Weimarer Reichsverfassung, in: DÖV 2019, 598 ff.

Groß, Rolf – Verstaatlichung von Banken, in: DÖV 1975, 344 ff.

Grüneberg, Bürgerliches Gesetzbuch mit Nebengesetzen, 81. Auflage, München 2022 [zit. *Bearbeiter*, in: Grüneberg, Kommentar zum BGB, § Rn.].

Gsell, Beate – Die gerechte Miete, in: WuM 2017, 305 ff.

Gsell, Beate/Krüger, Wolfgang/Lorenz, Stephan/Reymann, Christoph (Hrsg.) – Beck Online Großkommentar zum BGB, München 2020 [zit. *Bearbeiter*, in: Gsell/Krüger/Lorenz/Reymann, Kommentar zum BGB, § Rn.].

Gummert, Hans/Weipert, Lutz (Hrsg.) – Münchener Handbuch des Gesellschaftsrechts, Band 1, 5. Auflage, München 2019 [zit. *Bearbeiter*, in: Münchener Handbuch des Gesellschaftsrechts, Band 1, § Rn.].

Gusy, Christoph – Die Weimarer Reichsverfassung, Tübingen 1997.

Gusy, Christoph – Die Weimarer Reichsverfassung nach 100 Jahren, in: JA 2019, 561 ff.

Gutmann, Gernot/Klein, Werner/Paraskewopoulos, Spiros/Winter, Helmut (Hrsg.) – Die Wirtschaftsverfassung der Bundesrepublik Deutschland, 2. Auflage, Stuttgart 1979 [zit. *Bearbeiter*, in: Gutmann u. A., Wirtschaftsverfassung der Bundesrepublik Deutschland, S.].

Haas, Bernhard – Vergesellschaftung von Wohnungsbeständen durch Volksgesetz, in: LKV 2019, 145 ff.

Hakenberg, Waltraud – Europarecht, 9. Auflage, München 2021.

Hallgarten, George W.F. – Hitler, Reichswehr und Industrie, Zur Geschichte der Jahre 1918 – 1933, 2. Auflage, Frankfurt am Main 1955.

Hamann, Andreas – Deutsches Wirtschaftsverfassungsrecht, Neuwied 1958.

Haratsch, Andreas/Koenig, Christian/Pechtstein, Matthias – Europarecht, 12. Auflage, Tübingen 2020.

Harms Jens/Kiesel, Doron/Loesch, Armin/Moutemard, Bernhard Suin de (Hrsg.) – Alternativökonomie und Gemeinwirtschaft, Frankfurt am Main 1984 [zit. *Bearbeiter*, in: Harms, Alternativökonomie und Gemeinwirtschaft, S.].

Heinemann, Bruno – Ziele und Gefahren der Sozialisierung, Berlin 1919.

Heinrich, Michael – Kritik der politischen Ökonomie, eine Einführung, 14. Auflage, Stuttgart 2018.

Henkel, Joachim – Verstaatlichung von Banken?, in: DVBl. 1975, 317 ff.

Hesselbach, Walter – Die gemeinwirtschaftlichen Unternehmen, Frankfurt am Main 1971.

Heusch, Andreas – Mietpreisbegrenzung und Eigentumsgarantie, in: NZM 2020, 357 ff.

Heyers, Wilhelm Josef – Zum Problem des Gemeineigentums, Teil 1, Freiburg im Breisgau 1957.

Höfer, Heinrich/Witte, Manfred – Wozu privates Produktiveigentum, Köln 1978.

Hoffmann, Martin – Staatliche Wirtschaftsregulierung und grundrechtlicher Schutz der Unternehmensfreiheit durch Art. 12 Abs. 1 GG und Art. 2 Abs. 1 GG, in: BB 1995, 53 ff.

Huber, Ernst Rudolph – Wirtschaftsverwaltungsrecht, 2. Auflage, Tübingen 1954.

Huck, Bernd – Die „Sozialisierung" nach Art. 15 GG und ihre verfassungsrechtlichen Grenzen, Göttingen 1976.

Hufen, Friedhelm – Staatsrecht II, Grundrechte, 9. Auflage, München 2021.

Hummel, Lars – Grundfälle zu Art. 15 GG, in: JuS 2008, 1065 ff.

Huster, Ernst-Ulrich – Die Politik der SPD von 1945 – 1950, Frankfurt am Main 1978.

Ingenstau, Heinz/Hustedt, Volker – Kommentar zum Erbbaurechtgesetz, 11. Auflage, Köln 2018.

Ipsen, Hans Peter – 25 Jahre Grundgesetz, in: DÖV 1974, 289 ff.

Ipsen, Jörn – Sozialisierung und Übermaßverbot, in: NVwZ 2019, 527 ff.

Isensee, Josef – Fortgeltung des saarländischen Sozialisierungs-Artikels unter dem Grundgesetz, in: DÖV 1979, 233 ff.

Isensee, Josef/Kirchhof, Paul – Handbuch des Staatsrechts, 3. Auflage, Heidelberg 2003 [zit. *Bearbeiter*, in: Isensee/Kirchhof, Handbuch des Staatsrechtes, § Rn.].

Jahrbuch öffentlichen Rechts der Gegenwart, Band 10, Tübingen 1952 [zit. JöR 1951, S.]

Jarass, Hans/Pieroth, Bodo (Hrsg.) – Kommentar zum Grundgesetz, 17. Auflage, München 2022 [zit. *Bearbeiter*, in: Jarass/Pieroth, Kommentar zum Grundgesetz, Art. Rn.].

Jasper, Christian – Von Inhalten, Schranken und wichtigen Weichenstellungen – Die Eigentumsgarantie des Art. 14 GG in der allgemeinen Grundrechts-Eingriffs-Dogmatik, in: DÖV 2014, 872 ff.

Kahl, Wolfgang/Waldhoff, Christian/Walter, Christian (Hrsg.) – Bonner Kommentar zum Grundgesetz, Loseblatt, Stand 216 Aktualisierung, Heidelberg 2022 [zit. *Bearbeiter*, in: Bonner Kommentar zum Grundgesetz, Art. Rn.].

Kalt, Hans – Neubeginnen mit Marx, Die politische Ökonomie und die Veränderung der Welt, Köln 1993.

Kant, Emanuel – Was ist Aufklärung, Bern 2018.

Kingreen, Thorsten/ Poscher, Ralf – Grundrechte Staatsrecht II, 38. Auflage, Heidelberg 2022.

Klein, Friedrich – Eigentumsbindung, Enteignung, Sozialisierung und Gemeinwirtschaft im Sinne des Bonner Grundgesetzes, Tübingen 1972.

Kling, Michael/Thomas, Stefan – Kartellrecht, 2. Auflage, München 2016 [zit. *Bearbeiter*, in: *Kling/Thomas*, Kartellrecht, § Rn.].

Klönne, Arno – Die Deutsche Arbeiterbewegung: Geschichte, Ziele, Wirkungen, 4. Auflage, Köln 1985.

Klöpfer, Michael – Verfassungsrecht, Band 2, München 2010.

Klöpfer, Michael – Die Sozialisierung von Wohnungsunternehmen, in: NJW 2019, 1656 ff.

Klöpfer, Michael – Rücktritt wegen Verfassungsdisputs, in: NVwZ 2021, 1513 ff.

Kment, Martin – Wohnungsnot und Verfassungsrecht, in: NJW 2018, 3692 ff.

Köhler, Helmut/Bornkamm, Joachim/Feddersen, Jörn – Kommentar zum UWG, 40. Auflage, München 2022 [zit. *Bearbeiter*, in: Köhler/Bornkamm/Feddersen, Kommentar zum UWG, Rn.].

Konegen, Norbert/Kracht, Gerhard – Sozialismus und Sozialisierung, Kronberg (Taunus) 1975.

Korsch, Karl – Was ist Sozialisierung? Ein Programm des praktischen Sozialismus, Hannover 1919.

Kröger, Klaus – Die Entstehung des Grundgesetzes, in: NJW 1989, 1318 ff.

Kühling, Jürgen – Länderkompetenz für „Mietendeckel"? Keine Kakophonie in der Mietpreisregulierung, in: DVBl. 2020, 842 ff.

Kühling, Jürgen – Gentrifizierung als Rechtsproblem: Wohnungspolitik ohne rechtsstaatliche Leitplanken?, in: NZM 2020, 521 ff.

Kühling, Jürgen/Litterst, Moritz – Art.15 GG und die Vergesellschaftung von Immobilienunternehmen – Freibrief, Verfassungsrelikt oder Regelung für marktdominante Strukturen?, in: DVBl 2022, 871 ff.

Kumpmann, Karl – Kapitalismus und Sozialismus, Zwei Lehren von den Wirtschaftsperioden, Essen, 1929.

Leisner, Walter – Sozialbindung des Eigentums, Berlin 1972.

Leisner, Walter – Sozialbindung des Eigentums nach privatem und öffentlichem Recht, in: NJW 1975, 233 ff.

Leisner, Walter – Wohnungsgemeinnützigkeit und Verfassungsrecht, Köln 1986.

Leisner, Walter/Isensee, Josef (Hrsg.) – Eigentum: Schriften zu Eigentumsgrundrecht und Wirtschaftsverfassung 1970 – 1996, 2. Auflage Berlin 1998 [zit. *Bearbeiter*, in: Isensee, Schriften zum Eigentum, S.].

Leuschner, Lars – Die „Mietpreisbremse" – Unzweckmäßig und verfassungsrechtlich höchst bedenklich, in: NJW 2014, 1929 ff.

Lindner, Eric – Wohnraummietrecht, 3. Auflage, München 2019.

Lindner, Josef Franz – Landesgrundrechte; Bedeutung, Dogmatik, Klausurrelevanz, in: JuS 2018, 233 ff.

Lörler, Sighart – Irrungen und Wirrungen der Sozialisierungsidee bei Mietwohnungen, in: NJ 2019, 273 ff.

Löw, Konrad – Warum fasziniert Kommunismus; eine systematische Untersuchung, 4. Auflage, Köln 1984.

Loung, Minh Tuan – Wirtschaftsverfassungsrecht im Wandel: zugleich ein Beitrag zum Verfassungswandel, Frankfurt am Main 1999.

Lubberger, Andreas – Eigentumsdogmatik, Gegenwärtige Probleme der Systembildung und Rechtsanwendung, dargestellt am Beispiel des Denkmalschutzes, Baden-Baden 1995.

v. Mangoldt, Hermann (Bgrd.)/*Klein, Friedrich* (Bgrd.)/*Stark, Christian* (Bgrd.)/*Huber, Peter* (Hrsg.)/*Voßkuhle, Andreas* (Hrsg.) – Kommentar zum Grundgesetz, 7. Auflage 2018, [zit. *Bearbeiter*, in: v. Mangoldt /Klein/Stark, Kommentar zum Grundgesetz, Art. Rn.].

Mann, Thomas/Worthmann, Esther-Maria – Berufsfreiheit (Art. 12 GG) – Strukturen und Problemkonstellationen, in: JuS 2013, 385 ff.

Marx, Karl – Das Kapital, Kritik der politischen Ökonomie, 6. Auflage, Hamburg 2017.

Marx, Karl/Engels, Friedrich – Manifest der Kommunistischen Partei, 6. Auflage, Hamburg 2020.

Margedant, Udo/Zimmer, Matthias – Eigentum und Freiheit, Eigentumstheorien im 17. Und 18. Jahrhundert, Idstein 1993.

Maurer, Hartmut/Waldhoff, Christian – Allgemeines Verwaltungsrecht, 20. Auflage, 2020, München.

Mergner, Manja – Das Bodenreformeigentum und die Eigentumsgewährleistungen, Hamburg 2009.

Merten, Detlef/Papier, Hans Jürgen (Hrsg.) – Handbuch der Grundrechte, Heidelberg 2017 [zit. *Bearbeiter*, in: Merten/Papier, Handbuch der Grundrechte, § Rn.].

Milstein, Alexander – Die Beteiligung der Bürger und Gemeinden an Windparks in privater Trägerschaft durch Landesgesetz, in: ZUR 2016, 269 ff.

Müller-Glöge, Rudi/Preis, Ulrich/Schmidt, Ingrid (Hrsg.) – Erfurter Kommentar zum Arbeitsrecht, 22. Auflage, München 2022 [zit. *Bearbeiter*, in: Erfurter Kommentar zum Arbeitsrecht, Art. Rn.].

von Münch, Ingo (Bgrd.)/*Kunig, Philipp* (Bgrd.)/*Kämmerer, Jörn Alex* (Hrsg.)/*Kotzur, Markus* (Hrsg.) – Kommentar zum Grundgesetz, 7. Auflage, München 2021 [zit. *Bearbeiter* in: v. Münch/Kunig, Kommentar zum Grundgesetz, Art. Rn.].

zur Nedden, Martin – Wohnraumvorsorge und Freiraumschutz: Stand und Perspektiven, in: ZUR 2022, 74 ff.

Nipperdey, Hans Carl (Hrsg.) – Die Grundrechte und Grundpflichten der Weimarer Reichsverfassung, Dritter Band, Art. 143 – 165, Berlin 1930 [zit. *Bearbeiter*, in: Nipperdey, Grundrechte und Grundpflichten, S.].

Noack, Ulrich/Servatius, Wolfgang/Haas, Ulrich (Hrsg.) – Kurzkommentar zum GmbHG, 23. Auflage, München 2022 [zit. *Bearbeiter*, in: Noack/Servatius/Haas, Kommentar zum GmbHG, § Rn.].

North, Michael – Deutsche Wirtschaftsgeschichte, Ein Jahrtausend im Überblick, München 2000 [zit. *Bearbeiter*, in: North, Deutsche Wirtschaftsgeschichte, S.].

Novy, Klaus – Strategien der Sozialisierung: Die Diskussion der Wirtschaftsreformen in der Weimarer Republik, Frankfurt am Main 1978.

Nüßgens, Karl/Boujong, Karlheinz – Eigentum, Sozialbindung, Enteignung, in: NJW Schriften, Band 44, München 1987.

Ott, Erich – Die Wirtschaftskonzeption der SPD nach 1945, Marburg 1978.

Parlamentarischer Rat, Grundgesetz für die Bundesrepublik Deutschland (Entwürfe), Formulierungen der Fachausschüsse, Bonn 1948/49.

Potthoff, Heinrich/Miller, Susanne – Kleine Geschichte der SPD, 8. Auflage, Bonn 2002.

Pschorr, Simon/ Spanner, Franziska – Verfassungswandel messbar machen – eine interdisziplinäre Betrachtung gesellschaftlicher und rechtlicher Entwicklungen homosexueller Paarbeziehungen, in: DÖV 2020, 91 ff.

Püttner, Günther – Gemeinwirtschaft im deutschen Verfassungsrecht, Schriftenreihe Gemeinschaft Nr. 37, Köln 1980.

Riedel, Daniel – Eigentum, Enteignung und das Wohl der Allgemeinheit, Berlin 2012.

Ritschl, Hans – Marktwirtschaft und Gemeinwirtschaft, Frankfurt am Main 1973.

Rittig, Giesberg/Ortlieb, Heinz-Dietrich – Gemeinwirtschaft im Wandel der Gesellschaft, Festschrift für Hans Ritschl, Berlin 1972 [zit. Bearbeiter, in: FS Hans Ritschl, 1972, S.].

Rittstieg, Helmut – Grundgesetz und Eigentum, in: NJW 1982, 721 ff.

Röhmer, Cara – Eigentum und Vergesellschaftung in der Wohnungskrise, in: KJ 2020, 16 ff.

Rupp, Hans H. – Grundgesetz und Wirtschaftsverfassung, Tübingen 1974.

Sachs, Michael – Konzentration privater Vermögen im Sozialstaat, in: NJW 2015, 601 ff.

Sachs, Michael – Verfassungsrecht II, Grundrechte, 3. Auflage, Heidelberg 2017.

Sachs, Michael (Hrsg.) – Grundgesetz, Kommentar, 9. Auflage, München 2021 [zit. Bearbeiter, in: Sachs, Kommentar zum Grundgesetz, Art. Rn.].

Säcker, Franz Jürgen/Rixecker, Roland/Oetker, Hartmut/Limperg, Bettina (Hrsg.) – Münchener Kommentar zum BGB, 9. Auflage, München 2021 [zit. *Bearbeiter*, in: Münchener Kommentar zum BGB, § Rn.].

Schach, Klaus/Schultz, Michael/Schüller, Peter (Hrsg.) – Beck Online Kommentar zum Mietrecht, 29. Auflage, München 2022 [zit. *Bearbeiter*, in: Schach/Schultz/Schüller, Kommentar zum Mietrecht, § Rn.].

Schede, Christian/ Schuldt, Johann-Frederik – Vergesellschaftung von Grund und Boden, in: ZRP 2019, 78 ff.

Schell, Thomas – Art. 15 GG im Verfassungsgefüge, Frankfurt am Main 1996.

Scheuner, Ulrich – Die staatliche Einwirkung auf die Wirtschaft: Wirtschaftsrechtliche Aufsätze 1946–1970, Frankfurt am Main 1971.

Schmid, Michael/Harz, Annegret (Hrsg.) – Mietrecht Kommentar, 6. Auflage, Köln 2020 [zit. *Bearbeiter*, in: Schmid/Harz, Kommentar zum Mietrecht, § Rn.].

Schmidt, Reiner/Wollenschläger, Ferdinand – Kompendium Öffentliches Wirtschaftsrecht, 5. Auflage, Heidelberg 2019 [zit. *Bearbeiter*, in: Schmidt/Wollenschläger, Kompendium Öffentliches Wirtschaftsrecht, § Rn.].

Schmidt, Thorsten Ingo – Vergesellschaftung nach Art. 15 GG – Irrweg oder Ausweg?, in: DÖV 2019, 508 ff.

Schmidt-Bleibtreu, Bruno (Bgrd.)/*Klein, Franz* (Bgrd.)/*Henneke, Hans Günter* (Hrsg.)/*Hoffmann, Hans* (Hrsg.) – Kommentar zum Grundgesetz, 15. Auflage, Köln 2022 [zit. *Bearbeiter*, in: Schmidt/Bleibtreu, Kommentar zum Grundgesetz, Art. Rn.].

Schmidt-Jortzig, Edzard – Vom öffentlichen Eigentum zur öffentlichen Sache, in: NVwZ 1987, 1025 ff.

Schmoeckel, Mathias/Maetschke, Matthias – Rechtsgeschichte der Wirtschaft, 2. Auflage, Tübingen 2016.

Schneider, Maximilian/Franke, Martin – Sperrt die bundesgesetzliche Mietpreisbremse landesgesetzliche Mietendeckel?, in: DÖV 2020, 415 ff.

Schnöckel, Stefan – Die gerechte Entschädigung für Enteignungen – Oder: Weshalb eine Entschädigung in Höhe des Verkehrswertes auch im Interesse der Allgemeinheit ist, in: DÖV 2009, 703 ff.

Schoch, Friedrich/Schneider, Jens Peter (Hrsg.) – Verwaltungsrecht, Kommentar zur VwGO, 42. Auflage, München 2022 [zit. *Bearbeiter*, in: Schoch/Schneider, Kommentar zur VwGO, § Rn.].

Schockenhoff, Volker – Wirtschaftsverfassung und Grundgesetz, Die Auseinandersetzungen in den Verfassungsberatungen 1945 – 1949, Frankfurt am Main 1986.

Scholz, Rupert – Paritätische Mitbestimmung und Grundgesetz: verfassungsrechtliche Fragen zur gesetzlichen Einführung der paritätischen Unternehmensmitbestimmung, Berlin 1974.

Schröer, Thomas/Kummer, Michael – Aktuelles zum Öffentlichen Baurecht, in: NVwZ 2019, 1577 ff.

Schuldt, Johann-Frederik – Mietpreisbremse: eine juristische und ökonomische Untersuchung der Preisregulierung für preisfreien Wohnraum, Baden-Baden 2017.

Schwan, Gesine (Hrsg.) – Demokratischer Sozialismus für Industriegesellschaften, Köln 1979 [zit. *Bearbeiter*, in: Schwan, Demokratischer Sozialismus für Industriegesellschaften, S.].

Schwarze, Jürgen/Becker, Ulrich/Hatje, Armin/Schoo, Johann (Hrsg.) – Kommentar zum AEUV, 4. Auflage, Baden-Baden 2018.

Seeberger, Roland – Inhalt und Grenzen der Sozialisierung nach Art. 15 GG, 1978.

Siebert, Ferdinand – Von Frankfurt nach Bonn, Hundert Jahre deutsche Verfassungen 1849 – 1949, 13. Auflage, Frankfurt am Main 1981.

Seifert, Karl-Heinz (Bgrd.)/*Hömig, Dieter* (Bgrd.)/*Wolff, Amadeus* (Hrsg.) – Nomos Kommentar zum Grundgesetz, 13. Auflage, Baden-Baden 2022 [zit. Bearbeiter, in: Hömig/Wolff, Kommentar zur Grundgesetz, Art. Rn.].

Shirvani, Foroud – Wohnraummangel und Bodenordnung – Rechtliche Maßnahmen zur Behebung des Wohnraummangels im Fokus der Eigentumsverfassung, in: DVBl. 2020, 172 ff.

Simons, Harald/Weiden, Lukas – Schwarmverhalten, Reurbanisierung und Suburbanisierung, in IzR (Information zur Raumentwicklung) 2016, 263 ff.

Simons, Tula – Der Aufbau der Kohlenwirtschaft nach dem Kohlenwirtschaftsgesetz vom 32. März 1919, Bonn 1931.

Sodan, Helge (Hrsg.) – Kommentar zum Grundgesetz, 4. Auflage, München 2018 [zit. *Bearbeiter*, in: Sodan, Grundgesetzkommentar, Art. Rn.].

Sodan, Helge/Ferlemann, Jann – Verfassungsrechtliche Hindernisse für die Sozialisierung von Wohnimmobilien, in: LKV 2019, 193 ff.

Sontheimer, Kurt/Röhring, Hans H. – Handbuch des politischen Systems der Bundesrepublik Deutschland, München 1977.

von Staudinger, Julius (Bgrd.)/ *Emmerich, Volker* (Hrsg.)/*Emmerich, Jost* (Hrsg.)/*Artz, Markus* (Hrsg.)/*Rolfs, Christian* (Hrsg.) – J. von Staudinger, Kommentar zum Bürgerlichen Gesetzbuch mit Einführungsgesetz und Nebengesetz, Mietrecht 2, §§ 557–580a, Berlin 2021 [zit. *Bearbeiter*, in: Staudinger, Kommentar zum BGB, § Rn.].

Stein, Ekkehart/Frank, Götz – Staatsrecht, 21. Auflage, Tübingen 2010.

Stephan, Cora – Zwischen den Stühlen oder über die Unvereinbarkeit von Theorie und Praxis – Schriften Rudolf Hilferdings 1904 – 1940, Berlin 1982.

Stern, Klaus – Staatsrecht der Bundesrepublik Deutschland, Band IV/1, München 2006 [zit. Bearbeiter, in: Stern, Staatsrecht der Bundesrepublik Deutschland, Band, S.].

Stern, Klaus/Becker, Florian (Hrsg.) – Grundrechte-Kommentar, 3. Auflage, Köln 2019 [zit. *Bearbeiter*, in: Stern/Becker, Grundrechte-Kommentar, Art. Rn.].

Stober, Rolf/Korte, Stefan – Öffentliches Wirtschaftsrecht, Allgemeiner Teil, 19. Auflage, Stuttgart 2019.

Thiel, Fabian – Grundflächen und Rohstoffe im Spannungsfeld zwischen Privat- und Gemeineigentum, Hamburg 2002.

Thiel, Fabian – Art. 15. Grundgesetz – obsolet? – Helmut Ridder zum 100. Geburtstag -, in: DÖV 2019, 497 ff.

Thiel, Fabian – Die Publizisierung von Wohnungsbeständen und unbebauten Grundstücken in Berlin aus haushalts- und verfassungsrechtlicher Sicht, in: ZfBR 2021, 523 ff.

Thiele, Willi – Die Sozialisierung – wirtschaftsverfassungsrechtlich betrachtet, in: DVBl. 1972, 809 ff.

Thiemeyer, Theo – Grundsätze einer Theorie der Gemeinwirtschaft, Frankfurt am Main 1973.

Thomas, Rüdiger – Marxismus und Sowjetkommunismus, Teil 1, Grundzüge des Marxismus, Stuttgart 1971.

Thurn, John Philipp – Vergesellschaftung als sozialstaatliche Entprivatisierung und als Grundrecht, in: KJ 2020, 183 ff.

Tuschl, Patrick – Verstaatlichung von Banken, Berlin 2017.

Umbach, Dieter – Parlamentsauflösung in Deutschland: Verfassungsgeschichte und Verfassungsprozess, Berlin 1989.

Umbach, Dieter/Clemens, Thomas (Hrsg.) – Kommentar zum Grundgesetz, Heidelberg 2002 [zit. *Bearbeiter*, in: Umbach/Clemens, Kommentar zum Grundgesetz, Art. Rn.].

Veröffentlichungen der Vereinigung der Deutschen Staatsrechtslehrer, Band 10, 1952, [zit. *Redner*, in: VVDStRL 10 (1951), S.].

Vogel, Hans-Jochen – Bodenrecht und Stadtentwicklung, in: NJW 1972, 1544 ff.

Volkmann, Uwe – Verfassungsänderung und Verfassungswandel, in: JZ 2018, 265 ff.

Voßkuhle, Andreas/Kaufhold, Ann-Katrin – Grundwissen – Öffentliches Recht: Das Rechtsstaatsprinzip, in: JuS 2010, 116 ff.

Voßkuhle, Andreas/Wischmeyer, Thomas – Grundwissen – Öffentliches Recht: Das Sozialstaatsprinzip, in: JuS 2015, 693 ff.

Voßkuhle, Andreas – Der Wandel der Verfassung und seine Grenzen, in: JuS 2019, 417 ff.

Waldhoff, Christian – „Weimar" als Argument, in: JuS 2019, 737 ff.

Waldhoff, Christian/Neumeier, Christian – Landesverfassungsrechtliche Besonderheiten der Vergesellschaftung privater Wohnungsunternehmen in Berlin, in: LKV 2019, 385 ff.

Wassermann, Rudolf (Hrsg.) – Kommentar zum Grundgesetz, 2. Auflage, Neuwied 1989 [zit. *Bearbeiter*, in: Alternativer Kommentar zum Grundgesetz, Art. Rn.].

Weber, Werner – Zur Problematik von Enteignung und Sozialisierung nach neuem Verfassungsrecht, in: NJW 1950, 401 ff.

Weinert, Rainer – Das Ende der Gemeinwirtschaft, Frankfurt am Main 1994.

Werner, Fritz – Die rechtswissenschaftliche Diskussion zur Sozialisierung, in: NJW 1949, 329 ff.

Wernicke, Kurt Georg/Schick, Rupert/Stelzl, Hans Joachim/Risse (Hrsg.) – Parlamentarischer Rat, Akten und Protokolle, Band 2, Boppard am Rhein 1981.

Wernicke, Kurt Georg/Schick, Rupert/Stelzl, Hans Joachim/Risse, Horst (Hrsg.) – Parlamentarischer Rat, Akten und Protokolle, Band 5/1, Boppard am Rhein 1993.

Wernicke, Kurt Georg/Schick, Rupert/Stelzl, Hans Joachim/Risse, Horst (Hrsg.) – Parlamentarischer Rat, Akten und Protokolle, Band 5/2, Boppard am Rhein 1993.

Wernicke, Kurt Georg/Schick, Rupert/Stelzl, Hans Joachim/Risse, Horst (Hrsg.) – Parlamentarischer Rat, Akten und Protokolle, Band 9, Boppard am Rhein, 1996.

Wernicke, Kurt Georg/Schick, Rupert/Stelzl, Hans Joachim/Risse, Horst (Hrsg.) – Parlamentarischer Rat, Akten und Protokolle, Band 14/1, München 2009.

Wernicke, Kurt Georg/Schick, Rupert/Stelzl, Hans Joachim/Risse, Horst (Hrsg.) – Parlamentarischer Rat, Akten und Protokolle, Band 14/2, München 2009.

Winter, Gerd – Sozialisierung von Unternehmen Bedingungen und Begründungen, Frankfurt am Main 1976 [zit. *Bearbeiter*, in: Winter, Sozialisierung von Unternehmen, S.].

Wolfers, Benedikt/Opper, Kai-Uwe – Vergesellschaftung von Grund und Boden in Berlin: Zulässig?, in: DVBl. 2019, 542 ff.

Wunderlich, Christian – Die Rechtsprechung des Bundesverfassungsgerichtes zur Eigentumsgarantie und ihre Auswirkung auf die Staatshaftung für legislatives Unrecht, Frankfurt am Main 2011.

Zacher, Clemens – Die Entstehung des Wirtschaftsrechtes in Deutschland, Berlin 2002.

Ziebarth, Wolfgang – Die Verfassungswidrigkeit anlassloser Mieterhöhungen, in: WuM 2019, 481 ff.

Ziekow, Jan – Öffentliches Wirtschaftsrecht, 3. Auflage, München 2013.